·全新升级版·

有一种口才叫幽默

宿文渊 ◎编著

北京联合出版公司
Beijing United Publishing Co.,Ltd.

图书在版编目（CIP）数据

有一种口才叫幽默：全新升级版 / 宿文渊编著. —北京：北京联合出版公司，2015.9(2018.11 重印）

ISBN 978-7-5502-4111-4

Ⅰ. ①有… Ⅱ. ①宿… Ⅲ. ①幽默（美学）—语言艺术—通俗读物 Ⅳ. ①H019-49

中国版本图书馆 CIP 数据核字（2015）第 143114 号

有一种口才叫幽默：全新升级版

编　　著：宿文渊
责任编辑：王　巍
封面设计：李艾红
责任校对：刘雅君
图文制作：北京东方视点数据技术有限公司

北京联合出版公司出版
（北京市西城区德外大街 83 号楼 9 层　100088）
北京市松源印刷有限公司印刷　新华书店经销
字数 579 千字　720 毫米×1020 毫米　1/16　28 印张
2018 年 11 月第 2 版　2018 年 11 月第 4 次印刷
ISBN 978-7-5502-4111-4
定价：68.00 元

前言 >>

幽默，是外来词，由英文音译而来。而英文中的这个词则来源于拉丁文，幽默有广义与狭义之分，在西文用法中，常包括一切使人发笑的文字，连鄙俗的笑话在内……在狭义上，幽默是与讥讽、揶揄区别的。幽默一词的广泛运用，要归功于英国人文主义戏剧家琼生，而最初将“幽默”一词移入中国的要首推林语堂了。口才，在《现代汉语》里面的解释为：说话的能力。《孔子家语・七十二弟子解》：“宰予字子我，鲁人，有口才著名。”口才发展到现代，已经不仅仅是“口”上的能力，还包含了身体语言、观察能力和思维能力。幽默对于口才来说，不仅可以锦上添花，而且还能雪中送炭。幽默能打开初识之际的陌生局面，破解无话可说的尴尬气氛，让人们在激烈的论辩当中巧言获胜，在雅量的谐谑中赢得爱人的芳心，在幽默的氛围中换得和睦、幸福的家庭生活，在纷繁复杂的社会关系中左右逢源、事半功倍……

幽默是语言的最高境界。在短短的话语中能否运用幽默、运用多少幽默，则是衡量一个人语言高下的重要标准。幽默是人际交往的润滑剂、缓冲剂，就像一座桥梁拉近了人与人之间的距离，使心灵变得更亲近。正如美国一位心理学家说的：“幽默是一种最有趣、最有感染力、最具有普遍意义的传递艺术。”幽默不仅能体现出一个人深厚的文化素养和丰富的文化内涵，还能折射出一个人的美好心灵。一个具有魅力的人能不赢得别人的喜欢吗？事实证明，幽默具有使人愉悦的神奇功效，在任何场合，拥有幽默的人总会赢得他人的好感，获得众多的支持和理解。

口才，就是说话的才能。一个人说话的才能是他综合素质中的一个重要方面。每个人都生活在社会中，都需要与人交往、与人沟通，这就需要说话，而说话的本领有高低之分。口才好的人，能说会道，能言善辩，这是一种优点；而口才不好，往往是一种遗憾。口才好的人，讲起话来幽默生动，妙趣横生，使人听得津津有味，如同艺术享受；反之，则使人昏昏欲睡，好似身受折磨。对同样的问题，口才好的人去劝说别人，就能说服；去谈判，就能成功；去辩护，就能胜利。相反，则往往失败。所以，不同的口才，会收到不同的效果。

幽默不仅仅是社交的法宝，更是一门生活的艺术。它不等同于滑稽与搞笑的做作，表现的是一种纯粹的生活态度。幽默可以让你戴着快乐的眼镜去看整个世界的发展与变化，在平凡中挖掘笑的艺术价值。幽默就像一根闪着金光的魔杖，授予每一个希望减轻自己人生重担的人一种快乐的生存智慧。口才是人一生中最难能可贵的本领和技术，是决定一个人生活及事业优劣成败的一个因素。正确地运用口才，对于我们的生活、工作都有很大的益处。一个具有出众的口才、风趣幽默的人，在哪儿都是人们所关注的焦点。无论是谈判交易，或者是茶余饭后的谈吐之间，都会让人们刮目相看。我们每个人都具有与生俱来的表现欲。在人际交往中，我们总希望自己能够和别人和睦相处，成为大家瞩目的焦点，受到许多人的欢迎。因此，我们总是努力让自己表现出最好的形象。要想有效地表现自我，最重要的捷径就是表现出自己的幽默。幽默能够消除内心的紧张，树立健康乐观的个人形象，润滑人际关系。幽默能够化解尴尬，影响别人的思想和态度，从而掌控局面。更重要的是，幽默不仅可以给自己带来好人缘，还可以给自己带来好心情、好运气。

幽默作为我们日常生活中必不可少的工具，它可以使生活中的矛盾和争端得到缓解，也可以使人变得信心无限。幽默是智慧的迸发，是善良的表达，是人生的助推器，更是一种胸怀、一种境界。正如著名作家王蒙所说："幽默是一种成人的智慧，一种穿透力。一两句就把那畸形的、讳莫如深的东西端了出来。既包含着无可奈何，更包含着健康的希冀。"生活中的幽默会让你茅塞顿开，在轻松的气氛中感受到成功的快乐，在回味中拍案叫绝。幽默的人最有人情味，与幽默的人相处，每个人都会感到快乐，谁都希望同有幽默的人打交道。幽默是一种宝贵的品质。幽默的人具有宽容、自信、豁达、乐观的心态，它使生活充满乐趣、充满生机。同样，具有这种品质的人能够正视现实，笑对人生。幽默是一种文化的积淀，需要达到一定层次的文化水准。一个人知识的存储与个人的涵养是成正比的。知识渊博的人，才能具有审时度势的能力，才能够谈资丰富、妙言成趣，才能作恰如其分的比喻，才能不以眼前的区区小事计较得失，才能多些雅量、少些鲁莽。

《有一种口才叫幽默》汇集了幽默与口才的精华，全方位地向读者阐释了幽默与口才的人生智慧，以及如何掌握幽默与口才的技巧，修炼成一位出色的幽默大师。本书分为幽默的力量、幽默的应用和幽默的提升上、中、下三篇。上篇具体介绍幽默与口才在生活中的重要性和智慧所在，让读者在最短的时间内领会幽默与口才的真谛。中篇分别从处世、社交、做事、谈判、面试、职场、演讲、辩论、生活等方面，结合具体案例生动、具体地讲述了幽默与口才在现实应用中的独特魅力。无论是没有任何准备的即兴幽默，还是准备充分的演讲幽默、说服幽默，其蕴含的睿智与机敏都能在融洽的氛围中说好难说的话，办好难办的事。下篇从实际应用出发，为读者具体传授幽默与口才的技巧和方法。读者通过不断学习这些方法和技巧以及通过在现实生活中的灵活运用，一定会成为一个口才俱佳的幽默高手。说幽默话，做幽默人，你将成为一个最受欢迎的人。幽默的口才艺术是一个人走向成功的捷径，幽默能够让你成为一个不怕困难，能把困难"笑"倒的人，让你成为人生旅途中笑到最后的人。

目录>>

上篇　幽默的力量——嘴上功夫，彰显人生智慧

第一章　幽默的人生，精彩的智慧 …… 3

幽默是一种智慧力量 …… 3

幽默是一种语言艺术 …… 4

幽默是一种机智思维 …… 6

幽默是一种灵性修养 …… 7

幽默是一种生活态度 …… 8

幽默是快乐的催化剂 …… 9

真正幽默的情状表现 …… 11

幽默源于生活，为生活逗趣 …… 12

幽默是一份庄重严肃的笑量 …… 13

幽默是一种生活的态度 …… 14

幽默口才是走向成功的捷径 …… 15

用幽默的力量打造业界形象 …… 16

幽默的本质是以笑的方式娱人 …… 18

第二章　活跃交往气氛，最大化你的人格魅力 …… 20

超逻辑幽默“搞活”交往气氛 …… 20

幽默让人格在惊喜中焕发魅力 …… 21

幽默帮你把握命运的主动权 …… 22

幽默是与人交往的最佳见面礼 …… 24

传递快乐，收获人格的影响力 …… 24

小幽默是弱化陌生感的大智慧 …… 26

用情感凝铸的幽默提升应对能力 …… 27

第三章 幽默是人际关系的润滑剂 …… 29
交往中可能遇到的沟通绝境 …… 29
幽默的沟通让快乐加速 …… 31
用幽默改变他人的沟通观念 …… 32
幽默能带来友善的人际关系 …… 33
以幽默的力量化阻力为助力 …… 34
幽默让你从容应付各种场合 …… 35
幽默缓和与人交往中的僵局 …… 36
用幽默做成批评的糖衣炮弹 …… 38
幽默可孕育安适的交际气氛 …… 39
得体的幽默最能取悦他人心 …… 40
幽默是人际交往中的润滑剂 …… 41

第四章 消除逆境态势，幽默牵引你转危为安 …… 44
巧言妙语，幽默让你化险为夷 …… 44
增添笑料，幽默可以化敌为友 …… 45
化解尴尬，幽默让窘迫变无形 …… 47
摆脱困境，幽默让你绝处逢生 …… 48
口吐方圆，幽默话为他人解围 …… 49
请君入瓮，幽默的智慧扭转局势 …… 50
急中生智，幽默语言是杀手锏 …… 52
主动出击，让自己掌控外物 …… 53

第五章 政治家的幽默，缓和处世的交涉氛围 …… 55
小题大做，让坏事变成好事 …… 55
借题发挥，逗笑他人提升自己 …… 56
反唇相讥，轻松实现以威对威 …… 57
活跃气氛，消除意外的尴尬 …… 58
给人“台阶”，为他人留面子 …… 60
言语失误，幽默改口成救星 …… 61

第六章 化阴郁于笑谈，幽默是身心保健医生 …… 62
幽默可有效防治不良的情绪 …… 62
幽默是化解抑郁的心理医生 …… 63
“笑”能够提高身体免疫力 …… 65

幽默是紧急情况中的镇静剂 …… 66
幽默能在微笑中修复身心 …… 67
幽默让悲观远离，让幸福靠近 …… 69
幽默对身体的 10 大保健功用 …… 70

第七章　满足心理诉求，幽默激发创造的力量 …… 72
借由心理机制，发掘幽默心理功能 …… 72
认识心理动机，发扬阳光幽默 …… 73
不是人人都有幽默感，幽默需培养 …… 74
增强心理调控力，驾驭情绪的起伏 …… 76
幽默增加理性内存，化解负性情感 …… 77
幽默沟通实质是实现不良心理超越 …… 79
幽默需要用创造力量扩展心理维度 …… 80
幽默教育启发出真正的创造力思维 …… 81

第八章　调剂平凡生活，幽默让美好无处不在 …… 83
有幽默的地方就有快乐 …… 83
幽默共享，才能放大价值 …… 84
幽默去除生活的平淡 …… 85
更新生活，要有幽默相伴 …… 86
敲碎悲观外壳，懂得幽默生活 …… 87
幽默是爱情甜蜜的守护神 …… 88
幽默是交朋结友的金牌通行证 …… 90
幽默代替握手，提高交谈雅量 …… 91
正式场合有笑声，幽默调节气氛 …… 92
幽默表达，让生活充满无限生机 …… 93
幽默是趣味生活的空气清新剂 …… 95

第九章　善用幽默口才，实现尽善尽美的生存 …… 97
幽默可营造良好的谈判氛围 …… 97
幽默助你在社交场游刃有余 …… 98
幽默可帮助上司赢得下属的心 …… 100
妙用幽默拉近与上司的距离 …… 101
用幽默奠定友好的沟通基调 …… 102
幽默可增强演讲人的感染力 …… 104

幽默是拉近朋友关系的磁石 …… 105
幽默的言辞有助于巧答他人 …… 106
幽默打造生意场的圆融交际 …… 108
幽默的沟通，成功的一大半 …… 109
幽默在口中，成功正在路上 …… 111

中篇　幽默的应用——身临其境，学会幽默待人

第一章　即兴幽默——急中生智，瞬间打动他人 …… 115
一见如故——与初识之人幽默建交 …… 115
操控紧张——即兴讲话不失风范 …… 116
临时发挥——化忌为喜的幽默术 …… 117
就坡打滚——故作不知幽默他人 …… 118
将错就错——顺理成章中显智慧 …… 119
冷场开涮——幽默逗你喜笑颜开 …… 120
兵来将挡——机智幽默应对奚落 …… 122
以静制动——应对别人指责嘲笑 …… 123
以牙还牙——幽默回击他人讽刺 …… 124
即兴聊天——幽默捧场，愉悦情怀 …… 125
随机应变——幽默口才的即兴法宝 …… 126
变通幽默——就比别人会说一点 …… 127

第二章　处世幽默——柔以避祸，笑以挡灾 …… 129
幽默话助你轻松做人 …… 129
用幽默钝化他人攻击 …… 131
顺梯而下，圆融处世 …… 132
顾左右而言他的幽默 …… 134
淡定的幽默调侃自己 …… 135
用模糊语言说尖锐话 …… 137
触及他人痛处的转机 …… 138
遭遇尴尬时故说痴话 …… 139
寓理于事，不言自明 …… 140
艰涩问题，避实就虚 …… 142
谐音巧用，反贬为褒 …… 143

借人之事，幽默解困 …… 144

第三章 社交幽默——进退自如，笑出影响力 …… 146
初次见面：幽默加深第一印象 …… 146
深化记忆：幽默说出自己名字 …… 147
幽默公关，说服助你成功 …… 149
出乎意料：幽默应“话”而生 …… 150
玩笑自嘲：用谦逊赢得影响力 …… 152
以问作答：用幽默来应付对手 …… 153
淡化感情：幽默融化交际之冰 …… 154
尊严幽默：翩翩风度征服人心 …… 155
淡定一笑：多点雅量面对嘲笑 …… 156

第四章 做事幽默——寓庄于谐，办好难办的事 …… 158
用“名片效应”套近乎 …… 158
幽默道歉，谅解不请自来 …… 158
善用微笑为幽默的气场加分 …… 160
活学活用的灵性让谐趣顿生 …… 161
幽默装傻与因势利导的应变 …… 162
顺势而语，幽默口舌巧做事 …… 163
幽默为武器，变意外为常态 …… 164
直意曲说，圆融幽默易成事 …… 165
幽默需要通俗易懂 …… 167
反向求因，乐观为人懂变通 …… 168
让脑子转个弯儿来补救失言 …… 169
摆脱两难问题的幽默法术 …… 170
幽默做事情，保全他人面子 …… 171
丢掉面子时，学会幽默挽回 …… 172
幽默沟通中的间接批评方法 …… 173

第五章 谈判幽默——打破僵局，增加胜算 …… 175
寒暄幽默，激活气氛 …… 175
退让有度，声东击西 …… 176
谈判桌上，幽默装傻 …… 177
幽默在先，友好随后 …… 178

口才较量，幽默助阵 …… 179
幽默言语，软化气氛 …… 180

第六章 应酬幽默——开口是金，赢得人情 …… 182
机巧示弱，酒场能手 …… 182
不说蠢话，诙谐相处 …… 183
妙语劝酒，不喝才怪 …… 185
幽默祝酒，拉拢人情 …… 186
生日致辞，幽默来贺 …… 187

第七章 说服幽默——把幽默的话说到心坎上 …… 189
欲擒故纵，幽默地说服他人 …… 189
创造独特，让幽默推动销售 …… 190
幽默诱导，让对方说“是” …… 192
旁敲侧击，说服可以不走直线 …… 193
保持缄默，变相的幽默说服 …… 194
以谬制谬，顺言逆意的说辩 …… 195
指桑骂槐，“骂”出幽默的威力 …… 196
巧抓心理，趣味销售要独特 …… 197
间接说服，巧用语言的不同 …… 198
金牌销售，幽默艺术做担保 …… 200

第八章 面试幽默——步入职场的敲门金砖 …… 202
自我介绍请幽默地说 …… 202
推销自己，幽默创意 …… 203
让个性幽默脱口而出 …… 204
让幽默做语言包装纸 …… 205
逗笑考官，轻松取胜 …… 206
幽默的答复淡化缺点 …… 207
创意幽默换来录用书 …… 209
幽默成为职场准入证 …… 210
离职原因，幽默讲述 …… 211

第九章 下属幽默——善用玩笑，左右逢源 …… 213
幽默是晋升的快捷方式 …… 213
尴尬时笑替领导打圆场 …… 214

和上司有分寸地开玩笑 …… 215
对同事有意见要幽默地说 …… 217
幽默秀出你的幕后功劳 …… 218
幽默让错话转化为良言 …… 219
向上司委婉提出意见 …… 220

第十章 职场幽默——愉快工作，轻松生存 …… 222
职场幽默帮助提升业绩 …… 222
办公室里的幽默探幽 …… 223
职场矛盾，幽默化解 …… 224
工作难题，幽默处理 …… 225
方圆幽默，巧妙制胜 …… 226
避免与同事“交火” …… 227
如何与同事幽默相处 …… 228
职位变动，幽默视之 …… 229
职场幽默应恰到好处 …… 230
幽默打造成功的职场 …… 231

第十一章 领导幽默——有“笑果”方出成果 …… 233
融洽幽默，最大化亲和力 …… 233
空降领导与同事拉近距离 …… 234
懂幽默的上司会说服下属 …… 235
诙谐幽默，最有力的斥责 …… 236
妙侃巧批，让他自惭形秽 …… 237
用幽默将批评转化成激励 …… 238
意外赞许，幽默是生产力 …… 239
借幽默提升上司领导力 …… 240

第十二章 演讲幽默——放大气场，折服听众 …… 242
提前准备幽默素材 …… 242
做一个趣味开场白 …… 243
为演讲找幽默主题 …… 244
学会抓住听众的心 …… 245
不要拿滑稽当幽默 …… 246
幽默演讲中的禁忌 …… 247

用情感彰显感染力 …… 248
摆正心态战胜怯场 …… 249
巧用肢体幽默演讲 …… 251
笑话是演讲的调料 …… 252

第十三章 辩论幽默——唇枪舌剑中的缓冲器 …… 254
巧用俗语，谐趣论辩 …… 254
理智幽默，胜过争论 …… 255
引申归谬，强辩韬略 …… 255
反唇相讥，辩不可挡 …… 257
找出矛盾，幽默智辩 …… 258
两难战术，反客为主 …… 259
法庭论辩，偷换概念 …… 260
妙用谐音，机智论辩 …… 262
软化辩语，增强辩力 …… 263
仿效幽默，让他哑口 …… 264
诡辩幽默，不胜亦胜 …… 265

第十四章 赞美幽默——情感投资有笑道 …… 267
赢得欢心，为赞美添笑果 …… 267
理解赞美，做到真正幽默 …… 268
面对女人，男人这样赞美 …… 269
人际需求，给想要的赞美 …… 270
适度称赞，沟通的催化剂 …… 271
真诚赞美，幽默是必要元素 …… 272
出乎意料，让人喜出望外 …… 273
幽默意境，使人愉快接近 …… 274
赞人独特，让你印象深刻 …… 276
适时赞美，让办事更容易 …… 277
恰当赞美，让你深受其爱 …… 278

第十五章 拒绝幽默——诙谐中保全你我情面 …… 280
下令逐客，幽默的圆融 …… 280
巧言妙语，智慧的拒绝 …… 281
诙谐言语，婉言的拒绝 …… 282

慢点说“是”，笑点说“不” …… 284
通过暗示，善于说“不” …… 285
留足情面，让领导舒心 …… 286
逻辑拒绝，巧踢回传球 …… 287
幽默拒绝，化解尴尬 …… 288
绕圈拒绝，优化交际圈 …… 289
巧妙拒绝，让他知难而退 …… 290

第十六章 恋爱幽默——幽默是恋爱的必杀技 …… 292
接近异性，幽默是许可证 …… 292
幽默表白，恋爱“必杀技” …… 293
自然幽默，滋生爱情火花 …… 294
投石问路，含蓄传达爱意 …… 295
礼貌幽默，距离成就美感 …… 297
恋爱绝技，避免说话无趣 …… 298
控制心理，幽默应心而生 …… 299
应用幽默，增强恋爱美感 …… 300
获取芳心，一句幽默搞定 …… 301
爱有阴晴，幽默是和事老 …… 302
幽默情话，帮助爱情保鲜 …… 303
恋爱幽默，因熟悉度而定 …… 304
特色幽默，尽显人情魅力 …… 305

第十七章 亲子幽默——家长与孩子笑着说话 …… 307
幽默教育，触动活泼的天性 …… 307
友善尊重，幽默是联结的桥梁 …… 308
幽默夸赞，让孩子变“争气” …… 309
锁定欲望，用幽默激将行动 …… 310
美化言辞，孩子才能够听话 …… 312
幽默说教，切忌说的 8 种话 …… 313
接受差异，赢得孩子的服气 …… 315
幽默引导，亲子沟通更通畅 …… 316
亲情挚爱，幽默感是传送带 …… 318

第十八章　婚姻幽默——笑到白头，婚姻长青 …… 319
幽默良剂，升华夫妻感情 …… 319
巧设“圈套”，达到目的 …… 320
会说嘲语，拨动伴侣心弦 …… 321
会说笑语，找回爱的热情 …… 322
谐趣甜言，爱你爱到入骨 …… 323
女人之幸，家有幽默老公 …… 324
中和醋意，幽默是秘密武器 …… 325
改善气氛，幽默不是软弱 …… 326
笑出婚姻，幽默赢得幸福 …… 327
婚姻经营，互相幽对方一默 …… 329
夫妻争吵，需要适度地幽默 …… 330
幽默贤妻，让婚姻长久温馨 …… 331
心怀意见，用幽默委婉表达 …… 332
理性互补，幽默婚姻才和谐 …… 333
琐碎幽默，让夫妻生活幸福 …… 334
面对讥讽，用幽默进行反击 …… 335

下篇　幽默的提升——掌握技巧，成为幽默大师

第一章　幽默形式——多元幽默开胃大杂烩 …… 339
传统幽默与现代幽默 …… 339
健康幽默与不健康幽默 …… 340
有声幽默与无声幽默 …… 342
灰色幽默与黑色幽默 …… 343
红色幽默和暖色幽默 …… 345
冷幽默与热幽默 …… 346
禅式幽默与孩式幽默 …… 347
其他形式的幽默 …… 348

第二章　幽默技巧——三分靠天生，七分靠培养 …… 350
基础准备——知识是幽默前提 …… 350
厚积薄发——欢笑中呈现理智 …… 352
多听后练——用心去体会幽默 …… 353

克服紧张——幽默需要淡定 …… 354
即席演讲——幽默“7 要” …… 356
建立自信——幽默演讲的技巧 …… 357
练智增智——提高沟通的智慧 …… 358
练在当下——不放过任何机会 …… 360
心理共鸣——演讲与听众对味 …… 362
欲此说彼——含蓄迂回的表达 …… 363
装傻充愣——迂回之中显理智 …… 364

第三章 幽默修辞——手法精妙，信“口”拈来 …… 367
生动比喻——借题发挥，妙吐心声 …… 367
反问手法——只问不答，反诘进攻 …… 368
比拟修辞——幽默将讽刺进行到底 …… 369
拟人运用——别具特色，幽默动人 …… 371
双关运用——明里说一，暗里说二 …… 372
夸张技巧——夸大的幽默真给力 …… 374
类比幽默——违法常规，耐人寻味 …… 375
巧用重复——异曲中谱写同工之妙 …… 376
转换幽默——由此转彼，趣味调节 …… 377
巧用反语——将错就错，以讹反讹 …… 378
其他修辞——制造幽默妙招点点通 …… 380

第四章 幽默分寸——把握幽默的“投放量” …… 382
幽默应学会在适当的地方转角 …… 382
把握幽默分寸，打造活力社交 …… 383
注意幽默尺度，避免踏入雷区 …… 384
玩笑要抓尺度，给他人留有余地 …… 386
幽默要有针对性，长、晚辈区别以待 …… 387
把握地域禁忌，避开别人的忌讳 …… 388
职场幽默应把握分寸，不该说的勿说 …… 389
幽默应该节制，该干脆时不啰唆 …… 391
幽默演讲禁忌，看清禁忌说清话 …… 392

第五章 幽默时机——合适的时间说适合的话 …… 395
适时开口，幽默在智慧中潜伏 …… 395

双向沟通，成功的幽默风度 …… 397
打破冷场，让幽默及时出手 …… 397
适用幽默，不滥用才真有用 …… 398
看准对象，幽默应因人而异 …… 399
适时幽默，说话分量会更足 …… 400

第六章 幽默规则——有规矩方能成幽默之方圆 …… 402
启迪规则：人以笑话为笑，我以笑话醒人 …… 402
乐观规则：没有乐观的心，就无幽默的情 …… 403
适度规则：分寸中可进可退的中庸哲学 …… 404
平等规则：平等态度交流，给力美的人格 …… 404
特色规则：面对不同人的幽默沟通方法 …… 405
阻力规则：认清幽默阻力，促成幽默质变 …… 407
宽容规则：以包容的胸襟体现幽默精华 …… 409
正义规则：真正的幽默绝不嘲笑弱者 …… 409

第七章 幽默逻辑——有逻辑条理方有说服力 …… 411
以正导反，错位逻辑 …… 411
谬误逻辑，绕晕对手 …… 413
归谬逻辑，一非百非 …… 415
矛盾逻辑，解难开围 …… 416
歪解逻辑，笑不可挡 …… 418
逻辑严密，环环相扣 …… 419

第八章 幽默思维——让创新思维提升智慧幽默 …… 421
幽默思维：意料之外，情理之中 …… 421
趣味思维：有效沟通中的思考法 …… 423
孩式思维：童言无忌中造就幽默 …… 424
多向思维：用发散力，造幽默力 …… 425
逆向思维：反其道而“思”之 …… 426
联想思维：举一反三，自由想象 …… 428

上篇

幽默的力量

——嘴上功夫，彰显人生智慧

第一章

幽默的人生，精彩的智慧

幽默是一种智慧力量

“幽默是一种成人的智慧，一种穿透力，一两句就把那畸形的讳莫如深的东西端了出来。既包含着无可奈何，更包含着健康的希冀。”王蒙如是说。

什么是幽默？幽默就是一种人生的智慧。它体现的是一种才华，展现的是一种力量，它是文明的产物。

幽默以愉悦的方式向他人表达思想的高度与真诚，它就像是一座与外界沟通的桥，可以填平人与人之间的鸿沟，可以润滑人与人之间的关系，可以为自己减负，为他人送去欢乐，可以赢得一个智慧型的美好人生。原来幽默的力量如此伟大。

幽默之所以被称之为一种智慧，是因为幽默带来的笑声完全不同于小丑在众人面前的耍宝，它需要在智慧积淀的思维基础上，以优雅的风度来呈现出自己的睿智。幽默的语言特色往往是一语中的而又不失趣味。

幽默最基本的特点有以下两点：

1. 必须有趣味点

即是幽默必须具有美感特征，如果只是一味地用来讽刺他人而使自己畅快，却忽略了他人的感受，那样的幽默会造成他人的厌恶与反感。

2. 必须意味深长

幽默就像是一杯醇酒，越品越会拥有醉人的味道。幽默的智慧性来自自身深刻的生活体验、敏锐的洞察力与想象力、良好的素养与语言表达能力，以及优雅的风度与乐观的情绪。

他是第二次世界大战时反法西斯阵营的三巨头之一，他曾连续两次担任英国首相，直到今天，人们仍将他列为20世纪最重要的政治领袖之一。除此之外，他还是演说家、作家、记者，历史学家和画家，并于1953年获诺贝尔文学奖。他也是一位机敏睿智的幽默大师，思维敏捷，语言机智，常常用幽默的语言化被动为主动，捍卫自己和国家的尊严。他就是丘吉尔。

有一次，萧伯纳为庆贺自己的新剧本演出，特发电报邀请丘吉尔看戏："今特为阁下预留戏票数张，敬请光临指教，并欢迎你带友人来——如果你还有朋友的话。"丘吉尔看到后立即复电："本人因故不能参加首场公演，拟参加第二场公演——如果你的剧本能公演两场的话。"

丘吉尔善用幽默的智慧由此可见一斑。不仅在生活中如此，即便是在政治上，丘吉尔也能够将这种智慧应用自如。一个具有幽默感的人，一定具有强大的人格魅力，因为他总能强烈地感受到自己力量的存在，所以能够从容地应对各种尴尬困苦的窘境。

在阿拉曼战役之前夕，丘吉尔召见了他的得力将领蒙哥马利将军。在谈话中，丘吉尔提议他应该研究一下逻辑。疆场勇士蒙哥马利担心自己会陷入纠缠不清的逻辑命题中，便找了个借口推托。他对丘吉尔说："首相先生，你知道，有这样一句谚语：了解和亲昵会产生轻蔑。也许我越是研究逻辑，便会越加轻视它。"

丘吉尔取下烟斗说："不过我要提醒你，没有一定程度的了解和亲昵，什么也不会产生出来。"

就是通过这样直白坦率而又幽默的方式，丘吉尔最终总是能够说服自己的属下，并赢得他人的信任与尊重。再加上丘吉尔并不选择粗暴地对身边的人发脾气，他对人对事的轻松姿态让自身的影响力不断扩大。丘吉尔的幽默是一种智慧，更是一种胸襟和力量。他曾经两次当选英国首相，被认为是20世纪最重要政治领袖之一。

生活中的你，是整天一副严肃的表情，还是常能于妙趣横生中化干戈为玉帛呢？幽默并不仅仅是一种单纯的说笑，它还是一种智慧的迸发、善良的表达，是交往的润滑剂，更是一种胸怀和境界。幽默不仅能增加你和他人之间的友谊，更能使一些误解得到消除。幽默的力量就像太阳的光芒一样，可以使这个世界变得温暖明媚。

幽默是一种语言艺术

著名的文学家老舍先生这样评价幽默：幽默文字不是老老实实的文字，它运用智慧、聪明与种种搞笑的技巧，使人读了发笑、惊异、或啼笑皆非，或受到教育。

幽默不仅是一种智慧素养的体现，也是一种助人发笑的语言艺术。在我们的生活中，常见的语言艺术形式有喜剧、小品、相声等表现形式，他们的共同特点通过达到艺术效果的形式使人人笑意大增。

在语言艺术中，有夸张、对比、联想等表达方式，意在将个人的机智与喜感适地、适时、适当地联系起来。幽默的语言艺术，带给人的不只是心情的放松、对生活的热爱，更有对人生价值观的深思——做人就应该拥有一颗乐观之心。

某大学植物系有一位教授，开的课虽然是冷门课程，但只要是他的课，几乎堂堂爆满，甚至还有人站在走廊上旁听，原因并不是这位教授专业知识多渊博，而是他的幽默风趣传遍了整个校园，使得学生们都乐意上这位教授的课。

有一次，该教授带领一群学生深入山区去做校外实习，沿途看到许多不知名的植物，学生好奇地一一发问，教授都详细地回答解说。一位女同学忍不住停下了脚步，对着教授赞叹地说："老师，您的学问好深呀，什么植物都知道得那么清楚！"教授回头眨了眨眼，扮了个鬼脸笑道："这就是我故意走在你们前头的原因了，只要一看到不认识的植物，我就'先下脚为强'，赶紧踩死它，以免漏底！"学生们听了个个笑得合不拢嘴，这次实习之旅是一趟充满了欢乐的丰富之旅。

当然，教授只是开了个玩笑，幽默了一下而已，但这就是他深受学生喜欢的原因。懂得将严肃搁在一边，将幽默摆在中间，你我都可以成为一个广受欢迎的人！

有幽默感的人，善于不失时机地抓住有趣的一面，分寸得当地以诙谐的语言和动作，表达出自己的思想和意见。我们可能都有这样的体会：幽默可以使人们之间的关系变得亲切、和谐，幽默是增加你谈吐魅力的一道耀眼的光芒。

苏东坡经常和苏小妹互相开玩笑。

苏东坡长着一嘴胡子，苏小妹笑曰："口角几回无觅处，忽闻毛里有声传。"

苏小妹的额颅凸起，苏东坡笑曰："未出庭前三五步，额头先到画堂前。"

苏小妹又嘲笑东坡下巴很长："去年一点相思泪，至今未流到腮边。"

苏东坡看到小妹的双眼微抠，说："几回拭眼深难到，却留汪汪两道泉。"

苏小妹抓住了苏东坡一嘴胡子以及下巴太长的缺点，进行嘲笑；面对小妹善意的嘲笑，苏东坡没有发脾气，而以应嘲的方法，抓住小妹的前额高、眼窝深的特点，夸大其"特点"，对小妹的嘲笑给予"有力的回击"。这种应嘲，不仅体现了兄妹之间的亲密，而且增添了交往的乐趣，加深了兄妹之间的情谊。

幽默的艺术性在于，在将他人的话题转为自己的谈话资料的同时，还可以添加一些趣味性。一段幽默风趣的话不仅能引人发笑，而且还能强化双方交往的愿望，引发谈话的兴趣，使你更容易达到谈话的目的。

幽默是一种高雅的语言艺术，笑而不俗，雅而不腻。幽默的语言让人心旷神怡，自在享受生活的赠予。幽默是一种艺术，需要"表演者"尽职尽责的演出，也需要听众会心的欣赏、理解与追寻。

幽默是一种机智思维

幽默既需要智慧做强大的后盾，也需要灵活的思维做勇猛的冲锋军。

那么，幽默的智者自然会做到用自己的风趣去化解外界的敌意与尴尬，同时当别人在委婉、含笑的说话时，也能够机敏地听出话中之意、言外之音。如果在交往中，该自己说句玩笑打破冷场的时候却沉默，该自己对他人的幽默捧场的时候却又一无所措，这样的人无论有多智慧，充其量只能算是个高智商、低情商的闷葫芦。从历史长河的实践中证明，懂得解读幽默风情的人，会受到更多人的喜欢与青睐。

马克·吐温有一次到某地旅店投宿，别人事前告知他此地蚊子特别厉害。

他在服务台登记房间时，一只蚊子正好飞来。马克·吐温对服务员说："早听说贵地蚊子十分聪明，果如其然，它竟会预先来看我登记的房间号码，以便晚上对号光临，饱餐一顿。"

服务员听后不禁大笑。结果那一夜马克·吐温睡得很好，因为服务员记住了房间号码，提前进房做好了灭蚊防蚊的工作。

我们在为马克·吐温的机智话语大笑的同时，更应该想到机智思维的作用，机智的思维在瞬间就可以将一件平白无奇的事情，说得那么有滋有味。不仅说的人开心，听的人也轻松愉快，还能不费心力地就可以让他人愉快的帮自己摆脱小麻烦。人们乐于同机智风趣、谈吐幽默的人交往，因此，要有足够的幽默做人际关系的润滑剂，能够使你得到更多陌生人的关照。

有时候自己也许干了蠢事，被别人幽默了一下。即使你不会巧妙地回应，但最起码应当知道人家在说什么，而不要像这位酸秀才：

欧阳修是宋朝著名文学家和史学家，也是诗词方面的名家，这是众所周知的。然而有个叫"酸秀才"的富家子弟，读了几册唐诗，能诌两句打油诗，就不知天高地厚地要找欧阳修比试高低。上路那天，他走到一条河边，见一群鹅在水里游着，就信口吟起诗来："远望一群鹅，一棒打下河。"吟完肚里就无货了。这时，正巧欧阳修路过这里，笑了笑，续其诗曰："白翼分清水，红掌踏绿波。""酸秀才"拱手道："想不到老兄也能诌两句，好，我们一起去访问欧阳修吧！"说着，两人来到渡口。上了小船，两人又对吟起来。

秀才："诗人同上船，去访欧阳修。"

欧阳修："修已知道你，你还不知修。"

欧阳修这首打油诗，幽默风趣地讥讽了"酸秀才"其人，他既无真才实学，也无自知之明，不过是个打肿脸充胖子的草包而已，然而却大言不惭，还以诗人自居，所以欧阳修讥之曰："你还不知修。"这个"修"与"羞"谐音，使之听起来不刺耳。而这个毫无解读幽默智慧的"酸秀才"还继续蒙在鼓里。

练就一副幽默的谈吐需要机智的思维，随机应变的灵巧。接收幽默同样需要智慧的领悟，实际交谈中，并不是每个人都能解读准确、接话恰当的。机智的反应虽说与先天因素有一定的关联，但是更重要的在于后天的思考与锻炼。如果你是一个热爱学习、尊重知识、用心思考并追求快乐的人，幽默的生活姿态就已经离你不远了。

幽默是一种灵性修养

幽默的口才不同于在规定时间内去完成一件工作或起草一篇文章，更不是饮一杯茶、打一场球那样来得愉快轻松。幽默口才的完善实质是很长一段时间集思想、语言行为、仪态、情绪等各个方面综合磨炼的过程，亦是内在修养的过程。在幽默口才的积累中，这一过程应视为心理的准备与承受过程。一个人若只有语言能力，那么还不足以广受欢迎，必须抱着不同于寻常的心与人交往，才能使相处变得饶富趣味。

有些人喜欢抬杠，搭上话就针锋相对，无论别人说什么，他总要反驳。他本来一点成就也没有，不过你说话时，他一定要说否，到你说否时，他又说是了。这是最可怕的习惯，犯这种毛病的人很多，而且每每自己不知道。为什么会这样呢？因为他不喜欢听取别人的意见，在心目中只有自己，而且他自以为比别人高明，事事要占上风。即使真的见识比别人高明，这种态度也是要不得的。这种习惯使人失去一切的朋友和同事，没有人肯贡献给这样的人一点意见，更不敢向这样的人进一点忠告。唯一改善的方法是养成尊重别人的习惯，要知道，在日常谈论的没有绝对是非标准的问题当中，你的意见不一定对，而别人的意见也不一定错，把双方的总和再进行分配，你至多有一半是对的，那么你为什么每次都要反驳别人呢？

幽默口才是一种表达情意、与人交际的才能，但它不只是靠语言完成的，还要靠风度。纪伯伦曾经说过："大智慧才算得上一种大涵养，只有有涵养的人才善于学习，而我可以从健谈的人身上学习到静默。"

美国油画家和版画家惠司勒口才极好，成名前，他靠替人画肖像为生。他画肖像时，从不故意把作品画得美一些来取悦于人，而且常把别人的缺点不加修饰地画出来。

一次，他替人画完一幅肖像画后，那人把自己的像看了好久，然后很不高兴地问惠司勒："你说你能把这画称为艺术品吗？"

"你说你能把自己称为一个人吗？"惠司勒冷笑一声说。

惠司勒用一种淡定的反问让那个讽刺他作品的人无言以对。言外之意是既然自己长得不怎么样，为什么还要让别人来虚伪地美化呢？何况真正的内在修养不需要通过外在的修饰亦能体现。

在幽默口才的内在修养上，修养本身是修内在的承受力与胸怀，重要的是别把自己的工夫花在装腔作势上。我们无法更清晰地剖开所有人的“外衣”，只是我们在潜意识里感到，一个人在拥有好口才的同时，一定要认清自己的真相，使心理与行为一致。通过自我研究，便能够客观地了解自己，就会发现自己的长处和短处了。如果能够养成这样一个习惯，对自己的工作、学习和生活会非常有帮助；并且只要不断地努力下去，你的潜能终会逐日显露出来，你拥有的长处也就能获得充分施展了。

富兰克林是个口才很好的政治家，他十分重视语言修为。他早年曾经做了一张表，表上列举出各种他所要改善自己的美德。这样几年的身体力行，显然获得了相当成就。后来，他又找出了还有一件应该实行的美德，那也跟谈话艺术有极大的关联。他说：“我在自我完善的计划里，最初想做到的有十二种美德，但有一个朋友，有一天向我说，大家都认为我太自傲，原因是我的骄傲常在谈话中吐露。当辩论一个问题时，我不但固执地满足我自以为正确的主张，而且有些轻蔑别人的样子。我听了他这话，立刻就想矫正这种缺点，因而在我的表上的最后一行加了‘虚心’这一条。

“这样没过多久，我果然发觉改变后的态度使我获益不少。因为事实告诉我，我无论在哪里，若陈述意见时用谦虚方式，会令人家容易接受而绝少反对；说错了的话，自己也不致受窘了。”

靠着这种谦虚的口才修养，富兰克林成为美国出色的且受人尊敬的政治家。

一个注重言语修为的人，一个有益于他人的人，自然易于为他人所接受，他的话也就可能被别人奉为圭臬。“文如其人”是从写作角度说的，我们也完全有理由说“言如其人”。心理上的专注力、耐受力、进取心等品质，也将使你更具个人魅力，使你的幽默更富内涵。

幽默是一种生活态度

幽默是一种生活态度，是一种笑面人生的生活态度。懂得幽默的人，不会因为别人的冒失而抱怨，也不会被自己的曲折人生所吓倒。世界在他们的眼中是彩色的，是充满希望与美好的。人常说，“生活不是缺少美，而是缺少发现美的眼睛”。懂幽默的人就长了一双发现美的眼睛，享受美的嘴巴。他们的幽默习惯，于己，让日子多些乐趣；于人，彼此多些轻松。

启功先生作为中国知名的书画家，他的前半生可以说是充满坎坷和艰辛，1岁丧父，母子二人便由祖父供养。10岁祖父过世，家道中落，一贫如洗，再无钱读书，由于得到祖父门生极力相助，才勉强读到中学，但尚未毕业。由于个性坚强，不愿再拖累别人，便决心自谋生路。经祖父的门生傅增湘先生介绍，认识辅仁大学校长陈垣，经陈垣介绍，两次工作皆因没有文凭而被炒。但他却没有绝望，一边靠卖字画为生，一边自学，最后终于在辅仁大学谋到一个教职。此后，在陈垣校长的耳提面命之下，取得长足进步。

经过无数人生历练的启功先生，不但在艺术上取得了非凡的成就，而且也在心灵上步入了大彻大悟之境，生命中充满着一种“身心无挂碍，随处任方圆”的大气和洒脱。

启功先生成名之后，便经常有人模仿他的笔墨在市面上出售。有一次他和几个朋友走在大街上，路过一个专营名人字画的铺子，有人对启功说：“不妨到里面看看有没有你的作品。”启功好奇，大家一起走进了铺子，果然发现好几幅“启功”的字，字模仿得很到家，连他的朋友都难以辨认，就问道：“启老，这是你写的吗？”启功微微一笑赞道：“比我写得好，比我写得好！”众人一听，全都大笑起来。谁知说话之间，又有一人来铺里问：“我有启功的真迹，有要的吗？”启功说：“拿来我看看。”那人把字幅递给他。这时，随启功一起来的人问卖字幅的人：“你认识启功吗？”那人很自信地说：“认识，是我的老师。”问者转问启功：“启老，你有这个学生吗？”作伪者一听，知道撞到枪口上了，刹那间陷于尴尬、恐慌、无地自容之境，哀求道：“实在是因为生活困难才出此下策，还望老先生高抬贵手。”启功宽厚地笑道：“既然是为生计所害，仿就仿吧，可不能模仿我的笔迹写反动标语啊！”那人低着头说：“不敢！不敢！”启功听他说完便走出店门，同来的人说：“启老，你怎么就这样走了？”启功幽默地说：“不这样走，还准备送人家上公安局啊？人家用我的名字，是看得起我，再者，他一定是生活困难缺钱，他要是找我借，我不是也得借给他吗？当年的文徵明、唐寅等人，听说有人仿造他们的书画，不但不加辩驳，甚至还在赝品上题字，使穷朋友多卖几个钱。人家古人都那么大度，我何必那么小家子气呢？”

启功的襟怀比之古人，可以说是有过之而无不及。

启功先生并没有因为曾经生活中的坎坷与曲折而否定了人生阳光的一面，他依旧用一颗宽容并幽默的乐观之心对待这个世界。幽默的生活态度体现在一种心境、一种状态、一种与万物和谐的“道”之上。

幽默是快乐的催化剂

德国人、法国人和俄国人聚在一起谈论什么是“快乐”。

德国人说：“快乐就是你在辛苦地工作完一天后，躺在自己舒服的沙发上，喝着啤酒，看着精彩的球赛……”

法国人说：“快乐是你在星期六的夜晚，与心仪已久的金发美女，共度浪漫良宵……”

这时，俄国人说了：“真正的快乐是在深夜里，你突然听到急促的敲门声，打开门一看是一群秘密警察，他们拿着枪指着你说：‘格拉吉夫，你被捕了！’而你告诉他们：‘格拉吉夫住在隔壁！’”

快乐的含义很简单，就是拥有生命的每时每刻。幽默为快乐带来了更出色的诠释与表现。

幽默不只是自身生活态度的体现，更是实现他人快乐的催化剂。幽默之所以成为幽默，其必要条件就是使人快乐，而一切痛苦或不愉快的因素都不能因它而生，否则就不是真正的幽默。

幽默若想带来真正的快乐，首先自己就应该选择快乐即享有快乐的内心。内心的快乐通常是指一个人过着健全的正常的和谐的生活所感到的快乐。

一位老人应邀去一家电视台做节目嘉宾。他讲话的内容完全是毫无准备的，当然更没有预演过。但不管他什么时候说什么话，听起来总是特别贴切，毫不做作，观众听着他幽默而略带诙谐的话语都笑弯了腰。最后，台下一名观众禁不住好奇地问他：“您这么快乐，一定有什么特别的快乐秘诀吧？”

“没有，”老人回答道，“我没有什么了不起的秘诀。我快乐的原因非常简单，每天当我起床的时候我有两个选择——快乐和不快乐，不管快乐与否，时间仍然会不停地流逝，我当然会选择快乐。如果要秘诀的话，这就是我的快乐秘诀。”

生活中你可以不快乐，你也可以快乐。如果你要快乐，尽管告诉自己：“一切都进行顺利，生活过得很好，我选择快乐。”是谁决定你快乐或不快乐？不是别人，正是你自己！而只有一个内心真正快乐的人才可能具有幽默的习惯与幽默的素养、才可能无私地将快乐呈现给他人。

真正的幽默可以是自娱自乐、可以是娱乐他人，也可以是正当防卫语言的攻击，但唯独不可以对他人嘲笑，否则那就不是幽默，而是残忍。

有一个农民进城卖瓜，走近路口，红灯亮了，仍挑担向前走。交警走到他面前，行了一个礼说：“阿伯，请留步，红灯亮了。”

农民抬头看看亮着的红灯，说：“灯在上边亮，我在下边走，不碍事。”

一个卖完柴的农民扛着扁担进了一家商店，刚推开门，恰巧店里敲打10点半的钟声，“当”的一声，把农民吓得直打哆嗦，他赶紧向店员解释说：“不是我打的，这不是我打的。”

将无知作为幽默“原料”，虽然有些道理；若问题牵涉到农民的无知时，如果忘记当时的背景，只是嘲笑他们，是不公平的，也是不近人情的。用自己的知识去嘲笑他人的无知，本身就是对他人尊严的一种践踏，这已经远远违背了幽默的本质。

真正幽默的情状表现

幽默的情状表现与幽默的特点既有共通之处，即都具有机智的趣味性；又有差异之别，即情状重在情景的展示，让大家可以更轻松而又深刻地汲取到幽默的风味与内含。

“幽默”这个词起源于古罗马人的拉丁文，形成于古法文，起初是个医学术语，指人的体液。它作为美学范畴的一种特定含义是16世纪以后的事情。汉语中最早出现“幽默”一词，据考是在《楚辞·九章·怀沙》中，是寂静无声的意思，与现在所说的“幽默”不同。我们现在说的“幽默”一词是英语“humour”的音译，有“会心的微笑”，“谑而不虐”、“非低级趣味的只可意会的诙谐”等意义。这种解释只是书面上的。现实生活中，幽默的含义极为丰富，各家各派因此众说纷纭，至今仍未形成一个十分确定的含义。但是幽默的情状倒是十分明晰，以下儿点就是它的情状表现：

1. 机敏诙谐，有趣味性

有这样一段对话：

“昨天你骑马骑得怎么样？”

“不太坏，不过我那马太客气了。”

“太客气了？”

“是呀！当我骑到一道篱笆的时候，它让我先过去了。”

人们一听便知道是马把这位先生摔下来了。而主人却自我解嘲说是“马太客气了”，由此产生了逗人发笑的效果。

2. 含蓄，具有极强的穿透力

幽默讲求寓深远于平淡，藏锋芒于微笑。但特殊情况下，它也有尖锐刺痛，有时也有一针见血的穿透力。幽默的这种穿透力，一两句话就能把畸形的讳莫如深的东西端出来，对一切卑微可笑的东西可谓是当头一棒。但幽默的尖锐刺痛并不是破口大骂，它具有含蓄深刻的特点。

曾经有一位老新闻工作者说：“每天看着20多岁的俊男靓女在电视屏幕上预测经济前景，纵论国家大事，我就体会着在大街上遇到卖假药的心情。”

某厂，两位工人正在评价他们的厂长。

“厂长看戏为什么总是坐在前排？”

“那叫带领群众。”

“可是看电影为什么又坐中间了？”

“那叫作深入群众。”

“来了客人以后，餐桌上为什么总有厂长呀?”

“那叫作代表群众。”

“但是他成天坐在办公室里，车间里看不到他的身影，又怎么说?”

“傻子，这都不知道，这叫相信群众嘛。”

谁都知道这两位工人正在心照不宣地指白道黑，讥讽厂长的领导作风。话尽管不符实，却赢得了成功的讽刺效果。

3. 温和亲切，富有平等意识和人情味

听了别人说的话能发笑，这是正常人起码的幽默感。自己能来点幽默，让别人笑，这人则具有相当的幽默感。拿自己开玩笑——自嘲，这是最高品位的幽默。可见，富有平等意识和人情味是幽默的重要特征之一。

美国前总统林肯长得不好看，他自己也不避讳这一点。一次，道格拉斯与他辩论，指责他是两面派。林肯回答说：“现在，请听众来评评看，我如果还有另一副面孔的话，我会戴着现在的这副面孔吗?”

幽默是人性善良的体现。幽默者不论是指出那些可怜或可鄙的小古怪，还是指出他人的愚笨可笑，或是在取笑别人的同时也取笑自己，其情绪是自尊和自嘲的混合，因而在化解困境、嘲讽丑态中，能体现出真正的人情味。

幽默源于生活，为生活逗趣

幽默的语言来自纯洁、真诚和宽容的心灵，是生命之中的波光艳影，是人生智慧之源上绽放的最美丽的花朵，是人们能够从你那里享受到的心灵阳光。幽默的源泉不在别处就在我们身边的生活之中，一个善于捕捉生活细节与快乐真谛的人，肯定是个不错的幽默者。幽默之魅力，如谚语所云：“送人玫瑰之手，历久犹有余香。”即幽默源于生活，却又无时无刻不在为生活增添着欢乐与情趣。

假若把一个人的各种优良物质比作钻石的各个侧面，幽默感则是钻石直接面向观众的那一面，可以时时折射出智慧的光辉。在有限的时间和空间内，哪怕是初次见面的一次晚餐上，幽默都能让你一展才华，脱口而出，令人耳目一新，乐不可支，印象深刻。一段精彩的幽默对话，有时会让人一辈子难忘，你的形象和你的故事会一起被新朋友们长久地储存在记忆深处。

为什么幽默能带给人无穷的吸引力呢？主要是因为幽默中闪烁着睿智的光芒，幽默可以给别人带来快乐，可以让别人缓解痛苦、忘记烦恼。有幽默感的人往往思路敏捷、反应迅速，即使是面对复杂的环境和场合，也能从容不迫地妙语惊人，终可化险为夷。

有这样一个机智的报幕员。“尊敬的女士们和先生们：下面我们将请在国际比赛中多次获奖的世界著名艺术家用小提琴为我们演奏几首美妙的乐曲。”报幕员对观众说。

“可我根本不是什么小提琴家，”艺术家不好意思地对报幕员说，“我是钢琴家。”

“女士们和先生们，”报幕员说，“不巧，小提琴家把小提琴忘在家里了，因此，他决定为大家演奏几支钢琴曲。这机会更难得，请大家鼓掌。”

报幕员机灵的应变幽默，在将错就错中将意外变成了惊喜。避免了报幕员自己的尴尬，赢得了钢琴家的默许，获得了大家的欢迎。有幽默的地方，总是看不到险境的恶劣，总是给生活增添令人舒心愉悦的笑料。心理学大师弗洛伊德说，人类是“追求快乐的动物”，人们都喜欢让自己“笑”、“高兴”、“快乐”的事，而不喜欢让自己“哭”、“痛苦”、“悲伤”的事。

的确，人们都喜欢“愉悦和欢笑”，所以人们都希望和有“幽默感”的人在一起，从而感染到一股“喜悦和欢愉”。因此，一个幽默、风趣、妙语连珠的人，常常大受欢迎，为什么？因为他的乐观、开朗，带来“开怀的笑容”与“明亮的阳光”，也让人觉得——“好喜欢他”。

一个老大爷从市场小摊贩那里买了一双袜子，拿回家高兴地对妻子说：“进口货！”

老婆说：“穿上试试看。”

这人不小心，劲稍稍大了点，不料袜子竟一下子被戳破，露出了脚趾，惹得老婆哈哈大笑：“呵，原来是‘出口货’。”

这是一对很有幽默细胞的夫妻，一双袜子都能给他们平淡的生活带来乐趣，这就是幽默。幽默存在于生活中的每一个角落，关键是我们要用心体会，有知趣的言语表达，如果我们愿意与生活一起游戏，它就会在我们意想不到之处为我们制造惊喜。

幽默是一份庄重严肃的笑量

幽默是一份庄重严肃的笑量。林语堂说，humour既不能译为“笑话”，又不尽同“滑稽”；若必译其意，或可用“风趣”“谐趣”“诙谐”，无论如何，总是不如音译的直截了当，也省得引起别人的误会。凡善于幽默的人，其谐趣必愈幽隐；而善于鉴赏幽默的人，其欣赏尤在于内心静默的理会，大有不可与外人道之之滋味。

幽默，生动有趣而意味深长，中国古代称笑话为雅谑或雅浪，而幽默字义有幽者雅也，默则可理解为机智冷静，林语堂的译法可谓独到。

列宁说，幽默是一种优美的健康的品质。幽默应是对噱头、调侃、贫嘴、说教、卖弄、装傻卖乖或尖酸刻薄的超越。在我们当下流行的文化里，在我们的各类媒体节目里，噱头、调侃、贫嘴、说教、卖弄、尖酸刻薄和装傻卖乖等伪幽默却已经泛滥成灾。演员、主持人、追逐时髦的少男少女们，几乎都以这些方式“幽默”着，而现场的观众居然也被逗笑了。

幽默这个外来词在我们的生活中经历了很长时间，随着时间的流逝，幽默的定义逐渐被曲解了。拿无知当个性，拿无聊当有趣，都不是真正的幽默，而是幽默的大误区。

在幽默的语言中，性暗示过分强烈的叫作荤幽默或黄色幽默。黄色幽默发生在公开场合，有伤大雅，引人反感，即使本来可能接受它的人，也往往顾忌朋友师长的态度而不知如何反应是好。所以，这种荤幽默最不宜在公众场合讲，否则不但令人不愉快，反而会降低自己的魅力。

中国是深受儒家文化熏陶的国家，讲究的是“非礼勿听，非礼勿视”。所以，我们要注意绝对不要在公众场合，尤其是有异性、长辈、上级等在场的情况下谈及这种笑话。不顾国情、毫无节制地讲露骨的笑话，其实也是对别人的一种侵害，更是对自己人格的贬低。

另外，幽默的制造勿以讽刺他人为乐。

众所周知，幽默是以社会生活为基础产生的，它不是虚飘在空中的幻景，它的存在本身体现了人们多方面的社会功利需要，包括惩恶扬善、沟通心灵、调解纷争，等等，这使幽默必然要和讽刺、嘲笑、揭露联系在一起。但是，幽默所有的善意的讽刺、温和的嘲笑，其中灌注着深厚的情感因素，正像萨克雷《布朗先生致侄儿书》所说的：“幽默是机智加爱。”爱减弱了幽默批评的锋芒，通过诱导式的意会发生潜移默化的作用。苛刻的幽默很容易流于残忍，使人受到伤害、陷于焦虑之中。通常，讥讽、攻击、责怪他人的幽默，也能引人发笑，但是它却常常造成意想不到的后果，使本应欢乐的场面变得十分难堪。

正因为这样，讥讽他人受到许多幽默理论家的一致反对。林语堂认为幽默与讽刺极近，却不能以讽刺为目的。讽刺每趋于酸腐，去其酸辣，而达到冲淡心境，便成幽默。玛科斯·雅克博似乎更率直：“不要讽刺！讽刺会使你和受害者都变得冷酷无情。”

幽默是一种生活的态度

幽默既不等同于一般的嘲笑、讥讽，也不是为笑而笑，轻佻做作地贫嘴耍滑。幽默毕竟是修养的体现，它与中伤截然不同。幽默好似“维生素”，中伤却似恶人剑；幽默笑谈是美德，恶语中伤系丑行。真正好的幽默是真情实感的自然流露，是严肃和趣味间的平衡，它以一种古怪的方式激发出来，却经常表现出心灵的慷慨仁慈。

在我们遇到不顺心的事或难以对付的人时，不妨笑一笑，来点儿幽默，不要把挫折看得太严重，不要自寻烦恼，对人生百态，即使是无聊可笑的事，也应以从容、宽厚的态度来看待，这便是幽默精神。

诺贝尔奖获得者、德国著名物理学家维恩教授的学生劳布专程到伯尔尼拜访爱因斯坦。他的学位论文中涉及《相对论》，教授不同意他的观点，叫他去找《相对论》的著者请教。碰巧爱因斯坦一个人在家，他正跪在地上生炉子。见到来客，爱因斯坦扔下捅火棒，伸出两只乌黑的手。客人稍稍迟疑了一下，爱因斯坦也没有察觉，两只乌黑的手和两只雪白的手握在了一起。爱因斯坦用手背擦了一下被煤粉染黑了的额头，笑着说："你看，我和人讲辐射，可是这个倒霉的炉子，就怎么也辐射不出热来。"

在不顺意的地方自嘲一下，以豁达乐观的心看待生活，一切也会变得美好起来。作为情感的凝聚物，幽默对幼稚和纯真总是不吝啬自己的爱抚，由此折射出幽默家宏大、宽厚、仁爱的品格。

从心理学的角度来看，宽容就是透过信赖、信任、赞扬、鼓励等方法，促使双方之间的关系变得更为融洽。其实每个人的潜意识里都希望得到他人的宽容，每个人都希望和他人分享自己的喜、怒、哀、乐。正因为他人的宽容满足了自己此种需求，所以才会对对方产生好感，所以幽默的骨子里流淌的旷达血液足以震慑他人。

肯尼迪常常给一些专栏作家写东西，这些东西使这些作家们既受宠若惊，又感到滑稽有趣。一天，肯尼迪收到专栏作家伦内德·莱昂斯的一封信，信中说目前那些总统署名的照片每张价格如下：乔治·华盛顿 175 美元；富兰克林·罗斯福 75 美元；格兰特 65 美元；约翰·肯尼迪 55 美元。

肯尼迪回信道："亲爱的伦纳德，承蒙来信告知肯尼迪亲自署名的照片的市场价格。不断上涨的价格现在已如此之高，这实在令人难以置信。为了防止市场进一步萧条，请恕我不在这封信上署名。"

从肯尼迪的趣味回信中可以看出，豁达的幽默者不会为别人决定自己的价值，只会为实现自己的价值决定行动；哪怕当别人给自己定出了价值之后，也不会以唇相讥，而是豁然的一笑了之。生活是需要睿智的。如果你不够睿智，那至少可以豁达。

以乐观、豁达、体谅的心态看问题，就会看出事物美好的一面；以悲观、狭隘、苛刻的心态去看问题，你会觉得世界一片灰暗。两个被关在同一间牢房里的人，透过铁窗看外面的世界，一个看到的是美丽神秘的星空，一个看到的是地上的垃圾和烂泥，这就是区别。

幽默口才是走向成功的捷径

话多不如话少，话少不如话好。善于用别人喜欢的方式说话的人，是智慧的。如果你曾经因为使用别人不喜欢的谈话技巧而失掉朋友，因为说话不高明而失掉一个顾客，因为言语不当而错过一个好机会，因为口不择言而惹来一身麻烦，那你应该学会如何用讨人喜欢的方式说话。说话方式讨人喜欢是一个人的通行证，是获得良好机会、满堂喝彩、上司赏识、下属拥戴、同事喜欢、朋友帮助、恋人亲密的必要条件！幽默的口才则是最受欢迎的语言表达方式，因此，幽默的说话方式成了推动一个人走向成功的助推器。

幽默的人更容易追求上进、更容易对事物充满希望，哪怕遇到了一些小麻烦，也不会将注意力集中在抱怨的身上。

相反的，不善言谈和说话不讨人喜欢，很容易给人留下能力低下和知识匮乏的印象。这样的人不管处在哪一个社会层面，也不管走到哪里，都不会轻松地走上人际的前台，也不会得到足够的器重和赏识，甚至只能沦为无足轻重的边缘人。其实，想拥有出色的说话能力并不是想的那么困难。语言的规则是基本的，技巧也比较好掌握，只要你坚持不懈地努力，一定会有所成就！学会讨人喜欢的说话方式，是一件既容易又很不容易的事。说容易，是因为我们每个人都会说话，都知道说话要做到讨人喜欢，并努力达到这种境界；说不容易，是因为别人的心理很难把握，而且绝大多数时候说话是即时的，容不得你仔细考虑。难怪成功学家林道安说："一个人不会说话，那是因为他不知道对方需要听什么样的话。假如你能像一个侦察兵一样看透对方的心理活动，你就知道说话的力量有多么巨大了！"

我们大多数人每天花费50％～75％的工作时间，以面对面形式、打电话形式、网络或书面的形式进行沟通，而在沟通中80％是以说话的形式进行的。那么，说什么以及怎样说才能让人高兴，是我们成功沟通的关键。

如果一个人能用机智的幽默方式说话，那么，他一定会展现出无穷的魅力，无论是立身处世，还是交友待人，都一定会挥洒自如，也会为自己的人生赢得更多机会，获得更多实实在在的好处。

一语可以成仇：一句话说错了，会破坏人际关系的良性互动；一句话说错了，会导致功败垂成。一语可以得福：一句话说对了，可以得到方便；一句话说对了，就是向成功迈进了一步。

说话要幽默，要因时、因地、因人、因事。学会在错综复杂的说话情境中讨人喜欢的秘诀，把握住赢得更多机遇、获得更大利益的机会。

用幽默的力量打造业界形象

各种业界，莫不对幽默力量给予很高的评价。实际上，幽默称得上是一个具有亲和力的"形象大使"。因为，很多工商业界高阶层的负责人，都运用幽默力量来改变他们的形象，甚至改善大家对整个公司的看法。每一阶层的领导人和经理人在人事的甄选与训练上，也转而向幽默力量来求助。

让我们提出一些统计资料和实例，来重申上述的观点。此外，为了便于讨论，我们在提到“幽默”或“幽默感”时，就包含有“幽默力量”的含义。

有一次，美国329家大公司的行政主管，参加一项幽默意见调查。由一家业务咨询公司的总裁霍奇先生主持此项调查，调查发现：97%的主管人员相信：“幽默在商业界具有相当的价值。”

60%的人相信，幽默感能使人决定一个人事业成功的程度。

《芝加哥论坛报》专栏作家那葛伯，访问了参与调查的几位主管人员，而后整理出几位高级经理人员的意见：

克雷夫特公司总裁毕尔斯，认为幽默感对于主管人员十分重要。“它是表示一个主管具有活泼、弹性的心态的重要指标。”毕尔斯说：“这样的人通常不会把自己看得太严重，而且比较能作出好的决策。”

还有一家公司的总裁，从创造和谐快乐的同事关系的角度来看幽默感，“这是一个基本原则，”他说，“就是你若能做些自己引以为乐的事情，那么你会是一个较好的老板，或较好的下属。”

幽默使工商业者的沟通有逐渐增长的趋势，还有另一个可靠的指标，是来自幽默家欧尔本的资料。他创办幽默服务，发现近十年来光顾的客户有很大的转变。工商业者有愈来愈多的倾向，不再像从前以娱乐界、政治家、教育家等为主。至于对一个受雇于人的职员，幽默对他潜能的发挥有什么实效呢？我们不妨来看看赫斯特先生的意见，他在佛罗里达一家经营数家餐厅的大公司里，担任高级主管的工作。他将幽默列为职员必备的条件之一。他说，尤其是居于“最前线”接待客人的职员，更是特别重要。他建议在人事的甄选和面谈时，要“选那些能自我解嘲的人”。

此外，他还问每一位应征者这样一个问题：“你曾经发生过什么有趣的事？”如果应征者想不起什么有趣的事，他建议他们说个幽默的小故事，也会有帮助。我们发现愈来愈多高阶层的领导人，希望他们在同事和大家眼中的形象更人性化一些。这些领导人鼓舞我们和他们一同笑。

和别人一同笑，会增加我们自己的亲和力。如果我们不抓住这些机会的话，我们就失败了。一个演说家站在讲台上，如果只知道笑是一剂良方，但是自己却打不开瓶盖来服用，那就是个失败者了。

当你用幽默来拉近与同事的关系，并了解对方的想法时，你就在工作上打开了良好的沟通之门。

和别人一同笑，能树立你自己的良好形象。然后，你就能适当表达自己的观点，并且获得成功。

如果我们以尖刻的批评去对待一位工作没有处理好的同事，就会造成失败的局面。那位同事会失去他的自信心，而我们会失去他的信任，得不到良好的合作。但若是“以对方为中心”去了解他人，却会打开沟通的途径。

借幽默力量来成功，以建议的方式来代替批评，对工作中出现的问题和你的同事一起笑吧，那么你和你的同事都赢了。更甚于此的，你的同事会因此觉得能自由自在地与你一同笑。

幽默的本质是以笑的方式娱人

1901年，英国一位哲学家曾经这样谈到幽默：“语言中几乎没有一个词汇……比这个人人熟悉的词更难下定义。”过了一个多世纪，事情似乎没有多大改变。

1979年1月号的《今日心理学》杂志上有一篇文章为《笑话各有所好》，分析了以读者为对象来调查幽默的结果。

这篇文章的作者指出：幽默是微妙的，难以捉摸的现象，我们根本无法明确列出幽默的种类。1935年3月27日，高尔基在苏联作家协会理事会第二次全体会议上做了一次简短的讲话。在记录稿上，多次出现“鼓掌”“笑声”的字样。例如，他在批评某些诗作缺少生活时说：

“同志们，诗人多得很。但是具有巨大诗才的在我看来却太少。他们写的诗长达几公里。(笑声)……

“我不想谈伟大的诗歌和大诗人。我在这方面是外行。我失掉了这方面的鉴赏力，我念诗也很费力。（笑声）……不久以前，我在一个作者的作品里找到了这样的句子，‘他举起手，想摸摸她的肩膀，正在这时候，无畏的死神追上了他。’（笑声），这说得多别扭。”

看了这些记录，尽管我们没看到当时大会会场的情景，但仍感受到洋溢着的热烈气氛，听到欢腾场面中的开怀朗笑。那不绝的笑声不但吸引当时的听众，也吸引了几十年后的我们，可见幽默的力量之大。

乔治·库特林（1858～1929），法国知名的剧作家和幽默作家。有一次，一位自命不凡的年轻作者想一鸣惊人，便写信给库特林，借三个微不足道的理由向他提出决斗，但这一封信实在上不了桌面：字迹潦草，甚至有许多字拼写错误。库特林很快给他写了回信：“亲爱的先生，因为我是伤害你的一方，该由我来选择决斗武器。我要用‘正字法’来决斗。在接到这封信之前你就已经失败了。”

在这个故事里，乔治·库特林以幽默的语言，用“正字法”作为武器对年轻人给予了回击，既向年轻人指出了写字太潦草的不端正态度，又展示了自己豁达的一面。整个批驳机智含蓄，风趣诙谐，令年轻人愉快地认输。

这个小故事形象地说明了幽默的本质。由此，我们不难看出：幽默是一种特性，一种引发喜悦、以愉快的方式娱人的特性；幽默感是一种能力，一种了解并表达幽默的能力；幽默力量是一种艺术，一种运用幽默和幽默感来增进你与他人的关系，并对自己做真诚的评价的一种艺术。

幽默的本质是通过笑的方式来娱乐他人、快乐自己。幽默对于生活与工作节奏紧张的现代人很重要。现代人需要幽默，如同鱼需要水、树木需要阳光一样。具有幽默感和幽默力量，是现代人应具备的素质之一。因为幽默可以让他们疲惫的身心得到愉悦的舒缓，可以让他们每一天的忙碌充满了价值与意义。

第二章

活跃交往气氛，最大化你的人格魅力

超逻辑幽默“搞活”交往气氛

提及吴宗宪，年轻人中没有不知道他的。如今，作为娱乐界主持天王，吴宗宪这位超级谐星惯用的方式就是超逻辑、非理性，被人们评价为“笑死人不偿命”、“语不惊人死不休”。可见，其幽默搞笑水平了得。

其实，吴宗宪看似“非逻辑”的，不合正常语法的表达方式，运用的是不走寻常路的跳跃思维，将毫无关联，甚至是自相矛盾的事物联系在一起，有意地犯错误，为观众带来了精神上的愉悦盛宴。与惯性思维不同的是，跳跃思维不仅让人捧腹大笑，更在大笑后引起观众的注意，精神集中，想要探索其中的究竟。这为他的节目增加了看点，为他的搞笑艺术提升了魅力。

在吴宗宪的节目中，他经常会大量应用谐音、双关、矛盾等表现手法，给人一种猝不及防的爆笑点。等大家哄堂大笑后，就明白了原来他在用看似不合逻辑的话来讽刺社会中的弊病、矛盾。

有时中规中矩的沟通、交流方式，已经难以深入人心，甚至会引起对方的抵触情绪。吴宗宪非常善于用幽默、搞笑的方式来表达严肃的意思。

有一期节目里，吴宗宪的这种风格体现得非常到位（宪哥即为吴宗宪，阿雅是他的主持搭档）：

宪哥一本正经地问来宾（一个 14 岁的小女孩）：“老师讲课的时候听不进去，割自己的手啊?”

阿雅：“如今的国中生都很能耍帅。”

宪哥：“我已经有孩子了，让我来说两句可以吗?”

阿雅：“没问题。”

宪哥脸转向来宾郑重地说："小妹妹，上课你怎么能这么做呢？竟然割自己的手，要发泄就割同学的嘛。"

一句话，使本来有些沉闷的气氛顿时活跃了，来宾和观众都哈哈大笑。吴宗宪的教育方式来了一个很大的转变，本来大家从他之前庄重的表情上看，他一定会义正词严地对小妹妹进行批评教育。结果，他的话让大家防不胜防，捧腹大笑后想必小妹妹也会减轻一些心理负担吧。既活跃了气氛，又使令人抵触的说教变得不再那么刻板，但更能够引发来宾的反思，深入人心。

在一味追求循规蹈矩、井然有序的生活方式下，人们有时会被束缚住了思维，故步自封。

因此，我们如果能够换个思维方式，用幽默作为调味剂，生活就会变得有意思很多。吴宗宪在节目中通常都不遵守既定的语法，更不愿意用惯常的思维方式来进行了，荒诞不经、自相矛盾的手法则大行其道，例如：

宪哥："请问你的职业是什么？"

来宾："在丧礼上表演乐曲。"

宪哥："那你是在灵柩旁边演奏吗？"

来宾："是，紧挨着灵柩。"

宪哥："那你是否达到让灵柩里的那位站起来表示感谢的水平？"

吴宗宪把矛盾、荒唐运用得淋漓尽致，他把"灵柩里的那位"和"站起来感谢"这样看似矛盾的元素连贯起来，让人忍俊不禁。大笑之后，观众的精神愉悦、心情舒畅，还会吹毛求疵地指责他逻辑没学好。

吴宗宪之所以能让很多人喜欢，正是凭借了自己幽默的口才天赋。

幽默不仅能够活跃谈话气氛，如果运用得好，还能及时熄灭与别人关系紧张时的火药味，就拿正式的社交来说，一般人都会认为，正规的社交是很庄重与严肃的。其实在正式场合中运用幽默技巧，可以缓和紧张形势，造成友好和谐的气氛，进而缩短双方的心理距离，钝化与他人的对立感，会使我们成为交际场中最受欢迎的人。

幽默让人格在惊喜中焕发魅力

现实生活中，有不少人善于运用幽默的语言行为来处理各种关系，化解矛盾，消除敌对情绪，他们已经把幽默作为一种无形的保护阀与快乐的开心果。

事实表明，幽默的确具有强大的爆发力和影响力。留心一下，我们就会发现善于理解幽默的人容易喜欢别人；善于表达幽默的人，容易被他人喜欢。幽默的人易与他人保持和睦的关系，幽默的人对他人来说保持着强大的吸引力。

在注重说话之道的蔡康永看来，幽默应该像走路一样习惯，讲笑话应像翻跟斗一样让人意外连连。蔡康永说，有幽默感的人，往往都有好人缘，因为大家觉得跟他在一起，处处都是快乐、开心，甚至走路都是笑料频发。

蔡康永不愧是有名的娱乐主持人，一语道出了幽默的真谛。他懂得幽默不是用来做作的武器，而是用来服务于生活、娱乐于他人的一种特色风味调料。

说话要有说话的技巧，要根据场合适时说话，幽默更要有幽默之道，即使是冷笑话，说对了时间，一样会给大家带来无穷的乐趣。有一次蔡康永在主持中对侯佩岑这样玩笑道：

佩岑一个人在沙漠里行走，遇到了一个仙人掌，她问："你在做什么呢？"

仙人掌没有搭理她。

她又继续问："你为什么不理我呀？"

仙人掌依旧毫无反应。

最后，佩岑愤怒地大声吼道："你究竟在干什么呀？快说话！"

这时候，仙人掌终于缓缓地转过头来，淡定地回答："我在做针灸治疗啊。"

这是一段很冷的笑话，却让在场的人爆笑不止，因为蔡康永说的这段笑话将嘉宾巧妙地幻想成了搞笑事件的主人公，拉近了嘉宾与观众的心理距离。

幽默作为人的思想、学识、智慧和灵感在语言运用上的结晶，是瞬间闪现的光彩夺目的火花。幽默初看起来似乎是一种表面的滑稽，形式的逗笑，而实际上它是以严肃的态度来对待对象、现象和整个世界。它能使听者对自己的话题感兴趣，让自身的人格魅力在言谈中彰显。

幽默帮你把握命运的主动权

当今社会，是一个充满挑战与竞争的社会。俗话说："七分本事，三分机遇。"在竞争中，谁把握住了机会，谁就把握住了命运的主动权。机遇稍纵即逝，能否抓住机遇，对每一个渴求在事业上有所建树的人来说至关重要。而机遇的获得，在很大程度上是通过幽默沟通来实现的。幽默沟通是事业成功的重要因素之一，因为幽默的人会给他人送去愉快，给自己带来好运！

某医院一位庄医师能言善辩，不但辩得有理，最让人佩服的是辩得幽默。这是他受到同事和病人欢迎最主要的原因。坐在庄医师看诊的诊疗室门口椅子上，可以听到些有趣的对话：

“先生，您的嘴巴可以不要张得这么大!”庄医师对病人说。

“你不是说要看看我的臼齿吗?”病人说。

“是啊！可是我只不过是在外面看啊!”庄医师一本正经地回答。

庄医师的意思是，难不成还要把头伸进嘴里看？一句话，让外面几个候诊的病人都笑了，原本有些紧张的心情也轻松下来。

有一次，一位年轻的母亲抱着他的宝宝来看牙，原因是宝宝的乳牙长得歪七扭八。这个年轻的母亲太担心孩子的成长了，一副愁眉不展的样子。

庄医师看了宝宝一眼就说：“嗯！这孩子将来会是个大人物!”

年轻妈妈笑了起来：“医师，你怎么知道呢?”

庄医师说：“你看着，我假装替他拔牙!”

于是，庄医师拿着拔牙的工具，作势要拔宝宝的牙。宝宝以为庄医师和他玩，咧嘴笑了起来。

“他像个小呆子，什么都不知道!”宝宝的母亲说。

庄医师笑了笑说：“所以我说他会是个大人物啊！因为他知道我是假装的，所以就装聋作哑!”

庄医师的聪明机智，不仅让他得到病人及其家属的爱戴，也使他受到医院领导的重视，院长因此提拔他兼任医院的副院长。有人的地方就有竞争，这是无法避免的，在这家医院也有权力争夺的问题。而庄医师只想好好当个专业医师，并不想兼任副院长，只不过是院长爱才，所以坚持要推选他出任副院长。当院内改组时，正副院长需要重选，庄医师便不想再连任。

在院务会议的那一天，庄医师原本要提出退选声明的，但是那位积极的竞争者，竟然不断攻击庄医师的行政能力不强。

这位医师最后对庄医师做了一个结论：“我认为他犯了许多错误。”

轮到庄医师发表意见，他说：“我是犯了一个错误!”

在场的人都大吃一惊，因为他们都认为做得不错的庄医师一定会反驳。

不管大家的惊讶表情，庄医师继续说：“我原本今天想要发表退选声明，但是现在发现这是个错误。”

大家一听，都笑了起来，不理会那位脸上一阵青、一阵白的竞争者，纷纷给予庄医师最热烈的掌声。

看样子，庄医师不仅嘴巴很利，最锐利的应该是他那个机灵幽默的脑袋。使用肢体语言争强斗狠，已经落伍了，把头脑锻炼得反转自如，把嘴巴磨炼得有攻有守，说清楚道理，讲明白真相，才是真本事。

当然，说话自在了还不够，还要说得巧、说得妙，说得幽默好笑。像上面故事里的庄医师，能够用幽默的语言和病人沟通，放松病人的心情。幽默的沟通在工作上帮了他很大的忙，也让他获得了升职的机会。

幽默是与人交往的最佳见面礼

幽默不仅是一种智慧，更是一种观察人生、体验人生的生活方式。擅长交际的人一般比较注重礼节，会给初次见面的人送上一件可心的见面礼，以增显自己的礼仪，提升他人对自己的好感。殊不知，最佳的人际交往见面礼是幽默的涵养，这是金钱、物质所无法比拼的。初次见面就能够将自己的睿智、风趣，轻松地展示给他人，给他人带来一种美好舒畅的心情，才能让他人长久记住自己的人格魅力。

美国前总统威尔逊是一位非常幽默、风趣，喜欢自我调侃的人，因此，有他参加的活动，气氛总是很好。在他初任新泽西州的州长时，曾经参加了一次某社团举办的午宴，宴会的主席对大家介绍说："威尔逊将成为未来的美国大总统！"当然，这不过是宴会主席的溢美之词而已。

这时，威尔逊在称颂之下登上了讲台，简短的开场白之后，他对众人说："我希望自己不要像从前别人给我讲的故事中的人物一样。"

"在加拿大，一群游客正在溪边垂钓，其中有一个叫作约翰森的人，大着胆子饮用了某种具有危险性的酒，还喝了不少，然后就和同伴们准备搭火车回去了，可是他并没有搭北上的火车，反而坐上了南下的火车。同伴们十分着急，就给南下的那趟火车的列车长发去电报：'请将一位名叫约翰森的矮个子送往北上的火车，他已经喝醉了。'很快，他们就收到了列车长的回电：'请将其特征描述得再详细些。本列车上有13名醉酒的乘客，他们既不知道自己的姓名，也不知道自己的目的地。'

"而我威尔逊，虽然知道自己的姓名，却不能像你们的主席先生一样，确知我将来的目的地在哪里。"

在座的客人一听哄然大笑，都被威尔逊的幽默所感染了，气氛也逐渐活跃起来。

传递快乐，收获人格的影响力

时光能带走娇美的容颜，却无法让幽默和睿智的魅力褪色。聪明人懂得怎样用幽默来增添自身的魅力。然而，绝大多数的人又会认为人际关系是令他们头痛的麻烦事，奇怪的是你越觉得它讨厌，你就越不容易搞好它。于是我们会羡慕一些总受人们喜欢的人，不知他们处处受欢迎的秘诀在哪儿。其实差别就在于影响力的大小。

有影响力的人不仅会受到他人的喜爱，更易得到别人的帮助，因为他们很受众人的欢迎。然而，想要做一个受人欢迎的人前提是自己能带给别人欢乐，能够设身处地地为他人着想。而一个真正懂得幽默的人必定有不俗的素养与思想底蕴，必定能够具备足以说服他人的气场。

乔羽不但歌词写得好，而且话也说得妙，乔羽的幽默诙谐、能“侃”会说在京城文艺圈内久负盛名。

据报载，某年 6 月中旬，中国民族声乐比赛初评在武汉举行，乔羽是评委之一。在有火炉之称的武汉一天三班的连续听录音，对 65 岁的乔羽可不轻松。为了解闷，乔羽不断地抽烟，一边抽还一边念念有词：“革命小烟天天抽。”也是评委的歌唱家邓玉华为乔羽补充了三句，成了一首打油诗：“革命小烟天天抽，遇到困难不犯愁；袅袅青烟佛祖嗅，体魄康健心长愁。”乔羽听罢，微微一笑，他联想到邓玉华每餐节食的情景，也回敬了一首：“革命小姐天天愁，腹围过了三尺九；干脆天天吃肥肉，明天又到四尺九。”众人听后都捧腹大笑，连日来的劳累烟消云散。

乔羽不是美男子，由于头发稀少，不熟悉他的人，往往容易将 60 多岁的乔羽判断为七八十岁的老人。但乔羽从未感到自己老了，他说：“我从 18 岁就开始脱发了，看来是不会再长了，索性毛全掉光，成了老猴子，倒用不着理发了。我心里从没有感到老。年龄是你的一种心理上的感受，你觉得自己老了，即使年轻也已经老了；你觉得自己还年轻，即使老了你也还年轻。”

这段话充分展示了乔羽乐观向上的精神面貌，他善于幽默自己，他喜欢跟自己开玩笑，不言头发而称“毛”，并自喻“老猴子”，让人闻之不禁莞尔，而“倒用不着理发了”一句则在幽默之中透露出了乔羽的豁达心境。正是凭借这种真实的幽默，他送给了大家欢笑，赢得了大家的赞赏与欢迎，提升了自己的人格魅力，扩大了自己在圈子里的名气与影响力。

有一次，财政部长乔治·汉弗走进艾森豪威尔的办公室时，艾森豪威尔握住他的手并亲切地说：“亲爱的乔治，我注意到你的梳头方式和我一样。”汉弗抬头一看，原来艾森豪威尔和他一样，都是光头。

用幽默的风度向他人施与轻松，可以表达人类征服忧愁的能力，让人如坐春风，神清气爽，困顿全消，忘却于现实中的不快。一个有魅力的人，当然也是一个幽默得让你如沐春风的人。幽默的风格就如传染病，通过快乐的病毒，侵犯到每一个人的免疫系统中，但是与病体不同的是，幽默不会让你发烧，而会让你浑身充满阳光的力量。

小幽默是弱化陌生感的大智慧

要想与陌生人交往，让陌生人亲近你，首先就得克服交往的恐惧之心，主动与陌生人打招呼并保持联系，然后就要自然大方地表现自己。用自己的幽默拉近与陌生人之间的距离，用自己的诙谐实现与陌生人之间的互动。

善于交际、会搞关系的人，与众不同的地方就在于他们能很快地、很有效地与陌生人交往。从这点来看，做一个善于交际的人并不十分困难，只要你能主动地把手伸给陌生人。其实与陌生人交谈并不是多么困难的事，只要你回忆一下别人主动与你交谈时内心的激动，便会知道认识别人或被人认识都是令人愉快的事情。当你尝试着向陌生人伸出手时，并互通姓名之后，就会觉得这比一个人被动地站着要轻松得多了。

在现实生活中，更多的人似乎对交往，尤其是与陌生人交往有一种恐慌，不愿甚至不敢同陌生人交往。要想克服这种“社交恐慌”，首先就要克服自卑心理。自卑像受了潮的火柴，再怎么使劲，也很难点燃。如果你总是表现得畏首畏尾、缩头缩脚，旁人自然也以为你真的无能，不愿与你交往。这样，你自己当然会感到更自卑，心里更压抑。那么，我们该如何克服“社交恐惧症”呢？

首先，称赞别人是治疗恐惧的特效药，你必须勇于称赞对方。对方如果和你相处在一起感到很轻松，就会不自觉地对你友善，甚至不忘记称赞你，而你也会因此感到很轻松、很有自信。这就是我们所说的，你会很容易得到克服羞怯的力量和勇气。通常自己感到幸福的人，也会希望别人与自己一样幸福，所以你的努力一定会有所回馈。

其次，尽你的力量去帮助对方。在社交上，让对方感觉轻松愉快，是治疗自己内向很有效的方法。简单来说，帮助对方就是让对方抱持希望。人因为怀抱理想与希望才生存下去，也因此才能够抗拒天灾、人祸的考验。一般的推销员都懂得“使对方抱持希望”的心理学，推销员能够向顾客推销保险，就是利用这种心理学——让顾客在遭遇不幸时还存有希望。而推销员向顾客推销牙刷、化妆品的要点，就在于利用顾客希望自己健康、美丽的弱点。

如果你能够让对方抱持希望，帮助他实践希望，你一定能够赢得他的友谊与关爱，在他的心目中占有重要地位。而这一重要地位除了让你觉得愉快、轻松之外，也会满足你的自信心，这样一来，你必能克服你的内向和胆怯。

所以，如果你想从生活中赶走自己的内向和胆怯，你就必须使你周围的人，特别是会遭受困难的人抱持希望。换句话说，你应该对他们付出关怀，让他们再度燃起生命之火花。譬如，对你的上司、同事、顾客，你都应该让他们对你即将提供的东西抱持希望。

再次，你在心理上要对自己多加鼓励，尽量减轻自己的心理负担。比如说，在与陌生人交往感到恐惧时，你不妨想一想：我社交的能力虽然差些，但别人开始时不都是这样吗？不管什么事情，开始都不见得能做好，多实践几次就会做好了，大家都是一样。这样想对于克服与陌生人交谈时的局促很有效果。

当你遇到举止谈吐、风度魅力及其他方面都很出色的人时，不要将自己盲目地与他进行比较。心里千万不要这样想：他真棒，我比不上他，和他在一起，我实在太差劲了；而是应当这样想：他确实很出色，但是人各有长处，我在这方面虽然不如他，但是在别的方面我也有自己的特点。人生来不是为了与别人盲目进行比较而活的，重要的是发现并发挥自己的各种潜能。“梅须逊雪三分白，雪却输梅一段香。”明白这个道理后，你就会变得自信起来。

用情感凝铸的幽默提升应对能力

一位30多岁的妇女在下岗一年多之后，好不容易找到一份在某高级珠宝店当售货员的工作，某年春节前的一日，店里来了一位土里土气的年轻男子，他衣衫破旧，一脸的悲哀、狐疑，不时地用不可企及的目光，盯着那些高级首饰。

因为来了一通电话，妇人在接听电话时，一不小心把装戒指的碟子碰翻，六枚精美绝伦的金戒指落到地上，她慌忙捡起其中的五枚，但第六枚怎么也找不着。

这时，她看到那个男子正向门口走去，顿时她知道戒指在哪儿了。

当男子即将走出自动门时，妇人柔声叫道：“对不起，先生！”

男子转过身来，两人相视无言，足足有一分钟。

“什么事？”他问，脸上的肌肉在抽搐。

“什么事？”他再次问道。

“我先生和我下岗一年多了，我上个星期才找到这份工作。现在找份工作真不简单，为了这份工作，鞋子都对我进行了罢工。”妇人神色黯然地说。

男子长久地注视着她，终于，一丝腼腆的微笑浮现在他脸上：“是的，真是这样。”他回答。

他说：“但我觉得你在这里会做得很好。”

说完，他向前一步，把手伸给她：“让我握握你的手，表示我真诚的祝福好吗？”

然后，他转过身，慢慢走向门口。

妇人目送着他的身影消失在门外，转身走向柜台，把手中握着的第六枚戒指放回了原处。

这里，不用批评，不用苛责，更不用咆哮，那位妇人就成功地收回了男子偷拾的第六枚戒指。奥妙何在？无疑，妇人神色黯然的绕指柔言产生了撼人心魂的作用。情，在此处胜过了任何技巧，这种情的表现不是通过眼泪来转述，而是用鞋子的罢工来说明工作的来之不易。由此可见，善用情感来凝铸的幽默语言，是一种最高境界的智慧。

法国哲学家伏尔泰不仅是一个人见人爱的幽默高手，也是一个社交大师。

1727年英法战争期间，伏尔泰恰巧正在英国旅行。谁知道英国人竟不分青红皂白，把当代的大哲学家伏尔泰抓住了。

“把他绞死！快点儿把他绞死！”英国人怒气冲冲地大叫。

伏尔泰被抓起来送往绞刑台上时，他的英国朋友纷纷赶来替他解围。他们紧张而又急切地喊道：“你们不能将他处死，伏尔泰先生只是个学者，他从不参与政治！”

“不行，法国人就该死！把他吊死。”那些群众还是不停地怒骂着。

在双方争执不下的时候，伏尔泰举起了双手，悄声地说：“可不可以让我这个将死之人说几句心里话？”

全场突然安静了下来。

伏尔泰向大家深深地鞠了个躬，清了清嗓门，说道：“各位英国朋友！你们要惩罚我，就是因为我是法国人。以各位的聪明才智不难发现，我生为法国人，却不能生为高贵的英国人，难道对我的惩罚还不够吗？”

说完，英国人全都哈哈大笑了起来。这番诙谐幽默竟让伏尔泰死里逃生，他被当场释放了。

伏尔泰深谙“自我嘲笑、自我谦抑”的技巧，不仅化解了英国人对他的敌意，更促进了彼此“和谐、欢乐”的气氛。我们在实际生活中，都曾有过大大小小的烦恼，只要我们以幽默机智应对的话，就可以使自己摆脱烦恼。

第三章

幽默是人际关系的润滑剂

交往中可能遇到的沟通绝境

美国的心理学家赫布·特鲁说过："幽默可以润滑人与人之间的关系，不仅可以消除陌生的紧张感，减轻交往的压力，还能够使生活充满了轻松的乐趣。幽默可以把人们从自己的世界中解放出来，促使他们一见如故；幽默也可以帮助人们摆脱困境与窘迫的烦恼，在坎坷的人生路上笑着前进。"幽默在交际中有锦上添花的作用，幽默在实现最充分的被利用之前，需要深刻地认识并掌握与人交际中可能遇到的沟通绝境。只有意识到沟通绝境的前因后果，才可以将幽默运用得恰到好处。

生活在同一个国度里的人，虽然沐浴着同样的文化，然而，人们为人处世的方法却大不相同，有人热情、诚恳，有人冷漠、戒备；有人主动沟通，有人抗拒沟通；有人老实巴交，有人八面玲珑；有人顺从，有人叛逆……我们每天都要面对各种不同心态的人，即使不当交际家，也常常因为与人打交道而产生各种麻烦。怎么办呢？有人声称，应组建协调人际关系的第四产业，现在欧美国家很多公关公司已经开拓了这种业务，他们可以为当事人排除各种各样的人际障碍，大到政府间的纠纷，小到家庭矛盾。他们曾遇到的种种沟通绝境，我们一样也躲不开：

1. 人际疏离，缺乏沟通

社会发展会导致人际关系淡化，它主要表现在：个人之间的心理距离变大，环绕在我们周围的现代化通讯设施越来越多，从电话、电报到传真和E—mail，从报纸、电台、杂志到互联网和聊天室，人与人之间的交流是越来越快捷、方便了。但是，这些现代化的通讯方式也渐渐地隐去了语言所蕴含的丰富的情感，人们面对面交流的机会逐渐减少，从而越来越疏离了人们之间的亲密感情。许多人沉溺在虚拟的网络世界、动画世界、影视的世界、现代神话的世界里不能自拔，乃至于不愿面对真实的世界，不愿走进现实的生活，甚至丧失了实际生活的能力。

交往频率下降是因为现代人太忙碌，现代人各顾各的存在方式和生活习惯，使人际间的关系越来越疏离和脆弱，亲情的淡薄、友情的冷漠、爱情的变质，过着“鸡犬相闻、老死不相往来”的生活。见面亦不相识已经成为现代社会人际关系十分突出的特征。确如美国 1950 年的畅销书《孤寂人群》中预言的：大众媒体的兴起，将引发社会疏离现象，未来社会将成为一个缺乏人际互动与人情的世界。上网成痴早已是一般美国民众的现状，因此和他们的家人、朋友相处的时间也相对减少，网络族的社会互动能力有逐渐退化的趋势，同样，在我们国家，这种情况也很普遍。

2. 自视高贵的现代人，轻视沟通

有些人对与自己无关的人和事一概冷漠对待，甚至错误地认为言语尖刻、态度孤傲、高视阔步，结果是“水至清则无鱼”，不合群，待人不随和，或是由于行为习惯上的某种怪僻使他人难以接受。这样就从心理上和行为上与他人产生了屏障，结果自己将自己封闭起来，致使别人或者出于厌恶而不愿接受你，或者处于心理防范而疏远你。

3. 自卑之时，怯于沟通

患有交往恐惧症、多疑症和交往自大症的人习惯于自己已有的交往圈子，经常会拒绝圈子以外的人向自己伸出的“橄榄枝”。

他们常常把注意力集中于自己的不足：无论如何努力，也不可能做得更好，因此就放弃了努力，并常常指责自己。所以，在人际交往中总感到自己矮人一头，于是只有关闭交往的大门，成为孤家寡人。

一个人如果陷入了自卑的泥潭，就总能找到一万个理由说自己如何如何不如别人，比如：我个矮、我长得黑、我眼睛小、我不苗条、我嘴大、我有口音、我汗毛太多、我父母没地位、我学历太低、我职务不高、我受过处分、我有病、乃至我不会吃西餐，等等，由于自卑而焦虑，于是怯于沟通，从而影响了自己的成功，导致失败。即失败—自卑—焦虑—怯于沟通—失败，这就是自卑者的恶性循环。一个人如果陷入了自卑，在人际交往中除了封闭自己以外，就有可能低三下四。

4. 戒备之心，难以沟通

人与人交往中常有的争执、吵闹、误会乃至过去很多的冤假错案，哪件事情不与猜疑有关呢?

在我们的传统文化里就有很多关于猜疑的教诲，如“疑人偷斧”“人心隔肚皮”“知人知面不知心”“害人之心不可有，防人之心不可无”，等等。

要摒弃猜疑，建立理想的沟通情境，就必须对猜疑有清楚的认识。

幽默的沟通让快乐加速

你是否常常不明白为什么情绪忽然就变得很坏，不明白为什么心情一下子就忧郁起来？不妨给自己来点幽默的快餐，幽默可以让一个人乐观与豁然开来，幽默是一个人内心的空气清新剂，可以让你的心态放慢、可以让你的快乐加速。那么该如何给自己烦躁的内心一片宁静的港湾呢？

伏尔泰的咖啡瘾很大，一生中喝了数量惊人的咖啡。有个好心人曾告诫他说："别再喝这种饮料了，这是一种慢性毒药，你是在慢性自杀！"

"你说得很对，我想它一定是慢性的，"这位年迈的哲学家说，"要不然，为什么我已经喝了65年还没有死呢。"

在他人看来，喝太多咖啡是一件比较悲观的事情；在伏尔泰看来，除了一个好的喜好之外，更重要的是对于生活的追求有一份健康的心态。幽默的沟通将自己的乐观与豁然巧妙地传递给了他人，让自己得到了舒心，也赢得了他人的欣赏，对于沟通双方的心态来讲，都起到了积极的作用。

丈夫："结婚这么多年了，我才发现我不是一个好丈夫。"

妻子："我可没这么说，你怎么会有这想法呢？"

丈夫："是我经过多年思索，忽然想起的。"

妻子："怎么想起来的？"

丈夫："记得有一位名人说过，一个好丈夫能造就一个好妻子。"

在生活中，相互的沟通可以委婉幽默，既能让对方明白你的意思，也能让对方看到你也为此在进行努力，什么事都不是一个人的原因。

不难看出沟通是一种动态的平衡，你如何与他人相处，他人将以同样的态度回报于你。你对他人冷漠，他人对你也不会怎样客气，你对他人幽默，别人肯定会对你以笑脸相迎。这就是幽默对沟通心态所起到的快乐警示作用。

然而，当你不知因为什么冒犯了别人；不知为何受到冷遇；更不知怎么脱身于尴尬境地的时候，试着深呼吸几次，淡定地反思一下自己。其实，问题很简单，就在于你没能把握自己在与人沟通时的心态，因此，如何更好地发现自我，更好地以轻松的心态来使交流变得很重要。

从某种角度来看（医学或哲学），我们每个人都有两个自我。一个是意识中的自我，另一个是无意识中的自我；而平时的一举一动、一言一行，几乎都与无意识的自我控制有关。看清自己无意识中的自我，并与自己"对话"，我们可以了解到自己真正在想些什么？自己的性格倾向怎样？怎样做才会使自己心安理得？出现障碍时，最主要的原因是什么？该如何待人处世，等等。如果这些你都能做到，那你就是真正了解自己的人了。

因此，在与他人进行有效的幽默沟通之前，重要的是先要了解自己是一个什么样子的人，然后找到适合自己的说话特色，让自己在一种豁达、乐观的语言交流中，给他人带去一份喜悦的心情。

社会由人组成，生活不仅仅靠自己，更要懂得如何与人交往。在交往中，一口的幽默语言，会使得他人心花怒放，也会使自己心情愉快。幽默的沟通习惯，能够让更多的人享受“笑”的乐趣，让积极健康的生活态度像接力一样传递下去。

用幽默改变他人的沟通观念

幽默的语言在引导自己和他人沟通的同时，也能够将自己的内心想法灵活地展现出来，进而改变他人对自己的看法，看法的改变也将促使沟通观念发生180度的转变，将本来不利于自己的境况微妙地扭转过来。

由此看来，幽默本身就具有一种巨大的吸引力，能够让别人的思想跟上自己的想法，甚至使自己心想事成。

报纸上曾有一篇“图文并茂”的报道：

有一名高中生骑摩托车，在路上被交通警察拦下检查。这名学生因没有带驾照，紧张不已。不过，这名学生一直“赔笑脸”，笑嘻嘻地向交警求饶，并希望以“伏地挺身、交互蹲跳”的方式受罚；当交警未置可否之际，这位高中生就主动趴在人行道上，做了“50个伏地挺身”，也跳了“50个交互蹲跳”。

交警看了，不禁笑了起来，姑且念在这位学生的幽默态度和诚恳的歉意上，放他一马！

这位高中生并没有像有些人一样，对拦截自己的交警用一副愤愤不平的架势来为自己狡辩。他不仅没有狡辩，反而对自己给予了惩罚，不仅逗笑了警察，还让自己免受处罚。虽说事情很小，却能够让人们从中收到很多的启示，幽默的生活态度，能够让他人怨气全无，能够让自己在人生的道路上不断成熟。

另外，这件事透着那么一种趣味，又透着一点哲理，给我们日常沟通与交际一些启示。即面对一千个沟通对象，就可以运用一千种的沟通方法。尽管幽默可以改变与他人的关系，但是面对不同的人应该运用不同的沟通技巧，这样才能让幽默真正地发挥出最正面的意义。

我们交流的对象是社会上不同的人，他们有不同的思想认识，年龄、性别、性格、脾气，等等。所谓一母生九子，母子十个性。各人所处的地位不同，对同一事物的理解也是有差异的。我们只能掌握一个原则：相机行事，因人而异。说话的内容与分寸要依据沟通对象的地位、身份、文化程度、语言习惯进行不同的处理。

面对不同的对象要有不同的幽默方式，这样才能够更加轻易地受到别人的喜爱，让自己掌握沟通的主动权。比如，说得较直率，有劝诫口吻的幽默话，较适宜于长辈对晚辈（如老师对学生），或者知己之间说；间接的幽默方式则实用于不太熟悉的人们之间，把话说得婉转可以表示自己与对方更贴心，当然，避免使用刺激性的字眼，使对方更容易接受。沟通对象的不同对沟通的内容和方式选择由此可见一斑。

幽默作为一种沟通技巧，不只是为了给他人带去愉快的心情，更是为了达到自己的沟通目的。在沟通过程中，看准人，说对话，幽默沟通将不再是难题。

幽默能带来友善的人际关系

美国作家鲁特克在《幽默人生》一书中指出，在人生的各种际遇中，幽默是人际关系的润滑剂。它以善意的微笑代替抱怨，避免争吵，使你与他人的关系变得更有意义；幽默的力量能帮助你把许多不可能变为可能；幽默的力量比笑更有深度，它产生的效果远胜于咧嘴一笑。总之，幽默的力量是一切奋发向上者所必不可少的力量。

幽默的语言往往给人以诙谐的情趣，又使人在笑意中有所领悟，幽默往往是缓解紧张、祛除畏惧、平息愤怒，进而实现人际关系的不断改善。

一位议员在做一篇很漫长的演讲时，另一位州议员觉得对方占用的时间太长，就走到对方跟前低声说："先生，请你能不能快点……"话未说完，那个正在演讲的议员便回过头来，用严厉的口气低声呵斥他道："你最好出去。"然后仍旧继续其演讲。

提出建议的议员觉得受到了别人的侮辱，顿时怒气冲天。他迫不及待地想报复，但一时又找不到什么方法。一个小学生在遇到同样的困难时，会找老师告状要求惩罚敌人，而这名议员像小学生一样，去主席那里申诉。

这个议员找的是州议会的主席柯立芝，他对柯立芝说："柯立芝先生，你听见某某刚刚对我说的话了吗？"

"听见了，"柯立芝不动声色地答着，"但是，我也已经看过了有关的法律条文，你不必出去。"

柯立芝把那位议员的愤怒当成了玩笑，不让自己卷入这种儿童式的争吵的旋涡中去，就是因为他能看出这种无聊的争吵的幽默之处。

机智的人不仅善于以局外者的身份化解他人的争吵，而且更善于化解在与人交往时因发生矛盾而出现的僵局。

有一天，在拥挤喧闹的百货大楼里，一位女士愤愤地对售货员说：“幸好我没有打算在你们这儿找‘礼貌’，在这儿根本找不到！”

售货员沉默了一会儿说：“你可不可以让我看看你的样品？”

那位女士愣了一下，笑了。售货员的幽默，打破了与顾客间的僵局。

现实生活中，学会在交往中适时地表现幽默，你的成功几率一定会大大增强。

在把事情弄得很紧张、很严重的时候，能在这种白热化的僵局中看出其中所包含的幽默成分，这样便能镇定自若，超然物外。有了这种心理素质，便可巧妙地避免麻烦、纠纷。如果柯立芝或是那位售货员对于争吵也采取一种较真的态度，对于大家又有什么好处呢？无非是更加激化双方的争吵。而由于采取了一种幽默的态度，柯立芝便可以缓解那种伤感情的纠纷，那位售货员也巧妙地批评了那位女士的无礼，从而制止了双方进一步的争论。

正如“诚于衷则形于外，慧于心则秀于言”，幽默的话语往往闪耀着智慧的火花，往往能够拉近双方的感情，为交谈创造出融洽的气氛。

以幽默的力量化阻力为助力

当我们难以和别人沟通时，首先要在自己身上找原因，分析实情，归结出自己在沟通时的具体情形，再对症下药，校正自我，将自身存在的问题纠正过来。

除了反省自身，更要积极了解交往的对象，寻找、建立双方交往关系的切入点。

一位经理对开电梯的小姐说：“请尽快把我送到第 19 楼。”

“对不起，经理，这座大楼只有 18 层啊？”小姐为难地说。

“没关系，小姐！尽力而为。”经理充耳不闻地说。

小姐先是一呆，随即不禁笑了起来。

天天见面，但是不敢与经理多言一句。这种场面多尴尬和无趣！这位很有幽默感的经理故意这样说，是想让这位工作单调的小姐能轻松一下。只要一点小幽默，就可以破除这个小小的阻力，而有大大的收获：融洽了上、下级之间的关系。人们可以有理由认为，这位经理在处理更为重大的事情时，应该会更有能力、更成功的。

在日常生活中，我们也有“言而无效”的时候。

比如下面这位丈夫，可能他已千百次地提醒妻子不必煞有介事地指挥自己开车，可仍毫无转机，于是有一天：

妻子坐在缝纫机边做活，丈夫在一边不时发表意见："慢点……小心点……你的针已经断了，把布向左边拉……停一下……"

妻子生气地说："你干吗要妨碍我，我会缝！"

"你当然会，亲爱的。我只是想让你体验一下，你教导我怎么开车时我的那种感觉。"

直接抗议是无效的，妻子不自觉的惯性行为及其行为背后的主观专断已经成为他们沟通的阻力。只有认清楚这一点，克服阻力的努力才会有效。幸运的是，这位丈夫成功了！

再看看下面这位聪明的太太时怎么克服沟通中的阻力的：

一位美国太太到食品商场买肉鸡，售货员拎起一只鸡，称了称说："1 美元 60 美分。"

"太小了，"这位太太说，"能不能替我挑选一只大一点的？"

可是这是最后一只鸡了，于是售货员走进后面库房里，又捶又打，把鸡的脖子往长拉了拉，然后又走出来，很快地过了一次秤。"嗯，这只鸡 2 美元 15 美分。"

"好极了，"买鸡的太太说，"两只鸡我全要了，请包一下。"

精明的太太早就发现了售货员在捣鬼，这本来是件令人十分不快的事情，可是幽默的太太来了一句"两只鸡我全要了"，让售货员的诡计无处藏身。

从沟通的角度看，她已经清楚地传达了"我已了解你在捣鬼"的信息，但并没有直接说出，从而避免了遇到售货员"抵触情绪"的沟通阻力，增强对售货员的批评力度。

幽默让你从容应付各种场合

语言作为信息传播的工具，对于我们社交之重要，正如骏马对于骑士的重要。幽默的语言还可以调节心理、愉悦情怀，使你郁闷不堪的心情在沟通中烟消云散；你也可以在轻松的交谈中去安慰别人，鼓励朋友，解决矛盾，加深了解。

会说话的人总是有目的地选择话题。尽管聊天的范围不受限制，但是庸俗低级、格调低下、无意义的话题他们一般都不谈，搬弄是非、贬抑他人的话题更是回避，对方的忌讳和缺点从不提及。

他们从不选择挑战性的话题。因为他们知道挑战性的话题容易引起争论，弄得大家都不欢而散。他们也不会自以为是，以教训的口吻与人说话，不随便炫耀，导致别人的反感。与别人在一起聊天，他们绝不会独占鳌头，总是使大家都有发言的机会。

可见，社交的内涵不一定是在正式场合才算社交，像聊天这种轻松随意的交流也算作是社交，一个善于言谈的人总能在看似平平的聊天中获得更多的人际关系。

社交成功的人往往离不开他那一张社交好嘴，而要说到社交口才，风趣的谈吐不得不提。幽默的语言能帮助我们与他人进行沟通和交往，还能帮助我们处理人际关系，顺利化解尴尬处境。

达尔文被邀赴宴。宴会上，他恰好和一位年轻美貌的女士并排坐在一起。

“达尔文先生，”坐在旁边的这位女士带着戏谑的口吻向科学家提出疑问，“听说你断言，人类是由猴子变来的。我也是属于你的论断之列吗?”

“那当然喽!”达尔文看了她一眼，彬彬有礼地答道，“不过，您不是由普通猴子变来的，而是由长得非常迷人的猴子变来的。”

这位美丽的女士本来要向达尔文的进化论进行质疑，因为自己的美丽导致她不愿意相信自己是由猴子变化而来。对于这位女士的疑问，达尔文没有给予板刻的理论说服。只是轻轻一句：“迷人的猴子”，既夸赞了小姐的美丽也尊重了自己的研究理论。

幽默的聊天也是一种交际，其深刻的交际内涵在聪明人眼里是宝藏，在不识货的人眼里是稻草。对于如何利用聊天聊出名堂来，从而达到交际的目的，善于言谈的人有他们自己独到的方式方法。真正的社交高手就如达尔文一样，是在化解他人敌意的时候还能保持自己的原则。

幽默能够帮助我们在社会交往中与人建立和谐的关系。当我们希望成为能克服障碍、具有乐观态度、赢得别人喜爱和信任的人时，它就能帮助我们达到目标。

在一次社交聚会上，一位先生很不知趣地就勃朗宁的作品向他提了许多问题，勃朗宁既看不出问题的价值，也不知道他到底用意何在，便很不耐烦，决定一走了之。于是，他很有礼貌地对那人说：“请原谅，亲爱的先生，我独占了你那么多时间。”

勃朗宁在不耐烦的情况下，却依旧能够保持旷达的胸襟，一句幽默的自谦让他人识趣地离开。

在社交场合，由于社交原因、政治兴趣、兴趣爱好等原因，我们的生活中产生了许多社会团体。在这些社会团体中，无论你只是其中的普通一员，或者担任委员、干事、总干事、主席，你都可以运用幽默的力量来和团体中的成员交流。

总之，幽默就相当于好的仪态举止，能使我们在各种社交场所中游刃有余，不断提升自身的睿智，进而促使自己不断地向成功迈进。

幽默缓和与人交往中的僵局

在人际交往中，当与人发生矛盾时，只有那些缺少幽默感的人，才会把事情弄得越来越僵。而幽默者则能使交际变得更和顺、更自然。幽默的语言在某些场合下会产生一种神奇的效果。

小镇上开了一家酒馆，酒店老板王五脾气非常急躁，常常听不得半句坏话。一天中午，一个过路人停下来吃饭，要了一瓶酒和一些菜。刚喝了一口酒，就忍不住叫了起来："酒好酸。"王五听到后，不由得大怒，马上吩咐店里的伙计拿棍子去打这个人。这时，又进来一位顾客，看到老板正要打客人，连忙问："老板为什么打人?"

王五说："我卖的酒远近闻名，这人偏说我的酒是酸的，你说他该打不该打?"那个顾客说："酒就是酸的，你还坑人。不信让这位先生尝尝，让他评评理。"这可是个难题。如果这酒不是酸的，那这个过路人肯定少不了这顿打，如果直接说，这个尝酒的人可能也要挨顿打。

只见这个客人说："让我尝尝。"

老板递给他一杯酒，这人刚尝了一口就连忙放下杯子，眼睛眉毛都酸得皱在一起，脱口说道："你还是把他放了，打我两棍子吧。"

一听这话，整个店里的人都哄堂大笑，店老板也笑了。

一句诙谐幽默的话就这样把一场纷争给平息了。接下去的交涉显然会平和得多。说话风趣，还可以使许多尴尬、难堪的场面变得轻松和缓，让人立即消除了拘谨和不安，使谈话者之间的关系更加融洽。幽默是人的思想、学识、智慧和灵感在语言运用上的结晶，是瞬间闪现的光彩夺目的火花。幽默初看起来似乎是一种表面的滑稽，形式的逗笑，而实际上它是以严肃的态度，来对待说话对象、现象和整个世界。它能使听者对你听说的话感兴趣。

幽默可以缓和僵局，也可以使人尽快恢复冷静。

有一次，在某市一条车水马龙的大马路边上，围了一群人。原来是一对年轻夫妇在吵架。男的30来岁，戴副眼镜，模样挺斯文的；女的面容憔悴，哭着要撞汽车寻死。那男的大声责骂妻子："没文化，跑到大马路上当众出丑。"并且还骂了一连串的粗话，他妻子则越哭越响，旁人劝几句也根本不顶用。这时有位老人静听了一会儿，然后走上前拍拍那男的肩膀说："你戴了副眼镜，像个知识分子。你有知识，就不要闷在肚子里，要拿出来用——"老人把"用"字拖长，讲得很响，那男的听了一愣，定神听老人讲话。老人接着说："你要用你的知识来说服你妻子嘛！如果你只会跺脚，只会骂人，不也变得没知识了吗?（众人哄笑）还是找个地方，冷静下来，好好劝劝她吧！"

那男的听完就没了言语，在一边生着闷气，但也不那么凶了。老人又去劝那女的："有话好好说嘛！心里有什么委屈都讲出来，不要只顾着闷头哭！汽车不能撞，大卡车可是个大力士，你瘦小的身体怎么撞得过它呢?"（众人大笑）那女的被大家笑得不好意思，倒也不哭了。

这番劝架的话确实立见功效，那对夫妻不吵了，慢慢地走到公共汽车站，上车走了。

这是一个成功劝架的例子。其实，吵架、劝架在生活中十分普遍。

吵架时，双方脸红脖子粗，气氛紧张，本可以解决的问题，也因为失去沟通的基础——平静、平和的心态——而变得难以解决。这时，用一两句风趣幽默的话，就像清凉油、润滑剂，可以“降温”“放松”，从而使双方冷静。那老人劝那女的不要自杀，把大卡车比作大力士，完全像哄孩子，几句风趣幽默的话，缓和了紧张的气氛，吵架人想发火也发不起来了。幽默在调和紧张的人际关系中有多大的作用，于此可见一斑。

幽默只是说话艺术中的一个部分。社交中处处都有幽默发挥的空间，幽默的语言能使人际沟通得心应手，使你充分展现自己的魅力，从而获得更多的人脉资源。

用幽默做成批评的糖衣炮弹

在日常生活中，我们常常会用到批评这种手段，但有些人批评起人来简直让人无地自容，下不了台阶。其实，这种批评方式不但无法达到让他人改正错误的目的，而且有碍于你的人际关系，严重时甚至会毁掉一个人。

“波特定律”原是经济管理方面的术语，由美国心理学家莱曼·波特提出。本意是指当遭受许多批评时，下级往往只记住开头的一些，其余就不听了，因为他们忙于思索论据来反驳开头的批评。正因为这个原因，在口才交际方面，在批评他人时，就必须照顾到被批评者的心理感受，注意批评的方式，以较为缓和的语气来表达自己的意见。因此，批评他人，宜曲缓而不是直接“放大炮”。智者通过委婉地幽默言辞来实现对他人的批评，会让他人在感激你的宽容与善解人意的同时，更加深刻地认识到自己的错误。委婉的批评可以帮助他人在最短的时间纠正错误，用更积极的心态来接受进取的洗礼。

有一次，几个属鼠的男同学在期中考试中考了满分，挺得意，有点飘飘然。他们的班主任发现了，就对他们说：“怎么，得意了？你们知道得意意味着什么吗？请注意今天下午的班会。”那几个男学生猜想：糟了！在下午的班会上，等待他们的准是狂风暴雨！可奇怪的是，在班会上，班主任的批评却妙趣横生，他说：“树林子要是大了，就什么鸟儿都有，自然，天下大了，就什么老鼠都有。我就听说过这么一个故事。有只小老鼠外出旅游，恰好两个孩子在下兽棋，小老鼠就悄悄地看。

“它发现了一个秘密，那就是，尽管兽棋中的老鼠可以被猫吃掉，被狼吃掉，被虎吃掉，却可以战胜大象。于是立刻认定，我才是真正的百兽之王呢！这么一想，小老鼠就得意起来了，从此瞧不起猫，看不起狗，甚至拿狼开心。

“有一天，小老鼠大摇大摆地爬到老虎的背上，恰好老虎正在打瞌睡，懒得动，就抖了抖身子。小老鼠于是更加得意，它还趁着黑夜钻进了大象的鼻子。大象觉得鼻子痒痒，就打了个喷嚏，小老鼠立刻像出膛炮弹似的飞了出去。就这么飞呀飞，好半天，才'扑通'一声掉在臭水坑里！好，现在就请大家注意一下，'臭'字的写法，怎么写的呢？'自'、'大'再加一点就是'臭'。有趣的是，今年正好是鼠年，咱们班有不少属鼠的同学，那么，这些'小老鼠'们会不会也掉到臭水坑里呢？我想不会，但必须有个条件，这就是永远不骄傲！"

说到这儿，这位班主任还特意看了看那几个男同学，那几个男同学当然明白，老师的批评包含在那个有趣的故事中了，很快改正了自己的缺点。间接指出别人的错误，比直接说出口要温和，且不会引起别人的强烈反感。那些对直接的批评非常反感的人，间接地让他们去面对自己的错误，会有非常神奇的效果。

在生活和工作中，我们不可能没有批评，但要学会巧妙地批评，让他人既意识到自己的错误，同时也理解你善意的批评，使他对你心存感激。批评最好的方式就是进行暗示，暗示的最佳水平是能够幽默地表达。

幽默可孕育安适的交际气氛

幽默如细腻的雨丝，将我们孕育在愉快与安适的气氛中。智者善用幽默使生活中激化的矛盾变得缓和，使难堪的场面得到化解，使紧张的节奏得到松弛……

契诃夫说："不懂得开玩笑的人是没有希望的人。这样的人即使额高七寸、聪明绝顶，也算不上真正的智慧。"在这个世界上，能以幽默面对人生的人，我们可以将他们称为杰出的人！

幽默是一种眼光，也是一种角度：是看世界的宏达眼光，是看人生的清新角度。芸芸众生所处的大千世界，不仅可以用好与坏来衡量，也可以用有趣与无聊、可笑与可悲来评判。

幽默于己不仅是严肃的反省：发现自己的荒唐、冥顽、滑稽可笑；也是积极的上进，在笑声中与世界成为朋友，在笑声中，一手拉着世界，一手牵着自我，乐观而豪迈。

意大利著名作曲家罗西尼听人说，他的一些有钱的爱慕者准备在法国为他建一座雕像。感动之余，他问道："他们准备花多少钱？""听说1000万法郎吧。""1000万法郎？"罗西尼大为吃惊，"如果你肯给我500法郎，我愿意亲自站在雕像的底座上！"一句略显夸张的玩笑，将罗西尼的豁达尽显出来。

英国前首相丘吉尔当议员时，有一位议员在议会上演说，看到了丘吉尔摇头表示不同意，便说："我想提醒议员注意，我只是在发表自己的意见。"丘吉尔对道："我也想请演讲者注意，我只是在摇我自己的头。"在他75岁生日茶话会上，一个记者对丘吉尔说："首相先生，我真希望明年还能祝贺您的生日。""这位先生，"丘吉尔拍拍记者的肩膀说，"你这么年轻，身体又这么壮，应该没有什么问题的。"

有幽默感的人，凡事健康思考，保持正面态度，将遇到的困难化险为夷。幽默，让人们愈加钦佩和喜爱丘吉尔。

利用幽默，还可以给批评增强说服的力量。鲁迅先生批评沉湎于谈情说爱、荒废学业的川岛时，送给川岛一本《中国小说史略》，他在扉页上幽默地写道：请你从"情人的拥抱里"伸出一只手来，暂时接收这干燥无味吧！

幽默社交的功效总是非常惊人。幽默社交的目的是赢得友谊与帮助，而不是去树敌。卡莱尔说过："幽默并非鄙夷，其真义是爱；它不是出现在哄笑里，而是出现在安详的微笑里。"因此心存善念，让别人在与我们的交往中感受到真诚，我们将会成为一个令人羡慕的"大众情人"。懂得幽默，你会成为社交场上最受青睐的人。

得体的幽默最能取悦他人心

雨果曾经说："语言就是力量。"不过，力量有强弱与正反之分，是强是弱、是正是反，还取决于说话的技巧。会说话的人，善用技巧，懂得从听话者的角度出发，把道理说得清楚明了，让别人也乐于接受。不会说话的人，轻则说得不明不白，导致沟通失败；重则措辞不当，惹祸上身。语言表达是所有沟通方式中最便捷、最传神，也是最直接的一种。

常言道："会做的不如会说的。"会说话的确好处多多。正如作家李敖对自己的口才及其魅力所作的评价："我这类机智，不单表现在演讲会上，私下里也能片言解纷，化窘为夷。"的确，会说话的人会把话说得得体、幽默，更容易摆脱困境、赢得朋友、获得机会，活得也更快乐。

有家公司为主管们安排了有关沟通的教育训练课程。

上了一星期课之后，有位主管在责备老是严重迟到的一个下属时，挖空心思，想在骂他的时候又能保住他的面子。

后来，他把这个部属找来，面带笑容地对他说："我知道你迟到绝对不是你的错，全怪闹钟不好。所以，我打算定制一个人性化的闹钟给你。"

这个主管对部属挤了挤眼睛，故作神秘地说："你想不想听听它是怎么人性化的？"

下属点点头。

“它先闹铃，你醒不过来，它就鸣笛，再不醒，它就敲锣，再不醒，就发出爆炸声，然后对你喷水。如果这些都叫不醒你，它就会自动打电话给我帮你请假。”

可想而知，这位主管是机智的，是智慧的，他将部署的错误故意推托到了闹钟的身上，通过闹钟越来越激烈的反应，暗示着这位部署的迟到问题有多严重。如此诙谐的表达，既让部署感觉到自惭形秽，又会让部署对于自己的委婉表达而感激不已。

得体的幽默最能取悦人心，人际交往中，良好的气场离不开幽默的大力相助。

如果你有风趣的思想，轻松地面对自己，你便会发现自己可以原原本本地接受自己的身高、体重或其他身体特征；你也会发现幽默能帮你以新的眼光去看你对经济的忧虑。也许你无法得到真诚的爱，但是你能使你的人际关系充满温暖和谐——与人分享欢乐，甚至和仅仅有一面之缘的人也会有很好的关系。

人不是天生就擅长幽默的，但说话的技巧是可以培养的。同一件事情，可以硬说，也可以软说；可以明说，也可以暗说；可以正着说，也可以反着说。具体表达方式应该根据说话的时间、地点与对象而有所选择。

记住以下原则，掌握了说话的尺度，也就掌握了说话的诀窍：急事，慢慢地说；大事，清楚地说；小事，幽默地说；没把握的事，谨慎地说；没根据的事，不要胡说；做不到的事，别乱说；讨厌的事，对事不对人地说；开心的事，看场合说；伤心的事，不要见人就说；别人的事，小心地说；自己的事，听听自己的心怎么说；现在的事，做了再说；未来的事，未来再说。

幽默是人际交往中的润滑剂

在人际交往中，幽默的情怀无疑就像湿润的细雨，可以冲淡紧张的气氛，缓解内心的焦虑，缩短彼此间的距离，是胸襟豁达的表现，即使在不愉快中也能沁人心脾，破除尴尬。

一个肉店老板在路上碰见了他要去找的律师。他问道：“如果一只狗偷吃了别人的东西，那么这只狗的主人是不是要替自己的狗赔钱?”

律师回答：“那是当然的了。”

“你讲话算数吗?”

“当然！我是专门从事诉讼的律师，我讲话是有法律依据的。”

“那么，请你付给我10块钱吧，因为你的狗偷吃了我的一块肉。”

律师笑道："好，我同意。但是，你要知道，我是律师，凡是向我咨询每次收费 20 块钱，所以你必须先付给我 20 块钱，扣除我赔偿你的 10 块钱之后，你还应付给我 10 块钱。"

看了这则幽默故事后，你的心情或许会放松了很多。其实，在人际交往中，一个幽默的人和不幽默的人是截然不同的。让自己幽默一点，不但可以放松心情，还可以积累人脉，一举两得。

生活中不乏这样的人，品行端庄，为人朴实，但他总是一本正经，没个笑脸，让人觉得枯燥无味，可敬而不可亲。

富有幽默感的人就不同了。他们不但愉快地做事，更能愉快地说话，走到哪儿，欢乐就散布到哪儿。这样的人肯定有缺点，但由于有情趣，使人欢笑，使人快乐，人人都愿意与之相处。

幽默型的人，他们很少遵从逻辑的法则，相反，经常运用奇谈怪论，或类似诡辩的手法，使对方如坠云里雾中。这种情况，与其说是为了理而辩，不如说是为了给自己找台阶下更来得贴切。打趣话、俏皮话、笑而不谑的话连续不断，使举座为之倾倒。这种才能特别发达的人，是非常圆滑、灵活的聪明人。

有幽默感的人，必然是思维敏锐的人，心理健康的人也必然是笑颜常开的人，胸襟豁达的人。这样的人别人也乐意与之交往、与之亲近、与之为友。反之，一个悲观厌世者当然不懂得幽默，一个内心狭隘之人也与幽默无缘。

幽默是一种从容、是一种智慧、是一种达观。幽默是人们良好沟通，化解矛盾，拓展人脉的润滑剂。善用幽默可以减少人们交往中发生的摩擦，使人与人之间的关系更加和谐。

其实在生活当中，我们每个人都可变得幽默一些，它并不是天才、高智商、喜剧演员的专利品。只要你不断让自己微笑，换个新鲜的角度欣赏事物，即可学会幽默，走出尴尬。

要善于使用幽默的技巧，就需要具有一定的智慧。一个才疏学浅、举止轻浮、孤陋寡闻的人是很难生出幽默感来的。要学会幽默的艺术，必须具备：广博的知识和深刻的社会经验；敏锐的洞察力和丰富的想象力；高尚优雅的风度和镇定自信、乐观轻松的情绪；良好的文化素养和语言表达能力。

有一位律师很懂幽默，人又聪明，但是由于他滥用幽默，出语尖酸，人们听他说过一句话，便有"体无完肤"之感。有一次，一位朋友对他说："你现在常常出语幽默，不错，非常风趣可乐。但是大家常常认为，如果你不在场，他们会更快乐，因为他们都感到自己比不上你。有你在，大家都不敢开口了。你的才干确实比他们略胜一筹，但这么一来，朋友将逐渐远离你，这对你又有什么益处呢？"

朋友的话使这位律师如梦初醒，从此他改掉了滥用幽默的习惯，而把幽默用在了适当的时候，终于建立了良好的人际关系。

幽默是人际交往的润滑剂。学会恰当地运用幽默，会使人们之间的沟通更加顺利，人际关系更加和谐。幽默是生活的调味品，它使我们的生活更加有滋有味。但是，再好的调味品都不可滥用，就好比用盐，用的适当可以使菜味鲜美，但用得太多便会让人难以下咽。在沟通时，幽默运用得当，方可发挥它的魅力。

第四章

消除逆境态势，幽默牵引你转危为安

巧言妙语，幽默让你化险为夷

一个明智的人懂得用自己的言语来挽救自己的困窘，人说“救人一命，胜造七级浮屠”，有很多会说话的人就凭着三寸不烂之舌在危急时刻巧言善辩，使自己也使他人化险为夷，这是何等的惊天动地！可见幽默的价值超过了世间一切有价之物。

纪晓岚中进士后，当了侍读学士，侍伴乾隆皇帝读书。

一天，纪晓岚起得很早，从长安门进宫，等了很久，还不见皇上来，他就对同来侍读的人开玩笑说：

“老头儿怎么还不来?”

话音刚落，只见乾隆已到了跟前。因为他今天没有带随从人员，又是穿着便装，所以没有引起大家的注意。皇上听见了纪晓岚的话，很不高兴，就大声质问：“‘老头儿’三个字做何解释?”

旁边的人见此情景都吓出了一身冷汗。纪晓岚却从容不迫地跪在地上说：

“万寿无疆叫作‘老’，顶天立地叫作‘头’，父天母地叫作‘儿’，皇上当之无愧地万寿无疆、顶天立地、父天母地，所以叫‘老头儿’。”

乾隆听了这一番恭维的解释，就转怒为喜，不再追究了。

纪晓岚开了不适宜的玩笑，使自己陷入困境，可他随机应变地运用曲意直解，巧妙地将对乾隆有不尊性质的“老头儿”三字解释成“万寿无疆”“顶天立地”和“父天母地”。这样不但化险为夷，免去一死，而且化辱为恭。

在为人处世的过程中，幽默具有起死回生的巨大力量，幽默的辩驳胜过千言万语的求饶，幽默能够将现实润滑，能够将他人的内心融化。

汉武帝晚年的时候很迷信，希望自己能够长生不老，到处搜寻不死药。一天，有人献上不死丹药一丸。当时东方朔正在武帝身边。他上前拿起丹药后，假装好奇地问武帝："陛下，这药可以吃吗？"

武帝回答："当然可以吃了。"东方朔闻听此话，马上把药塞进嘴里，嚼了两下咽进肚里。武帝阻止不及，气得脸色发青，暴跳如雷，要把东方朔拉下去砍头。

东方朔连忙跪下，说道："陛下，且慢，臣有话要说。"

武帝本意并不想杀东方朔，就问道："你有什么要说的？"

东方朔从容地回答道："陛下，我刚才吃的可是'不死丹药'，可现在我却要被陛下砍头了。如果这药能使人不死，那我为什么要身首异处了呢？可见那'不死丹药'是假的。如果这药确实是那'不死丹药'，陛下应该杀不死我啊，自然也不用杀我了。如果杀得死我，就证明了献药之人是在蒙骗陛下。况且我在吃药之前已问过陛下药是否可以吃，陛下已经准许，所以臣才能吃此药。倘若未经陛下允许，臣怎么敢吃呢？若陛下今天杀了我，只会向天下证明陛下被人蒙骗了，恐怕有损于陛下的圣明，而且百姓又怎么敢相信您的话呢？"武帝一听，转怒为喜，立刻赦免了东方朔。

东方朔利用逻辑来进行诡辩，话如泉涌，滔滔不绝，从而避免了一场杀身之祸。

我们不得不佩服他们，他们是会说话的人，也是懂得幽默的人，他们在危难的时刻想到的是要依靠自己机智的嘴皮子来打动别人。在这里幽默成了一种可以拯救自己的借力，巧妙地利用对方的话语来为自己服务，或者为自己的无意之言找到一个"顺势而为"的解释。当幽默成了一种光明的出口的时候，黑暗又怎么会变得可怕依旧呢？

增添笑料，幽默可以化敌为友

著名影星英格丽·褒曼在谈及"幸福的秘史"时，不无幽默地说："幸福就是健康加上坏记性。"人生在世，不如意的事太多，假若事事铭记在心头，岂不太累。怀揣一颗宽容、豁达的心，略施幽默，便可以让人忘记仇恨。

第二次世界大战期间，许多美国士兵离乡背井，投入欧洲战场，他们只能借助书信解思乡之情。有个美国大兵接到家乡女友的来信，欣喜地拆开展读后，脸上的笑容顿时僵住了。原来他日夜思念的女友在信中提到，她已经另外有了新的男朋友，想借这封信结束彼此的来往，并请他将以前寄给他的相片寄还给她，以免日后徒生困扰。美国大兵恼怒了几天，心情终于平定下来，他立即四处向随军护士及女性军官索取相片。

他将得来的十余张相片寄回给女友，并附了一张短笺："这些都是我女友的相片，我忘了哪张是你的。请自行选出你的相片，其余寄回。"

故事中的美国大兵虽是采取报复的方式，但由于在其中添加了幽默的处方，足以令他已变心的女友有啼笑皆非的惊愕反应。

幽默的语言往往给人以诙谐的情趣，又使人在笑意中有所领悟，因而幽默往往是缓解紧张、祛除畏惧、平息愤怒的最好方法。

幽默是化解敌意的良药。有时我们也能以有趣且有效的方式来运用敌意的幽默——因为当我们把自己放进其中时，原本敌意的幽默也就变成没有敌意了。这时，我们就可以如教育学家和心理学家所谓的“表现于外”了。

你不一定要像演员那般去表演。任何时候、任何地点，你都站在人生的舞台上。你都能将心底所想表现出来，解决你的困难、怨恨、痛苦和困窘。更重要的是你也能够帮助他人，让他们看到如何将个人的困扰表现出来。说来似乎有点矛盾，敌意的幽默能提供某种关怀、情感和温柔。在特殊情况下，抓住时机把愤怒转化为幽默。不管多激愤的言行，只要把它夸张到非常荒诞的程度，愤怒的情绪就能缓和，因为荒诞到极点就产生了虚幻性。愤怒与幽默是完全不相同的。幽默是一种宽容大度的表现，幽默家的本领不是放任自己怒气冲天，而是抑制怒气，化解怒气。

有一天，李老头儿在自家街口买了一条围巾往回走，碰到邻居家的一位姑娘，她也买了一条，并高兴地对李老头儿说，她今天只花了3元钱，就买到了一条漂亮的围巾。

李老头儿一听，顿生怒火，转身去找那摆摊的小青年。

“喂，你刚才卖给那姑娘才3元而卖给我是6元钱，你这是什么道理?”

“因为她是我的亲戚，老爷子，你知道吗?”

老头儿一听，二话不说，又拿了一条围巾就走。

小青年紧追上前：“你怎么不付钱就走?!”

“因为咱们是亲戚，我是那姑娘的爸爸呀!”

李老头儿怒中生智，抓住时机，歪打正着。小青年的话是想找个恰当的借口，却给了李老头儿更恰当的借口。由于都是假亲戚，以假对假，就产生了一种荒诞，这样荒诞到极点上，可笑的特点就淹没了令人恼火的事情。

从愤怒转向诙谐是很困难的，如果荒诞达不到这样的极端，是不能令人在怒火中之余笑出声来的。愤怒是直接针对所要攻击的对象，一旦攻击，轻则怒目而视，悻悻不已，重则恶意谩骂，大动干戈。愤怒离幽默甚远，当情感紧紧被伤害对方的意向所控制，就很难从中解脱出来，更不可能从另一方面着想，去考虑对方的自尊或对对方的愚昧作悲天悯人的退让，更不可能对自己做冷静的审视，作自我调侃。所以，只有具有幽默感的人才能化怒为趣。

幽默是人类健康的保护神。幽默能使我们精神健康，富于创造性，它能通过一种娱乐形式，减少我们的压抑与忧伤，通过幽默释解人与人之间的隔阂与冷漠，消除困扰人类的敌意，消除人类活动中的偏见与误解，成为沟通人们情感的热线。

化解尴尬，幽默让窘迫变无形

在生活中，尴尬的事情总是潜伏在我们身边，不经意的一句话或许就会让自己出了洋相。没有人喜欢尴尬的窘迫，然而，有一种人却从来不会害怕尴尬的降临，这种人就是懂幽默的人。因为幽默可以让他们运用智慧与应变能力，化解尴尬于无形之中。

有个年轻人刚学会开车，兜风时车子熄火，一时发动不起来，后面的司机气得猛按喇叭。年轻人满头大汗地下了车，走到后面车子的旁边，敲敲车窗。后面的司机横眉竖目地摇下车窗，原以为年轻人是来找麻烦的，没想到年轻人对他笑道："先生，这样好不好，你来替我发动车子，我来替你按喇叭，好吗?"

显然，这位年轻人是不浮躁的，他没有因为别人的催促而焦虑、甚至与他人发生口角，而是在向他人表示理解的同时用一句出人意料的风趣话解决自己的尴尬境地，他巧妙地请求别人为自己发动车子，婉转表达出车子发动不了，不是自己有意而为之，希望得到谅解。这轻松的一句话比武力还能解决问题！因为这句话已经让后面的司机化怨气为喜气了。开心的一笑还有什么不能够原谅的呢?

幽默除了可以让意外的尴尬消失于无形外，还可以将自己的意见表达得更加生动，而又不会让他人的颜面尽失。

一个作曲家带了自己的作品去找意大利著名作曲家罗西尼。罗西尼在听他弹奏的时候，每隔一分钟就脱一次帽，然后又戴上。作曲家感到很奇怪，就问他是不是觉得热。罗西尼说："不，我只是有一种习惯，不管什么时候，遇见熟人我就把帽子脱下来打招呼。而在你的曲子里，我觉得很多东西是从我的熟人那里来的。所以我不得不连连点头打招呼。"

究竟是怎么回事，罗西尼一句也没说，但读者看到罗西尼的反应肯定就明白这个作品到底是怎么回事了。让人生气的事，却说得令人发笑，显然，用幽默来沟通这件尴尬的事情比发火更有风度和别有趣味!

从以上几例可以看出，幽默是思想、才学和灵感的结晶，它使语言在瞬间闪出耀眼的火花。而这火花在沟通中的作用和能量，绝非普通言辞可比。它可以将窘迫变得无形，却又能将道理讲得清楚。

有一次，萧伯纳遇到一位胖得像酒桶似的牧师，他跟萧伯纳开玩笑说："外国人看你这样干瘦，一定认为英国人都在饿肚皮。"萧伯纳谦和地说："外国人看到你这位英国人，一定可以找到饥饿的根源。"

当别人嘲笑你的时候，要用幽默来回敬对方。幽默感是避免人际冲突、缓解紧张的灵丹妙药，不会造成任何损失，不会伤及任何人。如果活动中出现尴尬局面，说句逗笑的话更能使双方摆脱窘迫的好办法。例如，两个班级联欢，男女舞伴第一次跳舞，由于一方的水平低发生了踩脚的情况，说“没关系”，这样礼貌的话可能还会加重对方的紧张，如果用一句“地球真小，我俩的脚只能找一个落点了”，可使双方欢笑而心理放松。

尴尬是在生活中遇到处境窘困、不易处理的场面而使人张口结舌、面红耳赤的一种心理紧张状态。在这种时候，感觉比受到公开的批评还难受，引起面孔充血、心跳加快、讲话结巴等。主动讲个笑话逗大家笑，绝对是减轻该症状的良方，尤其是在很多人看着你的时候。

摆脱困境，幽默让你绝处逢生

幽默是智慧的灵光一闪，犹如一个可爱而顽皮的孩子被巧妙地挠了一下精神的胳肢窝，会让人们由内而外地笑出声来。幽默像一杯炎热时候的清茶，可以滋润你焦渴的心田；幽默像一阵清风，可以让你享受心旷神怡的潇洒；幽默像冬日里的一抹阳光，为生活驱赶寒冷的阴云；幽默是一场精彩的演出，可以彰显你的才能与魅力；幽默是一种强大的力量，可以让你绝处逢生。

1671年，英王的皇冠被窃，举世为之震惊。以布莱特为首的5人犯罪集团很快被警方捕获，并全部判处死刑。可是，正当人们翘首期待目睹罪犯的下场时，事态的发展急转直下。

原来，英王查理二世对这些目无法纪的窃贼颇感兴趣，决定亲自审问他们。布莱特这伙罪犯以超凡的气度、幽默风趣的语言和伶俐得体的答辩，深得英王好感，一喜之下，众罪犯不仅免于一死，而且得到了一笔数目可观的赏金。

布莱特的辩词可谓精彩至极，极尽吹捧博欢，显示出十足的无赖本色，却又充满了胆略和才气。这里摘录审讯对话的精彩片段：

查理二世：“你还两次企图刺杀奥蒙德公爵，是吗?”

布莱特：“陛下，我只是想看看他是否配得上您赐给他的那个高位。要是他轻而易举地被我打发掉，陛下就能挑选更适合的人来接替。”

英王沉吟片刻，仔细打量这位囚徒，觉得他不仅胆子大，而且伶牙俐齿。于是他又问：“你胆子越来越大，这回竟偷我的皇冠来了!”

布莱特：“我知道这个举动太狂妄，可是我只能以此来提醒陛下关心一下一个生活无着落的老兵。”

英王：“你又不是我部下，要我关心你什么?”

布莱特：“我的陛下，我从来不曾对抗过您。过去英国人之间互相兵戎相见，很是不幸，但现在天下太平，所有人都是您的臣民，我当然是您的部下。”

英王觉得他简直是个无赖，但仍问道：“你自己说，该怎么处罚你。”

布莱特：“从法律角度讲，我们应该被判处死刑。但是，我们 5 人死后，每人至少有两个亲属会为此流泪并诅咒您。从陛下您的角度看，多 10 个人赞美您总比多 10 个人流泪诅咒您好得多。”

查理二世万万没料到他会如此回答，不由自主地点点头，又问：“你觉得自己是勇士还是懦夫?”

布莱特：“陛下，自从您的通缉令下过以后，我没有藏身之地，不得已在家乡搞了一次假出殡，希望警方误以为我已死而不再追捕，这诚然不是勇士的行为。所以，在别人眼里我也许是个勇士，可是，在您——陛下——真正的勇士面前我只是个懦夫而已。”查理二世对此番对话非常欣赏，居然破天荒下令免除布莱特死刑。

在此案例中，尽管以布莱特为首的 5 人犯罪集团被判死刑，却由于其豁达的风度与幽默的回答，用自己的罪行衬托出了英王的英明，让英王化怒为笑。凭借着两片幽默的嘴皮子，布莱特不仅把自己和朋友从死神的手里拉了回来，还让自己意外获得了奖赏。

可以说，幽默的力量有时候大到足以颠覆生与死的命运，幽默不是一种狡辩，而是一种生活态度。幽默用机敏和睿智给人们带来了无限的听觉快乐。如果你已经学会幽默，那么你是一个幸运的人；如果你不会幽默，那么你至少要会去欣赏幽默。

口吐方圆，幽默话为他人解围

人的一生中总会遇到很多纠缠不清的事情，就像一个个难解的结一样给人造成许多困扰。清官海瑞一生中为许多人解开了无数的难题，了结了无数的难断官司。智慧通常是由口才伴随的，替人解围说穿了还是要看嘴上功夫。

明朝嘉靖年间，发生过这样一件事。某地一位农民上街，在一家米店门前，不小心踩死了店主的一只雏鸡。

这米店老板平日就蛮横不讲理，见雏鸡被踩死，暴跳如雷，揪住农民不放。虽然农民连连道歉，一再说明不是故意的，但店主却不依不饶。他大声地呵斥着老实的农民，责令他赔偿 900 文钱。

一只雏鸡哪值得了 900 文钱呢？这店主明明是敲诈。那农民自然不服，两人就争吵起来。店主理直气壮地嚷道：“你别看这是一只雏鸡，喂几个月就能长到 9 斤呀！怎么不值 900 文呢?”两人吵来吵去，一直吵到了县衙里。

海瑞听完双方陈述以后，心里如明镜一般。他心想一只雏鸡竟让人家赔900文，也太黑心了，这是明目张胆地欺侮乡下人呀！他决定惩罚一下这恶店主。

海瑞想了一会儿，便开口了：“踩死人家的鸡自然应当赔偿，这理所当然，有什么可争吵的呢！”

店主一听，县官向着自己，于是连连点头说：“是的，老爷说得极是！”

海瑞接着说：“究竟赔偿多少呢？这倒要好好考虑。”

他停了一会儿，望了一眼店主，说：“你说得也有道理。雏鸡自然是要长大的，长大到9斤，值的钱肯定也会多些。所以你要900文赔偿，也还是合理的！”店主听了，满心高兴，他迫不及待地就连声说：“还是老爷英明，老爷英明啊！”农民一句话也没说，他心中很生气，他想这父母官怎么这样糊涂呢！

海瑞责成农民付钱，农民哭丧着脸，只好从衣兜中掏钱，掏来掏去，只凑足了600文。海瑞一看，便说：“差的钱，我替你补上吧！”

店主喜出望外地收了钱，还数了数。他真是满意极了。正当他准备离开时，却被海瑞叫住了。海瑞对他说：“且慢，这案子还没审完哩！”店主一听，感到莫名其妙。

海瑞大声对两人说：“刚才已按价赔偿了雏鸡，现在要谈另外一项赔偿，这样才公平啊！”他对店主说：“你想过没有，一只雏鸡长到9斤该费多少粮食呀！俗话不是说‘斗米斤鸡’嘛！就按一只雏鸡长到一斤要费1斗米算，那么9斤的鸡就该费粮9斗呀！现在这雏鸡死了，你就不必费粮食了，你不就省下了9斗米吗？所以你应该把这9斗米折价给他。这样双方就都不欠了，这案子才公平！”店主一听，目瞪口呆，直气得说不出话来。这时农民脸上现出了笑容，洋溢着感激的神情。

在海瑞的催促下，店主只好将9斗米的价钱给了农民。这样，店主可亏多了。

幽默具有强大的力量，但是幽默并不能仅仅用来活跃气氛，取悦他人，练就幽默本领，更重要的要实现为他人的帮助与解围。如果海瑞没有机智的思维，没有幽默的才能，那么他就不会绕一个弯子之后，来达到自己公正判案的目的。

任何事物只要拥有了价值，就能够被广为借鉴与使用，幽默的口才也一样。机智的幽默利己利人，幽默的口才将是不会褪色的流行风，幽默让更多的人喜欢，让更多的人学习。

请君入瓮，幽默的智慧扭转局势

语言是思想的外化，是智慧的化身。我们要在这个社会中发展、壮大，就离不开说话，离不开和别人沟通。你是否曾有这样的经历：你被邀请在众人面前发言，可是大脑却一片空白；在公司的重要会议上，别人能侃侃而谈，你却黏在座位上始终一言不发，加薪升职的机会与你擦肩而过；你是领导，在与下属沟通时，每次都觉得远未达到理想的效果……

这些情形并非罕见，据调查显示：有大约42%的人把当众讲话看作比死亡还恐惧。但是，在这个充满激烈竞争和挑战的时代，会说话是实现人生卓越的一种最有效的资本。现在越来越多的人把会说话当作一种制胜的武器，并提出“知识就是力量，口才就是资本”的新理念。会说话的人需言之有物，需能用笑的智慧为他人排忧解难。

为别人解难，同时又能为自己出口气，这是何等的美事，全靠舌头显神功。

从前，一户农民为了浇地正在修渠，水渠从一个地主的土地边缘经过。因为农民没及时与地主商量，那地主就借机向农民敲诈。

一天，地主来到渠边，恶狠狠地责问农民说：“谁让你在这里挖渠的？你知道吗，你挖断了我地里的‘龙脉’了你得在3天之内赔偿我的损失！”

看着地主那气势汹汹的样子，老实的农民不敢说话，他对这无理的要求又不能置之不理，只好赶忙去向智者求助。

这户地主仗着自己有钱，平日里就横行乡里，从不把智者放在眼里，智者早就不满了。如今又明目张胆地欺侮乡亲，智者也很是不平。于是便对农民说：“别怕，这事由我来处理。”

3天的限期到了，智者把村民召集到地主的那块地里，让那户地主与挖渠的农民都到了现场。

智者指着那农民问地主：“你说他挖渠，挖断了你地里的‘龙脉’，是这样吧？”

“是的，他挖断了龙脉，对我影响可大呀！”地主回答说。

智者又问地主：“你的龙脉究竟在哪里？”

地主用手往水渠边一指说：“就在这里！”

智者于是看了看地主所指的地方，他走过去，然后蹲下身来，用鼻子在地上仔细地闻了闻，接着，站了起来，大声地说：“什么龙脉，完全是一块臭地！”

“臭地？绝不可能！”地主大声地反驳说。接着，他也蹲到地上，认真地嗅了嗅说：“什么臭地呀！你怎么闻的？根本没有一点儿臭味！”

智者这时高声地问地主：“真的不臭吗？”

地主肯定地回答道：“是呀，一点儿也不臭！”

这时，智者转过身来，面对大家很严肃地说：“现在大家都听清楚了吧！他刚才说，这龙脉所在的地方，一点儿也不臭。既然一点儿也不臭，就说明这地里的龙脉根本没有挖断。要是真的挖断了，今天已是第4天了，哪能不臭呢？”

大家都会意地笑了，那地主被气得目瞪口呆。

这一招“请君入瓮”实在是用得恰到好处，将计就计，设好圈套让地主往里钻，从而免去了一切敲诈。智者的幽默很简单，运用了地主的道理，巧妙地以其人之道还治其人之身，那么地主当然不能再狡辩，否则岂不要扇自己的耳光吗?

所以说，幽默并不是肤浅的，幽默的力量需要恰当的技巧将其发扬光大。对待什么话，用什么样子的幽默，幽默要因语而异。一个懂得幽默的人是对自己智力与体力的尊重与利用。哈佛大学的著名教授威廉·詹姆士说过:“我们只是半醒着。我们仅仅在使用我们体力和智力的一小部分。说得明白一点，人类就是一直这样画地为牢，生活在自己的圈子里。人具有各种力量，但往往未加发挥。”

急中生智，幽默语言是杀手锏

在日常的沟通中，我们常常会遇到一些意想不到的事情应如何应对，采取的方式多种多样，幽默就是其中一种，利用幽默应对沟通中的突发事件，经常能收到奇妙的功效。人们在社交场合中，往往会遇到令人发窘的问题和尴尬的处境，那怎样才能做到遇事不惊、不乱，从狼狈难堪的境地中解脱出来呢?运用急中生智的幽默是最好的方法。但要做到这一点，就需要冷静、乐观、豁达，使自己的精神处于一种自由的、活跃的状态，说出机智而又幽默的语言，帮助解决意想不到的突发事件。

甘罗的爷爷是秦国的宰相。有一天，甘罗看见爷爷在后花园走来走去，不停地唉声叹气。

“爷爷，您碰到什么难事了?”甘罗问。

“唉，孩子呀，大王不知听了谁的挑唆，硬要吃公鸡下的蛋，命令满朝文武想办法去找，要是3天内找不到，大家都得受罚。”

“秦王太不讲理了。”甘罗生气地说。他眼睛一眨，想了个主意，说:“不过，爷爷您别急，我有办法，明天我替你上朝好了。”

第二天早上，甘罗真的替爷爷上朝了。他不慌不忙地走进宫殿，向秦王施礼。秦王很不高兴，说:“小娃娃到这里捣什么乱!你爷爷呢?”

甘罗说:“大王，我爷爷今天来不了啦。他正在家里生孩子呢，托我替他上朝来了。”

秦王听了哈哈大笑:“你这孩子，怎么胡言乱语!男人家哪能生孩子?”

甘罗说:“既然大王知道男人不能生孩子，那公鸡怎么能下蛋呢?”

荒谬的幽默是以插科打诨为特色，具有戏谑性。本来公鸡下蛋已经是够荒谬的了，为了说服秦王，甘罗从谬就谬，将两个同样荒谬的事并列在一起，国王承认后面一个是荒谬的，那自然也证明前面一个是荒谬的。

说话直言不讳是许多人所推崇的，但是生活中，并非处处都能直说，有时非得含蓄、委婉一些，才能使表达效果更佳。直道跑好马，曲径可通幽，各有各的妙处。交往中，要理解人们的合理需要，维护人的自尊心，只有这样才能把话说到别人心坎里去。

如果不能根据交际对象的心理，选择恰当的语言形式，话一出口先挫伤他人的自尊心，必然引起对方的不快，甚至争吵。

幽默的力量就像是放入咖啡中的方糖一般，它让苦涩慢慢地融化，让甘甜的香气在空气中蔓延。幽默是马良手中的神笔，可以将生活的世界变得绚烂多彩，可以给自己一种满足的心情与快乐。

主动出击，让自己掌控外物

与人沟通时，别着急去告诉别人，什么是对的，因为别人未必会信服你所说的话，说了也是白说。如果没有支撑自己的言论，这种沟通的成功率微乎其微。所以在与人沟通之前先要找着强而有力的理论，使人信服自己的言论是对的。

举世闻名的指挥家斯托考夫斯基，有一次在纽约指挥交响乐团演出。没想到时间到了，还有迟到的听众慌慌张张地进来找位子。已坐定的听众也仍在窃窃私语。已经站在台上的指挥家实在无法挥动手中的指挥棒，于是转过身去对听众说："各位先生，女士，画家把画画在纸上，音乐家则把音乐谱在'寂静'之上。今晚，我们负责供应音乐，而各位必须负责供应寂静。"

当这句话说完之后，音乐厅立刻寂静得没有一点儿声音。指挥家满意地点点头，转过身开始挥动手中的指挥棒。

能够掌握主动权的幽默大家，他们不会惧怕外界的躁动与吵闹，他们可以通过自己智慧的语言赢得属于自己的安静。懂得幽默的人，会更容易接近梦想，因为他们比不懂幽默的人更容易受到他人的欢迎与关注。懂得幽默的人，不仅仅是个口才专家，也是个交际人才，是个在生活中不容易输的赢家。因为，他们可以让自己的优势变得更加优越，亦可以让自己的劣势变得闪亮起来。

美国第二十七任总统塔夫脱的身材十分肥胖，他的体重高达300多磅。由于他生性豁达，所以对肥胖的身材不仅不在意，反而常拿它开玩笑。

塔夫脱年轻时曾任报社记者。一天，他到俄亥俄州某处采访。工作完后，他发现除非搭上一班直达的火车，不然就赶不回报社。

塔夫脱灵机一动，打电话问铁路局："直达快车可否在某某站停车，以便一个庞大的团体上车呢?"

铁路局答应了他的请求。等火车到站后，车长问他："那个庞大的团体在哪儿呢?"

塔夫脱指指自己肥胖的身材说："在下便是。"

像下面这种情况，幽默的沟通，不仅避免了尴尬，还让自己扭转了被动的局面。幽默的人具有圆滑处世的能力，能够让一切事情的结果都掌握在自己的嘴巴上。

掌握主动权，可以在当别人准备伤害你，用刻薄的语言跟你说话时，你会不动声色，佯作没听懂他的意思，反给对方一种莫名其妙的回答，这样，对方打算伤害你的企图也就告吹了。

别人的语言再刻薄，但你不动声色，并来个答非所问，他也就“英雄无用武之地”了。这样一来，垂头丧气的将是对方。

里根总统在一次白宫钢琴演奏会上讲话时，夫人南希不小心连人带椅跌落在地，观众发出惊叫声。但是南希很快灵活地爬起来，在二百多名宾客的热烈掌声中回到自己的位置上。这时，里根便插入一句：“亲爱的，我告诉过你，只有在我没有获得掌声的时候，你才应该这样表演。”台下又是一阵热烈的掌声。

里根总统幽默的一句话，就将夫人尴尬的局面化解，将观众的担心打消，将自己机智的人格魅力赫然展现在了演讲台上。

在幽默的人的眼中，世界充满了轻松的快乐、温馨的平和，世界的主基调应该是快乐的，人生的主打歌应该是欢快的，在一切突发的事情中，好的抑或是不好的，完全在于自己掌控。幽默的人可以让自己掌控外物，而不是让外物左右了自己的心智与手脚。原来，懂得幽默的人可以生活得如此潇洒，洒脱得令人艳羡。

第五章

政治家的幽默，缓和处世的交涉氛围

小题大做，让坏事变成好事

美国人早在20世纪40年代就把“口才、金钱、原子弹”看作是在世界上生存和发展的三大法宝，60年代以后，又把“口才、金钱、电脑”看成是最有力量的三大法宝。而“口才”一直独居其首，足见其作用和价值的强大。

懂得如何说话已经成为一个人综合能力的重要标志，成为个人在社会上生存的重要能力之一。在生活中，通过出色的语言表达，可以使陌生的人产生好感，结成友谊，可以使相互熟识的人之间的情更浓、爱更深，可以使意见分歧的人互相理解，消除矛盾，可以使彼此怨恨的人化干戈为玉帛，友好相处。

说话作为人们最简单、最直接的表达方式，它的重要性是不言而喻的。我们已经告别了那种“鹦鹉学舌，不离于禽；猩猩能言，不离于兽”的人云亦云的时代。在缤纷复杂的现实生活中，学会更深刻地领悟语言的真谛，学会如何说话，显然是势在必行的。说话不仅是一门技术，更是一门与人交流的艺术。它看似一项很简单的活动，只要两片嘴唇一碰，原始的语言便生成了。但是说话容易，真正说出有水平，容易被人理解、接受的话来则需要下一定的功夫。尤其是在重要的政治场合。

阿凡提就是这样一个在生活中淡定自在、在政治上敢于挑战的交涉者。他虽然不是一位真正意义上的政治家，但是政治家们可以从他身上学到很多的交涉幽默，既可以维护自己的尊严，又不会让自己的讽刺显得太露骨。

有一次，阿凡提害眼病，看不清东西。国王却偏要叫他来看这个、看那个，还取笑他说：“你无论看什么，都把一件东西看成两件，是吗？你本来穷得只有一头毛驴，现在可有两头了，阔起来了，哈哈！”

“真是这样，陛下！”阿凡提说，“比如我现在看你就有四条腿，和我的毛驴一模一样呢!”阿凡提的话把国王气得干瞪眼，却无话可说。

还有一次，国王和大臣带着阿凡提外出打猎。炎热的天气，国王和大臣的衣衫都湿透了，于是他们脱下衣衫并搭在阿凡提的肩上。

阿凡提本来已经很热了，再加上国王和大臣的衣衫，更是汗流如雨。国王见阿凡提热得满头大汗，便故意戏弄他说：“阿凡提，你真不简单，能驮一头驴驮的东西。”

阿凡提听了很生气，却平静地说：“不，我肩上驮的是两头驴的东西。”

阿凡提两次对国王的回答，都是从国王的话题引申发挥，达到了讽刺国王的效果，正所谓借助小题进行大作，让国王无言以对，从中可以看出阿凡提说话的智慧。

借题发挥，逗笑他人提升自己

说话幽默的人处处受人欢迎，说话幽默的人更容易获取成功的机会。英国著名戏剧家莎士比亚说过：“幽默和风趣是智慧的闪现。”法国作家雷格威更断言：“幽默是比握手更进步的一大文明。”幽默是人与人交际时的润滑剂，有了它的推波助澜，我们可以在人际交往中游刃有余。不过，恰当的幽默会助人成功，但不当的幽默也会让自己陷入窘境。

借题发挥的幽默，顾名思义，就是借现场的人、事、物甚至对方的语言为题，加以发挥、阐述，诠释出全新的思想来，从而制造了幽默。借题发挥的幽默技法在政治交往中的作用更是功不可没，例如：

德国科学家亚历山大·冯·汉保尔特访问美国总统杰弗逊的时候，看见他书房里的一张报纸，上面刊载了对他攻击辱骂的言论。

“为什么让这种诽谤言论在报上发表呢?”汉保尔特拿起那张报纸说道，“这家胆大妄为的报社为什么不查禁?或者对该报的编辑加以罚款?”

“把报纸放进你的口袋里吧，先生，”杰弗逊笑嘻嘻地回答说，“万一有人怀疑我们是否有新闻自由，你可以把这张报纸给人们看看，并且告诉他们你是在什么地方找到它的。”

事例中，杰弗逊接过对方的话题，把它与“新闻自由”联系起来，不仅让汉保尔特顿时没有了怒气，甚至感觉到了一阵窃喜，如此说来，允许报纸对自己的言论攻击，也不失为一种明智举动，起码表明了自己大度的胸襟，以及尊重人们出版自由的权利。杰弗逊的幽默言辞，令人拍案叫绝，他不仅让汉保尔特保住了面子，还赢得了良好的说服效果。

借题发挥能让人巧妙地达到自己的目的，尤其在某些重要的政治场合，它比直言其事更显得委婉曲折。借题发挥是指巧妙地借助别人的某一话题，引申发挥，出人意料地表达自己的某种思想。在日常生活、工作中，有些重大场合一些话不宜直截了当地说，这时巧用借题发挥，会起到意想不到的效果。

政治幽默，犹如一位在严肃场合的调和者，它总是憨态可掬，满面春风，它总是能够在最紧张的时刻，释放出几颗催“笑”弹，让双方在笑意中达成商议；它也会在自己的尊严受损的情况下，机巧地辩驳出一份自信与自尊。

反唇相讥，轻松实现以威对威

很多人喜欢拿别人开玩笑，但大多是出于友好和善意，然而也不乏那种酸味十足，以伤害他人自尊心为乐的人。对于这种人，千万不能沉默以对，这样会让他得寸进尺。特别是在重大的政治场合，接受他人的讥讽就是在损害自己的尊严，不如来个针锋相对，反唇相讥。他言辞犀利，你言辞更犀利，他有气势，你比他更有气势，以威对威，以势对势，义正词严，理直气壮。同时，在对他的谬论进行抨击时，制造幽默。

1984 年 10 月，在里根与蒙代尔的总统竞选过程中，里根竞选班底的人们认识到，里根要克服的大难题是他给人一种年纪太大的感觉，不宜当总统了。所以，里根利用每一个机会就年龄问题说笑话。

第二次论战是在严肃的气氛中进行的，里根和蒙代尔就范围广泛的各种问题相互进行攻击。资深的记者亨利·特里惠特向总统提出了一个出乎意料的问题：

“总统先生，您已是历史上最年迈的总统了。您的一些幕僚们说，最近在和蒙代尔先生的角逐，使您感到很疲倦。我回忆起肯尼迪总统，他在古巴导弹危机中，不得不日夜工作，很少睡觉。您是否怀疑过，在这种处境中您能履行职责吗?”

这个既棘手又彬彬有礼的询问，意思是问里根是否过于年迈，不宜当总统。而里根笑着回答：“我希望你能知道，在这场竞选中我不愿把年龄当作一项资本。我不会抓住对手的年轻无知、经验匮乏这一弱点来攻击我的对手。但是，这一弱点怎能使美国人民相信，他能完美地履行最高行政长官这一职责呢?”

里根说“不会……”实际上已经反驳了对方的错误观点了。

政治上的口角之争从来都没有停歇过，反唇相讥的幽默可以追溯到古希腊时代：

亚西比德是古希腊一位了不起的政治家。一天，他同比他大 40 岁的佩里克莱斯大谈如何才能治理好雅典。可老佩里克莱斯对此并无兴趣。

“在你这个年纪，我也是像你现在这么说话的。”佩里克莱斯冷冷地对亚西比德说。

“哦，那时我要能结识您该有多好啊!”亚西比德回答说。

两人的年龄相差40岁，一般由于代沟的原因，年龄大的人往往听不进去年轻人的意见，亚西比德说“那时我要能结识您该有多好啊”，正是指出了佩里克莱斯老态龙钟，朽木不可雕也！

反唇相讥的要点就是以快打快，以强击强，起到一种闻之震耳、以正压邪的作用。

在联合国的一次会议上，菲律宾前外长罗慕洛和苏联代表团团长维辛斯基发生了一场激烈的辩论。罗慕洛批评维辛斯基提出的建议是“开玩笑”，维辛斯基立即采取了十分无礼之举，他说道：“你不过是个小国家的小人罢了。”维辛斯基刚说完，罗慕洛就站起来，告诉联合国大会的代表说，维辛斯基对他的形容是正确的，但他又接着说：“此时此地，将真理之石向狂妄巨人的眉心掷去——使他们的行为检点些，这是矮子的责任。”罗慕洛的话博得了代表们的热烈掌声，而维辛斯基只好干瞪眼，什么话也说不出来。

在这则事例中，维辛斯基作为苏联代表团团长，虽然来自一个超级大国，却出乎意料地在联合国大会上对别国外长进行人身攻击，完全违背了国际友好交往的基本道德和礼仪，表现出十分低劣的思想和业务修养，所以受到与会者的唾弃是可以想象的。

反观罗慕洛，虽然菲律宾小得还远不如苏联的一个州，而且罗慕洛穿上鞋子后，身高也只有1.63米，但他面对一个超级大国的外交官员的严重失礼的言行毫不畏惧，为了维护自己及国家的尊严和形象不受损害，他勇敢而巧妙地运用了一个形象的比喻，当众抨击了对方的卑劣行为。虽然他谦逊地自称为“矮子”，却不是一般的“矮子”，而是能举起“真理之石”向“狂妄巨人的眉心掷去”的人，真理在他手上；虽然他也把对方比作“巨人”，但这却是一个在国际交往上“行为不检点”的“巨人”，这正好成了鲜明的对照，有力地表现了菲律宾国虽小却不容侮辱的严正立场，准确而有分寸地批评了身为大国之使的苏联代表团团长行为有失检点的恶劣行为。

学会反唇相讥，让幽默在你的身上绽放智慧光芒，在政治的交际中实现从容应对、和谐共处。

活跃气氛，消除意外的尴尬

50年代初，美国总统杜鲁门会见十分傲慢的麦克阿瑟将军。会见中，麦克阿瑟拿出烟斗，装上烟丝，把烟斗叼在嘴里，取出火柴。当他准备划燃火柴时，才停下来，对杜鲁门说：“抽烟，你不会介意吧？”

显然，这不是真心地向对方征求意见。杜鲁门讨厌抽烟的人，但他心里很明白，在面前的这个人已经做好抽烟准备的情况下，如果说他介意，那就会显得自己粗鲁和霸道。杜鲁门看了麦克阿瑟一眼，自嘲道：“抽吧。将军，别人喷到我脸上的烟雾，要比喷在任何一个美国人脸上的烟雾都多。”

杜鲁门总统以自我解嘲的形式来摆脱难堪的境况，而他自嘲，还包含着深深的责备和不满，无形中则给了傲慢的将军以含蓄的训诫。

当然大多数人都不是故意陷人于难堪境地的。如果过分掩饰自己的失态，反而会弄巧成拙，使自己越发尴尬，并且对方会心神不宁，坐立不安。以漫不经心，自我解嘲的口吻说几句取悦于人的话，却可以活跃气氛，消除尴尬。

有一次，柏林空军军官俱乐部举行盛宴招待会，主宾是有名的乌戴特将军。敬酒时，一位年轻士兵不小心将啤酒洒到了将军光亮的脑袋上，这位年轻的士兵吓得魂不附体，手足无措，全场人目瞪口呆。面对颤抖的士兵，乌戴特微笑着说：“老弟，你以为这种治疗会有效吗?”在场的人闻言大笑起来，难堪的局面被打破。

天下间最尴尬的时刻莫过于自己的裸体暴露在别人面前，大名鼎鼎的首相丘吉尔就有过类似的经历，不过他却能坦然化解。

丘吉尔有个习惯，一天之中无论什么时候只要一停止工作，他就钻进热气腾腾的浴缸中去泡一泡，然后就光着身子在浴室里来回地踱步，一边思考问题，一边让身体放松放松，有时甚至会入迷。

有一次，丘吉尔率领英国代表团到美国去进行国事访问，他们受到热情款待。为了方便两国领导人的交流、沟通，组织者专门让丘吉尔下榻在白宫，与美国总统罗斯福离得很近。

一天，丘吉尔又像往常一样泡在浴缸里，尔后光着身子在浴室里踱步。当时，世界反法西斯战争进行得如火如荼。丘吉尔在思考着战场上的形势，以及如何同美国联手对付德国法西斯。想着，想着，他已经忘了自己在什么地方。

碰巧，这时罗斯福有事来找丘吉尔，发现屋里没人。罗斯福刚欲转身离去，听见浴室里有声响，便走过来敲浴室的门。

丘吉尔正在聚精会神地考虑问题，听见有人敲门，本能地说了一句：“进来吧，进来吧。”

门打开了，美国总统罗斯福出现在门口。他看到丘吉尔一丝不挂，十分的尴尬，进也不是，退也不是，索性一言不发地站在门口。

此时，丘吉尔也清醒了。他看了看自己，又看了看罗斯福，急中生智地说道：“进来吧！总统先生。大不列颠的首相是没有什么东西可对美国的总统隐瞒的!”说罢，这两位世界知名人物都不约而同地哈哈大笑。

丘吉尔并没有因为突然的“坦诚相见”而感觉到压抑或者不安，一句轻松的玩笑，不仅加深了双方的情谊，还将为两国的政治和平做出一定的推进作用。幽默在生活中可以给众多人带去欢乐的心情，更可以在关键的场合赢得和平的顺利进程。

在交往中遇到尴尬场合，运用幽默的玩笑可以平添许多风采。当然，说笑要避免采取玩世不恭的态度。具有积极因素的说笑包含着说话者强烈的自尊、自爱。说笑实质上是当事人采取的一种貌似消极，实为积极的促使交谈向好的方向转化的手段而已。

给人“台阶”，为他人留面子

幽默是处世的得力助手，是赢得他人好感的保鲜膜。一句幽默的语言能使双方在笑声中相互谅解。一句假装糊涂的幽默，会在达到目的的同时，又显得风趣无比。会说话的人往往会巧妙地运用幽默语言作为“台阶”，助人走下一个台阶。

在比较隆重的场合，当小小的口误出现的时候，不应该抱着自责的心态去表现自己的失职，这时候装作什么都没有发生，想办法用自己的诙谐去补救，才是明智之举。挨批评的滋味大家都尝过，都知道不好受，尤其是一点情面都不讲的批评。既然如此，己所不欲，勿施于人，批评的时候给别人备个台阶，也给自己留点余地总是好的。

另外，在反驳别人的时候也应该为他人留足面子。在社交中，谁都有可能出现小失误，比如说了错别字，讲了外行话，记错了对方的姓名职务，礼节有些失当，等等。会说话的人如发现对方出现这类情况时，只要是无关大局，就不会对此大加张扬，更不会抱着讥讽的态度，以为“这回可抓住笑柄啦”来个小题大做，拿人家的失误在众人面前取乐。因为这样不仅会使对方难堪，伤害其自尊心，惹其反感或报复，而且也不利于自己的社交形象，容易使别人在今后的交往中敬而远之，产生戒心。特别是在外交往来中，没有给对方留有余地，让对方下不了台，有损来宾的面子。

为了保住别人的面子，下面几点是必须考虑的：

（1）如果别人的帮助正是急之所需，可坦然接受；如果实非自己所需，应善加说明，并致谢意，不要让人的一片好心、热心反被弄得没趣。

（2）如果别人的求助正在自己的能力范围之内，应积极帮助；如果实非自己所能，应力陈原委，请求谅解。

（3）如果对方冒犯，能宽容的便无需反应过激，不能忍受的可指出其错误所在，只求使其知错，不要令人难堪。

（4）如果对方是好意的提示，应诚挚致谢，不要为了维护自己的尊严而巧言强词地辩解，甚至把别人的善意和诚意扭曲。

一个人在生活中若懂得留人以脸面，其人际关系自然会比较融洽。

言语失误，幽默改口成救星

说话难免会出现失误，碰到言语失误怎么办呢？很多人不知所措，这样就容易出现尴尬的沉默。其实，善于说话的人知道话已出口，赖是赖不掉的，为了让听者对自己更有好感，会马上调动自己所有的才学来补救。

三国时期，司马昭和“竹林七贤”之一的阮籍又一次同时上朝，忽然有侍者前来报告：“有人杀死了自己的母亲！”阮籍向来放荡不羁，这时信口说道：“杀父亲也就罢了，怎么能杀死母亲呢？”此言一出，满朝文武大哗，认为他抵牾孝道。阮籍也意识到自己措辞不当，说不定会招来杀身之祸呢。

阮籍很聪明，他灵机一动，连忙解释道：“我的意思是，禽兽知其母而不知其父，杀父就如同禽兽一样，杀母呢？就连禽兽也不如了。”一席话说得面面俱到，众人无可辩驳，阮籍自己也免遭了杀身之祸。

阮籍巧妙地引用了一个比喻，在众人面前不知不觉更换了题旨，平息了众怒。

“人有失足，马有乱蹄”。在人际交往过程中，我们经常遇到类似的说错话的时候。虽然言语失误的原因各不相同，但后果相同：贻笑大方，或者引起纠纷。而如果能及时补救，结果可能就是另一番局面了。当然，这需要说话者冷静、机智，随机应变。

美国前总统里根有一次访问巴西，由于旅途劳累，在欢迎宴会上居然闹出了这样的笑话：“女士们，先生们！今天，我为能访问玻利维亚和面对她的人民而感到高兴。”顿时场内一片寂然，众人面面相觑，不明就里。有人低声提醒总统说错了话，里根忙改口道：“很抱歉，我们是不久前访问过玻利维亚。”尽管当时他并未去过玻利维亚，但听众还没有反应过来，他的口误就已经淹没在他接下来滔滔不绝的大论中了。

及时改口，是补救言语失误的妙法。只要及时发现错误，及时想出相关对策，就能掩饰言语失误，避免出丑或者让别人不高兴。

当然，补救言语上的失误不能拘泥于一种形式，应该视场合不同采取不同手段，灵活运用，才能百战百胜。

幽默的口才可以为说出的口误进行“包装”，字里行间彰显着善意公正的立场，使人们听之口服心服。生活中需要幽默，工作中需要幽默，外交中更需要幽默。懂得幽默，善用幽默，是开展和谐外交工作的有效方法。因此，学会幽默的重要性可见一斑了。外交活动的幽默交谈，可以互相启发，陶冶情操，推动精神文明世界的不断提升。

第六章

化阴郁于笑谈，幽默是身心保健医生

幽默可有效防治不良的情绪

你一定有过这样的经历：遇到喜庆的事情就会喜上眉梢，遇到生气的事情就会愤怒无比，遇到伤心的事情就会悲哀怜怜，遇到高兴的事情就会开心快乐……其实，这一切都要归属于我们的情绪。

情绪是人类最熟悉、体会最深的一种心理活动，我们每个人都有情绪反应，而喜怒哀乐是最基本的情绪状态，每个人都在反复体验着这些情绪，那么情绪究竟是怎么一回事呢？

一般认为，情绪是个体感受并认识到刺激事件后而产生的身心激动反应。

此处所说的刺激事件不仅指来自外部环境的某种刺激（诸如，看见一只色彩斑斓的蜘蛛、一句滑稽的话、一声婴儿的啼哭，等等），而且还包括来自个体内部环境的生理上的以及心理上的刺激。具体而言，胃痛或牙痛、饥饿干渴、气喘心跳等属于身体内部的生理刺激；而想到度假、想到考试、想到恋人、想到去世的朋友等则属于来自内心的刺激，它们都会引起你的情绪反应。

个体对刺激事件的认识，比如，一种气味淡淡的，你嗅到后并无异样感受，如果传来一阵水果的味道，那是你喜欢吃的水果，这种香味让你感到愉悦。但是，另一种你不喜欢吃的水果散发阵阵气味，你闻到后感到很难受，这些都是由于外界刺激而引起的情绪。

我们的情绪在很大程度上受制于我们的信念、思考问题的方式。如果是因为身体的原因而使自己产生不愉快的情绪，则可借助药物来改变身体状况。但我们非理性的思维方式就像我们的坏习惯一样，都具有自我损害的特性，而又难以改变。这正是情绪不易控制的真正原因。

情绪的好与坏事实上与我们自己的心态和想法有关，与刺激关系并不大，一件事，在别人眼中看着是悲哀的，在你眼中也许就是喜乐的，就看自己怎么想了。幽默则是一种积极乐观的情绪，幽默带给人们的是无尽的快乐，快乐作为一种愉快的情绪，是人的需要得到满足时产生的喜悦体验。幽默可以让负面的情绪消失得无影无踪，可以让我们成为情绪的主人，还原给一个淡定的乐观心态。

影星吉尼威尔德在《监狱风云》中饰演了一个名为亨利的男子，他笑口常开，风趣幽默，倾倒了许多人。在电影中，亨利被误判入狱，所有狱官都看他不顺眼，常常找他麻烦。

有一次，狱官用手铐将他吊起来，几天之后，他竟然还能一脸笑容地对狱官说："谢谢你们治好了我的背痛。"狱官又将亨利关进一个因日晒而温度很高的锡箱中，当他们放亨利出来时，亨利央求道："喔，拜托再让我待一天，我刚开始觉得有趣呢。"

最后，狱官将他和一位重300磅的杀人犯古斯博士一同关进一间小密室。古斯博士在狱中恶名远扬，就连最凶恶的犯人也像躲瘟疫一般避着他。所以，当狱官们打开密室的门，看见古斯博士和亨利坐在一起开心地玩牌时，都惊讶得不得了。

其实，亨利做的只不过是在喜乐与悲伤之间，选择了以喜乐去面对世事，所以，没有人能以任何方式夺走他的喜乐。每个人都会面临悲伤与喜悦的选择，如果每次都能多想想自己遇到的那些幸运的事情，并心存感恩，必定能够从悲伤中寻找到喜悦的因子。

情绪就像一把双刃剑，消极低落时可以像敌人一样袭击我们，积极健康时可以像朋友一样帮助我们。所以，我们一定要做情绪的主人，经常保持积极的情绪。正如卡耐基所言"没有一种胜利比战胜自己及自己的冲动情绪更伟大，因为这是一种意志的胜利。"

保持积极情绪状态的方法有很多种，包括宽容别人，保持积极乐观的心态，但幽默的心态能够让你接纳自己的情绪变化，善于及时调整自己的不良心态，掌握有效的自我调节的方法等。

幽默是化解抑郁的心理医生

人生百寿，难免一病。求医问药时，如能继续发挥自己的幽默力量，则能振奋精神，使自己得以轻松，以便更好地接受治疗。

一个乞丐走进诊室对医生说："您得帮帮我。半个月前我吞下了一枚硬币。"

"我的老天爷！"医生说，"您当时怎么不来？"

"说实话，我当时并不急等着用这钱。"乞丐说。

病人首先能轻松地看待自己的疾病，就是一种了悟人生、豁达开朗的体现，这也是健康的前提和预兆。

我国有句古话："笑一笑，十年少。"据医学生理学研究，笑对人体各部器官都有好处，特别是心理情绪的调整。不少专家认为，幽默对于人的精神健康的调节作用表现为：能帮助人们忘掉烦恼，或者至少把烦恼减低到最低程度。

医生们认为，幽默在治疗中的潜在功能主要表现在：第一，造成一种轻松气氛；第二，加强有理性的彼此交际；第三，成为洞察冲突的一种源泉；第四，帮助人们克服生硬而虚伪的社会习气。

近20年来，欧美医学界发明的"幽默疗法"已经在临床上取得了可喜的成绩。专家们认为，幽默能够治疗的原理主要是笑，因为一个人在笑的时候，其隔膜、胸部、腹部、心脏、脾部甚至肝脏都会引起短暂的运动，能起到消除呼吸系统中的异物，刺激肠胃，加快血液循环，提高心跳频率的作用。同时可缓和厌烦、紧张、内疚、沮丧的情绪，减轻头疼和腰背酸痛的程度。

一位建筑工人因失足从5层楼上掉了下去，幸运的是掉到了一座沙堆上，因此幸免于难。当人们围上来时，警察驱赶他们，然后问工人："这儿发生了什么事。"

工人："我不知道，我刚到。"

更为重要的是，笑还可以促使体内的某些激素（如肾上腺等）的分泌，这些激素可能会对机体产生有利的影响，同时又会促使体内某些麻醉因子的释放，从而缓解疼痛，减轻关节炎等病症所引起的不适。

长期闷闷不乐，身体就会因积郁而生成病症。这就是抑郁成疾的道理。笑，是人的生活中必不可少的一部分，只有情绪乐观、心境开朗才会有积极向上的劲头。而幽默正是给人带来笑的基本手段。

幽默带给人们的笑是有一定的内涵的。它不同于没有思维的傻笑，不同于因为出丑而引发的浅显的笑，也不同于不怀好意的皮笑肉不笑，更不同于见不得人的窃笑。那些由内心而发的笑才是最乐观、最轻松、最富表情的笑。

满奋最怕风。某日，晋武帝召见。宫殿的北面均为琉璃相隔，很透亮，满奋以为无窗，惧怕起来，甚至有些心神不定。晋武帝熟悉满奋，知道他此刻又怕风了，于是大笑起来。满奋也是聪明人，听这笑，知道上当了，就对晋武帝道："此情就像吴地的牛见了月亮而喘息一样。"

满奋对自己多余的担心进行了玩笑，惹得晋武帝也心情大好。

幽默的生活态度，不仅能够让你的才情尽显，还能给他人送去一箩筐的欢愉。幽默，是一件一举两得的美差，是维护欢乐的幸福卫士。

幽默，就像专属于自己的心理医生一样，能够贴心地帮助自己化解抑郁的情绪、驱散阴暗的无奈。幽默，让你的世界充满阳光，让你的身体健康，让你的心气和悦。

“笑”能够提高身体免疫力

俗话说：“笑一笑，十年少。”这句话可谓妇孺皆知，但是很少有人知道究竟为什么笑能够让人变得精神焕发、体格健壮？经过科学家的研究表明，不同形式的笑诸如开怀大笑、哄堂大笑、哈哈傻笑、偷偷窃笑都有助于健身、释放紧张情绪、提升人体免疫力以及疾病的治愈。

美国威廉姆·弗赖伊被称为笑的研究先驱。他认为，尽管体育健身有助于体魄强健，但是笑更能够促进血液循环和腹肌收缩。

科学研究还证明，笑还有益于释放紧张的情绪，科学家在1997年进行了笑的治疗效果的实验，将48位心脏病患者分为两组：一组安排每天观看30分钟的幽默剧；而另一组作为参照组，则没有此项安排。一年的结果显示，观看喜剧的组中只有两人心脏病反复发作；而另一组参照组中则高达10人。专家们分析，观看喜剧能够使两种引发心律不齐、导致心脏病的主要荷尔蒙减少。可见，经常开怀大笑能够缓解不良情绪，使人心情舒畅，病魔也就知难而退了。

此外，科学还证明笑能够促使自我保护激素和化学物质的产生。加州某大学两位学者研究发现，当被试者观看幽默的视频时，人们的β激素（缓解抑郁）和成长激素（有助免疫）两种荷尔蒙分别增加了27%和87%。科学的实验证明，笑能够提升人体的免疫力。类似的实验在《美国健康》杂志中也进行了刊登，在堪萨斯技术大学一位教授做过的研究也证明笑声能够抵抗病毒和外来病毒细胞的侵袭。

伏契克说过：“我们曾经为欢乐而斗争，我们将要为欢乐而死。因此，悲哀永远不要同我们的名字连在一起。”在生活中，人都有可能遭遇到困境，这时不要一味地消沉、悲观，用幽默来应对的时候，你会发现自己容光焕发、精神矍铄，充满了应对困难的斗志，这就是幽默的威力所在了。

杂志撰稿人鲁斯最初知道自己身患重病是在5年前，当时，他去买人寿保险，做心电图发现冠状动脉有阻塞症状之后遭到保险公司的拒绝。保险公司的医生说，他只能再活一年半，而且必须辞掉杂志撰稿人的工作，也不能参加任何体育活动。那时，他才37岁。但是鲁斯不愿放弃自己那种生龙活虎的生活方式，下决心找出另外的办法活下去，他想通过锻炼保持心脏的健康。

同时，他又为自己制定了一个大胆的治疗方案。他服用大量的维生素C，再对自己实行一种“幽默疗法”——连着看大量的喜剧片，读著名作家写的滑稽作品。他后来说：“我发现，捧腹大笑10分钟就能起到麻醉作用，使我至少能够不觉得疼痛地睡上两个小时。”到现在为止，5年过去了，他还活着。鲁斯现在认为，紧张和压力之类的消极力量会使身体虚弱，而快乐、信心、欢笑、希望等积极乐观的力量会使身体强壮。

“倘若说我们战胜沮丧的乐观情绪的力量不能在身体里引起生物化学上的积极变化，我是绝不相信的。”鲁斯说，“我们能够想办法让自己活下去。每当犯病到了医院的时候，院长和治疗心脏病的专家都在等着我。我说：‘没事，各位别紧张。我希望你们了解，我是到你们医院来过的最顽强的病人。’”

鲁斯从经验当中得出一个信念：乐观的心情比药物还有用。他说，这一点应当引起医疗专家的重视。“如果乐观情绪本身能够起到医疗作用的话，就不应该忽略，而要当成所有疗法的一个组成部分。”乐观的力量绝不仅仅是帮助你建立一个好的心态，在坚强的意志的帮助下，它甚至可以挽救一个人的生命。

幽默是紧急情况中的镇静剂

在日常生活中，我们经常会遇到一些突如其来的紧急情况，而使我们变得惊慌失措，不知所以，或因长期痛楚的折磨，而就要丧失意志，在所有的灵丹妙药失效时不妨使用一下幽默。

美国斯坦福大学的精神学家威廉·弗赖恩博士说，生活中如果没有笑声，人就会生病，并且会日趋严重。而幽默则能激起内分泌系统的积极活动，从而有效地解除病痛。幽默能使人们紧张的神经得以放松。

医生的电话铃响了，一位先生在电话中惊慌地说：

“喂！喂！大夫，请你赶快到我家来一趟！我的儿子不慎将我的微型钢笔吞下去了！”

“好吧，我就来。”医生对那位万分紧张的父亲说。

“大夫，在你到来之前，我应该怎么办？”

“你可以先用铅笔写字。”

医生的一席话缓解了患者亲属的紧张心情，使人不至于在慌乱之中无所适从。幽默如果仅仅能够是缓解气氛、讨人开心，那么幽默也就失去了它最根本的意义。幽默在紧急状况中，更需要能够安抚人心、舒缓情绪、使人镇定。

有位老牧师从没有坐过飞机，有一次因有要事，必须要坐飞机去。

老牧师两手紧抓座椅的扶手，大腿上摆着《圣经》，看得出来十分紧张。

一位空姐走过来，见他这般模样，就倒了杯水给牧师：“先生，您喝了这杯水会好过一点儿。”

老牧师看了空姐一眼说：“我们现在距离地面有多高？”

空姐说：“我们正在两万英尺的高空上。”

老牧师看了窗外一眼后说："哦！那先不能喝，现在离总部太近了。"

周围的旅客都因牧师这句话，呵呵地笑了起来。

空姐也笑着说："那么我先把水藏起来，等到离远一点儿的时候，我再偷偷给你。"

牧师随着大家开心地笑了一阵之后，竟然不紧张了。

一个恰当的幽默，是成功治疗心理疾病最好的药物。当自己因为各种顾虑而紧张的时候，请不要忘记幽默。幽默可以让自己的身心自然而然地放松下来，可以让紧张的恶魔无从出手。那么，如此一来，没有什么人或者什么事情能够可以阻挡你的开心与舒心。

幽默除了可以缓解紧张的情绪，还可以让看似紧张的局势变得"温和"起来，把本来难以搞定的事情，用一句话就可以轻松解决。

一位太太买了一块地皮，可是没过多久就被大水淹了，她要求某房地产公司退钱。但公司不答应，双方为此争执不下。

于是，公司开了一个紧急会议，专门讨论该不该退钱的问题。公司的职员七嘴八舌，有的说为了公司的信誉应该退钱，有的说不应该退钱，公司少做这么一笔生意太可惜了。老板一筹莫展，绞尽脑汁终于想出了一个两全其美的办法，说道："最明智的决策就是买一艘汽艇给她！"

不得不说，这位老板的聪明、机智与处乱不惊的风趣头脑。他想到，既然那位太太买的地皮被水淹了，在损害公司最小利益的情况下，考虑到可以买一艘汽艇给她。结果是，当那位太太听说要买汽艇给她的时候，抱怨顿时减少了很多，最后答应了公司的调和措施。

用看似幽默的办法解决工作中的难题不失为一个好方法，既能够最大限度地解决客户的问题，又能够维护公司的利益和形象。

昂里埃特·比妮耶曾经说过："幽默是我们身体中最理智的一部分，是治疗剂。幽默使我们驱逐恐惧，使我们发泄对权威的不满，使我们补偿自己的不足，使我们为自己的失败复仇。您的心理分析家曾经总是这样告诫您：'如果我们不在厄运面前发笑，我们就会从窗口跳楼自杀，或跑去扼杀同楼的邻居。'幸好，我们中间的多数人会笑，所以死亡率大大减少。"

幽默，本身就是一种精神上的保健药，它能够缓解人们的焦虑，还给人们一副精神顺爽的快乐姿态。

幽默能在微笑中修复身心

人们都喜欢看到别人的笑脸，喜欢幽默带来的情趣。其实，大家还不知道幽默在日常生活中还表现在哪些方面？

在我们的生活中，幽默是战胜悲观和消沉的最有效工具。类似于掌握了写作的本领一样，越是能够微笑面对生活，我们就能变得越好。在很多情况下，交流或者在难以应对的状况下，我们唯一能做的就是“憨笑”。

K. 切斯特顿曾经写道：“由于天使能让自己变得轻巧，所以他们能够飞翔。”的确，幽默是治疗疾病的良方，倘若大家能够用幽默来面对生活，那么很多疾病都能够治愈（至少部分可以）。下面就是幽默在修复人的躯体、意识和精神方面的功能，共同来分享一下。

（1）幽默有助于交流。在与人沟通、交流的时候，如果能够不失时机地用幽默来调节一下，则气氛就会变得轻松、愉悦很多。尤其是针对易于烦躁和消沉的人而言，很多时候，面对他人的批评诋毁往往会陷入无休止的唇枪舌剑之中，试想这时幽默一下，顿时，气氛就会缓和很多，双方都不会再剑拔弩张了。

当然，幽默对一些人来说是易如反掌，但对于有些人而言则可能是无从下手。如果你还在抱怨你与同事、上司、客户交流时经常处于无话可说的状态，那么就要想办法找些趣事，学会用幽默来化解尴尬，有可能你与他们之间的关系会有很大的改善！

（2）幽默减轻压力。在加州罗马琳达大学进行了这样的实验，随机将16个被试者分配到控制组和有幽默事件发生的实验组，结果显示，皮质酮、肾上腺素和多巴胺代谢激素这三种应激激素分别减少至39％、70％和38％。由此，科学家们认为幽默事件能够降低有害应激激素的产生并能够增加人体抵抗病菌的免疫力。因此，在如今日趋紧张的职场中，人的精神时刻处于紧绷的状态，几乎没有片刻喘气的机会，殊不知这样做的弊端也是很大的。因此，学会在工作中注入幽默，就会让你的工作时刻感觉轻松、愉悦，也让大脑暂且处于休息、调适的状态。

（3）幽默使人自信。幽默大师查理·卓别林说过：“发自内心地笑吧，笑能够使你解除痛苦，并蔑视痛苦。”的确，会心一笑中往往传递着这样的意味：我有信心和能力面对一切艰难险阻。你尝试一下也会发现，不管摆在你面前的困难是多么大，你的竞争对手又是多么强大，只要你能够微笑应对，那么你已经成功了一半。因为人往往是在充满信心的时候，才能左右逢源、游刃有余地处理问题。

（4）幽默让人放松。如同健身一样，笑能令人释放紧张的情绪，减少焦虑和压力，使人处于精神愉悦、心情轻松。因此，笑对于大部分人而言是相当有用的，有益于他们缓解紧张、焦虑的情绪，放松心情，从而能够精神矍铄地面对每天新的生活。2005年的《读者文摘》刊登了来自纽约长老会医院、纽约哥伦比亚大学医学中心的穆罕默德·三奥兹医学博士的观点：如果你推起引擎，换挡往往要用全身最大的力量。此时就会有：心跳加速，高血压，痛觉敏感度增加这些及时的生理反应。而你在幽默之时，犹如从高把位上徐徐下降一样，自主神经系统能够使心脏获得放松。

幽默让悲观远离，让幸福靠近

幽默作为才华与情感的结晶，能够让人们得到比较纯粹的精神快乐。幽默，是一个贴心的幸福卫士，能够让幸福靠近，让悲观远离。

幽默可以战胜恐惧，倘若一个人一度处于极端的恐惧、忧郁的状态，那么他非常需要幽默的帮助。

在某社区的精神病房里，A先生和周围的病人毫无二致，蜷缩在病房的角落里，对生活的所有事情都感到恐惧，一旦身边有任何响动都紧张得要死。A先生不会微笑，也不会爱，精神世界一片荒芜。

A先先生曾经通过看喜剧片来应对抑郁。起初护士给他们播放喜剧片，但是没有什么效果，A先先生的恐惧依然如影随形。然而，A先先生发现病房的气氛明显地与以前有很大的改善。病人们慢慢学着相互交流，开始一起谈论各自之前治疗的情况。

利奥·巴斯卡格里亚曾经说过："一旦你只能抓住一根绳子的末端，那么就将其打结并且要牢牢抓住挥舞。"的确如此，如果你陷入了事业、生活的低谷，感到前途无望，要想改变目前的窘境，就必须改变自己看待问题的视角，学会用幽默来应对，就会发现原来之前发生的事情是"搞笑"的，就能减轻了恐惧感，认识到事情在幽默后就不再那么可怕。这样你就能够更好地应对所遇到的问题了。

幽默也可以减轻疼痛。如今，用幽默的方式来鼓励病人从疾患中走出来，已经成为很多医院采取的治疗方式之一。埃利亚·斯沙亚医生是巴尔的摩慈善总医院的精神科主任，他也认识到了笑声对于诊治病人的作用，他倡导用收看喜剧片或者讲笑话的方式来促进病人的康复。病人在开心一笑中，心情舒畅、精神愉悦，他们的注意力就能够从疾病本身转移出来，由此来减轻了疾病带来的疼痛。

在《整体观医学护理》杂志刊登了一项研究，"手术后，对部分病人进行了幽默刺激，接着再实施有痛苦的药物治疗。与没有进行幽默刺激的人相比较，实施幽默刺激的组群体会到疼痛的可能性更少一些"。这同样证明了幽默能够减轻痛苦。

幽默可以培育乐观。在《人们了解什么是开心》一书中作者丹·贝克写道：欣赏是最早和最基本的快乐方式。即使再大的困难、再大的阻碍，唉声叹气、怨天尤人都无济于事。要学会用幽默的眼光来看待这个事情，不妨用自娱自乐的心态来嘲弄这些挫折，这时你会惊喜地发现原来战胜困难和挫折并非难事，关键就在于你应对的心态如何。只要你开始学着用幽默来应对的时候，悲观、消极就会慢慢远离你，取而代之的则是积极、乐观的心态和战胜困难、挫折的勇气和信心。

幽默传播幸福。小时候，很多小朋友都玩过“笑声传递”的游戏，小伙伴把他的头放在你的腹部，你的头又放在另一个小朋友的腹部上，这样一直延伸到所有玩这个游戏的伙伴们，接着从第一个人发出一声“哈”，你会发出两声“哈哈”，下一个小伙伴发出三声“哈哈哈”，依此类推下去就会响起一连串的笑声。为什么会有这样的效果呢？当时的小朋友们百思不得其解，其实当前一个人发出“哈”的笑声时，腹部的张弛就会令人只会“哈哈”地笑。结果大家都会被这种无拘无束的笑声所感染，带动了所有人都会发出爽朗的笑声。

笑声能够相互感染，幽默能够传递幸福。当你用幽默和他人交流的时候，他人就会被你的妙语横生所打动，感到心情豁然开朗，精神愉悦。当他又有幽默传递给其他人时，自然会有更多的人会被打动，幸福的光环就会照耀到我们每个人。

幽默对身体的10大保健功用

幽默作为一种人生智慧，体现的是乐观的处世方式以及豁达的生活态度。幽默的口才能让自己和他人享受到情趣的安逸与轻松，令人解颐，让人在精神释然的同时，为自己保持好健康的体魄。

幽默是身体健康的安全卫士，总结得出幽默对身体的保健作用主要有以下10点：

（1）促进血液循环。人在发笑时，血液循环能够大大加快。美国一所大学的研究证实，在观看幽默剧时，20人中有19人的胳膊上的动脉血流量会增加。原因是发笑能加强心脏的收缩，加快心率，增加心血输出量。而且，研究证明，笑可以平均增加20%的血流量，增加血液循环的速度就会降低血液在血管壁上附着的概率。

（2）止痛。发笑时，β一内啡肽会从人的大脑的神经细胞中释放出，它承担着传递大脑中让人产生快感和止痛信息激素的功能，与止痛效果很好的吗啡相比，发笑不仅能够产生与吗啡相同的物质，并且无任何副作用，有百益而无一害。

（3）降压。大笑时血压能够有效回降。因为当你大笑时，体内产生的β一内啡肽能够为修复血管助力，并且有助于促使血管壁放松。

（4）增加免疫能力。科学家分别在观看幽默录像的前后进行了血液测试发现，观看录像后，血液中抗体含量和白细胞的数量都比之前大大增多，同时也加快了体内的抗体循环，这些可以减少病菌增殖，提高人体免疫力。另外，心情舒畅还能够使唾液中的抗体大大增加，牢牢地为人体的第一道防线站好岗。

（5）促进肺功能。人在大笑之时，容易张开口和鼻孔、扩张肺部、增加肺活量，从而使呼吸系统更加顺畅，增加氧气的吸入量，呼出更多的二氧化碳。不仅能够提高肺功能，还能够改善呼吸道，是呼吸道的清道夫。

（6）促进消化。大笑时肩膀会耸动，胸膛摇摆，横膈膜震荡，膈肌上下运动量亦会因此而增大，使内脏得到按摩，所以对消化系统大有裨益，而且大笑还可以促使更多血液流入肠胃，改善消化功能。

（7）放松肌肉。当人的肌肉处于紧张状态之时，牙齿是紧紧咬着的，而当人发笑时，其下颌就往下移，能够反射性地拉动全身处于松弛的状态。大笑时能够带动脸部、颈部、手臂、胸部等部位的肌肉产生运动，而发笑结束后，这些肌肉也随之松弛下来。

（8）减肥。发笑还有减肥的功能。这是为什么呢？因为人在不同的笑中都能够消耗热量。例如人在大笑的时候，会带动全身 80 组肌肉运动，1 分钟的大笑与做 45 分钟的运动消耗热量相等；微笑 10～15 分钟，就能够耗掉热量 50 千卡，累积起来，每年就可以减掉两千克热量。

（9）美容。大笑有助于美容。大笑会增加血液循环，还会将更多的养分输送到皮肤，带走皮肤下沉淀下来的有害物质，享用不完的营养，就可以增加皮肤的健康靓丽，并且大笑还有助于减少导致面部痘痘的皮质醇，为你的皮肤健康加分。

（10）减少偏头痛的发生。由于长期的神经紧张，会导致偏头疼的出现。保持精神轻松、增加大脑的氧气供应能够有效地降低偏头痛发病概率。德国科伦大学的乌伦克鲁教授用科学的实验证实，最好的放松方式就是大笑。因为大笑时人的大脑呈现空白状态，促使人释放紧张情绪、精神放松，同时大笑能够促进血液循环，还能够为大脑大大增加大脑所需的氧气。

总之，幽默不但能调节和保持一个人的心理健康，还可以起到强身健体的作用。从根本原因上说，幽默可以使紧张的心理得到放松，释放被压抑的情绪，减轻焦虑和忧愁，避免给他人带去过强的精神刺激，同时对他人带来的精神刺激也具有一定的抵御能力。

西方有句谚语说，每天一个苹果就可以摆脱医生的照顾，而我们同样可以这样说，每天笑一笑，就可以减少与医生见面的频率。

第七章

满足心理诉求，幽默激发创造的力量

借由心理机制，发掘幽默心理功能

说到幽默，大家都不陌生，夸张的表情、逗人的笑话等可以引人发笑的东西都可以归入幽默的行列。然而要是从心理学的角度给幽默下一个准确而清晰的定义，却不那么容易了。这是因为幽默包含了两层含义：一是作为人格特质的幽默感，即一种逗趣的能力。二是作为一种引人发笑的刺激。前者关注的是不同人在幽默感上的差异，更深一层研究的话就是幽默的心理功能，即幽默对人的心理能产生什么样的作用。后者研究的是幽默使人发笑的心理原理，即什么样的刺激容易引起幽默，为什么会引起幽默，也就是幽默的心理机制。

幽默总是与欢笑和快乐联系起来。心理学家们的研究也证实，幽默总是与开朗、乐观、热情等积极的心理情绪相联系，而与那些焦虑、悲观、抑郁等负面情绪成负相关关系，即生活态度越乐观积极的人，幽默感越强，反之，生活态度越悲观消极的人，幽默感越弱。由此可以看出，幽默与人的心理健康有着重要的关系。

心理学家曾做过不少实验来研究幽默对人的心理健康产生的影响。有一项研究是让被试者先体验一些挫折，让他们产生愤怒、怨恨等负面情绪。接着让其中的部分被试者看一些幽默笑话，结果发现看完幽默笑话后的被试者的愤怒情绪明显比没看幽默笑话的被试者低很多。这说明幽默具有发泄不良情绪、降低攻击性的作用。每个人在生活中都会遇到一些不如意的事情，产生愤怒和怨恨等负面情绪在所难免，我们要学会找到一种宣泄的途径，控制自己的不良情绪。幽默是比较好的一个方法。有这样一则幽默故事。

早晨，护士走到病人床前询问病情："喂，安德烈，夜里睡得怎么样？"

"好极了。这多亏了我临睡前服用了您拿给我的那个药片。"

"可那药片怎么还摆在你的床头柜上呢？"

"是吗？这不可能。坏了，我刚才发现我的衬衫上少了一个纽扣……"

从故事中可以看到，很多时候给人带来力量的往往不是药效，而是心理的能量。心理机制则是一座蕴藏无限能量的火山，它爆发出的能量有时候胜过灵丹妙药。

幽默还能缓解人们的压力。弗洛伊德认为幽默是来自于人们的释放压力需要或者是被唤醒的压抑的不能直接表达的愿望，是一种防卫机制。现代社会人们的生存压力越来越大，而人能承受的压力毕竟是有限的，幽默在压力应对中能起到一个缓冲的作用，使人的神经能够得到一定的放松和休息。有研究显示，面对同样的困难和问题，幽默强的人会感觉到更少的压力和焦虑，而且也更容易找到解决问题的办法。

幽默还能协调人际关系。研究显示，有幽默感的人，不管是同事还是上司，都会更愿意和他亲近和交往，并且容易得到他们的帮助，工作中别人对他的满意度也比较高。在心理咨询中，咨询师的幽默很容易拉近和来访者之间的关系，使来访者能敞开心扉地谈论自己的问题，从而更好地找到解决问题的办法。在教育教学中，老师的幽默能带动学生学习的激情，提高学习效率。可见，幽默对促进人际关系的良好发展有重要作用。

随着心理学的进一步发展，越来越多的人开始寻找实现愉悦、幸福、乐观等积极心理的方法。幽默被认为是其中比较好的一个方法。那么幽默到底为什么会引人发笑，让人产生愉悦感？其中的心理机制是什么？心理学家对这个问题主要有几种理论解释：一是优势理论，即人们认为自己比别人优异，从而获得一种满足的愉悦感。通过取笑或嘲笑他人的缺陷或不幸产生的幽默反映的就是这种感情；二是释放理论，即认为幽默是人们释放压力或者表达被压抑的、不能直接表达的愿望的一种反映；三是失谐理论，即认为幽默是将事物矛盾、不和谐的地方强化，并呈现在人的面前，以此使人产生好玩和想笑的感觉。心理学的研究日益受到人们的重视，相关理论还会越来越完善。不管是哪种理论，都肯定幽默会带给人快乐，对人的心理健康有积极作用。从这一方面来说，有必要加强研究，充分挖掘幽默的心理功能。

认识心理动机，发扬阳光幽默

幽默为什么会引人发笑，这是幽默的心理动机。对此，很多心理学家、哲学家、幽默家都做过很多研究，也形成了各种各样的理论。由于这些理论太多，无法一一列举，仅就比较简单明了地介绍一下，让大家有一个大概的了解。

心理学家弗卢盖尔把幽默的心理动机归纳为以下几点：

（1）优势理论。即认为自己比别人优秀而发笑。那些以取笑别人的缺点或不幸为内容的幽默就属于这一类型，如现在很多城里人总是取笑农村人脏、乱、笨，有钱人嘲笑没钱人，开车的戏弄骑自行车的，等等。汤姆斯·霍布斯认为大笑是因为和别人的缺点或不幸比较，从而突出自己的优异，引起心理的愉悦和自得。很多幽默中明显地包括这种贬低别人的自我优越感。

优越性是幽默心理动机中所占比重最大。人作为一种社会性的人，当然希望能得到别人的认可，实现心理上的自我肯定。然而现实生活中，我们都是平凡的人，既不是国家元首，也不是超级巨星，要想获得超越别人的优越感是很难的。这时候我们就会找别人的缺点和不足来嘲弄一番，从而显出自己的优越性，得到一种心理的平衡和满足。现实中，再完美的人也会有缺点，再厉害的武林高手也有他的破绽所在，所以只要睁大眼睛，总会找到别人的缺点和不足之处，用别人的短处来和自己的长处比较，就越发显示出自己的优越感来。这就是所谓的“以己之长，攻人之短”。这本来是个贬义词，形容人的不良道德，而实际上，很多人的潜意识里都有这种心理，只不过是程度不同而已。只要不太过分，不失善良和厚道，把这种心理看作一种自得其乐的满足，于人于己无害，那也就没什么值得批判的。如果嘲弄的是一些人们普遍存在的弱点，甚至还可以引申为对假、恶、丑的否定，对真、善、美的弘扬。

（2）自我防御。人在现实生活中难免遭受种种不公和侮辱，认真对待会让自己陷入难以自拔的痛苦中。这时幽默就可以使人们防御现实所带来的痛苦和威胁。因为开玩笑和不当真是幽默的主要特性。

（3）表现攻击性。幽默是一种间接的攻击方式，但必须是安全有效而又为社会所允许的，因为它不会对现实世界造成什么实质性的伤害，仅仅是付之一笑，宣泄人们的不满情绪和压力。比如一位身份高贵、穿着华丽、举止优雅的贵妇突然踩在香蕉皮上滑倒，会引起周围人的哄笑，而一个跛子在同样的情况下却不可能这样。表现攻击性的对象一般来说都是比自己强的人，因此难度和风险相对来说都要大一些。不过也正因为有此风险，心理上所得到的快感和满足感也会更强烈一些。攻击性的幽默会引起人心理上的反感和抗争，有时候火药味还很浓，有可能会导致没法收场。不过大部分的幽默只要把攻击性成分控制在一定范围内，不要超过别人的心理承受能力，仅仅当作一种娱乐的玩笑，那样还是会得到比较好的幽默效果的。

认识并全面了解到幽默的心理动机后，我们可以清晰地懂得，幽默之所以能够存在并受到人们的欢迎，与人们的心理因素有着密切的关联。因此，我们在幽默的培养以及运用中，应该尽量掌握交谈对方的心理诉求，读懂他人的心理，方可说出恰到好处的幽默语言，使得他人开心。

不是人人都有幽默感，幽默需培养

幽默是人们遭遇到痛苦、沮丧等负面情绪时调整心态的方法之一，是人们适应外在环境的方式，是人类特有的情绪表现。俄国文学家契诃夫谈到：只有能够开玩笑的人，才是有希望的人。由此看来，我们都应当学会用幽默来对待生活，多一点幽默感，少一些唉声叹气、少一些暴跳如雷，少一点鱼死网破。这样一来，生活中的每个人都能够轻松自如地对待人生中的磕磕绊绊。那么，如何才能让自己成为幽默的人呢？

其实，幽默是一个人智慧、能力的表现，并非先天就有。当然，要做到这些并非易事，需要我们全方位地提升自我，才能培养自己的幽默能力。其中最为重要的是这样四个方面，包括要拥有乐观向上的态度、开阔的心胸、广博的知识和反复地练习。

首要的一点就是要认识到幽默不是邯郸学步，不是简单的模仿，而是要让自己有一颗积极乐观的心态。对待学习或者工作消极懈怠、停滞不前的人，经常会心情低落、性情暴躁，就更难以提及幽默了。而当你在努力工作、学习的时候，往往能够体验到进步、成功的喜悦，这时你对待很多事情都是健康、积极的心态，与人交流、沟通时，心情放松，就会很容易迸发出幽默的火花，给人留下睿智、愉悦的印象。当然，人人都难以避免遭遇到失败、挫折、挑战，即使遇到这些困境，也不要轻易退缩，仍然要保持积极、向上的心态来应对。

其次，以开阔、豁达的心胸来对待周围的人和事，这样才能从生活中捕捉到幽默。每个人都不免会遭遇到生活的困境，诸如升迁无望、被人排挤、上司压制等，这些看似难以逾越的困难，幽默的人不会整天唉声叹气、愁眉苦脸，而是将其当作生活的调味品，视为作料，平心静气地应对。面对他人的诽谤，无须气急败坏、睚眦必报，一笑了之，则会减少生活中的烦恼。开阔豁达的胸怀能够化解人际关系给人带来的伤害，轻松、平和地处理事情，提高自己幽默的层次。其实，这种看似软弱的应对方式，实则是对对方强有力地回击，使其认识到你幽默的话中带有强有力的力量。

第三点就是要博览群书，让自己拥有广博的知识。丰富的知识是一个人基本素养的体现。博闻强记也是需要平时一点一滴地积累。读万卷书、涉猎面广的人，就能够源源不断地从浩如烟海的书中汲取到幽默的元素，从古今中外的文化积淀中提炼出幽默的珍珠。一直备受推崇的名著都能够开阔眼界、增长知识，多多阅读一些童话故事也会变得聪明睿智、豁然超脱。

最后一点，也是至关重要的一点，一定要抓住机会、多加练习，提升自己幽默的水平。羞涩、腼腆的人往往害怕与人交流、沟通，久而久之，就变得愈加封闭、沉默。要克服自己心理的障碍，给自己打气，平时多多与人对话、交流，不断磨砺自我。尤其是遇到一些大型的公开场合，诸如公司开联欢会、茶话会之类的时机，要有勇气展示自己的口才和智慧，将自己平时积累的幽默语言巧妙地串联起来，与大家一起来分享。既能够让他人受到感染，也能够使自己备感振奋，体会到幽默的魅力之所在。

当然，我们也要意识到，幽默并非游戏生活，面对学习、工作、生活中的原则性问题，必须要认真、谨慎进行处理，来不得半点敷衍了事。倘若能够恰如其分地将幽默添加进去，才能让生活变得丰富多彩、有滋有味。

增强心理调控力，驾驭情绪的起伏

让幽默的口才为自己所用，就需要让自己作为情绪的主人，通过对自己心理活动的认知，平衡积极与消极情绪之间的对抗，最终给予自己一种乐观的心态。无论外在的世界怎么办变化莫测，无论自己内心的情绪怎么起伏，我们依旧幽默对人、乐观生活，而这一切离不开增强心理的掌控能力。

调控情绪有两大优点：一是观察别人的变化，找出破绽；二是远离烦恼，精心做自己的事。一个人如果没有调整情绪的习惯，就有可能失去自己说话的涵养以及行为的尺度。

凡成大事者，不是让情绪驾驭自己，而是自己驾驭情绪，成为情绪的主人。例如，他们抑制冲动、避免争论、善听批评、开放胸怀、力戒不满情绪外露等。这些控制情绪的习惯，看起来不起眼，实则是沟通中不可缺少的重要组成部分。

美国石油大王洛克菲勒，擅长运用情绪战术达到自己的目的。他曾经在法庭上，漂亮地击退了一位律师。

"洛克菲勒先生，你收到我寄给你的信了吗？"律师拿出一封信，以严肃的口气问道。

"收到了！"洛克菲勒回答。

"你回信了吗？"

洛克菲勒面带微笑，不疾不徐地回答："没有。"

其后，律师一封又一封地拿出了十几封信，一一询问洛克菲勒，而洛克菲勒也以相同的声音和表情，一一给予相同的回答。

法官偏过头来问洛克菲勒："你确定收到了吗？"

"是的，先生，我十分确定。"洛克菲勒镇静地回答法官。

律师忍不住面红耳赤地怒吼道："你为什么不回信，你不认识我吗？"

"我当然认识你呀！"洛克菲勒依然面带微笑地回答。

这时候律师已经控制不住自己的情绪，暴跳如雷，不断咒骂，洛克菲勒却不动声色，好像对方所讲的事，跟自己一点关系都没有。

最后，法官宣布洛克菲勒"胜诉"，律师因为情绪失控而乱了章法，法官认为该律师已无法继续辩论下去。

在任何场合，我们都有可能遇到不顺心的事，甚至是羞辱自己的事情。在这种情况下，我们首先要做到的，就是保持克制，然后再根据自己所处的环境，抓住有利时机进行反击。

要想维护自己的利益，仅仅采取愤怒的反应方式是不够的，还应该经由理性思维去找出更好的应对招数或策略。当一个人对自己有了正确的全面的了解时，他也同时能以一种理性的方式去思考别人和周围的事物。环境的突变、事件的突发，他都能理智分析，泰然处之。理性的人善于控制自己，他能够很快适应周围的人。由于他的自控能力，别人会更加尊重他。

常见的心理调控方法有以下 3 种：

1. 深呼吸

深呼吸可缓解紧张情绪，使僵硬的声音气息得到调整。大口吸气还是无济于事，只有深吸一口气，摸摸你的喉咙，感觉一下颈部的肌肉有多紧张。此时再屏气，关键是呼气而不是吸气。呼气时要徐徐地发出“嘶”声，稳定持续地呼气，并收缩腹部三角区的肌肉，借此缓冲、平静一下过度的心跳和急促的呼吸。当你吐完气时，放松肌肉，然后轻轻吸气。

2. 心理诱导

心理诱导法是用含蓄的暗示方法对人心理和行为产生影响，给大脑以兴奋地刺激。这种心理影响表现为使人按一定的方式行为或接受一定的意见或信念，树立必胜信心，克服一切不利因素。

无论是自我暗示还是他人暗示，进行心理诱导时，切忌用消极暗示，诸如“别慌”、“别紧张”等暗示，这些暗示可能会引起不良反应，反倒容易导致心理负担产生。所以，应当尽量避免去想可能使自己不安的反面刺激，不断鼓励自己，给自己打气。要用积极的暗示，如“我一定能成功”“我状态很好”“我会顺利”等，这些积极的暗示对心理诱导作用影响很大，一定的目标和意志能够在一定程度上控制自己的情绪，克服紧张情绪的不良影响。

3. 自我调控

“自我心理调适”是运用心理学的原则和方法来自我调整心理失常的感觉、认识、情绪、性格、态度和行为，使失调的大脑神经机能得以恢复，从而使自己异常的情绪和行为得到减轻和消除。心理学家认为，一个有成就的人应该是一个心理健康的人。

幽默增加理性内存，化解负性情感

现实生活中，焦虑、烦恼、愤怒、失望等负面情感常常会跟随我们，它们会阻碍我们理性地思维，降低学习、工作的效率，使人不胜其烦。如何甩掉这些负面情感，轻松面对每一天呢？其实，要做到这点并不难，秘诀就在于幽默。

幽默能够让我们尽快调整情绪，远离负面情绪，更加理性地处理事情。当然，幽默感也是需要培养的，要善于多角度地看待问题，及时将生活中令人愉悦的闪光点发掘出来，让阳光、快乐、开心伴随我们每一天。

《今日说法》主持人撒贝宁一贯以其庄重、严肃的风格博得了观众们的喜爱。在第八届中国律师论坛辩论赛上，撒贝宁担任辩论赛主持人，一改其平时的主持风格，妙语连珠，营造出了幽默、搞笑的气氛，博得了全场观众的阵阵掌声。

当有人问他："你的粉丝可不可以叫SARS?"小撒做正襟危坐状答道："我的粉丝可以叫萨其马。"

由于辩论赛正好是在易中天结束演讲后开始的，易中天在演讲中提到过程有时胜于结果，撒贝宁与律师们笑称，此后均可对当事人说："你只要看我在台上精彩的辩论过程就行了，法官怎么判就不用管了。"

撒贝宁的幽默口才，时时处处显示出成熟理性的内涵，带给大家的除了笑声之外，更重要的是一种冷静、机智的人格魅力。撒贝宁为此也更加受观众们的欢迎，撒贝宁真正能够理解幽默的含义，幽默是一种理性的智慧，是一种可以化解负面情感的"笑"方。

下面摘录一下撒贝宁的幽默语录：

（1）"建议你去做直播。"

正方一辩进行破题陈述的话音落地之时，恰巧与落在秒表归零时刻完全吻合，观众掌声雷动。撒贝宁由衷感叹："你时间把握得无懈可击，建议你去做直播。"

（2）"你是不是用身材来反击?"

正方一辩女士提及深圳律师界出现"草多牛更多"现象，青年律师会"吃不饱"；反方二辩的男士，站起反驳："你看我的身材，像是长期饥饿吗?"小撒打断了他："我在想你是不是用身材来反击呀?"

（3）"这一秒，你只能用问号代替。"

按规定，双方二辩发问时间仅有3分钟，当反方二辩仅有最后一秒时，撒贝宁提示："你剩下的东西只有用问号来代替了，因为只有一秒钟了。"

（4）"你有权拒绝回答。"

反方二辩两次提出用最后一秒做总结，均遭到小撒"毫不留情"的拒绝，利用小撒没在意的机会，慌忙问道："我想对方，你现在是否单身?"全场哄堂大笑中，小撒也禁不住笑了，对正方一辩说："你有权拒绝回答。"

（5）"你是不是先知先觉?"

在观众评论的过程中，撒贝宁请一位穿黑衣的女士发言，没有料到起立的是她旁边的一位男士。小撒重复一下自己请的是女士，男士慷慨陈词："我们有分工，她举手我发言。”小撒呈幡然醒悟状：“你是不是先知先觉，原来我还没有叫到她，你就知道我会叫她?”众人仍在大笑中，站起的男士说：“我们夫妻二人都是律师……”撒贝宁又做恍然大悟状：“你们原来是夫妻……”

（6）“大家都是自己人，这句话就自己人知道得了。”

当然，撒贝宁在主持辩论赛中也有口误出现，他机智地用幽默来巧妙化解。

在自由辩论结束后，理应是双方三辩各自进行总结陈词，小撒竟然大声宣布：“现在请评委退场。”现场一片愕然，小撒马上表示“对不起”，并说“大家都是自己人，这句话就自己人知道得了”，得到了观众们会意的笑声。

幽默沟通实质是实现不良心理超越

著名心理学家弗洛伊德说过，笑能给予我们精神快感，它把一个充满能量和紧张度的有意识过程转化为一个轻松的无意识过程。

如果你有趣味的思想，轻松地面对自己，你便会发现自己可以原原本本地接受自己的身高、体重或其他身体特征；你也会发现幽默能帮你以新的眼光去看你对经济的忧虑。也许你无法得到真诚的爱，但是你能使你的人际关系充满温暖和谐——与人分享笑，甚至和仅仅有一面之缘的人也会有很好的关系。

幽默，是消除自己在沟通中胆怯的良方。

幽默是运用戏谑的语言，可以向别人暴露自身的缺点、缺陷与不幸，说得俗一些，就是把脸上的灰指给对方看；也可以将他人的尴尬化作微微一笑。

当幽默被运用于实际沟通的时候，主要可以实现3种心理现象的超越。

（1）幽默可以超越畏怯心理。

各位也许在电影或在日常生活中看过男女双方第一次见面时手足无措的画面。男女相亲，双方默默无语，好不容易一方正要开口说话时，另一方也正好想说什么，于是两人同时张开嘴巴，又尴尬的同时闭了口。过了一会儿，同样的事情又重演了。其慌张失措的窘态是可想而知的。有这样一个相亲场合，富有幽默感的男子为了解除两人同时开口的尴尬场面，对女方说：“我们真有默契啊!”一语逗笑了女方，就连女方家长也忍俊不禁，气氛随即轻松融洽起来。第一次与人接触时，怯场是不可避免的。若是对自己的失常耿耿于怀，那只能增加自己的紧张。为了不使自己陷入紧张之中，你应该超然一些，以客观的态度，自嘲娱人吧!

对别人自我解嘲地说：“我这个人一怯场啊，手就像酒精中毒一样抖个不停。”您说完后，手可能就不再颤抖了。因为，紧张已经随你的自嘲而解除了。

（2）幽默有助于超越沮丧心理。

生活有时是相当艰苦的，有幽默感的人善于苦中作乐，用幽默作为艰苦生活的调味剂，鼓励自己克服困难，渡过难关。

巴勃罗·毕加索的绘画得到世人的公认，就在他有生之年，所作的画已被收藏家们以高价收买。价格之高，令常人却步，连作者本人也买不起了。

一天，一些好友来到毕加索家里做客时，他们发现墙上挂着的全是别人的作品，自己的倒一幅也没有。

“为什么，巴勃罗？”好友惊诧地问，“你不喜欢自己的画？”

“不，恰好相反，”毕加索风趣地说，“我非常喜欢自己的画，不过太贵了，我买不起。”

正如毕加索的幽默，让他完全不会因为买不起自己的画而感觉到沮丧，幽默透露出的是一个人生活态度的豁达与释然，幽默可以实现对困难的穿越，时刻送给自己一份美丽的心情。当事情已经发生，当你已经无力挽回的时候，难过与乐观之间，何不选择与乐观为友呢？

（3）幽默也可以超越冲撞的心理。

有一天，林肯在一次报纸编辑记者大会上演讲，指出自己不是编辑，因此出席这次会议是不符合身份的。为了讲明他最好不出席此次会议的理由，他给听众讲了一个小故事：

有一天，我在森林中碰到一个骑马的妇女。我停下来让路，但是她也停了下来，死死地盯着我的脸孔看。

妇女说：“我相信你是我看到过的最丑陋的人。”

我回答说：“你或许说对了，但是我也没有办法呀！”

妇女说：“你生下来就这个样子是无法改变的，但是你可以待在家里不出来呀！”

听众们为林肯幽默的自嘲哑然失笑。林肯表面是在“丑化”自己，事实是在说明他不想出席编辑大会的理由。

别人有事求你帮忙，你想拒绝，明言回绝，会使人难堪；运用自嘲法，委婉地回绝，不仅表达了你的意图，还让对方乐于接受，岂不快哉？

幽默需要用创造力量扩展心理维度

如果每个人的幽默口才都是如出一辙，如果幽默的语言中失去了自己的特色，那么幽默也将不再是令人心动与发笑的语言。幽默是智慧的产物，那么幽默就应该追随智慧的步伐，不断实现在创造中的进化。因此，幽默在心理学中讲需要创造力，只有勇于观察生活、乐于联想自己的思维，方能不断打造出属于自己的幽默语言。从现实生活中采撷出人们喜爱的语言，经过思考与加工后变成自己的语言风格。

幽默很受欢迎，幽默的人会给他人带来心理的舒适，他们懂得每一个人在内心深处的自尊与想法，他们懂得维护他人在心理上的平静，避免触碰让人愤怒的那根心理神经。

我们应该汲取到幽默能带给人喜好，我们应该注重将其转化成适合我们自己的幽默，而不是鹦鹉学舌。

幽默，是一种共同的语言，能给人们带来欢乐，使无趣退却，但同时幽默更需要在心理探求之中进行的创造。幽默是一种可以转化创造力的生产力，幽默需要在创造中，向人们展示与时俱进的幽默风格。

所谓幽默的创造力，就是成就“无中生有”的唯一，就是让心理得到一种自由的释放。

创造性，是每一个人生来就具有的一种天赋，而创造力却并不会属于大多数人，这是因为大多数的人缺少了激发创造性的能力培养，即缺乏了对潜能的激发。

所以，并不是只有发挥出了创造才能的人才具有创造性，创造性在我们出生的时候应该是平等的，只是有待我们认真、仔细、技巧性的开发。原来，人人都可以成为创意大师，只是有的人们虽然拥有创造性，却并没有迸发出创造的能力。

创造力作为智力的一种重要表现形式，主要通过一个人的思维和语言来变化，思维敏捷才能表达准确。创造力是人在认知过程中形成的一种敢于打破常规的心理特征。它是一种敢于运用新思维，发现和创造新事物的能力。创造力之所以不同于创造性，是因为创造力是一种要求层次很高的心理品质，它要求人们在创造性思维的指导下，在体力和智力的高度紧张的情况下，全心进行的一系列连续并复杂的高水平的心理活动。创造力是发展的根源，是前进的动力。无论是社会的文明，还是历史的发展，都离不开创造力的推动。

幽默教育启发出真正的创造力思维

有人说，幽默的教学语言就像调味品一样，有了它，教学语言才有味道，才不会是一杯白开水。

的确，21 世纪是讲究创新的世纪，以前那种古板、生硬、严肃、枯燥的教育形式，已经完全不适应新时代的要求。当代的教育，应该是充满活力、富有激情的教育。而作为一名优秀的教育工作者，如何才能把一堂课讲得津津有味，引起学生的兴趣，激发他们的创造力和想象力？幽默无疑是最好的教育方法。

试想在一堂枯燥的数学课上，老师如果只是一板一眼地讲解那些晦涩难懂的方程式，出现的结果很可能就是讲台下面睡倒一片，相反，如果老师能在讲课过程中穿插一些幽默的语言、滑稽的动作或者风趣的表情，适当和学生互动一下，不仅能吸引学生的注意力，营造轻松愉悦的教学氛围，而且可以启发学生的思维，让他们产生丰富的联想，加深理解，从而达到教育的目的。

那么，在教育中如何才能做到幽默呢？每个人都会有一些特色的方法，比如有的教师擅长自嘲，有的习惯用比喻法，还有的用曲解法。这些有可能是与生俱来的天赋，也有可能是后天培养的一种品质。大家都知道，幽默其实是一种智慧、一种艺术，表面是风趣，内在却意味深长，经常给人们以深刻的启迪和感染。若不是对生活细心观察，认真体会的人，是很难培养出自己的幽默感的。而一个没有幽默感的教师，不仅无法吸引学生的注意力，也不能引导学生进行思维的扩展，培养他们的创造力。

创造力对当今世界的发展又极其重要，一个没有创造力的民族，注定将是一个失败的民族。因此，我国明确提出了要把我国建设成为创新型国家，培养大批富有创新精神的人才。可见幽默教育对于创造力的培养有着至关重要的作用。

何为创造力？创造力就是用自己的方法创造出以前没有的别人不知道的东西。有人认为创造力是一种能力、一种心理过程，经过这种心理过程，可以创造出新奇而富有价值的东西。有人却认为它是一种产物，而不是一种过程。不过大部分人持比较折中的观点，认为创造力既是一种能力，又是一种复杂的心理过程和新颖的产物。新颖性和独创性是创造力的两个主要特点。新颖性就是以前从来没有过的新鲜感。任何东西，在刚开始出现的时候，由于它的新奇，总是会受到人们的喜爱和追捧。而那些一成不变、千篇一律的东西却总是让人感到厌烦，容易让人产生审美疲劳。所谓独创性就是与众不同、独立思考和创造。

苏联著名教育家斯维特洛夫曾经说过：“教育家最主要的，也是第一位的助手是幽默。”也许幽默教育才是美国教育成功的主要原因之一。这是我们值得借鉴和学习的地方。

幽默，能让学习变得轻松，能让听者心情舒畅，能让人们跳出原本的思维定式，开创新的天地。当今世界，是创新引领的时代，只有通过幽默教育，培养出大批创新性人才，才能在这个世界立于不败之地。

第八章

调剂平凡生活，幽默让美好无处不在

有幽默的地方就有快乐

幽默是一种生活态度，懂幽默的人会在生活中撷取到幽默的素材，能从平实中找到快乐的本源。

有一个有趣的现象表明，在我们心情好的时候更容易说出一些幽默风趣的语言。主要是因为心情愉快的时候眼界更为广阔，思想更为活跃，看到万事万物，总能进行丰富的联想，让自己的幽默思维发挥作用。而当我们心情欠佳时，注意力太过于集中，全部心情都花在那些不开心的事情上，即使身边有大量的幽默素材，却常常无动于衷、视而不见。每当这个时候，幽默的效果就会大打折扣。甚至可以这样说，幽默的生活是快乐与美好的，更是令人神往的。毕竟做到真正的快乐并不是每个人都能轻松地实现。

生活在同一环境里，为什么生活在不同人的眼睛里会呈现出截然相反的景象？乐观向上的人，总会以一种积极的心态看待生活，用笑声美化生活享受。而对于大多数庸庸碌碌的人来说，他们却以消极的心态应付生活，无聊地打发光阴。

一位朋友问大仲马：“你苦写了一天，第二天怎么仍有精神呢？”

大仲马说：“我根本没有苦写。我并不制造小说，是小说在我体内制造着它们自己。”

“那是怎么一回事呢？”

“我不知道，去问一棵梅树，它是怎样生产梅子的吧。”

大仲马对待工作的态度是乐观的，他不认为自己的工作付出是一种痛苦。在他的心目中，工作是种极大的乐趣。他是一个善用幽默对待生活与工作的人。面对朋友的问题，他没有像一般人那样侃侃而谈，他只是幽默地指出让朋友去问梅子的产生过程，从容表达了自己的工作态度。

人生获得成功有时需要仰赖天赋，除此之外，更需从生活的丰富土壤中吸收更多的养分以充实自己，以便结出最甘甜的果实。幽默的生活态度需要接触地气的熏陶，贴近生活，服务于生活。

马尔科姆·萨金特是美国音乐指挥家和风琴手。他为古典音乐在年轻听众心目中的复活尽了很大的努力。

在他70岁生日时，一个采访者问他："您能活到70岁高龄，应该归功于什么?"

"嗯，"指挥家想了想幽默地说，"我认为必须归功于这一事实，那就是我一直没有死。"

马尔科姆·萨金特在生活中时刻保持一颗乐观的心，每天都会给自己一个笑的理由，幽默地对待平静的生活。

生活中，我们总是祝福他人一帆风顺，然而生活并不总是万事称心，常常会遇到一些不尽如人意的事情。在这种情况下，要想使生活重新变得美好起来，就需要借助于幽默的力量了。幽默如春风化雨般悄然改变我们的心境，也给我们带来欢声笑语，于是，生活又如原先那般迷人了。从这个意义上说，幽默着实为我们平淡的生活化出了一个精致、靓丽的彩色妆。

正如相声、小品、喜剧这类的文艺作品往往能受到大众的广泛欢迎，正是因为它们都是以不同的方式表现出的幽默，它们能给我们带来笑声，让我们摆脱沉闷的生活，使得我们身心愉悦。

幽默共享，才能放大价值

幽默并不是在自己的头脑里单纯地想想就能实现它的价值，幽默需要分享。只有自己了解而别人却无从知晓的幽默，充其量也是自娱自乐罢了。独乐乐不如众乐乐，只有将幽默以具体的形象，通过语言、文字、图画等表现出来，才能让人知晓，引起大家的共鸣，达到幽默的效果，创造出一个欢乐和谐的气氛。

也有人为了展现自己的语言魅力，对幽默做了一定的研究，并且读了一些幽默故事，想要讲给大家听，结果却不尽如人意。再有趣的故事一旦从他的嘴里讲出来，就完全失去了原有韵味，显得干巴巴的，毫无乐趣可言。这是为什么呢?究其原因主要是他的口述功底不够，不知道如何用嘴巴来表达。

幽默可以通过文字来让我们阅读，幽默可以通过图画来让我们观看的，幽默也可以通过相声、小品、喜剧这种表演的方式供我们欣赏。但是这些形式的幽默都是已经成形的，是预先设定的。只有我们口头上的幽默才是最具有生活力的、随时随地发生的，它需要我们的随机应变来表达，使我们的生活充满愉悦的气息。因此，在这里我们重点探讨的是如何口头表达幽默，来启发大家随时随地运用自己的智慧，说出风趣的话语，展现自己的个人魅力，从而在大众心中留下一个美好的印象。

1986 年，在墨西哥举行的第十三届世界杯足球赛上。摩洛哥队与英格兰队交战前，英格兰队教练罗布森曾夸口说："在这场比赛中，我们简直可以把摩洛哥队装进口袋里。"

打成平局后，摩洛哥队的教练法里亚幽默地说："这里的天气实在太热了，罗布森先生不得不脱去外套……所以，他没有口袋把我们装起来。"

法里亚的幽默表达属于自然流露，既没有对英格兰队教练罗布森的夸口进行强烈地讽刺，也没有对自己的实力沾沾自喜。法里亚通过天气，巧妙地为罗布森找了个台阶。法里亚的幽默表达不仅仅会给自己的球队带来兴奋地高呼，也会让对手为之佩服。

生活是一个展现自我的大舞台，更是一个锻造自我的实践基地。学会对他人进行幽默的表达，巧妙地阐述自己的观点，赢来的会是满满地知足与快乐。

鲁道夫·宾是一位善于经营剧院的奇才。他生于澳大利亚，1949 年 11 月，鲁道夫·宾乘船去美国担任"大都会剧院"的经理。

船在靠岸前，一位记者急匆匆地赶来采访他，对他说："我想问您几个不很得体的问题。"

鲁道夫·宾应声答道："我会给你一些含糊其词的回答。"

鲁道夫·宾面对记者不很得体的问题，做出了含糊其词的回答，可谓幽默表达得恰到好处。幽默表达带给人们的是情绪状态的传达，是一种快乐思想的传递。

学会在轻松的气氛中幽默一下，能够喜上加喜；而在悲观、凝重的环境下进行幽默，往往能扭转困境、给生活带来无限希望。

幽默去除生活的平淡

生活是平淡的，正因为生活的平淡，我们才需要寻找并拥有更多的欢乐和笑声，正因为生活的平淡，我们才需要睁大双眼，善于捕捉，用一张巧妙的嘴巴去表达，用一颗善良的心去体验，随时随地地用幽默给自己带来欢乐。

一个男孩在面包房买了一块三便士的面包。他觉得，它似乎比通常买的面包小了许多，所以他对面包师傅说："我不相信这只面包有足够的分量。"

"哦，不要紧，"面包师傅回答，"你携带起来可以轻便些。"

“非常正确。”那男孩说，并在柜台上放了两便士。

正当他准备离开铺子时，那位面包师傅喊住他说：“你给的钱少了。”

“哦，不要紧，”男孩说，“这样你可以少数几个钱嘛。”

买面包与卖面包原本是一件在生活中很常见的事情，哪怕面包变小了也是一件可以让人们习以为常的事情，试想换作一般人的话，买了分量不足的面包或许仅仅会抱怨一下，可是小男孩听了面包师傅的架势后却依样画葫芦，既然分量不足可以轻便，那么少给几个钱不是也能减轻师傅数钱的负担。幽默的效果油然而生，很多人佩服小男孩的机智与幽默。

对于我们大多数人来说生活的平淡是常态，而善于幽默的人又常常能够将平静的生活变得生动起来。因为他们拥有一颗简化的心灵与豁达的心境。哪怕是生活中最为普通的事情都能够引起他们的兴趣。正如一句话说的那样，生活不是缺少美，而是缺少发现美的眼睛。

一次，一位著名漫画家去河边钓鱼，才一会儿的工夫，就有一条鲫鱼上钩了。在多数人眼睛里这并没有什么好奇怪的，有鱼上钩的话就将鱼拿下来丢在桶里就好了，可是漫画家居然哈哈大笑，说道：“我还没想钓呢，还想再静坐一会儿呢，居然这么着急上钩，肯定是一条傻鱼喽，哈哈哈……”

只听说过人会犯傻，没有听说过鱼也会犯傻，可是在方成的世界里，鱼儿过早地上钩竟被加入了“傻鱼”的标签，也就只有漫画家有这份雅兴吧。

所以，我们要在生活中时刻保持一颗幽默的心灵，从容淡然面对生活中的失利和荣誉，善于在平淡的生活中发现幽默的因素，并用机智的语言表达出来。只要我们善于从多个侧面、多个角度去看待生活，就能从平淡的生活中找到自得其乐的理由，让欢乐来到我们身边。

更新生活，要有幽默相伴

只要作用于生活，给生活带来更新，幽默才算是真正的幽默。幽默属于热爱生活、奋发向上、充满自信的人。

有一次，里根访问加拿大，在加拿大的国会发表演说。当他谈到美国全球战略计划时，他显得情绪高昂起来。这时有位议员高叫：“那是梦想！”但里根只微微一怔，向那个议员座位的方向扫了一眼，便继续他的演讲，当他说到美国出兵某一国家的情况时，那个议员又大叫道：“美国人滚回去！”

由于大厅里很静，那个议员的叫声十分响亮，在场的人都显得局促不安，尤其坐在台上的加拿大政府要员，一个个感到无所适从。这时里根并没有停止演讲，而是用更加高昂的声音对加拿大总理说："总理先生，我建议你维修一下那个方位的高音设备，那里的回音太大。"里根刚刚说完，台上台下立即爆发出热烈的掌声。

1981 年 3 月，里根在华盛顿饭店门前遇到刺客的袭击。一颗子弹击中了里根的肋骨，穿过肺部，差一点射中心脏。但这并没有影响里根的情绪，在他进入手术室前，还安慰匆匆赶来的南希说："亲爱的，真对不起，当暴徒向我开枪时，我竟忘记躲闪了。"

第二天，纽约的一家大报报道这个消息时，并没有用那些血淋淋的字眼，而是用了：里根忘记躲闪了！

我们不得不佩服里根总统的幽默、睿智与淡定，在无比尴尬的场合，面对辱骂，他豁达的胸襟告诉他要宽容以对，他幽默的语言提醒他要给予风趣的回答，才不至于让自己的面子"摔"在台上。

幽默的谈吐无论是在日常生活中，还是在重大的社交场合，都是很重要的。它能使那种严肃、紧张的气氛顿时变得轻松、活泼，它能让人感受到说话人的温厚和善意，使其观点变得很容易让人接受。

敲碎悲观外壳，懂得幽默生活

当今世界，竞争异常激烈，人们就像蜗牛一样每天背着厚重的壳穿梭在城市的高楼间。面对巨大的压力，人们的心理变得敏感而脆弱。为了保护自己不受伤害，很多人把自己紧紧包裹起来，不敢向别人敞开心扉，不敢与人真诚交往。久而久之，人变得越来越独孤，越来越麻木。直到最后，变得完全不知道应该如何与人交往。

一个人在社会上生存，总要与人打交道，人际关系是否和谐，直接关系到每个人的幸福感。幽默是人际关系的润滑剂，当人际关系出现问题的时候，如果能懂得及时用幽默去化解烦恼，那是一种智慧。幽默最大的好处是能带给人无尽的快乐，有幽默感的人，总能给别人营造欢乐融洽的氛围，因此也就更容易拥有别人的爱和友谊。

当面临无法避免的冲突时，幽默感不强的人，要么被气得满脸通红，说不出话来，只能把泪水往肚子里咽，要么怒目相视，拍桌子、拍板凳，互相对骂，结果把双方的关系彻底搞僵。而幽默感强的人，其聪明的地方就在于即使怒火中烧，也能够保持表面的平静，以不变应万变，然后以一种诙谐幽默的方法将双方的矛盾和尴尬化解。

苏联的著名主持人瓦莲金娜·列昂节耶娃，在一次节目中，她向观众介绍一种摔不破的玻璃杯。准备时几次试验都很顺利，谁知现场直播时竟出了意外，杯子被摔得粉碎。而这时，成千上万的观众正看着屏幕。她灵机一动说："看来发明这种玻璃杯的人没考虑我的力气。”瓦莲金娜·列昂节耶娃的一句话，让整个演播大厅哄笑了起来。

瓦莲金娜·列昂节耶娃用一句话化解了尴尬的场面，充分显示出了她的智慧、聪明和随机应变的能力。

幽默是一种包容和豁达，是一种开阔的胸襟。美国学者特鲁·赫伯曾说过：要运用你的幽默力量去主动与人交往，在与人接触的最初一刹那，幽默就已经帮你把自己的壳打碎了。幽默能活跃气氛，使死板的人际关系瞬间活跃起来，使一触即发的紧张局势立刻恢复平静。幽默含着嘲讽，却不伤人，像一枚包裹了棉花团的针。

幽默的形式多种多样，有自嘲式、讥讽式、哲理式等。根据对象不同，要使用不同的幽默形式，这样才能达到比较好的效果。一般来说，对朋友要运用哲理、愉悦的方式，对敌人则运用讥讽式。

幽默，是非常讲究口才的，但是仅有口才还不行，还必须有一定的素养。幽默要在情理之中，在欢笑之余，能给人以启迪和思考。而不能仅仅是毫无意义的胡说八道、卖关子、耍嘴皮子。否则，就流于低俗，而称不上智慧的幽默了。

有位伟人说过，幽默是智慧、教养和道德感的表现。在人际交往中，要以诚待人，再适当添加一点智慧的幽默，无疑能加速友谊的发展，使人与人之间的相处变得轻松自然，妙趣横生。当人们互相之间有需要帮助的时候，幽默地说出自己的需要，可以避免尴尬，也有助于事情的顺利开展。幽默是一门艺术，一种品质和修养。总是与诚实、善良、道德、真理息息相关，而与虚伪、险恶、无情、谬误格格不入。

因此，要想做一个真正幽默的人，首先必须具备诚实、善良、道德等美好的品质。只有这样，才能使人更加信任你，更喜欢与你交往，感受更多的乐趣。要想拥有精彩的趣味生活，就勇敢地敲碎背在身上的悲观外壳，带上幽默的智囊，会让你的生活从此充满与众不同的雅趣。

幽默是爱情甜蜜的守护神

生命是一朵花，爱情是花蜜，而幽默则是采花酿蜜的蜜蜂。

爱是男女之间的感情交汇。男人和女人是这个世界上最奇妙的存在。怪不得有人说：“男人是太阳，女人是月亮。太阳和月亮的光揉在一起，就会组成一个美妙的世界。”

世上的男男女女，爱的方式是千奇百怪的，但不管怎样，幽默在爱情中扮演一个守护神的角色，在危机时刻，它给人提供安全感，在悲剧时刻，它会引导其向喜剧方向发展。

大学时，一位男生看上了艺术系一位漂亮的女孩，却不知道她的名字，也一直苦恼没有机会与她搭讪、接触。有一次，机会终于来了，他看见那位女孩走进一家牛肉面馆，他毫不迟疑地跟着进去了。他走到那个女孩身边，鼓足勇气看着她，心跳得厉害。他想和她搭讪、问好，却不知说什么好，就只好问名字了。他有点紧张地向这位女孩开口问道："经常在校园里看见你，请问你叫什么名字?"那女孩很纳闷儿地抬头看着他，说："我叫牛肉面啊!"她显然不想报上真名，但这位同学没有气馁，他红着脸"哦"了一声，改口道："那么，我也给自己起个面名吧，我就叫阳春面。"女孩冷漠的脸上立刻露出灿烂的笑容。

后来，这位"牛肉面"真的成了"阳春面"的妻子，这就是幽默的奇异效果。

幽默是爱情的催化剂，男女约会时，双方若能以幽默的口吻交谈，可使感情火速增长。因为激发爱的温柔的感触，在幽默言谈中最易生成。有不少年轻小伙子相貌堂堂，举止文雅得体，也很有些特长能力，不乏"男子汉"的风度，但每每情场失意，关键就缘于不善幽默。相反，富有幽默感的人谈情说爱却总能成功。

有一个小伙子爱上了一位姑娘。一天，他又来到姑娘家，两人在火炉边烤火。最后，他说道："你的火炉跟我妈的火炉一模一样。"

"是吗?"姑娘漫不经心地应道。她还以为这是小伙子随便说的一句话。

"你觉得在我家的炉子上你也能烘出同样的牛肉馅饼吗?"他幽默地问。

姑娘愣了一下，随即悟出了问话所含的意思。她欢悦地答道："我可以去试试呀!"与这样风趣的青年在一起，姑娘的幸福可想而知。

幽默的求爱方式，似乎更有魅力，更富有让人心动的浪漫情趣。

美国科学家富兰克林，1774 年丧偶，1780 年在巴黎居住时，向他的邻居——一位迷人而有教养的富孀艾维斯太太求婚，情书中的求婚方式极为幽默。

富兰克林在情书中说："他见到了自己的太太和艾维斯太太的亡夫在阴间结了婚，我们来替自己报仇雪恨吧。"

这封情书被誉为文学的杰作、幽默的精品。

有一位男青年在给女友的信中说："昨夜，我梦见自己向你求婚了，你怎么看呢?"他的女友巧妙地回答："这只能表明你睡眠时比醒着时更有感情。"

这位女青年的语言，蕴含了多少机智和幽默。

有交往，便会有矛盾，如果我们善于用幽默的方式来化解矛盾，让对方之心总是被快乐拥抱着，你想不被他（她）深爱都难。所以，幽默的言谈举止常常出奇制胜，是促成美事的关键。

幽默是免费的红娘，让你早日被丘比特的爱情之箭射中，助你轻松游入爱情的海洋中。如果你正在打算恋爱，或者已经恋爱，不要忘记随时为自己准备一份幸福的秘密宝典——幽默。

幽默是交朋结友的金牌通行证

俗话说，多个朋友多条路。多交些朋友，多和朋友沟通，能使人的心胸开阔、心情开朗、信息灵通。当遇到不顺心的时候，找朋友聊聊天，可以驱散心中的郁闷和忧伤，开心的时候找朋友分享自己的快乐，会使原本的快乐翻倍。朋友，是人一生的财富。那么如何才能更好地结交朋友，和朋友友好地相处呢？幽默其实是最好的一个方法，尤其是在双方刚认识的时候。

陌生的人见面，如果幽默一点，气氛会变得活跃，交流会更顺畅。

在一辆拥挤的公交车上，人们挤得一个贴着一个，身体互相紧挨着，大家都觉得异常难受，却没一个人说话，后来一个小伙子说道："喂，各位，大家都吸一口气，缩小些体积，我挤得受不了啦，快成照片了！"大家听到这句话全都笑起来，接着就开始聊天，抱怨公交车怎么那么挤，然后聊到整个城市的交通，整个国家的管理。

车里的人们三五成群地互相聊着、抱怨着，陌生人之间忽然亲近起来，像变成了朋友，虽然还是紧挨着挤得难受，但能听到不时传来爽朗的笑声。

小伙子如此善意的幽默，加深了陌生人之间的感情，让他们的关系更加融洽。这为结交朋友提供了有利的前提条件。

很多人都想多交些朋友，可是总是苦恼不知道该从何下手。其实交朋友除了真心实意之外，最重要的是要善于观察、勤于思考，让自己变得机智幽默起来，别人也就乐于和自己相处，和陌生人成为朋友也就不是什么难事了。

在一条狭窄的小巷中，两辆轿车相遇了。两位司机谁都不想给对方让道，就这样互相僵持着。过了一会儿，一个司机干脆拿出一本小说看起来，另一位见了，探出头来高声喊道："喂，老兄，看完后借我看看啊！"引得看书的司机大笑起来，恨意完全消失，反而主动倒车让路。后来，两个人还互相交换了名片，并成了好朋友。

那位借书看的司机用一句幽默的话将双方之间剑拔弩张的关系缓和过来，不仅让另外那个司机主动倒车让路，而且还互相交换名片，和那个司机成了好朋友，可谓是非常有幽默智慧的一个人。当我们与陌生人发生冲突的时候，要学会宽容一点，幽默一点，这样不仅可以化解矛盾，甚至可以化敌意为友谊。

法国作家小仲马，有一次去看朋友的演出，结果总是回头数后面的人。他的朋友不解，问他在干什么，结果他幽默地说道："我在替你数打瞌睡的人。"后来，到小仲马的《茶花女》公演，他的那个朋友前来观看，也回过头去数打瞌睡的人，好不容易找到一个，小仲马看了以后，说道："你不认识这个人吗？他是上一次看你的戏睡着的，至今还没睡醒呢！”小仲马说完，他的朋友哈哈大笑起来。

小仲马与朋友之间互相调侃的幽默是建立在双方真诚的友谊基础之上，没有虚伪的客套，双方都明白对方的心。

朋友之间，贵在以诚相待，能互相尊重、理解和关心。只有先学会关心、帮助别人，才能得到别人的关心和帮助。在真诚的前提下，学会巧妙地使用幽默的技巧，增加朋友之间的乐趣，使朋友之间的相处融洽和谐，妙趣横生。

幽默代替握手，提高交谈雅量

人们见面的时候，总要握握对方的手。不知道是从什么时候开始的习惯，也不知道握手最初究竟代表什么意思。美国幽默杂志《趣味世界》的编辑雷格威为我们解开了这个疑问，他说原始人见面握手，是为了让对方放心，表示他们手上不带武器，现代人见面握手，是表示我欢迎你。而如果以一种幽默的方式来打招呼，则是比握手更文明的一种进步，表示我特别喜欢你，我们之间可以共享很多乐趣。

林肯总统在会见某国总统时，还没有握手就幽默地说原来我的个子还没有你高，口吻随意亲切，就好像在和自己的朋友说话一样，让对方的心理放松下来，拘束感也消失了；一个人见到一位陌生人的时候就说：“我一定在哪儿见过你，好面熟呀！”另外那个人愣了愣，说道：“是吗？这不可能。”谁知那个人一本正经地说道：“是的，即使在梦里，我也可能见过你。”说完那个陌生人就被逗乐了。

这种幽默的见面方式，把两个陌生人瞬间联系在一起，没有任何隔阂与不适，一切进展都感觉那么自然、轻松和愉快。下面还有些小故事。

一个男人对一个刚刚相遇的朋友说：“我结婚了。”那个朋友高兴地说道：“那我得祝贺你。”可是这个男人又说：“可是又离婚了。”那个朋友说道：“那我更要祝贺你了，恭喜你走出围城。”

一个病人去看医生：“医生，我的牙齿太黄了，怎么办?”谁知医生居然说道：“那好办，你戴一条深颜色的领带，这样就显不出你的牙齿黄了。”

在一次竞选总统的活动中，一位演说家念了一封写给总统的信，通篇都是些总统的伟大功绩，最后却出人意料地来了一句：“总统，请原谅我用蜡笔写这封信，因为我们这儿的政府不准我用任何尖锐的东西。”

这些幽默的方式，不仅让大家发笑，也产生一些深刻的思考。

很多作家都喜欢听别人讲故事、讲笑话，以此来获得自己创作的灵感。他们还认真观察生活，注意周围的环境变化，倾听别人的谈话，并阅读大量的书报杂志，积累自己的写作素材。英国著名作家萨克雷说："一个有幽默感的文人肯定性格仁慈，十分敏感，容易产生痛苦和欢乐，能敏锐地觉察周围人们的各种情绪，同情他们的欢乐、爱恋、乐趣和悲哀。"鲁迅是当代中国最杰出的作家之一，他不仅才思敏捷，笔锋犀利，而且也比较幽默。有一次，他和家人在一起聊天，他的侄儿看他的鼻子特别扁，就问其原因，鲁迅幽默地说道："我经常碰壁，时间久了，鼻子碰扁了。"这引得全家人都大笑不止，其实鲁迅这句话暗含着苦涩，但是旁人难以明白，其中的辛酸只有鲁迅自己才能明白。

一个人每天都会与别人聊天，不管是和同学、朋友，还是和同事、家人，适当增加一些谈话的内容和高交谈的趣味，不仅能提交交谈质量，还能增加人与人之间的感情。

有时候在路上走着，一些不经意的小广告不仅极其幽默，而且富有哲理和创造性，总能吸引路人的眼球。比如，有家瓷砖和地板商店在其门口贴了一则橱窗广告，它的广告语是：欢迎顾客踩在我们身上！一家花店门口的广告语是：先生！送几朵鲜花给你所爱的女人吧，但也不要忘了自己的夫人！还有在婚姻纠纷调解的办公室门上写道：一小时后再来。不要吵架！

这些小广告都是人们智慧的结晶，经常搜集这些有趣味的东西，人也会变得越来越幽默，越有趣味。

有位心理学家说过，如果你能使一个人对你有好感，那也就可能使你周围的每一个人，甚至是全世界的人都对你有好感。只要你不是到处与人握手，而是以你的友善、机智、风趣去传播你的信息，时空距离就会消失。在人际交往中，只要学会充分利用幽默的力量去打动别人、感染别人，就很容易获得别人的好感和信任。尤其在初次和陌生人交流的时候，幽默能瞬间拉近两人之间的距离。

正式场合有笑声，幽默调节气氛

有时候，有的人在单位里见到以前在一起玩过的同事，竟然低头不语，装作没看见，自顾自地走过去。乍看起来，似乎觉得这种人很没有礼貌。其实不然，他们并不是高傲不理人，而是害羞、胆小，连很普通的招呼都不知道该怎么打，也不喜欢有事没事都露出一脸微笑，所以，见人只好假装没看见。像这种没有表情的人，除了可以和三四个密友谈天说笑之外，面对其他的人，就不知道该说些什么，无法与不熟悉的人自如畅谈。

其实，一个人说话胆量的大小，说话水平发挥得如何，与说话时的气氛很有关系。说话时的气氛好，人的兴致便高，情绪便高昂，谈兴也较浓，这样便会使人放下包袱，倾心畅谈。反之，说话时的气氛不好，人的情趣就很难调动起来，一旦觉得乏味，也就不会有什么好的兴致说话了。比如，当我们在与自己的家人或亲友交谈时，一般气氛都较好，这样几乎不需要思考，就能根据报上看的、广播里说的、街上听的，关于昨天、今天或明天的重要的或一般的事情聊个没完。但是，当我们在遇到初次见面的人、地位显赫的大人物、神秘的谈话对象时，往往大家都很拘束，很难一下子就形成良好的轻松气氛，这样谈话就没有那么顺利了，而且因为气氛不好，还有可能使大脑一片空白，完全想不出该说什么话。所以，为了使我们的说话胆量有所提高，为了能使自己成为一名具有较好口才的人，我们在与他人交流时，要设法创造一种轻松和谐的说话气氛。

热情是这种气氛所必不可少的元素。你最好钻出自己的壳，热情主动地与人交往。不要使冰霜结在你脸上，把冰霜融化掉，方法就是说些有趣的事。如果这时正是度假时节，你可以说："你可听见路边新闻？听说在 IBM 公司的圣诞晚会上，有一部电脑喝醉酒，想去扯一部打字机的蝴蝶结。"不论是何季节，在何种社交场合，热情的力量都会帮助你创造一种愉快气氛，并且使它有人情味。

你也可以适当开些玩笑，在笑声中解开紧张的情绪，这种方式很容易使气氛达到高潮。

幽默的智者往往不会在乎形式上的面子，对与称谓显得淡泊，他们居于高处不忘其形，怀一颗质朴淡然之心。他们懂得在正式场合用幽默的语言来调节庄重的气氛，不会让人在严肃中感受到压抑，幽默的人到哪里都是一副和蔼可亲的模样。

初入社会或刚参加工作的人，在偶然的机会里与著名人士相见，常会觉得紧张、害怕，不知道该说些什么话。特别是那些经验较少的人，会一直低着头，如果被对方问到一些事情，也只是作简单而呆板的回答。

另外，我们也有可能被事先安排要见某些重要人物。在这种情况下，如果我们事先收集并研究有关对方的资料，那么，不管对方问到什么，都不容易出错，或者茫然不知所措。但是，这种类似考试前临时抱佛脚的心情，在面对知名人物时，还是会紧张，当被人家问到一些问题时，也只会回答"是"或"不是"。

我们面对大人物应该对他们表示敬意，而不必畏缩、恐慌。只要把他们当成自己的亲戚或师长，很自然地与之进行对话，就可以了。我们说话的时候，不必害怕或紧张，应该泰然自若，以尊敬而明朗愉快的语调，和知名人士交谈。这样就可以创造出一种轻松和谐的气氛了。

总之，我们无论在什么情况下与什么人说话，创造轻松和谐的说话气氛很有必要，很有好处。

幽默表达，让生活充满无限生机

语言作为信息传播的工具，对于我们生活之重要，正如水源对于鱼儿的重要。有了正确的目标，端正的态度，要想实现生活的充实与快乐，还要讲究一些方法，良好的方法是达到目标的保证。当然，活着的方法是多种多样的，其中很重要的一点是取决于一个人的态度，尤其是一个人幽默的生活态度。

所谓幽默口才，就是口语表达幽默的才能，即善于用诙谐、准确、贴切、生动的语言表达自己思想感情的一种能力。随着社会生活节奏越来越快，人们越来越重视“舌头”的功能了。有的人讲话闪烁着真知灼见，给人以深邃、精辟、睿智、风趣之感，他们理所当然成了社交场上的佼佼者。

一位 80 岁的老人思维很敏捷，在生活中很幽默。

一次，这位老人与自己的小孙子们玩游戏，轮到小孙子向他提问。“哪个跑得快，”小孙子照着卡片念道，“癞蛤蟆还是青蛙?”

“当然是癞蛤蟆。”老人毫不犹豫地回答。

小孙子惊奇地问：“你怎么这样肯定?”

“一定是癞蛤蟆快些，”老人幽默地解释说，“你什么时候在饭店的菜单上见过癞蛤蟆?”

老人的一句话惹得全家人大笑不止。

生活有了幽默，活着就有了生机与朝气。但是，幽默的谈吐具有反应迅速的特点，这就要求说话者思维敏捷、能言善辩，而这些又来自于对生活的深刻体验和对事物的认真观察。具有较高的观察力、想象力，才能通过模仿、比喻、夸张、双关等方式说出幽默的话语。

幽默是思想、才学和灵感的结晶，懂得幽默说话，才可能轻易成事。幽默不仅是口才的精灵，更是一种生活的态度。将幽默成为一种习惯，让幽默成长为一种生活的态度，将会提升我们的做事能力，让我们的能力在幽默的语言魅力中实现丰收。幽默不一定直白，有的令人回味无穷，但幽默中伴有温情。

无论是在日常生活中，还是在重大的活动现场，都离不开幽默的谈吐。幽默在生活中可以发挥如下作用：

（1）幽默让你放松，减轻压力，使环境更协调。

（2）幽默中有智慧的光芒。

（3）幽默会让人忘记酸楚和劳累。

（4）幽默是最好的保健品。所谓“笑一笑，十年少”的说法并不夸张。

（5）在适当的场合，幽默的谈吐可以增强交际的生动性，增加亲切感。

幽默是交际语言的“润滑剂”，能使语言生辉。那么，怎样才能具有幽默感呢?

首先，要具有高尚的情趣和乐观的信念。幽默的谈吐是建立在说话者思想健康、情趣高尚的基础上的。幽默者要心宽气朗，对人充满热情，有较高的涵养。

其次，要有较强的观察力和想象力。幽默来自对生活的深刻体验和对事物的认真观察，并要求说话者思维敏捷，反应迅速。

在交谈中，幽默总能活跃气氛，使交谈者处于一种精神松弛的状态，从而缩短人与人之间的距离，让大伙感到亲切自然。它是创造理想谈话氛围的有功之臣。幽默是一门语言艺术，是一种很高的人生境界。若想增强自己的幽默感，要多阅读并摘抄一些幽默小品。

幽默是趣味生活的空气清新剂

为了应付人生大大小小的挑战，你需要力量——不论你是为人父母或是为人子女，是教师或是学生，是售货员或是消费者，是老板或是职员，是上司或是下属，幽默都能赋予你战胜困难的力量。

幽默的力量体现在沟通上，就像我们打开电灯开关，电力便沿着电线输送到机器上一样，只要按下幽默的按钮，就能促使一股特别的力量源源而来。我们可以把这股幽默的力量导向他人，并与他人直接沟通。

有了幽默，我们可以学会以笑来代替苦恼；借着幽默的力量，我们能使自己和他人超越痛苦。真正的幽默力量是从内心涌出，更甚于从头脑涌出。

幽默的力量体现在它可以润滑人际关系，消除紧张，解除人生压力，提高生活的品质。它可以拉近人与人之间的距离，使人与人之间的相处不至于紧张；它可以化解冰霜，使人与人之间的关系更融洽；它还可以使我们精神振奋，信心陡增，使我们脱离许多不愉快的事情。

幽默是烦恼生活的开心剂。生活绝非全是幸福，与幸福相对的就是烦恼，这是一对孪生的兄弟，谁也离不开谁。一般的家庭，遇上烦恼的事情往往是一方发火，甚至双方发火，发展到大吵一场，从而带来更大的烦恼和不快。幸福的家庭同样也有烦恼，只不过解决的方法不同，他们在理性解决烦恼的同时，往往还运用幽默的手段，化烦恼为欢笑。

幽默又是趣味生活的添加剂，因为生活中存在着幽默，关键是你能不能发现它，并且用幽默的语言来解释它，那样你的生活就会越加充满乐趣。

幽默是艰苦生活的调味剂。生活有时是相当艰苦的，幽默的人懂得在苦痛中感恩，“再苦也要笑一笑”一直是幽默者所信奉的价值观。生活本来就不可能一帆风顺，学会用幽默应对生活中的苦与乐，那么我们最终收获到的将是快乐。

法国总统德斯坦从小很顽皮，经常问一些使他父亲难以回答的问题。一次，他考试成绩不佳，得了个倒数第十名，父亲很不满意。德斯坦问父亲道：“1 和 10，哪一个数值大？”

“自然是10的数值大。”爸爸不假思索地回答。

德斯坦接着问道：“那么我考试列第十名，不是比第一名好吗？你为什么不满意？”

德斯坦的幽默告诉我们这样一个道理：不要强求子女的成绩，因为不可能所有的学生成绩都是100分，有时要“顺其自然”，不然就要徒增烦恼了。

生活有时会像一个喜剧小品，充满了幽默感；聊天，有时也会像一段相声，使人觉得妙趣横生……处在那样一种心境，你会感到生活是多么美好！

幽默感并不是嘲笑任何事，而是在幽默的同时能看见一件事情的严肃面和有趣面。不论你是内向型还是外向型的人，对生活都可以采取幽默的态度。我们若不能领略他人的幽默对我们有所裨益，也就不太可能以自己的幽默来激励别人。

为了表现我们重视他们给我们带来的好处，为了通过自己来激励别人，我们为何不与人同笑，笑尽天下可笑之事！即使事情是苦涩的，相信幽默的力量也能够化苦为甜、化悲为乐。

第九章

善用幽默口才，实现尽善尽美的生存

幽默可营造良好的谈判氛围

谈判是我们每个人在生活和工作中不可缺少的活动。当我们为了达到某种目的，或获得某种利益，而需要和有关方面达成一致意见时，就要和对方进行商谈。这种商谈就是谈判。

谈判的技巧有多种，一起欣赏一下幽默语言在谈判中的妙用。

谈判中采取幽默的姿态，可以缓和紧张形势，造成友好和谐的会谈气氛。双方轻松一笑的同时，也就缩短了心理距离，钝化了对立感。

谈判的双方要相互尊重。不管双方代表在个人身份、地位上有多大差异，他们所代表的组织在力量、级别等方面如何强弱悬殊、大小不均，一走到谈判席上，就都是平等的。但是，有的谈判代表自恃地位高贵，或背后实力强大，在会谈中傲慢无礼，对另一方挖苦攻击，试图在气势上压住对方，迫其屈服；也有的代表自身涵养不好，谈判不顺利时恼羞成怒，对另一方侮辱谩骂。在此类情况下，如果要不辱使命，不失气节，又不致激化矛盾使谈判破裂，被攻击的一方可以使用幽默语言回敬无礼的一方，煞住其气焰。

幽默能减少人们之间的紧张对立。谈判者代表着各自的利益阵营，恐怕很难轻易地让步，谈判其间必有一番唇枪舌剑的苦斗，有时甚至到了剑拔弩张的地步。这时，如果某一方代表说句幽默的话，或讲个小笑话，大家一笑，紧张的气氛就可能化解，双方可以继续谈下去，直至取得成功。

卡耐基认为，对于任何谈判者，理想的气氛应是严肃、认真、紧张、活泼。这可以说是总结了历来胜利而有意义的谈判气氛而得出的一个伟大结论。他建议每位谈判者努力为自己所进行的谈判营造这一良好气氛。

美国谈判学家卡洛斯认为大凡谈判都有其独特的气氛。善于创造谈判气氛的谈判者，其谈判谋略的运用便有了很好的基础。我们有理由认为，合适的谈判气氛亦是谈判谋略的一个重要组成部分。良好的谈判气氛有助于谈判者发挥自己的能力。

谈判气氛有时是自然形成的，而多数情况下是人为营造的。不同的谈判气氛对谈判者来说都能感觉到。能运用谈判气氛影响谈判过程的谈判者，自是精明之人，他们知道，谈判气氛对谈判的成败影响很大。

谈判室是正式的工作场所，容易形成一种严肃而又紧张的气氛。当双方就某一问题发生争执，各持己见，互不相让，甚至话不投机、横眉冷对时，这种环境更容易使人产生一种压抑、沉闷的感觉。在这种情况下，我方可以建议暂时停止会谈或双方人员去游览、观光、出席宴会、观看文艺节目，也可以到游艺室、俱乐部等处娱乐、休息。这样，在轻松愉快的环境中，大家的心情自然也就放松了。更主要的是，通过游玩、休息、私下接触，双方可以进一步增进了解，消除彼此间的隔阂，增进友谊，也可以不拘形式地就僵持的问题继续交换意见，寓严肃的讨论于轻松活泼、融洽愉快的气氛之中。这时，彼此间心情愉快，人也变得慷慨大方。谈判桌上争论了几个小时无法解决的问题，在这儿也许会迎刃而解了。

谈判气氛形成后，并不是一成不变的。本来轻松和谐的气氛可以因为双方在实质性问题上的争执而突然变得紧张，甚至剑拔弩张，一步就跨入谈判破裂的边缘。这时双方面临最急迫的问题不是继续争个“鱼死网破”，而是应尽快缓和这种紧张的气氛。此时，诙谐幽默无疑是最有力的武器。

幽默助你在社交场游刃有余

在一次小型的联欢会上，观众席上有一个女子问某位笑星说：“听说你在全国笑星中出场费是最高的，一场要1万多元，是吗?”

这个问题让人左右为难：如果这位笑星做出肯定性的回答，那会为自己招来更多的麻烦；即使确有其事，他也不好做出否定的回答，但他又不能回避这个令人尴尬的问题，于是笑星毫不犹豫地采用了扯远话题的方法。

笑星说：“你的问题提得很突然，请问你是哪个单位的?”

“我是大连一个电器经销公司的。”那位女子说。

“你们经营什么产品?”笑星问。

“有录像机、电视机……”女子答道。

“一台录像机卖多少钱?”

“4000元。”

“如果有人出400元，你卖吗？”

“那当然不能卖，一种商品的价格是由它的价值决定的。”女子非常干脆地回答道。

“那就对了，演员的价值是由观众决定的。”

就这样，一个很难回答的问题就通过对方的回答而顺利解决了。在社交场合，语言是自己的第二形象代表，如果在回答中出现了的失误，就会被别人抓住把柄，就会给自己带来不必要的精神负担。因此，睿智的幽默回答既会给予准确的回复，又不会伤害到自己，幽默是一个人在社交中能够游刃有余的保护膜。

在日常生活和工作中，我们经常会遇到一些令人尴尬的问话，如果我们用“不能告诉你”来回答，那会使你显得傲慢无礼；如果套用外交用语“无可奉告”来回答，又会给提问者造成心理上的失望与不快。那么，我们不妨学一学赵本山岔开提问者的话题从另一方面去回答的技巧，这样不仅可以消除尴尬，而且还顺利回答了对方的问题。

1981年，白宫突然得到里根遇刺的消息后，总统办公厅一片慌乱，不知所措。富有经验的国务卿黑格出来维持局面。黑格曾任美国驻欧洲部队司令，脱下军装后又当上国务卿，一向以果断、稳重而知名。但他听到里根被刺的消息，也慌了手脚，还闹了个笑话。

一个记者问黑格：“国务卿先生，总统是否已经中弹？”

黑格回答：“无可奉告。”

记者又问：“目前谁主持白宫的工作？”

黑格答道：“根据宪法规定，总统之后是副总统和国务卿，现在副总统不在华盛顿，由我来主持工作。”

这一回答引起了轩然大波，记者们议论纷纷。另一个记者马上又问：“国务卿先生，美国宪法是不是修改了？我记得美国宪法上写明总统、副总统之后，是众议院院长和参议院院长，而不是国务卿。”

黑格听后明白是自己失言，急中生智反问道：“请问在两院院长后又是谁呢？他们都不在白宫现场，当然由我来主持了。刚才为了节约时间，少说了一句话而已。”几句话便自圆其说为自己解了围。

在社交场合中，有时会遇到自己不想公开，而别人又偏偏要打听的事；或是自己偶然触及对方的伤痛、忌讳及隐私，出现了尴尬的局面。这时，以周围的环境为媒介，迅速转移话题便是一种普通有效的应急措施。

幽默是一门艺术，一门学问。幽默牵涉我们的文明素养，幽默也牵涉我们的民族性格和传统文化。幽默展示仁慈宽厚的胸怀，幽默显现愉悦欢快的心态；幽默是尽释前嫌、化解恩仇的阳光雨露，幽默是社交场合的通行证。

在社交活动中，虽然说话讲求幽默，却也应该在幽默的同时尊重他人，幽默需要温文尔雅、需要语言的美感，而不是自以为是、出言不逊、恶语伤人。请记住，有风度的幽默才可能是社交场上无往不胜的法宝。

幽默可帮助上司赢得下属的心

做好管理工作真的不太容易，有人说做事容易做人难，管得重了有反效果，管得轻了效果也不佳。在此，我们还是举一些生活实例来加以说明，看看有幽默感的经理是如何赢得下属信任的。

身处高位的企事业负责人，在人们的心目中往往有一种高不可及的印象，而有远见的高层人士往往希望运用幽默的力量来改变他们在公众之中的形象，改善大家对他的看法。

有一位叫A的年轻人，他所在公司的经理对下属非常严厉，公司员工背后都叫他雷公。有一天，A从外面回来，看到经理位子是空的，以为他不在，就对同事说："雷公不在吗?"说完发现屏风另一边，经理正与客户谈生意。经理听到了他的话，A坐立不安，以为大祸临头。客户走后，经理来到了A身边，A惊恐地向经理道歉。没想到经理微笑道："我们的雷公并不一定夏天才会响的。"

A听了这句话，比平常挨骂效果好上百倍；经理也通过幽默改变了在员工中的形象。上级对于下属的批评与责备，有时是必需的，不可缺少的；然而，事实上，又有几个人愿意别人对自己批评与责备呢？一贯的指责和批评很难使自己的下属俯首称臣；批评得讲艺术，否则便会周遭树敌。鉴于此，如果在话语中夹带着浓厚的幽默语气，通过满面的笑容表达出来，那就冲淡了批评与责备的意味，在说者无意，听者有心的情况下，保全了对方的自尊，也达到了自己要求对方改进的目的。

作为领导，当你运用幽默力量去帮助别人时，你会发现不仅更容易将责任托付给人，而且能更自由去发挥创意的进取精神。幽默的力量能改善你的将来——因为你的下属或同事会认同你，感谢你坦诚的胸怀，以及善于分享笑声、轻松面对自己。

美国前总统柯立芝有一位漂亮的女秘书，人虽长得不错，但工作中却常出错。一天早晨，柯立芝看见秘书走进办公室，便对她说："今天你穿的这身衣服真漂亮，正适合你这样年轻漂亮的小姐。"

这几句话出自柯立芝口中，简直让秘书受宠若惊。柯立芝接着说："但也不要骄傲，我相信你的公文处理也能和你一样漂亮的。"果然从那天起，女秘书在公文上很少出错了。一位朋友知道了这件事，就问柯立芝："这个方法很妙，你是怎么想出来的?"柯立芝得意扬扬地说："这很简单，你看见过理发师给人刮胡子吗？要先给人涂肥皂水，为什么呀，就是为了刮起来使人不痛。”

柯立芝的比喻很生动，幽默的力量可以使对下属的批评显得温和，可以提升下属的自信心与责任心。幽默的上司将拥有强大的内心，以及强大的气场，他们可以让自己的下属心服并信服。

妙用幽默拉近与上司的距离

会说好话着实不容易。在人际交往中，常常会出现互动齿轮干涩的时候。幽默作为交际关系的缓冲装置，可使一触即发的紧张局势顷刻间化愤怒为祥和。幽默可以让我们完美地跳出一支人际探戈，可以促进人际关系的和谐。

拥有了幽默就意味着拥有了机会。幽默是下属接近上司的捷径。

爱丽丝在一个公司里任接待员，她负责接待访客、电话，空闲的时候还要打字。有时，某些自以为是的人打来电话，往往给她出难题："我要和你的老板说话。"

"我可以告诉他是谁来的电话吗？"

"快给我接你的老板，我马上要和他说话。"

"很抱歉。他花钱雇我来接电话，似乎很傻。因为10个电话中有9个是找他的。"

来电话的人笑了。然后把他的姓名及电话号码留给了她。

爱丽丝既要得知是谁找老板，又不能得罪对方，只好采取幽默的方式，用看似自嘲的方式逗对方与她同笑，达到了皆大欢喜的效果。而爱丽丝的这些幽默机智的工作态度总有一天会传到上司的耳朵里，那么她会得到上司的赏识是理所应当的事情。世界上没有任何一个上司不喜欢忠诚于自己的下属。

如果一位职员总是板着脸、一本正经、不会迂回、难得一笑，那他就很难给客户留下好印象，其成功的希望也就因此而渺茫得多了。

俗话说"树大招风"，上司器重我们，也是期望我们能够替他效力，以便或多或少替他出力。如果上司常找我们的麻烦，而原因是我们做得不到位的话，我们就得运用幽默的沟通方法，慢慢地改正我们本身的缺点！

她是个公务员，在打一份文件的时候，竟然忘了上面最近颁布的命令："为了厉行节约，请各位同仁尽量节省纸张，每张公文用纸两旁留白，请由4厘米缩减到2厘米。"

这份文件打好呈上去之后，被退了下来，上级在旁边批示："此份文件不合规定，请重新打印。"

她一看批示，可傻了眼，这份文件共有20页，重新打印事小，问题是要节省纸张，却又要把这20张纸作废，岂不太矛盾了？

幽默的她并没有照着上面的意思重新打印，只是将这20页的两旁留白，用裁纸机各切去了2厘米。

当她重新将文件呈递上去时，另外附上了一张小纸条，纸条上写着："奉行节约命令，已经节省了20页（减去20×4厘米）的纸张。"

用诙谐幽默的语言来说明事理，可以使人在轻松和愉悦中感受其深刻的内涵，这就是人们常说的寓庄于谐。在工作中拥有幽默的才能，将会让上司更加赏识与青睐。如果你是个具有幽默灵性的职员，晋升或者加薪的好运会离你越来越近；如果你是一个不善言谈与幽默的人，就需要不断地学习，幽默的口才会让你在工作中更加自信。

幽默是一种逆向与放射式的思维方法。国外曾经有学者做过调查，成功人士的幽默程度往往比一般人要高。他们的幽默与亲和力自然广受人们的欢迎，对人与事物的看法经常与众不同。

幽默不只是听一听笑话，哈哈一笑罢了，真正的幽默，是有目的、有情境、能化解问题的品位方式。幽默是解决各种人生问题，最快捷、也最不会引起后遗症的方法。

用幽默奠定友好的沟通基调

友好、诚挚、认真的沟通氛围，对于沟通双方来讲，都具有重要的意义。大家都知道，在双方寒暄时的那一段时间非常重要。如果沉默片刻，很难再借沟通来缓和气氛。这时，双方都应该调整情绪，松弛各自的精神状态。

用什么形式来打破沉默，把互相寒暄时的融洽氛围带到沟通中呢？对此，没有什么固定的模式。不同的人有不同的方法。只要对形成活跃、友好的沟通氛围有利，什么方法都是可取的。

双方除了态度要友好、诚挚以外，最好还要用语言表现出适度的幽默，这对形成友好融洽的沟通氛围，是非常有利的。适度的幽默对建立好的沟通氛围有几个益处：

（1）快乐的沟通调子。

沟通开始的时候，双方都会有些紧张或者不自在，特别是第一次交往的时候更是如此。当一个人的内心产生某种强烈欲望的时候，他很快就摆出备战的状态。处在这种备战状态的人，由于戒备而紧张。这时，幽默能让沟通双方放松，能够平添情趣，打破紧张的局面，创造祥和的氛围。

在一次音乐盛典的颁奖晚会上，由台湾著名歌星周华健和影视明星瞿颖一同为"香港地区最受欢迎流行歌曲奖"颁奖。一上来，周华健和瞿颖有一段对话。

周华健：今天在后台，要跟你一块儿出来我挣扎了很久。

瞿颖：内心非常矛盾是吧。

周华健：非常矛盾。我想请问一下，上面的空气好吗？

瞿颖：还好了，没有那么夸张。

周华健：我真的很好奇，我真的很想问，你每天都吃什么，可以长这么高。

瞿颖：基本上我最爱吃的是火锅。我也经常问我父母这个问题，我为什么长这么高呢，他们每次都不回答这个问题，只是非常骄傲地看着我。

周华健：我有一首歌要唱的是“我儿子比较烦比较烦”，因为我从今天开始就要我儿子早餐、中餐、晚餐都吃火锅。

这一切都源于瞿颖原本是个时装模特，身材较高，周华健与她站在一起颇有压力，才引出这个话题。而一句“上面的空气好吗”，既夸张又贴切。怪不得观众大笑，这种轻松、愉快的开场白，立刻让现场活跃起来。

（2）轻松的沟通调子。

在一次综艺晚会上，艺人凌峰登台，有这样一段自我介绍：

在下凌峰，……这两年，我们大江南北走了一道，男观众对我的印象特别好，因为他们见到我觉得自己有点优越感，本人这个样子对他们没有任何威胁，他们很放心，（大笑）他们认为本人长得很中国，（笑声）中国五千年的沧桑和苦难全都写在我的脸上了。（笑声、掌声）一般说来，女观众对我的印象不太良好，有的女观众对我的长相已经到了忍无可忍的地步，（笑声）她们认为我是人比黄花瘦，脸比煤球黑。（笑声）但是我要特别声明，这不是本人的过错，实在是父母的错误，当初并没有征得我的同意就把我生成这个样子。（笑声、掌声）但是，时代在变，潮流在变，现在的男人基本上可以分为三种：第一种，你看上去很漂亮，看久了也就那么一回事，这一种就像我的好朋友刘文正这种；第二种，你看上去很难看，看久了以后是越看越难看，这种就像我的好朋友陈佩斯这种；（笑声）第三种，你看上去很难看，看久了以后你会发现，他另有一种男人的味道，这种就是在下我这种了。（笑声、掌声）鼓掌的都表示同意了！鼓掌的都是一些长得和我差不多的，（笑声）真是物以类聚啊！（笑声、掌声）

这段话的前半部分是自贬，似乎是故意虚拟了一段男、女观众对其“丑”的评价，借以形象的漫画式语言描绘自己的老、瘦、黑，这就将自己的“丑”嘲讽得无以复加了，包括对父母未征求他“同意”就把他生出来的“埋怨”；然后他巧妙地设置幽默的“突转”，节外生枝地提出所谓“男人分类”的“理论”，而且根据这个“理论”，在嬉笑逗乐中“顺理成章”地既贬低了别人又顺带“美化”了自己，更出人意料的是，最后竟将顺贬“波及”为其鼓掌的观众。

这其实是自嘲的泛化和扩张，话语结构跌宕起伏而且挥洒自如，很成功地将全场“同化”于幽默的氛围之中。

幽默可增强演讲人的感染力

演讲虽然也是讲话的一种，但是和我们日常的讲话是完全不同的。我们日常的讲话，是人们为了交流思想、联络感情、协调行动而说的。这样的讲话，都是人们你一言我一语地讨论。并且日常的讲话，对于逻辑性的要求并不高，人们的交谈是相互的，交织进行，所以是散漫的、随意的。

但是演讲就不同，它具有明确的逻辑性和目的性。需要演讲者的精心准备，它是由演讲者、听众两部分组成的。演讲是一种靠演讲者独白来打动听众、感染听众的传播方式，没有了互动、交谈，就避免了内容的杂乱不统一，可以使得演讲者能够明确地阐述自己的观点，但是同样是因为这样，在演讲中要注意语言的准确、明白和生动，更有幽默。

他是著名的作家、学者、中西文化交流大使，他一生著作颇丰，门下的弟子众多；他性格幽默、言语诙谐——他就是大名鼎鼎的才子林语堂。

林语堂是典型的幽默大家，他淡泊名利、与世无争，并有强烈的优越感。他的诙谐幽默不仅体现在生活中，在演讲台上也时时闪光。

林氏大宗祠建成后，举行了隆重的庆祝典礼。林语堂被热情地邀请参加。主持人在向众人介绍了林语堂后，由林语堂做了一个精彩的自我介绍的演讲。

他说："林氏家庭有很多名人，早已载入史册。在《水浒传》里有个林冲，是10万禁军教头；在《红楼梦》里，有个女才子黛玉；在《镜花缘》里，有个旅行家林之洋。还有一个是世界上很有名的大人物，他就是美国的大总统林肯。"

林语堂话音刚落，就赢得了大家的笑声与鼓掌。

幽默演讲虽然是艺术化的独白式的言态表达，但这种"艺术化"有一定的规范，它是受现实活动的目的和效果制约的有限的艺术，实际上只是一种手段性的艺术，如同技能技巧一般。

幽默演讲不同于评书、单口相声或诗朗诵一般。评书、单口相声、诗朗诵虽然也是"一人讲，众人听"，但是它们属于艺术范畴，是艺术活动，是艺术活动中的语言表达形式；而演讲是现实活动，"它是现实活动的语言表达艺术，而不是艺术活动的语言表达。"

有一次，基辛格应邀演讲，主持人介绍之后，听众起立，台下响起了一片掌声。最后掌声终于停歇，听众坐了下来。这时基辛格开始说："我要感谢你们停止鼓掌，因为要我长时间做出一副谦虚的表情是很困难的。"

此语一出，台下又响起了阵阵的笑声。基辛格简短的一句话却寓意十足，他一方面向大家表示了自己在名利与荣耀面前的谦虚与淡定，另一方面将自己的睿智毫无疑问地展示了出来。可想而知，基辛格接下来的演讲注定是成功的，后来的掌声可以证明。

在我们的生活中，演讲是无处不在的，政治、经济、军事、外交、法律，也不管是学术、理论、道德或其他社会问题，都可以称为演讲的题材，善用幽默的技法帮助演讲者发表自身的意见和看法，将为演讲者带来更多的掌声与笑声。

幽默是拉近朋友关系的磁石

一个完整的人生需要有三种情谊的共同存在：亲情、友情、爱情。友情是一种坚实的缘分，它没有爱情那么飘忽变换，没有亲情那么平实。友情是荒漠中的绿洲，是黑暗中的指路明灯；友情，让你的生活充满了温情，友情值得珍惜。

在每一个值得庆祝的日子中，请不要忘记和朋友们联系。在每一次与朋友的相见、交谈中，请不要忘记给朋友送上一杯用幽默榨成的开心果汁。幽默的沟通，会让朋友之间的关系不断升温，会让友情在欢声中更加牢靠。

我们经常在节日里要赠送礼物给别人，而送礼物之时，不可能每次都大手笔地购买贵重的礼物，但便宜的小东西又很易于被人遗忘。最好的办法是，在赠送礼物的同时，附上一张小卡片，写上几句幽默的话语，不但显得礼轻情意重，而且还能使对方记忆深刻。

有一位苏格兰人，曾这样打电报给他的朋友："由衷地祝贺你，1978 年到 1988 年的新年、生日、结婚纪念日！"

这样的祝贺，他的朋友可能从未收到过，相信会给他留下很深刻的印象，也会为朋友的幽默会心地微笑。

有时，朋友会提出一些你无法接受的要求，但若生硬地拒绝，又容易伤害彼此之间的感情，运用幽默，则能使人避免这样的情况发生。

在罗斯福当选美国总统前，曾在海军任要职，一天，他的一位朋友向他打探海军在加勒比海一个小岛上建立核潜艇基地的保密计划。罗斯福向四周看了看，压低嗓门说："你能保密吗？"

"当然能。"朋友爽快地答应了。

"那么"，罗斯福微笑地说，"我也能。"

忠于老朋友的同时，我们也应该注意结交新朋友。新朋友开始时是陌生人，如何迅速拉近彼此距离，使彼此感到相见恨晚，幽默是能使愿望成功得以实现的黏合剂。

一个小伙子失恋了，整天躺在床上长吁短叹，谁也劝不了。一位乐观的朋友来到床前拍拍他："嗨，哥儿们，快停止叹息下床吧！失恋的滋味真的那么好？值得你不吃不喝整天躺在床上专心致志地品味？"小伙子笑了。

从"失恋的滋味"到"不吃不喝整天躺在床上专心致志地品味"，真是幽默到家了，难怪失恋的小伙子也忍不住笑了起来。这也从另一方面说明了幽默的巨大威力。

作家冯骥才在美国访问时，一个美国朋友带儿子去看望他。说话时，那孩子爬上有些摇晃的床铺，站在上面拼命蹦跳。这时，冯骥才如果直接喊孩子下来，势必会使其父产生歉意，也让人觉得自己不够热情。于是，冯骥才笑着对朋友说："请您的孩子到地球上来吧。"那位朋友没有对孩子指责，而是顺着冯骥才的思路，同样不失幽默地回答道："好，我和孩子商量商量！"

与朋友相处需要默契，不要认为友情比较稳固，就可以肆无忌惮地说话、做事情。与朋友之间的相处，同样需要用心经营。当朋友给予自己意见提示的时候，要善于听出言外之意，然后纠正自己不当的做法。在友情经营的方面，幽默永远是最好的润滑剂。

幽默的言辞有助于巧答他人

姚明往往是在没有准备的情况下接受采访的，但他总能幽默对答，侃侃而谈。有时尽情坦露心怀，好像一个透明的大男孩；有时又言简意赅，宛如一个充满哲思的智者。他的回答，简练精辟，三言两语中蕴含着思想的深度与生活的乐趣，让人回味无穷。

（1）避实就虚，以简驭繁。

记者：最伟大的球员总是努力提高他们的技术，你想提高什么技术？

姚明：我想学会各种技术，以便更好地帮助球队，任何能更好地帮助球队的技术我都要学习。

按照一般的思路，姚明应该具体说说自己想提高什么技术，比如勾手投篮，后仰投篮，转身跳投，等等，但如果这样，就会啰啰唆唆，没完没了。姚明没有按照记者的思路回答，而是站在更高的角度来回答一个具体的问题，说"任何能更好地帮助球队的技术我都要学习"，这样回答，避实就虚，以简驭繁，涵盖面广，包容量大，显得滴水不漏。这种用变化发展的观点、全面看问题的思维方法和应答技巧，要比单纯就事论事高明得多，反映了姚明思想的深刻和应答技巧的成熟。

（2）先果后因，思维辩证。

记者：你认为自己职业生涯的顶峰何时到来？

姚明：我也不知道自己何时会达到顶峰。对我来说，我并不希望顶峰到来，因为到达了顶峰就预示着要走下坡路了。我希望每年都有长进和提高。

姚明在NBA进步神速，他何时能成为“伟大”级的球员，达到职业生涯的顶峰，是很多球迷和记者津津乐道的话题。那么，姚明自己怎么看呢？当记者把这一问题抛给他时，姚明首先实事求是地说“不知道”，然后表示自己“不希望顶峰到来”。身为运动员，谁不希望早日达到职业的顶峰，谁不渴望早日取得令人瞩目的成就？可姚明却说“不希望顶峰到来”，这让记者和旁人都感到不可思议。然而姚明紧接着道出原因：“因为到达了顶峰就预示着要走下坡路了。我希望每年都有长进和提高。”简练的话语说出了一个真理：顶峰过后必是衰落，正所谓物极必反。应答反映了他辩证的思维，以及永不停息的进取精神，给人极大的鼓舞。

从回答的技巧上看，先说结果“不希望顶峰到来”，再说原因“到达了顶峰就预示着要走下坡路了”，先果后因，话讲得跌宕起伏，让人疑惑之后豁然开朗。如果先说原因，后说结果，平铺直叙，效果就差多了。

（3）认识全面，概括精辟。

记者：中国队赢球是不是靠运气？

姚明：靠运气、勇气、实力加信心！

王仕鹏以3分绝杀的方式助中国队1分险胜，很多人认为这是运气。对此，姚明的回答斩钉截铁：“靠运气、勇气、实力加信心！”姚明首先承认有运气的成分，因为竞技体育从来就有一定的偶然性。但是，偶然中体现着必然。胜利毕竟不能只靠运气，它还需要实力做基础，在一定实力的基础上，始终怀着必胜的信心，有敢于和对手一拼到底的勇气，才能有机会获得最后的胜利。实力、勇气和信心，才是最终获胜的根本。一支意志薄弱、一击即溃的球队，即使场上有再多的运气，也不会有胜利女神的光顾。姚明的话道出了一个哲理：有实力、有勇气和有信心，运气才起作用。他的话虽然只比记者的话多了几个字，却道出了事物的本质，因此更具典型性，更有说服力，更能鼓舞斗志。精辟的概括之中，蕴含着思想的深度，让人佩服不已。

姚明在应答时，除了如上所述善用比喻、精于概括、富含哲理外，还经常用到对比、类比等方法，有时幽默诙谐，有时妙趣横生，当然也时有激愤之词。我们如果能在欣赏姚明精湛球技的同时，品味一下他接受采访时应答的技巧，将是另一种艺术享受。

从姚明的幽默回答中，我们可以清楚地认识到，世界上其实本没有什么不好回答的问题，只要我们掌握了幽默的本质与技巧，善于运用发散性的破口，巧妙的回答将“口”到擒来。

幽默打造生意场的圆融交际

在生意场上，幽默常常会用到。幽默可以消除双方的紧张感，使整个交际过程轻松愉快，充满人情味。

作为一个成功的商界人士，不仅要有丰富的知识、热忱的工作态度、良好的服务意识、非凡的勇气和韧性，还要有机智的幽默感。拥有幽默的交际才能，需要自己建立幽默的心态、掌握一定的幽默技巧，并且时时不忘在实际生活与工作中进行实战练习。

首先，要有幽默的心态，心态指引着言行举止，言行举止影响着沟通的进程与结果。

一名房地产经纪人领着一对夫妇向一栋新楼房走去，他想把这套房子卖给这对夫妇。一路上，他为了推销这套房子，一直喋喋不休地夸耀这栋房子和这个居民区。“这是一片多么美好的地方啊，阳光明媚，空气洁净，到处是鲜花和绿草，这儿的居民从来不知道什么是疾病与死亡。”

就在这时，他们看见一户人家正在忙碌地搬家。这位经纪人马上说：“你们看，这位可怜的人……他是这儿的医生，因为很长一段时间都无病人光顾，他不得不迁往别处开业谋生了！”

听到这句话，夫妇俩不禁乐了起来，他们一直想要一套比较安静的房子，尽管经纪人在前面说了很多精彩的夸赞与吹嘘，夫妇俩只是姑且听之，但是他这不经意的一句玩笑话，竟把夫妇俩打动。最后，这位经纪人与这对夫妇达成了交易。

尽管夫妇俩未必信服经纪人的说辞，但也会谅解这位经纪人的尴尬，同时更加欣赏他的机智与有趣。这就将交易推向有利方向。

其次，要有幽默的表达，沟通中语言要风趣，具有诱惑性，诱惑性的幽默是生意达成的催化剂。

张先生就一个非常重要的业务合同与买方副总谈判，而对方总是下不了决心。无可奈何之际，张先生说：“这像是参加一个舞会，两个月前我就大着胆子邀请你，你答应了。于是我打工挣钱去租晚礼服和轿车，并付你晚餐的账。而在舞会开始的前一天，你却告诉我，你不准备去了，难道你没看见，我已整整等了一年，希望与你共度吗?”

“你应该在租轿车前再问我一遍才是。”买主答道，随即在合约上签了字。

张先生在生意洽谈中，并没有因为对方的迟疑而表现出不耐烦的神情，也没有直接向对方做出任何的吹嘘与保证，而是生动地将这次洽谈过程比作参加舞会的过程。表达风趣、真诚，将沉重的气氛转为轻松，将对立转为合作，除了幽默，还有什么能有如此神奇的效果呢?

另外，要有幽默的技巧，幽默作为一种艺术，需要纯熟的技巧来升华艺术的表现形式与带给人们的艺术效果。

大家都很清楚，推销商品是一件艰辛的工作，每一个成功的推销商除了绝对的自信外，还需要惊人的幽默才能。我们再来看看下面这位农民是如何来推销他的猫的，想必大家一定会从中得到启示。

一个巴黎古董商到外省去旅行，希望碰运气发现一些稀罕的东西。他常常在一些小村庄停留下来，借口买鸡蛋，注意人家的什物。

一天，他在一个农民家里发现了一件稀世奇珍：一只中世纪的小碗，可它被主人用来盛牛奶给猫吃。

古董商按捺住心头的兴奋，故意显出不在意的样子，对这个农民说："你这只小猫多漂亮啊！我想把它买去给我的孩子，你同意吗?"

"当然可以。"这个农民答应了，并要了一个相当大的价钱，古董商照付了。接着古董商装出很随便的样子说："我想把这只碗也带去。因为这只猫已经习惯在这里吃东西了。"

"啊，不，"这个农民说，"从前天起，我已靠它卖掉6只猫了。"

这位农民的回答质朴至极又有趣至极，你都不知道自己是如何被征服的!

生意场是没有硝烟的战场，生意场处处充满了竞争与隐藏的陷阱，你若不进步，就意味着会被淘汰出局。在生意沟通的过程中，口才的力量不可小视，幽默口才的力量更应该重视。幽默的沟通往往会让对方在意外的口舌交战中，达成最后的合作。

生意场上的幽默可以是一种随机应变的机智，也可以是一种巧言妙语的引导，它将在柔和的氛围中真正实现有商有量，将会给对方留下被敬重印象的同时促成最后的合作。幽默的沟通在洽谈桌上就是一种人格魅力的释放、与成事有余的回报。

幽默的沟通，成功的一大半

我们每天都在沟通。工作时，我们与同事沟通、与客户沟通；在家时，我们与父母沟通、与配偶沟通、与子女沟通；平常的时候，我们会与朋友沟通，也可能与陌生人沟通，沟通无时无刻不在进行着，而沟通在工作是否顺利、家庭是否和睦、做人是否成功等方面，都扮演着相当重要的角色，甚至可以这样说，一个人的成败，完全取决于他对外沟通的能力。

但是，如果你真正用心体味每一次沟通就会发现，完满的沟通是有难度的。我们常常会懊悔“当时为什么讲了那句话”、“当时怎么没想起该这么说”、“人家怎么讲得那么巧妙”，等等。这些懊恼、自责、羡慕是令人痛苦的，它让我们听到了一种声音：“你实际上似乎有些无能!”

一说到口才，人们往往会想到：口若悬河、滔滔不绝。实际沟通中，还需要另一种能力：听。只要把良好的沟通和陷入僵局或者不理想的沟通作一番比较自然就会明白，如果参与沟通的是善于倾听他人意见的人，沟通就越理想，因为聆听是褒奖对方谈话的一种方式。你能够耐心地倾听对方的谈话，等于告诉对方“你是一个值得我倾听你谈话的人”。这样在无形之中就能提高对方的自尊心，加深彼此的感情。

但是，许多人没有耐心听别人讲话，因为他们是“事业家”、是“大忙人”，生活节奏太快。不能否认，现代社会竞争激烈，一个想成功的人要做的事太多，整天往往疲于奔波，时间一久，性情也变得急躁，对“倾听”显得腻烦，甚至别人刚一开口，还未等对方把话说完，就会予以否定，一口咬定不行，然后以十分武断的口气阐述自己的观点。这类人往往是想通过“短、平、快”的方式，以雄辩的口才显示自己的能力，在公开场合打下根基。但是如此沟通的结果，表面看来目的达到了，事实上，却得不到别人的认同，无法建立真正的友谊，达不到心灵的沟通。

历史上和现实中的许多实践表明，在事业上有成就的杰出人物往往是优秀的沟通者，善于倾听他人的意见。他们总是宾客盈门，朋友广泛，因为人们总是喜欢与尊重别人、平易近人的人交往。假如你也想成为一位善于与人沟通的人，就应当先成为一位善于专心听别人讲话、鼓励别人多谈自己成就的人。

有一次，盛田昭夫在一位朋友举行的宴会上结识了一位著名的出版商。他以前从来没有和这位出版商交谈过。后来，盛田写下了这次交谈的经历：

“我发现此人非常有魅力。老实说，我是恭恭敬敬地坐在椅子上聆听他讲述约稿和退稿的事。他还跟我讲了关于那些不屑一顾的排版的事。正如我说的，我们是在参加一个宴会，那里当然有几十位客人，但是我违背了所有客套礼俗，对其他客人好像视而不见，只是一个劲地同那位出版商一连谈了好几个小时。

“午夜来临，我同所有的客人道了晚安之后，就离开了。那位出版商转过身去对主人说了几句恭维我的话，说我‘最富于魅力’，说我如此如此，这般这般。最后，他说今晚和我聊得很开心，度过了一个愉快的夜晚。”

盛田后来回忆说：“我几乎什么也没说。”

数小时内什么都没有说的人，竟然会成为很投机的交谈伙伴，并成为终身朋友。而且日后，那位出版商经常为索尼公司出谋献策，牵线搭桥，为索尼公司的功成名就立下了汗马功劳。这实在是出人意料，但事实上又在情理之中。在出版商来看，盛田是把他作为意气相投的话友；而在盛田来看，他本人只是一名忠实的听众，只是不断地鼓励他说话。

盛田谦逊地倾听是在告诉那位出版商，他受到了极大的款待和极大的收益。事实上也是这样，倾听对方谈话，有时会很容易得到对方的信任和好感。善于倾听会使对方心情愉快，会换来对方的理解、信任和欢乐，会使对方吐露出心里的苦恼和喜悦，最重要的，它还能使说话者感到自身价值的存在。俗语说："会说的不如会听的。"只有善于倾听他人谈话，才能更准确地把握谈话者的意思、流露出的情绪、传播出的信息，更好地促使对方继续谈下去。

再看看那些让我们羡慕的那些家伙，他们有着同一种利器——逗人开心，让人轻松、释怀的幽默感！你需要它吗？他们多么光彩照人地活在众人的欢笑中。你如果感兴趣，可以研究他们成功的原因所在；你如果够聪明，也会在较短的时间内掌握它，并且娴熟地运用它。

幽默在口中，成功正在路上

在现实生活中，每个人都有自己的职业，为了使自己的工作出色、事业成功，需要加倍努力。那些"当一天和尚撞一天钟"不思进取的人是无所作为的。一般而言，人的共同点都是考虑如何创造一个良好的人际关系环境，加强与同事及自己客户的沟通，避开人际关系中的僵化与失误，使自己的事业获得成功。

要做到这一切，学点幽默能够使自己与领导、同事和客户之间建立和谐的关系。你也会因此成为一个乐观的人，一个能关心和信任别人同时又能被众多的人所信任和喜欢的人。有人说，获得工作上的成就和事业上的成功要具备很多条件，但幽默有助于改善与他人的关系、促进成功。

不同的行业具有不同的幽默特质，不同的幽默又能够对行业发展具有促进的影响作用。下面主要以律师为例来介绍幽默对于职业进取的重要性。

有时候律师和法官在会见时处于严重的对抗状态，此时会见气氛变得越来越紧张，一触即发，法官与律师的神经都绷得紧紧的，突然，某人在此时插入一句诙谐的戏谑之语，局面于是大变。幽默作为缓解剂是攻无不克的。"忍俊不禁"这一成语的含意是相当正确的。避免和法官发生严重对立却又完全充分地维护律师和当事人的合法权益是律师会见中的准则之一，也是律师才华、智慧表现最显目、最产生效果的地方。一位成熟的律师在这方面应该有自己独特的优势。

"幽默"的语言因其有趣和意味深长而深受人们的喜爱。思维是语言的内容，语言是思维的物质外壳。因此，深刻、有趣和别致的思维方式和技巧是产生幽默语言的源泉。一般来说，每个人在表达个人看法的时候，无论是面对一个人还是面对一大群人，都希望通过幽默的方式将自己的观点更确切有效地表达出来，希望通过幽默的表达赢得对方的认可和支持。但是，许多人在这方面还缺少应有的自信心，有的人认为自己不善于说笑话、讲趣味故事，不会把幽默与自己的观点糅合在一起。要解决这一障碍，关键在于多学多练、大胆尝试。在开始时，不必要求过高、企求造成强烈的说服力与感染力。

同时还要纠正误解，认为幽默只有通过笑话才能表达，有的甚至认为笑话只有一种形式，仅是一段有趣的小故事，有人物、地点、时间，有令人发笑的情节，最后是个有力的、令人深思的结尾。这样完整的笑话确是幽默的一种，但是不要忘记还有许多更为简洁的幽默，例如俏皮话、双关语、警句，等等，它们可能属于笑话，也可能不属于笑话，但都是幽默的形式之一。

中篇

幽默的应用

——身临其境，学会幽默待人

第一章

即兴幽默——急中生智，瞬间打动他人

一见如故——与初识之人幽默建交

在我们的一生中，经常可以遇到这种情况：必须和一些不认识的人打交道。打破与他们之间的界限，消除无形的隔膜，顺利地把自己的意见和思想传达、灌输给他们，使他们能欣然接受，并赞成拥护，甚至把他们变成自己的朋友，这需要不凡的智慧。

一见如故，相见恨晚，历来被视为人生一大快事。如今人与人相互之间的交往极其频繁，参观访问、调查考察、观光旅游、应酬赴宴、交涉洽商……善于跟素昧平生者打交道，掌握“一见如故”的诀窍，不仅是一件快乐的事，而且对工作和学习大有裨益。那么，如何才能做到“一见如故”呢？答案是了解幽默，学会幽默，运用幽默来实现与陌生人的相识、相处。

美国作为一个多族裔的移民国家，相互之间的交流极为重要。同时，美国的议会代议和全民选举体制，更要求人们能和不认识的人“一见如故”，推销自己的观点和想法。事实上，只要是与人交往就意味着要与不同的人进行沟通，然而有效的沟通往往是在真诚基础上的“一见如故”式的幽默。

有一天，汽车大王亨利·福特在一个偏远的农村驾车兜风。在一处农舍边，他看到一个小孩正在锯木材，小孩年龄大约 10 岁左右，技术却十分熟练，更难得的是他看到陌生人后一点也不怕，与一般的乡下小孩有很大的不同。

亨利·福特的童心大起，于是便走上前去帮他拉锯。可是很明显的，福特的技术与小孩相去甚远。小孩也不以为忤，甚至还耐心地指导福特。

过了好一会儿，福特终于忍不住说道：“阁下可知道，你正跟亨利·福特在锯木材？”只见那孩子好像没事人似的回答：“我不知道，可是我要告诉你，你在跟罗勃·李锯木材。”

或许这个小孩子并不是有意说出那样幽默的话语，只是持有一颗天真的童心，去说了事实上本该如此的话。可正是因为他那不怯生的趣味之言，赢得了亨利·福特的欣赏与青睐。由此可见，“一见如故”的幽默能够拉近与陌生之间的感情距离，将自己很快地融到群体之中，赢得人们的接受与欣赏。

我们每一个人都应当学会像福特一样，能够与不认识的人即兴地实现“一见如故”的幽默说服术，因为：

首先，第一次和别人打交道时，双方都不免有些拘谨，有层隔膜。如果能有人主动、幽默地打破这层隔膜，对方也能很快融入进来，这种假的“一见如故”在双方看来，就变成了真的一见如故。

其次，很多时候我们只和一些人“擦肩而过”，但世界如此之小，在社会中生存的我们说不定什么时候需要他们的帮助。即兴幽默施于人，收获日后的人情才能办好事、办成事。

操控紧张——即兴讲话不失风范

幽默讲话者在即兴讲话的时候，经常会过早地感到紧张。人们在众目睽睽之下会感到不舒服、说话不自然，这是一种典型的在意外中会无所适从的情况。无论地位高低还是个性好坏，都无一例外会碰到这种状况。

但对于幽默讲话者，尤其是即兴幽默者来说，紧张有时是合理的表现，有时则不是。紧张的人可能会担心自己的选题或信息不太迎合观众的期望或需要；担心观众会抨击自己讲话的质量，对内容的可信度提出质疑，或提出一些我们无法回答的问题；意识到自己的陈述有错误，或遗漏了关键的信息。即使对讲话的题目了如指掌，对自己的幽默资格满怀信心，也难免会担心自己表现不佳，从而产生尴尬的局面，而只有观众才能察觉到这种紧张和尴尬。

当然要在即兴幽默中并不能完全摒弃这种紧张感，幽默讲话者如果缺乏适度的紧张感，就不能分泌出足够的肾上腺素，来帮助他调整到巅峰状态。要做出一场精彩而又趣味十足的即兴讲话，窍门就在于让你的紧张情绪为你服务，这就是紧张感的反利用。想象一下，当你浑身紧绷时，分泌出的大量的肾上腺素反而会成为你完成精彩讲话的催化剂。

操控紧张，让即兴讲话在幽默的舒缓与愉快中尽显个人的风采与口才魅力。驾驭了紧张，幽默才会显得更加淡定和从容，幽默才能让一个人的智慧光芒在欢声笑语中赢得听众的共鸣与对讲话者的尊重。

爱因斯坦以《相对论》闻名于世。在一次社交聚会上，几个人拼命巴结他，当众说了一些登峰造极的吹捧话。

爱因斯坦急忙站起来说："如果我相信刚才听到的话是真的，那我一定疯了。我心里明白我没疯，所以我不相信这些话。"

还有一次，爱因斯坦虽然参与了第一颗原子弹的研制工作，但他深知原子弹会变成威胁人类和平的魔鬼，所以坚决主张废弃这一杀人武器。

有人问爱因斯坦："假如第三次世界大战打起来，将会是什么情形？"

"我实在无法知道第三次世界大战打起来的景象，"爱因斯坦回答道，"不过，我却敢断定，假如第四次世界大战打起来的话，双方交锋必将要用石头砍杀。"

爱因斯坦是一个明智的人，是一个在公众场合敢于克服紧张情绪的人，他说的话看似信口拈来，面对吹捧，他可以用幽默的口吻巧妙地回避；面对疑问，他可以用机巧的假设来反衬出科技的进步并不是绝对意义的好事。如果一种技术的进步将我们的善良与对简单生活的追求扼杀的话，这样的技术是让世人感觉到悲哀的。

爱因斯坦的即兴回答，体现了他的机智幽默，与对紧张感的克服。克服即兴讲话中的紧张，能够让幽默的口才覆盖在智慧的保护伞下面，安全而不失雅趣的流畅表达。

真正幽默的人，不会在每一次讲话中事先排演自己的幽默阐述，而是在没有任何准备的前提下依旧能够顺其自然地说出令他人喜欢、更令他人震撼的幽默话语。

其中，在重要场合中即兴幽默的修炼方法主要包括以下几个方面：

（1）巧用停顿，"滚雪球"幽默最容易让人接受。例如，在会上发言，某领导说："今天，我要讲很长的话——"全体与会者发出叹息。他接着说："大家是不欢迎的！"听众释然，鼓掌。"但是，有些话必须要说——"全体"熄火"。领导继续道："不过，我会争取在10分钟之内说完。"大家这才松了一口气。这种淡淡的幽默有理于缓解开会气氛，还容易调动听众聆听情绪。

（2）有些不能说的话，用幽默来委婉劝说比较合适。

（3）冷笑话不是所有人都能正确解读的，所以尽量少在人前用冷笑话。

（4）遇到不能拿别人开玩笑的时候，拿自己开玩笑不失为一个缓解气氛的方式。

临时发挥——化忌为喜的幽默术

在现实生活中，由于受传统文化的影响，人们的大脑中存在着许多忌讳观念。如大年三十不能说"死""亡""灭"等不吉利的词语，吹灭蜡烛应当说成"止烛"；婚宴上不能说"离""散""死"等词语。诸如此种禁忌，在我们的生活中是很常见的，但有时不自觉地说出或做出了一些有违"大忌"的话或事时，如何应付呢？这就要用到一种"临时发挥，化忌为喜"的幽默术。

这种幽默术就是在不自觉地做了或说了一些有违"大忌"的事或话时，或者由于客观的原因而带来一些不愉快、不吉利的事情时，及时地用一些双关语、名诗佳句、谐音字词等化忌为喜，消除尴尬，抹掉人们心头的阴影，使快乐重新回到心头。从这个意义上说，临时发挥的化忌为喜的幽默术是一种利人利己的说话艺术，这种化忌为喜的幽默术在生活以及工作等场合中均很适用，值得大家了解和学习，更值得大家学以致用。

大刘应邀参加一位朋友的婚礼，可天公不作美，小雨从早到晚一刻也未停过。等大刘赶到朋友家时，衣服上溅满了星星点点的泥水。当新人双双向他敬酒时，朋友看到他满身泥水，略带歉意地说："冒雨前来，辛苦了。这都怪我没选好日子。"大刘赶忙接过话茬幽默地说："老兄此言差矣，自古道：'久旱逢甘雨，他乡遇故知，洞房花烛夜，金榜题名时'，这人生的四大喜事，让你们小两口一天就赶上了两个，这才叫双喜临门呢。"一句话说得满堂喝彩，大大活跃了现场的气氛。

大刘机智地临场发挥，使本来不受婚礼欢迎的雨，瞬息之间带上了逗乐喜庆的色彩。临场发挥的幽默，让人们在无意的禁忌中忘却旧观念的忧愁。

中国作为一个对传统风俗文化甚是尊重的民族，说话做事情往往盼着吉利，尤其是在重要的节日里面。如果你不小心说错一句犯忌讳的话，抑或无意中做了一件冲风俗的事情，这个时候不要一味地自责或者责怪他人，要顺势将自己的无心之过转换为一种吉利的解释。

有一顽童，正月初一那天，一大早便出门找伙伴戏耍去了。玩了一段时间后，发现自己头上一顶崭新的帽子不知何时丢了。于是心惊胆战地跑回家去，对他母亲"汇报"了一下大体情况。要是在平时发生这种情况，母亲一定会大声斥责他。可是今天是大年初一，不能骂孩子，尽管心里很火，也硬忍着没有爆发。这时，来他家串门的邻居李叔听了后，笑着说："狗娃子的帽子丢了，这没关系，这不正好意味着'出头'了吗？今年你一定走好运，有好日子过了。"一句话，说得孩子的母亲转怒为喜，并附和着说："对！对！狗娃从此出头了。"于是大家一阵哈哈大笑。

大年初一丢了帽子，可谓是触了大忌，最起码也会使过年的欢庆气氛大大扫兴。可是邻居李叔的一句话，化忌为夷，引来一场皆大欢喜的吉祥气氛。

临场发挥是很讲艺术性的，要发挥得出彩而又得体是不容易的。但只要在这方面做个有心人，那么，不久的将来，你的口中也会妙语连珠，幽默诙谐。

就坡打滚——故作不知幽默他人

幽默口才不只在于口头表达，更在于幽默思想的自然流露。拥有幽默底蕴的人往往在举手投足间显示出幽默的处变不惊。

正所谓幽默的表面是口才的悦耳，幽默的本质却是心态的淡定与做事的圆融。就坡打滚作为即兴幽默的技巧之一，体现的是智慧的优雅以及思维的活力。在生活或工作中，在与人交际中经常会遇到很多意想不到的“坡”，这个时候最愚蠢的做法是逆坡而上，最聪明的做法就是顺着坡度打个滚了。就坡打滚，不仅仅能够幽默他人，更能够凸显自己的品质，抬高自己的精神品味。

在这里，你将可以通过这位优雅主持人就坡打滚式的精彩幽默来领略到幽默救场的魅力。

在舞台上，一位杂技演员正卖力地表演踩蛋绝活，一不留神，把脚下的一个鸡蛋踩碎了，这一切全暴露在观众的眼里，台下顿时一阵骚动。

这位演员很尴尬地又换了一个鸡蛋。这时，主持人忙打圆场：“为了增加艺术效果，证实鸡蛋是真的，所以演员故意踩碎了一个给大家看。”

也许上帝就爱这么捉弄人，主持人话音还没有落，演员脚下的鸡蛋又踩碎了一个。

观众的眼光马上转向主持人：这回看你怎么说。只见主持人无可奈何地叹了口气，说：“唉，社会上的伪劣产品屡禁不绝，看来政府真得加大打击力度了，这不，连母鸡都生产劣质产品了!”

主持人的幽默是典型的就坡打滚式的幽默，面对杂技演员的一次次失误，面对观众们一次次的骚动以及对主持人打圆场的期待，这位主持人并没有令大家失望，他的圆场幽默一次比一次显得生动有趣。

这位主持人是聪明人，聪明人总会在关键的时候为自己和他人赢得一份幽默的答复。就坡打滚式的幽默不仅能够让他人在瞬间的尴尬中摆脱困扰，亦能够让自己的智慧闪光，赢得更多人的佩服、尊重和喜爱。

主持人的这一招的确高明，一顶恰到好处的打滚式幽默，让他在突发事件中表现出故作不知的糊涂术。这是对幽默思想精髓在做事上的即兴运用，是用行为向人们传达的一种幽默趣味的生活态度。

故作不知的幽默技巧，是大智若愚的灵活应对，是意外遇到即兴智慧的巧妙碰撞。即兴幽默体现的是一种处世技巧，故作不知让自己拥抱好运，让他人亲近快乐。

因此，在即兴的幽默口才中，幽默的语言需要遵循他人的心理活动，将他人喜欢的听到的话恰到好处地说出来，不仅不会让自己冒失，反而会让自己在尴尬中实现灵活应对，提升自己在他人心目中的好感。

将错就错——顺理成章中显智慧

幽默是一种即兴的智慧，幽默的交谈不会让你打草稿，因为你无法预料自己将会处在一种什么情境。在不同的情境中应该懂得随机应变的语言艺术。掌握了随机应变的幽默技巧，即使在语言沟通中出现了失误，也不用担心，因为你的机智会为你解围。

或许，别人会因为无意中伤害到你而感到羞愧万分、左右不是，这时你不妨用恰当的言辞宽容待之。

一次，李某在商店把一位短发的售货员当作男同志招呼，当她转过身，他才发现人家分明是黛眉朱唇的小姐。小姐看到李某难为情的样子，便打趣说："明天，看来我只得穿裙子来上班了，不然恐怕连我的男朋友从背后也认不出我了。"

小小的玩笑，显示出了她的善解人意和风趣，也让李某的尴尬烟消云散。

幽默是一种不同凡响的表现力，因为幽默可以帮助人们应对各种不可预料的、难以对付的局面。幽默能够使人从尴尬的泥淖中跳出，也能够使人在难堪中转被动为主动。幽默的智慧可以让一个人为了维护自己的尊严而将错就错。

很多时候，将错就错，契合情境，总能出奇制胜。将错就错，化解尴尬讲究随机应变。将错就错也是一着险棋，"就错"之前要给自己找到相应的理由，使别人也认同你的错误并非错误才行，否则，就是死不认错，会给人一种粗野无知、冥顽不化的印象。张作霖对秘书的一番故意训斥就正起着这种作用。

冷场开涮——幽默逗你喜笑颜开

如果你出现了下面的状况：在冷场时，不知道怎么活跃气氛；在一些突发事件中，不知道说什么合适的话来救场；和朋友聊着聊着就突然没有话题了；曾有过发表某些意见或建议，无法取得共鸣或者人们的关注；结识新朋友不知道该说些什么……在许多场合中，由于个人的性格腼腆，或者彼此之间不够了解，而无法拥有共同的话题，使交往中出现了"冷场"的情形。

这个时候，幽默就是最佳挡箭牌了。幽默会让冷场的冰块渐渐融化，让和煦的快乐走近人们的心中。

众所周知，交流中最尴尬的局面莫过于双方无话可说。无话可说有时候是因为一方对另一方说话的根本不感兴趣，有时候是因为我们说的意思和对方的理解有偏差，有时候是因为我们缺乏在某些特殊情景下的沟通技巧，有时也会因为你的说话触及了别人的"雷区"，而造成别人的不愉快，导致交谈无法继续下去。无论是哪一种情况，都有可能会让你焦虑。良好的幽默沟通需要双方在适当的时候分别扮演发送信息者和接收信息者的角色，就像跳探戈时需要两个人完美的配合。

"一个巴掌拍不响"，交流中一旦出现冷场的局面，也需要两个人共同配合才能打破僵局。交流是两个人的事情，所以你不能指望等着对方为交流负起全部责任。因此，当出现冷场或者尴尬的时候，要沉着更要幽默，寻找双方感兴趣的共同话题，不能一味地等着对方来解决这种尴尬的场面。面对冷场，解决尴尬，幽默口才方能屡试不爽。

一次，雁翎与男朋友肖遥约会时，肖遥问她："你对爱情中的普遍撒网，重点逮鱼，怎么看？"没想到他话一出口，雁翎不但没搭理他，脸色霎时变得很难看。肖遥知道他误入情人的"雷区"，赶紧补充道："啊，请别介意，我是说，我有一个对爱情不忠的故事讲给你，说有一个对老婆不忠的男人，经常趁老婆不在家把情妇带回家，但又时常担心老婆会发觉。所以，有一天晚上，他突然从梦中惊醒，慌忙推着身边的老婆说：'快起来走吧，我老婆回来了。'等他的老婆也从梦中清醒，他一下子傻了眼。"

还没等肖遥话音落下，雁翎已被他的幽默故事给逗得喜笑颜开。

在这里肖遥运用故事的形式首先转移了他们谈话的方向，然后用幽默的感染力，淡化了他因说话不慎而给雁翎带来的不快情绪，从而自然而巧妙地把可能出现的"冷场"给过渡过来，赢得了心上人的开心一笑。

幽默是冷场的克星，是热情的释放，懂得在尴尬中用幽默救场的人是智慧的。拥有幽默天分的人永远不会让他人与自己分享冷场的无奈与尴尬，幽默让冷场被巧妙开涮，让彼此在喜笑颜开中突破尴尬，加深感情。

其中，冷场时的幽默开涮方法主要如下：

（1）可及时拿自己开涮，以幽默的方式摆脱冷场。必要时可以先"幽默自己一下"，即自嘲，开自己的玩笑。也可以发挥想象力，把两个不同事物或想法连贯起来，以产生意想不到的效果。

（2）自信自然。化解冷场局面时，表现得要自然，不着痕迹、轻松地转移话题，使人家不觉得你是刻意的，否则会加剧冷场和尴尬。

（3）平时多读书，多储存一些不同的知识。有了丰富的知识，就有了谈资，再加上幽默、风趣的语言，很容易使局面融洽起来。

（4）可以讲冷笑话，缓和一下气氛，再慢慢回到刚才的主题，但是不宜讲太多的冷笑话，否则场面将有可能更"冷"。

（5）如果交谈时被干扰而不便继续交谈，可以耐心等待，不必打破这种正常的沉默。

（6）当双方因为不是很了解而造成冷场时，就要学会察言观色，以话试探，寻找共同点，抓住共同话题。

兵来将挡——机智幽默应对奚落

当别人挖苦你、讥讽你的时候，你可以用幽默语言作为“护身符”，筑起防卫的堤防。“兵来将挡，水来土掩”，你可视不同的来者选择不同的幽默应付办法。

若判明来者不善，是怀有恶意，故意挑衅，你可以“以眼还眼，以牙还牙”，有理、有利和有幽默地回敬对手。

20世纪30年代，有一次丘吉尔访问美国时，一位反对他的美国女议员咬牙切齿地对他说：“如果我是您的妻子，我会在您的咖啡里下毒药的。”丘吉尔微微一笑，平静地答道：“如果我是您的丈夫，我会喝下那杯咖啡的。”

面对美国女议员刁难、愤恨的无礼言辞，丘吉尔并没有怒不可遏，甚至是笑着回答女议员的问题，他的胸襟雅量无不令人们为之佩服。

因此，如果对方来势汹汹、盛气凌人，前来指责辱骂你，而你确信真理在手，则应保持藐视的目光、幽默的心量、冷峻的笑容，让他尽情地发泄个够，而不予理会。假如有人冲着你横眉竖眼，恶语中伤地骂道：“你这个人两面三刀，专门告我的黑状，想踩着别人的肩膀往上爬，没门！”如果你心中无愧，完全不必大发雷霆，倒不妨解嘲地反诘：“哦，是真的吗？我倒要洗耳恭听。”然后诱使谩骂者说下去，直到对方找不到言辞了，你再“鸣金收兵”。在这种情况下，你以温文尔雅、彬彬有礼的方式笑迎攻击者，显然比暴跳如雷、大动肝火要好。

比如有人以半真半假的口吻问：“你得了一大笔奖金，该‘发财’了吧？”如你避实就虚地回答：“你也想吗？咱们一块来干。”语中带点阳刚锐气，别人再问，也不大好意思了。

比如你刚被提拔到某领导岗位，有人对此揶揄道：“这下子你可平步青云、扶摇直上了吧！”你听了不必拘谨，可一笑了之：“是这样吗？你算得这样准？”用这种不卑不亢的应酬方法，立即便能使对方语塞。相反，你过于计较，说出一大堆道理，倒显得太认真，反而适得其反。

如果有人用过于唐突的言辞使你受到伤害，或让你难堪，你应该含蓄以对，或装聋作哑、拐弯抹角、闪烁其词，或转移“视线”答非所问，谈一些完全与其问话“风马牛不相及”的事，用这种委婉曲折的幽默方法反驳对手，一定会取得奇特的功效。

当遇到棘手犯难的问题，若能以幽默诙谐的方式回答，往往能化险为夷，改变窘态。正所谓“山重水复疑无路，柳暗花明又一村”，让难堪的局面消失在谈笑之中。

其中，应对奚落的即兴幽默说话技巧主要有：

第一，弄清对方的意图，才能对症下药。有的人嘲笑别人，就是希望从被嘲笑的对象表现很窘迫、狼狈、恼怒等反应中获得快感。明白了这一点，对嘲笑或挖苦的反应就是根本不理，或者顺势就势，用对方的意图作为噱头来幽默对方一下，让对方败在自己的企图心中。

第二，有时候，你完全不理会嘲笑并不是最佳选择，如果嘲笑者是你的熟人或同事，你若总是不理别人，会给人太死板的印象。在这种情况下，一个很好的选择是：他们嘲笑你什么，你就主动承认什么，甚至还要更激进。这样，那些嘲笑你的人，其兴致一下子就没了。若你越害怕被嘲笑，越能激起他们进一步嘲笑你的欲望。

以静制动——应对别人指责嘲笑

当别人当着众人的面，指责你的错误后，会令你感到不快，甚至会让你窘迫难堪，尴尬至极。这个时候你该怎么办？你会因为觉得十分没有面子，而对对方心存怨恨，甚至大口谩骂吗？而聪明的人在应对别人的当众指责的时候会这样做：

斯坦顿是美国女权运动家。

当一次女权运动的会议在罗切斯特召开时，一位已婚牧师指责斯坦顿夫人在公开场合发表演讲。

他不满地说："使徒保罗提议妇女保持沉默，您为什么要反对他呢？"

"保罗不也提议牧师应保持独身吗？您难道听话吗？我的牧师大人。"斯坦顿夫人挖苦道。

斯坦顿夫人面对牧师的指责，没有大骂，也没有强烈地表现出自己的尴尬与不满，她选择了淡定而又从容的回答，以其人之道还治其人之身，用对方的言辞逻辑回击了对方的指责，这是一种淡定的幽默。应对别人当众指责的最有效的方法即是：以静制动。

受人指责终归是件不快之事，而受人当众指责，那更是令你不快，甚至会让你窘迫难堪，尴尬至极。这是一个协作生存的社会，无论是工作还是生活，也无论是何时还是何地，人都难免犯错，触及他人的利益，从而引起不满，导致他人对你的指责。当然，也存在这样一种情况，错并不在你，而是一些无聊之人，他们或抱着一种嫉妒，或抱着一种偏见，来当众对你进行攻击，目的就是要让你颜面扫地。

当他人当众对你大加指责，甚至是来一顿劈头盖脸的斥骂，无论这种指责是善意的还是恶意的，你都要招架住，采取幽默灵活的应对措施，让这个令你无地自容的尴尬氛围及时得以化解。

当有人怒气冲冲地当众对你大加指责时，你可像斯坦顿夫人一样采取淡定的幽默反击态度，以静制动，幽默应对对方对自己的无礼攻击。施以如此态度，实则也就是给他最严厉的迎头痛击。见到你如此反应，他也就会自感索然无味，悻悻而退。当有人因为你在公众场合的出丑而嘲笑你的时候，不要太计较，更不要太加流露出自己的愤怒，多一点幽默的雅量应对嘲笑，你就会多一分淡定的优雅对待自己，成功者每战必胜的原因，就是当对手急不可耐时，他们依然保持着超常的冷静与沉着。其中，应对他人当众指责的幽默口才修炼方法主要可通过移花接木来实现。即对别人的当众指责或者嘲笑，可幽默化解，来个张冠李戴，将原本只适合于甲种场合的话，移植到乙种场合来说。

拥有大智大德的人一般会懂得，在面对他人的无礼与失态时，如果自己也沉不住气而进行无礼的反击，则会让自己在卑微中失去他人的敬重之心。因为面对外界不好的声音，不妨让自己多一分雅量，用幽默对待攻击的方式远比强硬更有力量的多。

以牙还牙——幽默回击他人讽刺

在社交场合，有时会遇到别人有意无意抢白你、奚落你、挖苦你、讥讽你，你该怎么办？有随机应变能力的人，能调动自己的智慧，善用幽默口才的力量化被动为主动，使尴尬在幽默的掩盖中烟消云散，令他人的讽刺利剑瞬间就被幽默的温度熔化掉。

学会幽默的重要性不仅仅是为了愉悦他人，更是为了保护自己。

孔融10岁那年，有一次到李膺家做客，当时在场的都是些社会名流，孔融应答如流，得到宾客们的称赞。但有一位叫陈韪的大夫却不以为然，讥讽地说："小时候聪明，长大了未必也聪明。"孔融立刻不失幽默得回答道："我想先生在小时候一定很聪明吧？"

孔融采用以其人之"法"还治其人之身的幽默形式，以问作答，把对方射过来的"炮弹"又原样给弹了回去。作答的语言一般都带有明显的嘲弄味和讥讽味，通常是由对方出言不逊、讽刺挖苦所引起的，这样的"幽默"方式一般出现在不友好的两者之间，是答方对不礼貌的问方以牙还牙的回敬。

当自己的尊严受到威胁的时候，不只是在生活中要给予回击，在工作中也应当给予适当的还击。人格，是一个人存在的精神支柱，对于侵犯自己人格尊严的言语，要即兴地幽默反击。

一位阔太太牵着哈巴狗上街，见到衣衫破烂的三毛，想拿他开心取乐，便对他说："你只要对我的狗喊一声爸，我就赏给你1块大洋。"三毛眼珠一转，笑着说道："喊一声给1块，要是喊10声呢？""那当然给10块了。"阔太太不假思索地答道。三毛躬下身去，顺着狗毛轻轻抚摸，煞有介事地喊了声："爸！"阔太大妖里妖气地笑了一阵，随手给了三毛1块大洋。三毛连喊10声，阔太太很爽快地赏了三毛10块大洋。这时，周围挤满了看热闹的人。三毛傻笑着向阔太太点了点头，故意提高了嗓音，长长地喊了一声："谢谢，妈——"围观的人大笑不止。阔太太面红耳赤，目瞪口呆，半晌方才醒过味来。

故事中的三毛同样使用了"以其人之道，还治其人之身"式幽默方法，幽默地回敬了阔太太的侮辱。在这里，即兴的幽默口才不是卖弄，不是为了刻意伤害他人，而是起到了一种人身的自卫作用。

口语交际中，有时会遇到难以解答的提问，出乎意料的申斥，气势汹汹的责难，蓄意的讽刺、挖苦……这时，你非常想找一句巧妙的幽默话来使自己摆脱尴尬。恰当的幽默表达形式和高超的语言艺术常常能使紧张的气氛变得轻松，使窘迫的场面变得自如，使危急的形势得到缓和，变被动为主动。

俗话说："防人之心不可无，害人之心不可有。"练就随机应变的幽默表达功力很重要，但切不可主动进攻、出口伤人。而且，幽默防卫仍要注意有礼貌，真正的幽默就是涵养的外化体现。

即兴聊天——幽默捧场，愉悦情怀

聊天可以调节心理、愉悦情怀，让一个人远离烦闷的侵扰。幽默的聊天作为即兴聊天的一种特殊形式，往往在给人们带来无限趣味的同时让聊天的过程以及结果充满着轻松的释压作用。

即兴的幽默聊天作为一种交际，并不是所有人都能够对它的重要性具有深刻的认识。对于如何利用聊天聊出名堂来，善于幽默言谈的人有他们自己独到的方式方法。

幽默聊天从本质上说是没有什么目的的，可以海阔天空地聊天，图的就是聊天的那种快乐与随意中的惬意。但从微观来说，闲聊未必就"闲"，口才幽默的人能从闲聊中聊出感情来，使之达到一定的目的。在这个过程中，他们可以掌握闲聊的方式和话题，把它变作具有目的性的幽默交流。

会说话的人总是有目的地选择话题。他们不会因为是与他人聊天，而忽视了谈话的禁忌性。在聊天中，搬弄是非、贬抑他人的话题更是需要回避，对方的忌讳和缺点也从不提及。否则即兴的幽默聊天就失去了聊天的意义，而会让自己陷入无知甚至是没有脑子的尴尬境地。

幽默的闲谈是对自身资源的一次挖掘，很考验一个人的知识水平和文化层次，平时除了你最关心、最感兴趣的问题之外，你要多储备一些和别人"闲谈"的资料。这些资料应轻松、有趣，容易引起别人的注意。除了天气之外，还有些常用的闲谈资料。

比如，自己闹过的有些无伤大雅的笑话，像买东西上当、语言上的误会等，这一类的笑话，多数人都爱听。如果把别人闹的笑话拿来讲，固然也可以得到同样的效果，但对于那个闹笑话的人，就未免有点不敬，当然，只要你不指名道姓就可以。讲自己闹过的笑话，开自己的玩笑，除去能够博人一笑之外，还会使人觉得你为人很随和，很容易相处。

当然，人人都喜欢听笑话，假如你构思了大量的笑话，而又富有说笑话的经验的话，那你恐怕是最受人欢迎的人了。

与人幽默闲谈是人际交流中的必要环节，但是需要注意的是，很多人在幽默闲谈中往往把握不好分寸，甚至说一些不负责任的闲话，而这些闲话中难免会涉及别人的是非，如果说得多了，难免会伤害到一些人。

随机应变——幽默口才的即兴法宝

任何事物的发展都不是一条直线的，聪明人能看到直中之曲和曲中之直，并不失时机地把握事物迂回发展的规律，通过迂回应变，达到既定的目标。幽默口才最重要的特质就是能够随机应变，没有了随机应变的依托，幽默就失去了涵养的内在而成为“金玉其外，败絮其中”的一个空泛的壳子。

相同的事情，别人做得很顺利，到你做的时候一定不要照搬，因为可能事情已经发生变化了；相同的意思，别人说得很幽默，你说的时候也一定不要照学，因为说话的场景已经发生了变化。会说话、有幽默口才的人往往能够在各种语境中实现随机应变。昂扎曼恩就是一个能够将随机应变运用到极致的幽默智者。

昂扎曼恩在柏林剧院演出时，喜欢即兴发挥几句，害得跟他搭档的演员无所适从。因此，导演让他不要再搞什么即兴创作。可当第二天夜场的时候，当他骑在马上出台时，马竟然在台上撒起尿来，引得观众捧腹大笑。

“你怎么忘了，”昂扎曼恩像往常一样，并没有对这突如其来的事情搞得手足无措，他幽默地对马厉声喝道，“导演是不许我们即兴表演的，难道你没有听见吗?”

昂扎曼恩的这句话更是让台下的观众爆笑不已，可想而知，这又是一次成功的演出，昂扎曼恩的随机应变的幽默让马的失态成了表演的笑点。随机应变让一切变化不在自己的掌控之中，却又能操纵在自己的把控范围之中，因为幽默的智者能对一切变化的突然给予幽默的应对。

“一言之辩，重于九鼎之宝；三寸之舌，强于百万之师。”刘勰在《文心雕龙》中曾这样高度评价口才的作用。如今越来越多的人甚至把口才、原子弹和金钱并称为新时代的三大武器。的确，当人类进入文明社会之后，检验一个人是否有能力，以及这种能力能否发挥出来，其中一个最重要的因素就是取决于他是否具备极佳的口才。幽默作为极佳的口才之一，能化解嘲笑的性质，让他人的嘲笑变成对你的敬重。

随机应变的幽默在交际中的作用如此众多，然而，现实生活中有许多人却说话并不流利，若和几个熟人东拉西扯还可以，可是一到紧要关头就傻了眼，一句有用的话也说不上来。由于缺乏随机应变的口才技巧，处处觉得词不达意，要么身陷窘境，要么得罪了他人。看到别人能说会道，妙语连珠，巧于周旋，不由得很羡慕。而原本属于自己的升迁、成功、爱情等，也因一时的"笨嘴笨舌"随之化为泡影。

掌握随机应变的幽默口才，自然成了人们心中的渴望。毕竟拥有随机应变的幽默口才便可抵挡成功路上遇到的各种意外与突发，就能够让自己在曲折的人生路上披荆斩棘，尽早使自己心想事成。

变通幽默——就比别人会说一点

即兴幽默重在变通，变通能让幽默为自己赢得情面，为他人铺下"台阶"。在变通幽默的规则中，想要成功就应该学会比别人会说一点——幽默一点。

纵观古今，于关键时刻舌灿莲花者不在少数。明其言让敌军卷甲归去的陈轸明；行者说六国得以安的苏秦；一段利辞使秦相范雎拱手让出相位的蔡泽；舌战群儒促成吴蜀联盟的诸葛亮……他们用无数的事实表明，在许多非常场合，施展变通的幽默口才，可以使你步出尴尬境地，赢得众人的赞许，并能于各种生存处境中游刃有余，如鱼得水，有时甚至可以力挽狂澜，起死回生。

在《草船借箭》中扮演周瑜的演员有意作弄那位扮演诸葛亮的演员，看这位"亮兄"是否能幽默地变通。

当"诸葛亮"按戏文程序向"周瑜"说："都督军务繁忙，亮不打搅了，就此告辞。"说罢，摇着羽扇欲走。"周瑜"一把拉住"诸葛亮"："先生慢走，"然后向前上方一指，"你瞧天边有一朵黑云，不知有何凶吉，请先生指教！"

因戏文里没有这句台词，这一问，把扮演诸葛亮的演员问愣了，连摇着的羽毛扇也停住了。他再一看"周瑜"脸色，知道是恶作剧，不由得支吾道："这个嘛……"但他猛地眉头一皱，计上心来。于是从容地摇着羽扇答道："都督，此乃天机，不可泄露，你附耳过来。""周瑜"只得走近"诸葛亮"，把耳朵凑过去。

"诸葛亮"对着"周瑜"的耳朵低声骂道："你这该死的，谁让你在台上胡闹，我把你……""周瑜"被骂得满脸通红，但还是面向台下观众说："先生高见，真乃当世奇才。"

变通的幽默是每一个艺术表演者的基本素质，它能让你临危不乱，从容应对突发的情况。

俗话说："变则通，通则久！"在一些暂时没有办法扭转的事情面前，我们应该学着变通，不能死钻牛角尖，此路不通就换另一条路。有更好的机会就赶快抓住，生活不是一成不变的，有时候我们转过身就会发现，原来我们身后也藏着机遇，只是当时我们赶路太急，忽略了那些美好的事物。

相信人们一旦真正拥有变通的幽默技巧，就能在五花八门的交际圈中脱颖而出，成为众人瞩目的焦点。同时，无论是日常生活的即兴交谈，还是面对成千上万观众的即兴演讲；无论是小到两个人的谈情说爱，还是大至两国之间的商榷谈判；无论是职场环境中和上司、同事及下属的和睦相处；还是辩论场上的风云际会，变通的幽默口才艺术都会助你一臂之力，让你的人生如沐春风，让你的事业青云直上。

变通的幽默威力巨大，实现过程却并不复杂，实现变通的幽默只需要比别人会说一点，思维懂得在死板处转个弯。借用诙谐的语言、变通的智慧，成功到达胜利的彼岸已经不再是难题。

第二章

处世幽默——柔以避祸，笑以挡灾

幽默话助你轻松做人

白岩松是一个善用严肃幽默的人，他作为央视著名的节目主持人，不仅采访过别人，也被别人采访过。在答记者问中他以真诚谦逊、质朴自信、机智警觉、幽默含蓄的语言风格，展示了央视名嘴的风采。

从白岩松的说话中，我们能够深刻地领会到智慧和幽默的魅力，因为智慧性的语言带给人们的不仅仅是语言强大的震慑力，更有在心理以及心灵上无比强悍的说服力。

以下是白岩松在悉尼奥运会解说工作结束回国后的一次答记者问。从这次的巧答记者问中，我们可以清晰地感受到幽默口才的威力以及魅力。

记者（以下称记）：有媒体评论说，白岩松是中央电视台最火的主持人。半个月评说奥运，使亿万观众更加认可你了。你如何看待这种评论？

白岩松（以下称白）：我曾经跟朋友开玩笑说，把一条狗牵进中央电视台，每天让它在一套节目黄金时段中露几分钟脸，不出一个月，它就成了一条名狗。我在《东方时空》已经待了 7 年，如此而已。这没有什么值得骄傲的，相反的给生活带来了一些不便，比如没有随便出门逛街的自由。

记者的话无疑是对白岩松的赞扬，而这种赞扬是高规格的。面对赞扬，白岩松没有沾沾自喜更没有自鸣得意，他幽默巧借一个比方表明了自己对这一问题的看法：一来是自谦，二来揭示自己的名气与媒体的关系，尤其是与中央电视台这种特殊媒体的关系，从而极其巧妙地把赞扬声指向了给他带来荣光、带来名气，乃至带来些许不便的地方——中央电视台。

记：最近我看到有传媒把你和中央电视台的其他名嘴做了比较，给你的打分是最高的，在强手如林的竞争中，你感觉到有对手吗？

白：事业跟百米赛有相似的地方，我跑的时候，眼睛只向着前面那条线，而绝不会去考虑对手。但人生跟百米还不太一样，百米就一条线，人生是你撞了一条线后还有另一条线，你得不断去撞，直至死亡。

记者想以事实说话，用事实来证明白岩松是最棒的，并以此引出他的对手的评价以及面对竞争对手时的态度，而白岩松答得更为精彩，他首先从对方话中引出比方，然后寻找人生与百米赛的相同点，“眼睛只向着前面那条线”，含蓄地告诉世人——自己的心中有恒定的奋斗目标，自己所做的一切都在向心中的那个目标迈进，无须过多地考虑对手。短短的一句话，不仅显示了白岩松的自信，而且显示了他看准目标，孜孜以求的坚韧。接着，白岩松又点出人生与百米赛的不同点：百米赛的目标是单一固定的，而人生的追求却永无止境。语言是心灵的折射，从白岩松的话中，我们能不为他永不停息的精神所感动吗？

记：你到《东方时空》时，只是一个25岁的小伙子，而且一点儿电视经验也都没有。第一次面对镜头，你是不是很紧张？

白：不紧张。因为我都不知道镜头在哪里。开拍前，导演告诉我，你要放松，就当没有镜头，于是我就不去想它。现在再看那次录像，还是很放松的。如今面对镜头，我感觉到的只是一种工作状态，比如，它开机了。

这是一个回顾性的问题，旨在了解白岩松的成长过程。白岩松的回答依旧保持着他一贯的风格：实话实说——“不紧张。因为我都不知道镜头在哪里”；称赞他人——“导演告诉我，你要放松”；自信务实——“我感觉到的只是一种工作状态”。整个答问，要言不烦，语言精练，似乎未谈自己的成长，但我们仍然能从“找镜头”到“工作状态”看到白岩松成长的足迹。

记：无论你承认不承认，你已经是一个明星，一个传媒明星。如何在明星和记者之间摆正自己的位置呢？

白：有一位年轻人曾求教于一位大提琴家：“我如何才能成为一个优秀的大提琴家？”大提琴家回答说：“你先成为一个优秀的人，再成为一个优秀的音乐人，然后会很自然地成为一个优秀的大提琴家。”这对我们也一样，先成为一个优秀的人，再成为一个优秀的记者或主持人。

记者的问题问得很有价值，因为对于一个明星式的记者而言这是一个必须要解决的问题。白岩松并没有正面作答，他先用类比的手法来引发我们每个人对这一问题的思考，“优秀的人——音乐人——大提琴家”的三个阶序列，让我们扩大了对记者所提问题的思考范围，无论是做主持人、记者还是其他工作，一个最基本的前提是：首先要做一个优秀的人。这样的回答充满了睿智，它不仅让我们了解了白岩松的人生态度，而且也让我们获得了人生的感悟：事业有成的基础和前提是什么？

记：我听到的观众对你的唯一的意见是，你太过严肃，不苟言笑，为什么不能在屏幕上露出一点笑意呢？

白：有不少观众说不习惯我老是一副“忧国忧民”的脸，可如果我换上一副笑容灿烂的脸是不是就习惯了呢？我以前做的节目大都是一些学生的话题，背后有太多不适于公开的背景，我笑不出来。职业病。我也曾努力笑过，但我一笑就不会说话，平常也是这样，一笑我所有的身体语言就都失去了。因此，我绝对不是故作深沉，而平常就是这样。真实是最自然的。

这是一个很有趣的话题，说它有趣，是因为观众对白岩松的屏幕印象确实如此，许多观众都想知道其中原因，可以说记者问出了许多观众想问而没有机会问的问题。白岩松的回答不但化解了观众之惑，而且表明了自己的生活态度，既诙谐幽默——“老是一副‘忧国忧民’的脸”，又真挚坦诚——“我以前做的节目大都是一些沉重的话题”，而且机智警觉——“真实是最自然的”。这样的回答，不但让我们理解了他的“严肃”，而且在对他的“严肃”深怀敬意的同时，能对自己的生活态度作出正确的定位。

看白岩松主持的节目我们能够感受到正义的力量，听白岩松妙答记者问我们能够受到他人格的魅力：坦诚、质朴、谦逊、平易。在欣赏白岩松连珠妙语的时候，希望大家能够从中学习到说话的艺术、幽默的圆融。当一个人说话能方能圆的时候，距离成功也就不再遥远了。

用幽默钝化他人攻击

古时候，一个雪天的早晨，一个长工披着一张羊皮在财主院里扫雪。财主起床后看见了想趁机挖苦长工。于是大声说：

“喂，穷小子，你身上怎么长出一张兽皮？”

长工笑颜以对：“老爷，你的身上怎么长出一身人皮？”

针尖对麦芒，长工将“兽皮”换成“人皮”，就把财主放出的恶语射向了财主自己。这位长工是机敏的，面对讽刺，他能够巧妙地回击，他虽然是一个长工，但是却不允许他人来蔑视自己的尊严。尊严，是他看重的处世之道，而面对财主的挖苦，长工用笑语反击，寓意犀利但方法却温和，想必财主也会知趣地把持沉默。

幽默是在关键时候能够为你挺身而出的哥们义气，但是要他出来帮你解围的关键前提是你会施与义气给幽默。如果一个人连幽默是怎么一回事都不清楚，又怎会在危机时候用幽默为自己助阵呢？

拥有幽默口才的人首先是一种修炼，首先需要对幽默给予适度的重视以及必要的练习，将幽默的处世练习成为一种习惯，那么你将在生活中真正实现无懈可击。

具有幽默本领的人往往具备敏捷的思维能力，可以将他人的讥讽幻化成为挡箭牌，钝化了他人的讥讽的同时给予强有力的回击。难怪人们总把激烈的语言交锋称为唇枪舌剑呢，有时候两片嘴唇、一条舌头，比真枪实弹的威力还要大。

人生在世，就应该慢慢体悟到圆融的处世之道。面对他人的不敬，应该用智慧、用口才去反驳，这样才能够显示自己而驳倒他人。幽默的口才魅力恰恰在于能将棱角分明的话语表达的诙谐幽默，却不失锋利的语言威力。从下面的案例中可以身临其境地感受到幽默的魅力与威力。

苏联诗人马雅可夫斯基曾与反对者进行论辩。

反对者问："马雅可夫斯基，你和浑蛋差多少？"

马雅可夫斯基怒而不露，不慌不忙地走到反对者跟前说：

"我和浑蛋只有一步之差。"

在场的人听了都哈哈大笑起来，那位攻击马雅可夫斯基的人只好灰溜溜地跑了。

另外，还有这样一个故事。

俄罗斯有一位著名的丑角演员杜罗夫。在一次演出的幕间休息时，一个很傲慢的观众走到他的身边，讥讽地问道："丑角先生，观众对你非常欢迎吧？"

"还好。"

"要想在马戏班中受到欢迎，丑角是不是就必须具有一张愚蠢而又丑怪的脸蛋呢？"

"确实如此，"杜罗夫回答说，"如果我能生一张像先生您那样的脸蛋的话，我准能拿到双薪。"

在这里杜罗夫却巧妙地把这位傲慢观众的脸蛋，同自己能否拿双薪牵扯在一起，从而产生了幽默的回击效果，对这位傲慢的观众进行了反讽。

案例中的几位主人公无不在为人处世之道中，遵循幽默的智慧，利用幽默冲锋枪将他人的攻击消灭于无形。如果说他人的言语攻击是箭，那么幽默的口才就是在任何时候都将利箭阻挡在外的盾牌。

顺梯而下，圆融处世

顺梯而下是幽默处世的常用技法。所谓顺梯而下，是指依据当时有利的时机，只要有可能，不可更多地纠缠，应顺势而下，不需要特意地去找，自然而然，做得巧妙，不会引起他人的注意，自己依然保持着主动的局面。顺梯而下的幽默方式是借势就势的一种圆融。

顺梯而下的幽默法主要有两种表现：

1. 顺着对方的话题而下

有时候，一个话题要进行下去，可朝着多种方向发展，我们可以有意识地将话题引往有利于自己的方向，然后顺着话题及时撤出去。

对于那些毫无根据，又极具挑衅性的提问总是会激起人们的反感，但是直接地指责反而会显得自己涵养不够。所以，我们不如根据对方的诘问，为自己编造一个更严重的罪责，嘲讽对方无中生有、不讲礼貌，表达我方对这种无凭无据的问题的极大愤怒和拒绝回答的态度。

一位记者向扎伊尔总统蒙博托说："你很富有。据说你的财产达30亿美元!"显然，这一提问是针对蒙博托本人在政治上是否廉洁而来的，对于蒙博托来说，这是一个极其严肃的而易动感情的敏感问题。蒙博托听后大笑着反问说："一位比利时议员说我有60亿美元！你听到了吧!"

记者用一句没有根据的传言来质问蒙博托是否廉洁，蒙博托没有被对方刺激得暴跳如雷，反而幽默风趣地编出一个更大的、显然是虚构的数字来"加重"自己的"罪行"，以讽刺记者所提问题的荒谬与别有用心，间接表明了自己的清白，维护了自己的名誉。

家庭生活中，也难免有下不了台的时候，顺梯而下的幽默方法也可适当利用，适当的幽默不仅能够让平淡的生活充满趣味，还能够拉近人与人之间的感情。

小张有一次到朋友家做客，恰巧他们夫妻在挂一幅装饰画。丈夫问妻子："挂正了吗?"妻子说："挺正的。"挂好后，丈夫一看，还是有点歪，就抱怨说："你什么事都马马虎虎。我可是讲求完美的人。"做妻子的有点下不来台，见有人在场便开口道："你说得对极了，要不你怎么娶了我，我嫁给了你呢!"

这一巧妙的回答，不仅挽回了面子，又造成了一种幽默的气氛，做丈夫的也感到了自己失言，以微笑来表示歉意。

2. 顺着他人解围而下

在谈话中，如果因为我们自己的难堪，造成整个气氛的不和谐，可能会有知趣的人站出来，及时替你解围，这时，就应该抓住时机，顺着他人解围及时撤出。

顺梯而下是解窘见效很快的方法之一，它能使人逃脱于无形，而让制造尴尬的人立即停止发话，可谓一箭双雕。

顺梯而下的幽默不仅能够帮助人们应对难以回答的问题、化解尴尬的境地，还可以让自己轻松地摆脱干扰。

厨师在烧肉汤，一群食客围上来。

有一个人从锅里取出一块肉，尝了尝说："盐太少，得加点儿。"

第二个也尝了一块，说："味精太少，得加点儿。"

第三个也尝了一块肉，说："葱太少，得加点儿。"

于是，厨师从锅里取出一块肉，说："肉太少，得加点儿。"

食客一听，不禁大笑，谁也不再去干扰厨师了。

厨师根据食客的话语，巧妙地来一句"肉太少，得加点儿"。幽默地暗示出他们已经吃了太多肉，不能再品尝了。吃客们听后顺梯而下，不再打扰厨师的工作。厨师懂得处世的圆融，一句简短的幽默，就让自己摆脱了干扰。

我们每个人，需要工作、需要生存、需要生活、需要沟通，这些都离不开巧妙的说话以及灵活的语言表达。每天让自己抽出几分钟的时候欣赏一下幽默的文字、搞笑的漫画，以及说笑的小品和相声，学会幽默，你将不会被外界的恶言攻击到，而是能够轻松地应对他人的质疑。

更重要的是，形成幽默的说话习惯，可以让自己随时保持良好、健康、乐观的心态，让生活多一些快乐，少一些沉闷。

顾左右而言他的幽默

在语言交际中，我们难免会遭遇到一些令自己或者他人尴尬的问话，比如，涉及国家、组织的秘密，涉及个人收入、个人生活、人际关系等问题。对待这样一些提问，如果我们只用一句"无可奉告"来应对，那会使我们显得粗俗无礼，如果套用外交用语"无可奉告"来回答，那又会给提问者造成心理上的失望与不快。总之，对待这样一些古怪的问题，我们答得不好，就有可能自己给自己套上难解的绳索，使自己陷入十分难堪的泥淖，不能自拔以致大失脸面。

如处于这样的尴尬场合时，就需要具备"顾左右而言他"的幽默语言艺术，从而能使你面对尴尬而峰回路转，取得柳暗花明的喜剧效果。顾名思义，"顾左右而言他"是指，对着身旁的人，却说别的话，喻指有意避开话题而用其他的话搪塞过去的说话方式。幽默总是让生活充满欢快的情调，让严肃变得和蔼可亲。

在课堂上，老师突然叫起一位学生来回答问题，待该学生回答完毕后，却引来了同学们的一阵哄笑。因为，这位同学回答的是前一道题，与现在的问题风马牛不相及。虽然老师也笑了，但是笑过之后，他对这位同学幽默地说道："辛苦你了，快吃饭吧。"学生们听到老师如此顾左右而言他的幽默，更是笑得开怀，连那位同学也不禁笑了起来，在接下来的上课时间里，他都认真听讲了。

这位老师巧妙利用了“顾左右而言他”的幽默技法，让这位同学不至于下不来台面，同时也将自己和蔼的幽默态度感染给了大家。

顾左右而言他的幽默方法主要包括两种：直接幽默转移法和含蓄幽默言他法，又称岔换法。

直接转移法，即“装聋”技巧是幽默处世中的重要方法之一，毫无疑问，直接幽默转移法可以让你立即摆脱刚才那个令你难堪的话题，然而有一点不足的是，这样显得十分生硬。将话题飞快转向与之毫不相干的地方，看似快速甩开了为难局面，可是心理上仍然是有阴影的。因此，我们要学会更含蓄的幽默言他法——岔换法。

岔换幽默法是针对对方的话题而岔换新的话题，从字面上看是回答了对方的问题，而实质意义却是不相干的两个问题。它给人的感觉通常是幽默生动、干脆利落，能显示出一种较为强硬却不失风趣的表达气息。

比如，有个发达国家的外交官问非洲一个国家的大使：“贵国的死亡率必定不低吧？”大使接过话题就立即掷出一句：“跟贵国一样，每人死亡一次。”

这位外交官的问题是针对整个国家说的，而大使岔开话题直言不讳地换用“每个人的死亡”作答，幽默而机智得显示了一种针尖对麦芒的强硬态度。普希金也是这样一个善于玩转幽默的人。

大诗人普希金一次在彼得堡参加一个公爵的家庭舞会，当他邀请一位小姐跳舞时，这位小姐极其傲慢地说：“我不能和小孩子一起跳舞！”普希金很礼貌地鞠了一躬，笑着说：“对不起！亲爱的小姐，我不知道你怀着孩子。”说完便离开了，而那位漂亮的小姐无言以对，脸上绯红。

利用语言的双解，普希金巧妙将话题的针对点从自己身上转到了那位漂亮的小姐身上，不露痕迹地就将自己的尴尬转化给了那位小姐。所以，我们在采用“顾左右而言他”的解围法时，应尽量把它运用得不露声色，婉转巧妙。

在幽默口才的规则中，反讽不是气急败坏地叫嚣，也不是“黔驴技穷”的狂鸣，它应该是偶尔露出的峥嵘，锐利锋芒的一现，是在幽默垫脚石中形成的处世方法。

淡定的幽默调侃自己

人需要一种乐观、宽容的处世态度。拥有了这种处世态度，就不忌讳用幽默的方式来调侃一下自己。

调侃自己需要勇气，需要诙谐，更需要一份能超然物外的心境。能将自己塑造成一个局外人，一个旁观者，冷静地看待自己，看待以往所发生的事，方能找到那个困扰着我们，却始终无法寻觅的心结。

英国前首相丘吉尔一次应邀到广播台发表重要的演说。途中车出故障，他只好从路边招来一部计程车，对司机说："载我到广播电台。"

"抱歉，我不能去，我正要赶回家开收音机，听丘吉尔演讲呢！"司机说。丘吉尔给了他一笔可观的小费，司机动了心，说："我还是送您吧，不去听演讲了。"

丘吉尔于是调侃地说："开车吧！去他的丘吉尔。"

丘吉尔作为首相并没有以一种高傲的姿态去面对拒绝搭载自己的司机，他的谦逊、幽默值得学习。他没有太把自己当回事，甚至趣味十足地调侃着自己。

调侃自己，多数时候是抓住自己的短处。短处如果用正式的口气，谁也不想提起，但如果用幽默的方式，则一方面避免了尴尬，一方面还能表明自己的大度，增加亲和力。

一位矮个子学者被妻子嘲笑身材太短，这位学者笑眯眯地说："我看还是矮点好，我如果不是一米五七，现在能够著作等身吗？如果不是我身短力小，我们的战斗你能场场取得胜利吗？如果不是我矮，你能很优越地说我太短吗？"话毕，全场叫绝，众人连称海拔不高的人，只是体积小、智慧大，浓缩的都是精华。也有人说，既吹了自己，又捧了对方，自我调侃的作用真不小。

还有一个同样自嘲个子小的幽默故事。

小孙个子比较小，快30岁了还没找到女朋友。一天午饭过后，办公室里几个同事在一起聊天。同事们没心没肺地说开了："小孙啊，现在的女孩哪个能相中他！""话不能说死了，人家武大郎还娶了潘金莲呢！" "哈哈，如果他能去打篮球，那该多好玩……"正在这时，里面办公室的门开了，走出一个小伙子，正是被大家嘲笑的小孙！原来他中午加班，对大家的议论都听到了。一时间，大家都十分尴尬。只见小孙，不但没有生气，反而笑嘻嘻地说：

"是啊，我当不了篮球运动员了，可是打羽毛球你们谁是我的对手？下象棋，全公司谁下得过我？苏联第一个宇航员，千挑万选，还专门挑了个矮个子加加林，高个子还不行呢！再说了，哪天天塌下来，还有你们高个子替我顶着呢……"

小孙幽默的一席话，使自己也使对方走出了尴尬。大家说着笑着，还有人拍胸脯说一定要给小孙介绍女朋友呢。

在这里，针对别人说的对小孙不利的话，小孙发表了一番不卑不亢的自我调侃，不仅是对同事们嘲笑的含蓄回击，而且是对自己能力和人格的肯定，幽默的话中闪着大度、自信与自尊的光芒，让人不得不产生一种敬意。

一个以幽默调侃的语气把自己的可笑之处公之于众的人，人们不但不觉得他愚蠢，反而觉得这样的人很聪明。为什么会这样呢？因为一个能发现自己缺点和不足的人，必然是能自省的人。能把自己的缺点和不足以幽默的形式公之于众的人必然是有勇气的人。

懂得用幽默调侃自己的人是淡定的，更是有魅力的，受人尊敬的。

用模糊语言说尖锐话

模糊语言作为幽默语言的表达形式，在处世中既能够淡化矛盾又能够保护好自己。懂得幽默智慧的人总能够巧妙地用模糊语言将尖锐刺耳的话语表达出来。

卡耐基认为，对于一些话题比较尖锐的事情，最好使用模糊语言，给对方一个模糊的意见，或者多用一些“好像”“可能”“看来”“大概”之类的词语，显得留有余地，语气委婉一些。在幽默说话之道中，懂得运用模糊语言可以实现对自己的保护，以及对他人的不伤害。

幽默的说话方式在借鉴这种模糊表达的同时，可以令自己的语言更有分量，即在加重幽默效果的同时，能真正达到自己的沟通目的，无论这种目的是反击还是维护自己的尊严。

在一些交流场合，尤其是在一些比较正式的场合，经常可以碰到一些涉及尖锐问题的提问，这些提问不能直接、具体地回答，又不能不回答。这时候，说话者就可以巧妙地用模糊语言表达自己的意见，让双方都不感到太难堪。

足球明星迭戈·马拉多纳所在的球队在与英格兰队比赛时，他踢进的第一个球是颇有争议的“问题球”。据说墨西哥一位记者曾拍到了他用手将球打入的镜头。

当记者问马拉多纳那个球是手球还是头球时，马拉多纳意识到倘若直言不讳地承认“确实如此”，那对判决简直无异于“恩将仇报”（按照足球运动惯例，裁判的当场判决以后不能更改），而如果不承认，又有失“世界最佳球员”的风度。

马拉多纳是怎么回答的呢？他很是风趣地说：“手球一半是迭戈的，头球一半是马拉多纳的。”

这妙不可言的“一半”与“一半”，等于既承认球是手臂打进去的，颇有“明人不做暗事”的君子风度，又肯定了裁判的权威。

用模糊的语言幽默地回答尖锐的提问是一种智慧，它一般是用伸缩性大、变通性强、语意不明确的词语，从而化解矛盾，摆脱被动局面。

一个年轻男士陪着他刚刚怀孕的妻子和他的丈母娘在湖上划船。丈母娘有意试探小伙子，就问道：“如果我和你老婆不小心一起落到水里，你打算先救那个呢？”这是一个老问题，也是一个两难选择的问题，回答先救那一个都不妥当。年轻男士稍加思索后回答道：“我先救妈妈。”母女俩一听哈哈大笑，脸上都露出了满意的笑容。“妈妈”这个词一语双关，使人皆大欢喜。

我们在听政府发言人谈话，或者看一些文件、公报的时候，常常觉得平淡无味。其实这些语言往往蕴含着非常尖锐的意思，只是用了一些模糊化的词语，让它显得“平淡”了一些而已。比如外交部发言人在谈话中提到“宾主双方进行了坦率的会谈”，这里“坦率”的背后意思就是有很多争议，意见分歧非常大；再比如“应当促进双方的交流”，意思就是双方的共识太少，彼此之间有比较深的成见。这些模糊化的语言既达到了说明问题的目的，又起到了淡化矛盾的作用。

因此，尖锐的话并不一定非要用尖锐的语气来表达，有模糊的语言将尖锐的意见表达出来是一种机智，更是一种幽默的艺术。善于为人处世，必将需要懂得语言的朦胧之美，有时候含糊其词显示的不是无知，而是难得的大智慧。

触及他人痛处的转机

与人聊天时，经常会遇到这样的情况：你会时不时地拿对话人物的缺陷开玩笑。对亲近的人说话时，你常忽略他的感受；批评人时，你会专挑对方的缺陷狠说；拒绝别人时，你一定要讽刺一下对方才甘心。其实这是一种非常缺少人情味的做法，有悖于道德与美德的处世之道。在与他人的交谈中，应该切记不要触碰他人的伤口，给他人带去愉快的交谈氛围。

每个人都有自己忌讳的地方，人人都讨厌别人提及自己所忌讳的。与他人对话时，要看清对方的短处，不要将话题引到这个上面，以免招来对方怨恨，特别是在开玩笑的时候。虽然很多时候，人们开玩笑的动机是良好的，但如果不把握好分寸、尺度，就会产生一些不良的后果。所谓“说者无心，听者有意”。因此，掌握幽默的说话艺术需要我们在生活中多观察、多总结，避开别人的痛处，只有这样，才能够准确恰当地与他人沟通。

在某学生寝室，初到的新生正在寝室里争排大小。小林心直口快，与小王争执了半天，见比自己小几日的小王终于同意排在最末，便说道：“好了，你排在最末，是咱们寝室的宝贝疙瘩，你又姓王，以后就叫你‘疙瘩王’了。”说者无心，听者有意，原来小王长了满脸的青春痘，每每深以为恨，此时焉能不恼？

小林见又惹来了风波，心中懊悔不已，表面上却不急不恼，巧借余光中的诗句揽镜自顾道：“‘蜷在两腮分，依在耳翼间，迷人全在一点点。’唉，这真是‘一波未平，一波又起’呀!”小王听了，不禁哑然失笑——原来小林长了一脸的雀斑。

小林幽默地化解了尴尬的场面，其智慧令人叹服。无意中弄痛了对方，那就对着自己的某个痛处猛烈开火，常会使对话妙趣横生，又能化解自己戳到别人痛处的尴尬。

有时候，我们可能会在无意中触及他人的痛处，使谈话场面出现难堪，采用幽默的自我调侃也是一个很好的方法。

有一次，一群大学同学举行十周年同学会，许多同学都来参加了。聚会上，一位男同学打趣地问一个女同学："听说你先生是个大老板，什么时候请我们到大酒店吃一顿。"他的话刚说完，这位女同学就十分不自在起来了。这时另外一个女同学悄悄地告诉男同学真相，原来这位女同学前不久刚和丈夫离婚了。男同学知道真相以后，感到无地自容。不过他迅速回过神说："你看我这嘴没把门的毛病怎么还和大学时一样呀，这么多年过去了，还是不知高低深浅，真是该打嘴!"女同学见状，虽然心里还是感到难过，但是仍然大度地原谅了这位男同学唐突的话。这时，男同学赶忙幽默地换了一个话题，从尴尬中转移出来。

当我们不小心触及他人的痛处的时候，不妨也像这位男同学那样，不要死要面子，用幽默来调侃自己，用真诚的语言来表达自己的歉意。而对方的心里才能感到释然。

如果我们在说话时不小心触到别人的痛处，一定要及时挽回，这才是人际相处之道。

(1) 事先了解别人的痛处、忌讳在什么地方，切忌将玩笑开在了他人忌讳的地方。

(2) 幽默说话的时候绷紧一根弦，时刻注意不提到敏感的话题。即使对方提出来了，也只能敷衍两句，不能趁机高谈阔论一番，自以为是地附和对方。一些人在开自己玩笑时，是他的幽默方式，但这个玩笑的附和者只能是他自己，而不是听众。

(3) 如果不慎戳到了别人的痛处，要赶快不露声色地弥补。其中最好的办法是用玩笑说出自己的类似缺陷，这样大家就"平等"了。

遭遇尴尬时故说痴话

为人处世中，顾全他人的情面是很重要的一项衡量标准。在日常的生活中，我们不可避免地会遇到很多碍于情面的场面，这个时候你是保持冷静还是委屈地掉眼泪呢?

我们在不同的场合都会遭遇尴尬。尴尬的表现形式不一样，应对方式当然也有差别。用幽默语言应对的一种很好的方式，就是佯装不知，故说"痴"话，好像这种尴尬从来没发生过一样。这样的幽默糊涂法，可以给自己带来好运，帮助自己实现心想事成的愿望。

一家星级宾馆招聘客房服务人员，经理给应聘者出了一道题目：

“假如你无意间把房间推开，看见女客一丝不挂地在沐浴，而她也看见你了，这时候你该怎么办?”

第一位答：“说声‘对不起’，就关门退出。”

第二位答：“说声‘对不起，小姐’，就关门退出。”

第三位却幽默地回答：“说声‘对不起，先生’，就关门退出。”

结果第三位应聘者被录取了。

为什么呢？前两位的回答都让客人有了解不开的尴尬心结，唯有第三位的回答很幽默也很巧妙。他妙就妙在假装没看清，故作痴呆，既保全了客人的面子，又使双方摆脱了尴尬，这就是幽默处世的价值所在。

在社交场合，许多人遭遇尴尬以后，即使假装不在意，其实心里面还是会有个疙瘩，因为对每个人来说，面子都是非常重要的。所以，有时候当别人遭遇尴尬，你的安慰可能只会让对面感觉更没有面子，这时，故作不知、幽默地说一句痴话，让当事人释怀才是最好的方法。

其中，应对尴尬的幽默处世之道主要包括：

（1）既来之，则安之。人在尴尬时只要稳定情绪，从容应对，会很快走出尴尬境地的。

（2）糊涂到底。在一些尴尬的场合，可以装作糊涂，对于一些尴尬的问题一笑而过，幽默地把话题引到别的主题上去，这样可以保全双方的面子。

（3）智对左右为难的问题。当别人给你难题让你难堪时，千万不要紧张，要尝试运用淡定的心态以及灵活的口才，以幽默的方式，灵活应对别人的奚落，不仅娱乐了别人，还可以幽默自己的心情。

（4）可以巧借比喻，以自我解嘲的方式说几句取悦于人的话，既可以增加自己谈吐的风采，又可以活跃气氛。

寓理于事，不言自明

寓理于事的幽默处世是一种高境界，虽然没有用语言表达，却深谙幽默的真谛与本质。幽默是一种生活态度，是说话处世的圆融，是一种“只可意会，不可言传”的诙谐式表达。

中国有句老话：“只可意会，不可言传。”这句话一语道破很多无法用语言形容的景象和状况。很多时候就是这样，比如你看到一篇佳作，你被触动了，打动了，可是如果有人说，你写篇读后感吧，那你多半就没了兴致，提笔也写不出心中的感受。

不过“只可意会，不可言传”，毕竟只是一个托词，对于朋友家人问的一些问题不好回答了，可以用这句话搪塞过去。然而，在公众场合，比如领导提问，记者采访或者像外交官一样代表国家形象去接受问答，这句托词就不起作用了。

如果对方问出一些让你非常棘手，不知如何回答的问题，该怎么办呢？你不回答会显得你无知，若是回答又没有贴切的语言可以描述。这时候你可以针对提问讲一个事例，让对方认同其中包含的道理，然后将此道理幽默地应用于对方的提问，使答案不言自明。

如果能反被动为主动，让对方代替自己回答问题，可以说是人际应对中的较高境界了，这就需要在幽默处世中圆融的寓理于事，让他人不言自明。为此，在说话中我们可以针对对方的提问，举出一个类似的事例，反请对方说出其中的道理，然后回到最初的问题上，说明对方的观点正是问题的答案。一个回合下来，对方这个“系铃人”在你的诱导下不知不觉又成了“解铃人”，使你得以轻松地摆脱困境。

罗斯福连任美国总统时，许多记者都抢着采访他，请他谈谈连任的感想。一位年轻记者破例得到罗斯福总统的接待。罗斯福没有正面回答青年记者提出的问题，而是先请他吃一块蛋糕。

记者获得殊荣，十分高兴，他很快便把蛋糕吃完了。接着，总统又请他吃了一块。当他刚要开口请总统谈谈时，总统又请他吃第三块蛋糕。青年记者受宠若惊，肚子虽饱了，但还是盛情难却，勉强吃了下去。

记者正在抹嘴之时，只见罗斯福总统微笑着对他说：“请再吃一块吧！”

记者实在吃不下去了，便向总统告饶。

罗斯福总统幽默地笑着对他说：“不需要我再谈连任的感想了吧？刚才您已经亲身体验到了。”

罗斯福没有直接告诉记者自己的感受，而是让他通过连吃四块蛋糕的感受，体验自己连任总统的感想，可谓在幽默的行为中说出了记者要问问题的答案，策略可谓高明之极。

有时候语言确实很苍白，不足以表达你心里的感受，比如当你登上泰山，来到玉皇顶，看见头顶的云雾在太阳的照射下迅速退去，那种风云变幻的场景令你十分震撼。这时，如果有人在旁边问，谈一下你现在的感受吧。你一定会顿时觉得索然无味，连继续欣赏景色的兴致都消失了。因为那个时刻，不说话只默默欣赏美景才是最好的。

有的话不需要说得很明白，对于不好回答或者不方便说的话，不妨幽默地打个比喻，或者委婉推托一下，彼此也就明白，不需要无趣地盘问下文了。

幽默处世的至高境界不是侃侃而谈、极力争辩，而是通过幽默而深刻的行为将自己的道理表现出来，这个时候尽管不去争辩，却已经将对方的提问给予了最有力的说明。

艰涩问题，避实就虚

试想一下，放在你面前两块石头，一块是圆而滑润的鹅卵石，一块是布满棱角的石头，你更喜欢把哪一块拿在手里把玩呢？答案可想而知，没有人喜欢将一块棱角鲜明的东西握在手中把玩，因为那会划破自己的手掌。鹅卵石则因为其圆滑的表面而让人喜欢。

幽默处世就像这润滑的鹅卵石一样惹人喜爱，可以给人带来很微小的伤害，并在不会伤及他人的同时实现自我保护。因此，幽默的人更易受到人们的欢迎，幽默说话更容易为自己解围。

我们在工作、生活中也会经常遇到一些问题，对那些尖锐的问题，采取断然回避的方法固然不行，“意在言外”可以说是一种较高的语言境界。表面上答非所问，实际上是以退为进。因此，可以说“避锋”是为了“藏锋”，“藏锋”是为了更好地“露锋”，这样的幽默语言自然会有较强的魅力。

避实就虚的幽默方式体现的是一种迂回的思维方法。迂回思维法指的是在解决某个问题的思考活动中遇到了难以消除的障碍时，可谋求避开或越过障碍而解决问题的思维方法，这对于工作中的创新和解决问题的口才应用具有很强的启发作用。无论是在工作还是在生活中，采用闪避式回答的幽默术，可以让你的周围不再有烦恼围绕，让你的生活充满智慧的火花。

一位记者采访著名影星孙飞虎，对其简陋的住处简直难以置信，脱口而出地问道：“依您的身份、地位和名声，早应该是拥有几幢别墅、最豪华的设施、最高级的轿车。可是您为什么会住在这又高又简易的单元楼?”

这种涉及隐私的问题，一时很难说清楚，回答不好，反而会使双方感到尴尬。孙飞虎眉头一皱，幽默道：“夫人，高高在上不正是我身份高贵的标志吗?”

这里，孙飞虎诙谐地将自己住的楼层之高与他的演员地位之高连接起来，这一避实就虚的回答，既避免了尴尬，又活跃了谈话氛围，显示了他的机敏与风趣。

人的世界像一片热带丛林，参差多态，有美有丑。审时度势的圆融，难得糊涂的达观，是聪明人所秉持的一贯态度。

当然，再美好的想法，也仅仅是想法。一个聪明的人，不应该只是个空谈家或者空想家。说话的圆融体现的是避直就曲的幽默语言艺术，通过拐个弯的方法，规避摆在正前方的障碍，走一条看似复杂的曲线，却可以尽快达到目的。这是迂回幽默语言的智慧，也是迂回思维的魅力所在。

谐音巧用，反贬为褒

谐音，是指利用语言的语音相同或相近的关系，有意识地使用语句的双重意义，言在此而意在彼。谐音的妙用，在于能让人把话说圆而摆脱困境，甚至化险为夷。因为许多字词在特定场合中，用本音是一个意思，而用谐音则成了另一个意思。

谐音是幽默中最常用也是最具有逗趣效果的一种技法。深谙幽默之道的人总是能够轻巧地信口拈来，甚至能够“圆滑”地将贬义转化成褒义。巧用谐音，方可让言辞妙趣横生、妙不可言，给身边的人带来无限乐趣。

从前，有个宰相，他有一个名叫薛登的儿子，生得聪明伶俐。当时有个奸臣金盛，总想陷害薛登的父亲，但苦于无从下手，便在薛登身上打主意。有一天，金盛见薛登正与一群孩童玩耍，于是眉头一皱，诡计顿生，喊道：“薛登，你的胆子像老鼠一样胆小，不敢砸皇门边上的木桶。”

薛登不知是计，一口气跑到皇门边上，把立在那里的木桶砸碎了一只。金盛一看，正中下怀，立即飞报皇上。皇上大怒，立刻传薛登父子问罪。

薛登父子跪在堂下，薛登却若无其事地嘻嘻笑着。皇上怒喝道：“大胆薛登！为什么砸碎皇门之桶？”

薛登想了想，反问道：“皇上，您说是一桶（统）江山好，还是两桶（统）江山好？”

“当然是一统江山好。”皇上说。

薛登高兴地拍起手来：“皇上说得对！一统江山好，所以，我便把那只多余的‘桶’砸掉了。”

皇上听了转怒为喜，称赞道：“好一个聪明的孩子！”又对宰相说：“爱卿教子有方，请起请起！”

金盛一计未成，贼心不死，又进谗言道：“薛登临时胡编，算不得聪明，让我再试他一试。”皇上同意了。

金盛对薛登嘿嘿冷笑道：“薛登，你敢把剩下的那只也砸了吗？”

薛登瞪了他一眼，说了声“砸就砸”便头也不回，奔出门外，把皇门边剩下的那只木桶也砸个粉碎。

皇上喝道：“顽童！这又如何解释？”

薛登不慌不忙地问皇上：“陛下，您说是木桶江山好，还是铁桶江山好？”

“当然是铁桶江山好。”皇上答道。

薛登又拍手笑道：“皇上说得对。既然铁桶江山好，还要这木桶干什么？皇上快铸一个又坚又硬的铁桶吧！祝吾皇江山坚如铁桶。”

皇上高兴极了，下旨封薛登为“神童”。

谐音是一语双关的表现形式之一。在上面的故事中，薛登之所以能够化险为夷，就在于他巧妙地运用了谐音把话说圆了。古人有这样的智慧，现代人也并不缺少。

一日，小君请了两位要好的朋友到家中小坐，几人猜拳行令，好不痛快，谈及三兄弟友谊，更是情深意笃。小君掏出好烟，又一一给两人点上，然后又给自己点上。谁知当他熄灭火柴扭头准备劝酒时，却见两位朋友拉着脸。小君一寻思：坏了！三个人不能同时用一根火柴点烟，因一根火柴点三次火的谐音是“散伙”。

面对这尴尬的场面，小君并没有用“对不起”“请原谅”等客套话解围，他一笑说：“咱们这地方都说三个人用一根火柴点烟的意思是‘散伙’，我感到不对。我的解释是三个人用一根火柴点烟是三个人不分你我，是‘仨人一伙’的意思。所以今天我特意用一根火柴点三支烟，我们三人今后永远是一伙的，有福同享，有难同当。哥们儿，你们说对不对呀！”经小君这么一解释，两位朋友都乐了：“是！我们永远是一伙的。”

小君面对尴尬的局面，遇事不慌，幽默地用谐音解释了词义，反贬为褒，不仅使误会消除了，而且加深了他们之间的友谊。

有时候出错是不好掩盖的，因为欲盖弥彰。这时候需要的是打破那种不快的气氛，让大家都能够释怀。用谐音幽默地把话说圆，就是让大家释怀的一种最佳方式。

借人之事，幽默解困

当别人对我们发起语言攻击时，或是提出一些非常无礼的要求，让我们在众人面前出丑，或是利用这种情况来迫使我们答应他的要求。这时，想要走出困境，就要利用自己的智慧和知识转危为安，为自己找出一条出路，来给自己解困。

孟席斯胜利当选澳大利亚总理之后，他举行了第一次记者招待会。

会上就有一个记者这样故意问他：“总理先生，听说您在进行内阁重组之前，总是要先听听那些控制你的大老板的意见，根据他们的意见行事，是这样的吗?”

面对这个无礼的记者如此咄咄逼人的问话，孟席斯没有恼怒，而是淡然一笑，幽默回答道：“或许是这样吧，年轻人，但是请不要把我的老婆也列在当中。”

可以看到，那个记者的问话是多么让人难堪，如果回答不好，很可能给自己抹黑，从而影响在选民心目中的形象。但是孟席斯知道把话题巧妙地转移了，而是把话题的目标转移到了自己老婆身上。这样一来，既否定了别人对自己重组内阁能力的怀疑，也借机秀出了自己幽默的品质。难道他真的怕老婆吗？并不是这样的，他的言外之意是即使连自己的老婆都不可能进行干预，更何况别人呢？他的话使用自嘲的口气来给自己解围，同时也表现了自己的幽默与智慧，让对方无法再攻击下去。

萧伯纳是英国大文豪，有一回，一个小女孩给他寄来了一封信，信中表达了对萧伯纳的崇拜，并说道："我将以您的名字来给我的小狗命名，以表达对您的敬仰。"萧伯纳看了这封信之后哭笑不得，但又知道这是小女孩的一番好意，不忍心去伤害她。

他想了想，回信说道："亲爱的孩子，我知道你的心意，但是我希望你能够和小狗商量一下。"

把大作家的名字给小狗安上，这不是对大作家的侮辱吗？不过萧伯纳用婉转的语言回复了那个孩子，幽默中蕴含着智慧，既保护了那个孩子幼小的心灵，也使事情得到圆满的解决。

温莎公爵除了不爱江山爱美人的大传奇外，还有许多鲜为人知的小故事。

有一次，英国王室为了招待印度当地的首领，在伦敦举行晚宴，温莎公爵主持这次宴会。

宴会中，达官贵人们觥筹交错，相与甚欢，气氛融洽。可就在宴会结束时，出了这么一件事。侍者为每一位客人端来洗手盘，印度客人们看到那精巧的银制器皿里盛着亮晶晶的水，还以为是喝的水呢，就端起来一饮而尽。作陪的英国贵族们目瞪口呆，不知如何是好，大家纷纷把目光投向主持人。

温莎公爵神色自若，一边与客人谈笑风生，一边也端起自己面前的洗手盘，像客人那样"自然而得体"的一饮而尽。接着，大家也纷纷效仿，本来要造成的难堪与尴尬顷刻释然，宴会取得了预期的成功。

不让重要的客人在小事上出丑，是保证大局的重要因素。这也是幽默处世的精华所在。

幽默的存在不是因为搞笑而存在，而是为了实现和谐世界的美满而存在。在社交场合，我们总会接触到不同的人，总会遇到各种意想不到的尴尬。这个时候，无论是面对他人的指责，还是面临拒绝他人的尴尬，还是为他人解困的需求，一句婉转的幽默话或者一个微小的幽默举动都会给他人送去无尽的安慰。

第三章

社交幽默——进退自如，笑出影响力

初次见面：幽默加深第一印象

在社交场合，赢得他人好感的重要因素来自第一次见面的印象。在这个讲求效率的时代，初次见面的印象显得更加重要。心理学上说的“首因效应”，在这个时代已经成了金科玉律。也就是说，你留给别人的第一印象，很大程度上会影响这个人对你的看法。幽默作为陌生人之间最经济的见面礼，却具有最强大的震慑力。从容、淡定的幽默会给他人留下平和的记忆与友善的印象。

之所以提倡运用幽默加深第一印象的重要性，是因为“第一印象”是你在与人初次接触时给对方留下的形象特征。第一印象在人际交往中所具备的定式效应有很大的稳定性，一个人留给他人的第一印象就像深刻的烙印，很难改变。每个人都具有对他人构成第一印象的幽默能力。

心理学家研究发现，第一印象的形成是非常短暂的，有人认为是在见面的前 40 秒钟形成的，有人甚至认为只有 2 秒钟。在现实生活中，有时这几秒钟就可以决定一个人的命运。因为在生活节奏如此之快的现代社会，很少有人会愿意花更多的时间去了解、证实一个留给他不美好的第一印象的人。

何况陌生人之间的幽默在社交中占有很大的幽默空间，毕竟在这个社会上，与熟悉的人在一起的时间总是有限的，而社会交际的根本就是要接触更多的陌生人，将更多的陌生人转化为自己的朋友，进而为自己的事业、人生开拓出一片光明的坦途。

有一次，一位漫画家到山西汾酒厂进行参观，与该厂厂方负责人初次见面的时候。厂长负责人欢喜地说道：“先生，久闻大名啊。欢迎你的到来，真是让我们厂子蓬荜生辉啊。”

漫画家听后则幽默地说道：“可我是大闻酒名啊！”

方成先生巧妙地将厂方负责人的“久闻大名”调换了位置，变成了“大闻酒名”，擅用谐音的幽默技巧，将“久”与“酒”进行了巧妙的联想与对接。幽默中表达了自己的谦和以及真诚的一面，又将对方的酒进行了评论与赞美，可谓是妙语双绝，是初次见面幽默的上品。

有人曾经说过这样一句话，所谓城市的生活就是几百万人在一起所感受到的寂寞。毕竟几百万人的城市中，每一天我们都会在有意无意中接受到初次见面的机会。这个时候，不要让自己板起的面孔吓走将来的朋友。哪怕不是朋友，也要时刻用幽默来包装自己的心灵，毕竟幽默的人带给大家的不只是欢笑，更有内心的充实与豁达。

如果你是一个有幽默感的人，就不要吝啬幽默。所以，有人打趣地说：“第一印象犹如童贞，一旦失去，便永不再来。”难怪英国著名形象设计师罗伯特·庞德曾说：“这是一个两分钟的世界，你只有一分钟展示给人们你是谁，另一分钟让他们喜欢你。”所以在与陌生人交往的过程中，你一定要好好抓住两分钟的印象效应时间，保持微笑，一句开朗而有活力的玩笑，会拉近两人的距离感。如：“你好，你长得好温顺啊，像小绵羊。”

总之，形象是社交的第一印象，语言又是形象的代言人，在与人交往中，要学会说出漂亮的幽默语言，给人一种积极向上的乐观的印象，有利于受人喜欢，开阔自己的社交圈子。

因此，你的幽默语言必须符合以下几点：

如果你不想成为同行的笑柄的话，你的表达必须合体；

如果你不想让同行或客户鄙视的话，你的幽默必须庄重；

如果你不想让人看出你的性格或爱好的话，你的语言必须是保守、得体的。

深化记忆：幽默说出自己名字

在初次见面经常遇到做自我介绍的状况，而在向陌生人做自我介绍时，许多人在介绍自己名字方面却做得不太好，在介绍时只是简单地报出自己的姓名：“我姓×，叫××。”自以为介绍已经完成，然而这样的介绍肯定算不上有技巧，也许只过了三五分钟，别人已经把他的姓名忘得一干二净，这样也就无法给别人留下深刻的第一印象。

幽默则是淡化记忆的克星，幽默的谈吐能够让他人牢记你的名字，长时间印象于你的气质、风度与涵养。

因此，在社交场合，一个幽默的自我介绍如同一次令人刻骨铭心的广告。幽默的自我介绍，可以让他人在最短的时间内留下最深刻的印象，为进一步的交往打下良好的基础。然而一段幽默的自我介绍，首先应该从介绍自己的名字开始，请幽默地说出自己的名字，那么一次成功的交际之旅将会让你收获颇丰。

一个人的姓名，往往拥有丰富的文化积淀，或折射凝重的史实，或反映时代的乐章，或寄寓双亲对子女的殷切厚望。因此，推衍姓名的幽默能使人对你的印象深刻，有时也会令人动情。

为了强化你在社交中的特色与潜能，特此列举出以下几种对姓名的幽默介绍法。

（1）利用名人式幽默。在新生见面会上，代玉做自我介绍时，风趣地说："大家都很熟悉《红楼梦》里多愁善感的林黛玉吧，那么就请记住我，我是新时代的黛玉叫代玉，我是黛玉的反版，因为我天生快乐。

利用和大家熟知的名字相近的方式来幽默介绍自己的名字，关键是大家所熟悉的，否则就收不到最终的幽默效果。

（2）自嘲式幽默。刘美丽介绍自己时说："不知道父母为何给我取美丽这个名字。我没有标准的身高，也没有苗条的身材，更没有漂亮的脸蛋，这大概是父母希望我虽然外表不美丽，但不要放弃对一切美丽事物的追求吧。"

刘美丽幽默、乐观的自我介绍引起了人们的开怀一笑与敬佩，她以一种幽默的姿态向人们显示了自己积极的人生观与价值观，敢于正视自己的不美丽，反而让她变得更加有魅力。

（3）自夸式幽默。李小华很懂得幽默自夸，他在介绍自己时经常这样说："我叫李小华，木子李，大小的小，中华的华。都是几个没有任何偏旁的最简单的字，就如我本人，简简单单、快快乐乐。但简单不等于没有追求，相反，我是一个有理想并执着的人，在追求理想的路上我快乐地生活着。"

李小华幽默的自夸中，并没有真正蓄意表现自己的狂妄，相反，他在自夸的同时是为了向大家表现自己的亲和，幽默的智慧正是在于此，幽默让伟大显得谦逊，让谦逊变得伟大。

（4）利用谐音式幽默。朱伟慧在一次自我介绍中曾经这样幽默说："我的名字读起来像'居委会'，正因为如此，大家尽可以把我当成居委会，有困难的时候来反映反映，本居委会力争为大家解决。"听到这样的介绍，大家忍俊不禁。

大家笑不是因为朱伟慧的名字起得趣味十足，而是在于她将自己的名字介绍得幽默地道。

（5）姓名来源式幽默。陈子健幽默自白道："我还未出生的时候，名字就在我父亲的心目中了。据说他很喜欢这样一句古语'天行健，君子以自强不息'，于是毫不犹豫地给我取了这个名字，同时希望我像君子一样自强不息。没办法，父母之命不敢不从，何况刚出生的我还没有力气来修改自己的名字呢。"

以自己的名字来源作为噱头，幽默且不失明确地表达，于趣味中留给他人生动，于豁达中施与他人快乐。

（6）调换词序式幽默。周非在自我介绍的时候，就经常调换词序，他竟成这样跟人家介绍说："把'非洲'倒过来读就是我的名字——周非。所以请知道非洲的你们也同样明白我的存在。"

周非的自我介绍简单、幽默，充满个性，如果你的名字在顺序打乱后也是一个能够被大家熟知的事物，那么不妨从熟悉下手引导出自己的精彩介绍，那么想不要他人记住你都是一件比较难的事情吧。

（7）摘引式幽默。任丽群同学可谓是摘引式幽默的高手，她经常让陌生人过目不忘的原因不在于他外表的独特，而是在于她幽默的生活姿态。她在自我介绍中幽默道："大家都知道'鹤立（丽）鸡群'这个成语，我是人（任），更希望出类拔萃，所以，我叫任丽群。"

这种幽默、风趣的自我介绍，想不要引起他人的注意都很难。总之，自我介绍有很大的发挥空间，我们应该想方设法把它丰富起来，不要放过任何一个吸引人注意的机会。

幽默地说出你的名字，将自己的名字与大家熟知的"笑点""笑料"巧妙地联系在一起，他们在介绍自己名字的同时，已经不经意地牵引着他人去想象、去发笑。

因此，幽默地说出你的名字，你将会是交际场上永远受人欢迎的一只翩翩起舞的蝴蝶，尽显自己的气度与乐观的本质。

幽默公关，说服助你成功

俗话说："万事开头难"。向别人提出要求是件很难做的事情。不仅是你，对方也会感到有一定的麻烦存在。所以，幽默的语言手段对公关非常必要。彬彬有礼的幽默语言是最好的敲门砖，讲究分寸就会让人难以拒绝。

人都是情感动物，只要你能打动他，他必然会欣然应允你的要求，而适当的幽默策略会使沟通的气氛变得友好、和谐，因此，无论是间接请求还是述因请求，在提要求或者做宣传的时候尽量幽默一些，不给对方压力，也不要使自己压抑。幽默的说话技巧让你在公关场合如鱼得水。

公关，通过与人交涉来开展自己的业务，公关的成败在于口才，口才的关键在于对幽默度的把握。

某个县城的一家银行就恰恰运用了幽默的公关术，利用广告幽默为自己的业务带来了红火的场面。

这家银行在分行开张的时候，在报纸上登载了一则幽默的广告，广告将银行职员姓名与一些有趣的漫画人物结合在了一起。这一下子引起了当地人的极大兴趣，争相前来观看。就在开幕仪式结束后还有很多人慕名前来拜访，其中有的人甚至将报纸上的漫画人物与银行的工作人员进行一一比较。

如此一来，银行的知名度打开了，销售业绩步步高升，漫画给银行带来了效应，更确切地说是幽默公关给银行带来了利润。

向这家银行一样利用幽默来实现顺利公关、打开品牌销路的例子不胜枚举。如美国的一家打字机公司就曾这样幽默地打出自己的广告语："不打不相识"；有家餐厅的广告语这样说："本店征招顾客无数名，无需经验"。广告作为公关的范畴，最终目的就是为了激发人们潜在的购买欲，最终实现购买行为。而幽默是公关业务最有力的说服。

另外，幽默公关的技巧包括：

(1) 公关交谈，没话要找话，找话要有趣味。

真正的幽默高手，不会出现冷场的尴尬局面，因为他们总是能够在适当的时候找到合适的话题来打破沉寂的场面。公关是一个公司综合发展的重要媒介，公关的幽默口才对商谈的进程起到了无可厚非的重要作用。

幽默可以让优秀的公关人员在轻松的交谈中没话找话说，能够引导整个交谈的局势，在交谈中处于积极主动的地位，从而促进商务活动的开展，实现强有力的合作。

(2) 幽默激将，求人将妙不可言。

激将法在幽默公关中的一种战略口才，虽然没有幽默的说辞，也不会给别人带来搞笑的趣味，但是它确实在运用了幽默的周旋技法来达成自己的愿望。

使用幽默激将法往往能够使对方感情冲动，从而去做一些他在平常情况下可能不会去做的事。求人时，尤其是求熟人的时候，就得学会利用一下感情，摸透对方心理，采用幽默味十足的激将法，他就会动用他的所有关系，尽力帮你把事办好，以显示其威力。

激将法并不是你每一个人都能够运用得恰到好处，幽默的激将法不仅仅是内在幽默生活态度的体现，更是一种圆融的说话智慧。学会幽默地表达，说服他人无法说服的人，做到他人难以做到的事情。

出乎意料：幽默应"话"而生

现代社会是一个发展迅速、竞争激烈、优胜劣汰的社会，不少人有社交的强烈愿望，却喜欢把自己封闭起来。其实，与人交往我们也主张有颗幽默的"笑"心，要懂得给自己身边的人带去真诚的欢乐。如果我们互相戒备，见面只说"三分话"，这谈不上是正常的交往，正如谢觉哉同志在一首诗中写道："行经万里身犹健，历尽千艰胆未寒。可有尘瑕须拂拭，敞开心扉给人看。"幽默则是敞开心扉给人看的一把最有效的心锁。

幽默的沟通之所以不同于一般的沟通，很大程度上体现的是语言的技巧性。它来自于思维的奇巧，借助于特定的语汇、语气、表情甚至姿态。幽默语言功夫的练就主要是从幽默的创造性入手。幽默之所以能让他人印象深刻、大笑不止，就在于幽默出乎意料于情理之中。也就是说幽默人往往联想的跨度大，但又将话语说得巧妙、合理。

钢琴家波奇一次在美国密歇根州的福林特城演奏，发现全场有一半座位空着，他很失望。演出完毕，他还是大步走到台前，向听众表示谢意，并对听众说："朋友们，我发现福林特这个城市的人都很有钱，我看到你们每个人都买了两三个座位的票。"于是，在座的听众放声大笑，使劲鼓掌。

波奇的设想令人惊奇，他的结论令人会意。当大家发现表演场只坐满了一半人数的时候，大家或许会为波奇觉得尴尬，然而波奇的话语却完全颠覆了大家的顾虑，他用极其幽默的话语，出乎意料地表达了自己对来宾的欢迎。他不仅使自己摆脱了困境，而且更赢得了听众的尊重。

在众目睽睽之下，被人泼了冷水并不一定就是丢掉了面子。其实每一个人都有面子、都讲求自尊，然而你最珍贵的面子在于自身的生活态度以及人格魅力。

苏格拉底的妻子是一位脾气暴躁的女人。

有一天，苏格拉底正和他的学生谈论学术问题，他的妻子突然跑了进来，不由分说地大骂一通，接着又提起装满水的桶猛泼过来，把苏格拉底全身都弄湿了。

学生们以为老师一定会大怒，然而出乎意料的是，他只笑了笑，风趣地说道："我知道打雷之后，一定会下雨了。"

学生们听了，不禁哈哈大笑，他的妻子也退了出去。

苏格拉底的幽默，首先就在于出乎人们意料之外，谁也想不到他会将妻子的大骂比作了雷声，而将妻子泼给自己的冷水比成了雨水，一句"我知道打雷之后，一定会下雨了"将尴尬的境况顿时扭转。学生们不会再去注意自己的老师有多丢脸，而是欣赏自己的老师居然拥有着如此大的气度。

苏格拉底的比喻，可谓出乎意料，却又是合乎情理、妙不可言，因而会使学生们忍不住大笑起来。显然，我们在前面所说的幽默的各种作用，都收到了效果。人们感到这位哲学家温厚可亲、有强烈的感染力，值得他人尊重。

出乎意料，是幽默的最基本的特质，带给人们的往往是耳目一新的喜悦感，出乎意料的幽默语言是魅力的光环，是达观气质的表现，懂得运用出乎意料来给他人增添快乐，是驰骋于社交场合的必胜法宝。

玩笑自嘲：用谦逊赢得影响力

人们总抱怨说幽默很难，其实幽默很容易，只要你学会嘲讽自己，你天天都是幽默的。开个玩笑自嘲一下，没有人会笑你傻，真正傻的人是不懂自嘲的“聪明人”。

如果我们有风趣的思想，我们就可以充满自信地面对自己的缺点，比如不尽如人意的身高，或者不够漂亮的脸蛋，亦或是不够完满的工作环境与生活状态，当你换一种角度看待自己所经历的一切，乐观地享受此刻的不快，不久之后，我们就会发现豁然开朗的另一片天地。因此，不妨试着在顺境的时候自嘲一番，在逆境的时候也自我幽默一把，相信好的运气将要来临。

幽默的生活态度总是能够给我们带来新的视角，总是能够让我们运用一颗平常心应对生活中的苦与乐。玩笑自嘲，作为一种谦逊而又豁达的心量，让我们在与人分享欢乐的同时，享受到一份温暖和谐的人际关系。

自嘲是自己对自己的幽默，是消除自己在社交场合、与人沟通中胆怯的良方。自嘲是运用戏谑的语言，向别人暴露自身的缺点、缺陷与不幸，说得直接一些，就是把脸上的灰指给对方看。俗话说得好：“醉翁之意不在酒。”自嘲同样是这个道理，自嘲在社交活动中有着独到的表达功能以及实用价值。

长篇小说《围城》重版，《谈艺录》与《管锥篇》问世以后，钱锺书的名声日盛，求访者愈来愈多，钱锺书又有不愿意接受访问的脾气。有一天，有一个英国女人打电话给他，要求拜访，钱锺书在电话里不无幽默地说：“如果你吃了一个鸡蛋感觉很好，又何必认识那只下蛋的母鸡呢？”

钱锺书自比“母鸡”，虽然是有意贬低自己，却是在说英国女人没有必要来拜访他。正如人们喜欢谈论一些关于别人的笑话一样，在适当的时候，拿自己开开玩笑，自我解嘲。

一个懂得自嘲幽默的人必定是一个社交高手，是一个在与人交往中能够独守个性与乐观的人。自嘲可以巧妙地把陷自己于不利的因素，用一种荒诞的逻辑歪曲成有利因素，将自己从困境中解脱出来。

自嘲可以使人们在笑的同时，把你的窘态忘得一干二净。所以，巧用自嘲，既可以使自己在众人中平添风采，又能在幽默、风趣、令人愉悦的情况下，取得皆大欢喜的结果。

世界上最不幸的就是那些既缺乏机智又不诚恳的人。很多人常常自以为很幽默，经常喜欢拿别人开玩笑，处处表现出小聪明，结果弄得与他交往的人不敢再信任他，以前的朋友也会敬而远之，纷纷躲避。

适当地拿自己开开玩笑吧，这不仅是一种机智，更是驱散忧虑、走向快乐的法宝。

以问作答：用幽默来应付对手

鲁迅说："用玩笑来应付敌人，自然也是一种好战法，但触着之处，须是对手的致命伤，否则，玩笑终不过是一种简单的玩笑而已。"玩笑是幽默的一种表现形式，在幽默的范围中，只有正面的、积极的、恰到好处的幽默才能被归入幽默的圈子。

因此，幽默可以是玩笑，但是玩笑并不一定就是幽默，幽默可以用来维护自己的尊严，却不乐意用来攻击他人的尊严。

这个社会上不乏一群总喜欢用玩笑中伤他人的人，他们总是扫别人的兴，以别人的难堪为快，品质恶劣至极。我们如果刻意躲闪，反而使自己更加手足无措，使他人得意忘形。因此，我们必须懂得幽默反击，让那些"伪君子"自惭形秽于幽默的石榴裙下。

1988年，美国第四十一届总统进行竞选。民意测验表明：8月份前，民主党总统候选人杜卡基斯，尚比共和党总统候选人布什多出十多个百分点。当布什与杜卡基斯进行最后一次电视辩论时，布什巧辩的策略是，抓住对方的弱点，揭其要害，戳在痛处，从而让对方陷入窘境。杜卡基斯嘲笑布什不过是里根的影子。用嘲弄式的发问"布什在哪里"。布什却幽默、轻松地回答了他的发问："哦，布什在家里，同夫人在一起，这有什么错吗？"

布什的幽默与杜卡基斯的人身攻击正好形成鲜明的对比，杜卡基斯的玩笑是用来揭人之短，布什的幽默则是在为自己的涵养告白，虽是平淡的一句，却语义双关，既表现了布什较高的道德和幽默的品质，又讥讽了杜卡基斯的风流癖好，置杜卡基斯于极尴尬的境地。

社交场是没有硝烟的战场，不懂得说话的人将会活得很尴尬，不懂得幽默的人更会活得不够圆融。有时，别人可能用指桑骂槐的方式对你进行猛烈的人身攻击，侮辱你的人格。对此，你如果质问对方，正面回击，可能正中对方下怀，他会说，我并没有指你，你为什么要往自己头上硬扯。要回击这类人身攻击，最好的办法是采用同样含沙射影的幽默方式反击对方，取得以用制隐的效果。

林肯作为美国总统，他对政敌的态度引起了一位官员的不满。他批评林肯不应该试图跟那些敌人做朋友，而应该消灭他们，包庇敌人是在为难自己。

面对质问，林肯面不改色，温和而略显幽默地说："当他们变成我的朋友时，难道我不是在消灭我的敌人吗？"

上述的幽默，只是“举隅”而已。有个成语，叫急中生智，幽默的应变能力正是这种急中生智的诙谐表现。要做到幽默中有随机应变，就需要灵敏的思维、丰富的语汇、渊博的知识和娴熟的技巧。只有掌握了各种应付尴尬局面的幽默技巧，受人责难时才能使自己立于不败之地，才能成长为社交中的佼佼者。

淡化感情：幽默融化交际之冰

社交过程中，并不是一帆风顺，当你在公众交往中遇到了让自己尴尬、让他人尴尬、让自己为难、让他人为难的境况时，不要着急摆脱，学会运用幽默的智慧将谈话的感情色彩淡化，才能将交际之冰巧妙融化。

幽默口才有如春风一样让人心旷神怡，愉悦人的情感，让你在亲切友好的氛围中拉近双方的距离。无可厚非，这就是幽默在交际中的魅力与威力。

因此，在社交活动中如果遇到让人尴尬而不满的情景，最好不要生硬地表达不满，而要学会运用幽默的圆融，淡化感情色彩，转移尴尬与不舒服的情绪注意力。

在纽约国际笔会第四十八届年会上，轮到陆文夫发言。面对来自世界40多个国家的600多位代表，他不慌不忙，侃侃而谈。

有人问：“陆先生，您对性文学怎么看?”这是一个尖锐的问题，回答不好会涉及不同国家的文化冲突问题。

陆文夫清了清嗓子风度翩翩地说：“西方朋友接受一盒礼品时，往往当着别人的面就打开来看，而中国人恰恰相反，一般都要等客人离开以后才打开盒子。”

听众席里发出会意的笑声。陆文夫面对难以回答的问题，别出心裁地用一个充满睿智和幽默的生动比喻，把一个敏感棘手的难题解答得既简练通俗又圆满精辟。凭借诙谐的语气表示自己对此态度的认同，淡化了感情色彩。

无独有偶，英国前首相丘吉尔也曾经在公众场合遭遇了尴尬。但是，他没有被突如其来的嘲笑所吓倒，因为幽默的智慧远远胜过嘲笑的挑衅。

英国前首相丘吉尔在他执政的最后一年，出席一个政府举办的仪式。在他身后不远的地方有几个绅士窃窃私语：“你看，那不是丘吉尔吗?”“人家说他现在已经开始老朽了。”“还有人说他就要下台了，要把他的位子让给精力更充沛更有能力的人了。”当这个仪式结束的时候，丘吉尔转过头来，对这几个绅士煞有介事地说：“唉，先生们，我还听说他的耳朵近来也不好用了。”

丘吉尔知道，自尊自爱就要以适当的方式来表达自己的思想感情，他在这里的幽默一语，既淡化了感情色彩，给自己解了围，表达了不满，又使那些绅士自讨没趣。

社交场合碰到别人不恭的言行，还真不能发作，但憋在心里也不好受。海明威曾说过："告诉他你不高兴，但在话中别出现'不高兴'这个词。"把表示不满的语言用幽默的语言掩饰一下，让对方知道你不高兴，又不至于破坏友好气氛，是个不错的方式。

在社交场合中，随时都可能遇到"结冰"的状况，灵活的人会选择用幽默的沟通方式破除不和谐的"坚冰"。淡化感情的幽默技巧，是走上成功社交之路的法宝，是我们在现代生活中立于不败之地的重要技能。

尊严幽默：翩翩风度征服人心

社交需要幽默的口才与智慧，更需要维护好自己的尊严。随之而来，有尊严的幽默的重要性不言自明。俗话说人活一张脸，树活一张皮。一个人的自尊是最宝贵也是最脆弱的。因此，很多幽默高手在批评别人时，都会选择一种委婉、含蓄的方式，而不是不看场合、直言直语、大批一通。因为这样会令对方难堪至极，不但达不到批评教育的目的，日后对方也会对此心生忌讳。聪明的幽默人总是在发现对方的不足时，想办法找个机会私底下向他透露，而且批评也较为含蓄，他会将批评隐藏在玩笑中，这样就能让对方很容易地接受建议了。

所以，尊重别人，在私底下指出其缺点，既是对别人的尊重，也会赢得别人对你的尊重。

乌克兰诗人塔·格·谢甫琴科，于1814年生于一个农奴之家。他后来虽然赎了身，却因为写了许多革命诗歌，被流放到奥伦堡草原。他为人幽默而倔强，尤为傲视权贵。谢甫琴科喜欢随渔民去划船，捕鱼后就到小店去闲坐。

有一次，他在那儿遇见一位权贵，此人和他聊了一会儿，分别时，他向谢甫琴科伸出手来，却只给了一个指头，说："当我向地位相等的人表示敬意时，我伸出双手；比我低一级的人，我伸出四个指头；再低一点的是三个指头；更低一点的是两个指头；对其他一切人则是一个指头。"

谢甫琴科幽默地笑道："我是个农民，没有官位，怎么办呢？先生，我给你半个指头吧。"说罢，他将拇指夹在食指与中指之间，露出半个指头，向权贵伸出手去。

谢甫琴科面对尊严的挑战，没有正面表现出愤慨，反而以相对温和的语言幽默讽刺了自傲的权贵，用自己伸出的半个指头藐视了权贵的蛮横。有尊严的幽默是一种防卫的软实力，巧妙地为自己的尊严找到了宣泄的方式。幽默的缓和却表达出并不幽默的强硬。

爱默生曾经说过，当我们真正感到困惑、受伤，甚至痛苦时，我们会从柔弱中产生力量，唤起不可预知无比威力的愤慨之情。人立命于世，首先要自尊自重，社交中如果遭到歧视，绝不低头，在强大的势力面前不卑不亢，这样才会赢得别人的敬重。尊重是一种征服。

美国前总统威尔逊在一次竞选演讲中，遭到一个捣乱分子的挑衅。演讲正在进行，捣乱分子突然高声喊叫："垃圾！臭大粪！"这个人的意思很明显，是骂威尔逊的演讲臭不可闻，不值得一听。威乐逊对此感到非常生气，但只是报以微微的一笑，安慰他说："这位先生，我马上就要谈到你提出的环境脏乱差的问题了。"随之，听众中爆发出掌声、笑声，为威尔逊的机智幽默喝彩。

威尔逊面对他人在公众瞩目之下的谩骂，没有动怒，更没有做出任何的反驳，他冷静的幽默，不仅保全了自己的风度，实则更加猛烈地反击了捣乱分子的不敬言辞。因为他已经让自己的实际行动回复了捣乱分子的无理取闹，一个在如此谩骂声中都能够泰然处之的人，怎会与"垃圾"混为一谈？

自尊之心，人皆有之。人们一旦投入社交，无论他的地位、职务多高，成就多大，无不关心外界对自己的评价，由于来自外界评价的性质、强度和方式不同。在社交场合上，无论是举止或是言语都应尊重他人，切忌以别人的隐私、过失、缺陷等"伤疤"为笑料，当众揭丑，换取无聊的笑声。这种拿人取乐式的玩笑，不是好口才的表现，违背了幽默的本质，它虽然能表现你的"机智"，给人带来"哈哈"的笑声，但同时却让受伤害的人烦恼和怨恨，严重地影响了人际关系和正常交往。

淡定一笑：多点雅量面对嘲笑

面对他人的嘲笑，一定要有胸襟、雅量，能够幽默地面对他人的嘲笑则是一种境界，同时也是一种做人的智慧。幽默，所体现的正是大度与乐观的生活姿态。幽默不仅让我们感受到了快乐的力量，而且能够让我们体会到人性的豁达与包容。

在社交中，受到他人的称赞与尊重固然是值得高兴与欣慰的事情，但毕竟一个人的言行举止不可能满足各种人士的"口味"。因此，人在"江湖"难免会受到一部分人尊重的同时，也会受到另一部分人的嘲笑。当友善的自己遇到他人的嘲笑时，不妨多点幽默的雅量来面对。幽默会让你看淡他人的无礼，看重自己的人格提升。

因此，幽默的社交不仅是让他人看到、听到你的幽默口才，更重要的是能让人感受到你幽默的内心与大量的生活态度。

曾任美国总统的福特在大学里是一名橄榄球运动员，体质非常好，所以他在 62 岁入主白宫时，他仍然非常健康。当了总统以后，他仍继续滑雪、打高尔夫球和网球，而且擅长这几项运动。

1975 年 5 月，他到奥地利访问，当飞机抵达萨尔茨堡，他走下舷梯时，他的皮鞋碰到一个隆起的地方，脚一滑就跌倒在跑道上。他站起来，没有受伤，但使他惊奇的是，记者们竟把他这次跌倒当成一项大新闻，大肆渲染起来。在同一天里，他又在丽希丹宫被雨淋湿的长梯上滑倒了两次，险些跌下来。随即一个说法散播开了：福特总统笨手笨脚，行动不灵敏。自此以后，福特每次跌跤或者撞伤头部或者跌倒在雪地上，记者们总是添油加醋地把消息向全世界报道。后来，竟然反过来，他不跌跤也变成新闻了。哥伦比亚广播公司曾这样报道说："我一直在等待着总统撞伤头部，或者扭伤胫骨，或者受点轻伤之类的来吸引读者。"记者们如此的渲染似乎想给人形成一种印象：福特总统是个行动笨拙的人。电视节目主持人还在电视节目中和福特总统开玩笑，喜剧演员切维·蔡斯甚至在"星期六现场直播"节目里模仿总统滑倒和跌跤的动作。

福特的新闻秘书朗·聂森对此提出抗议，他对记者们说："总统是健康而且优雅的，他可以说是我们能记得起的总统中身体最为健壮的一位。"

"我是一个活动家，"福特幽默道，"活动家比任何人都容易跌跤。"

他对别人的玩笑总是一笑了之。1976 年 3 月，他还在华盛顿广播电视记者协会年会上和切维·蔡斯同台表演过。节目开始，蔡斯先出场。当乐队奏起"向总统致敬"的乐曲时，他"绊"了一脚，跌倒在歌舞厅的地板上，从一端滑到另一端，头部撞到讲台上。此时，每个到场的人都捧腹大笑，福特也跟着笑了。

当轮到福特出场时，蔡斯站了起来，佯装被餐桌布缠住了，弄得碟子和银餐具纷纷落地。蔡斯装出要把演讲稿放在乐队指挥台上，可一不留心，稿纸掉了，撒得满地都是。众人哄堂大笑，福特却满不在乎地说道："蔡斯先生，你是个非常非常滑稽的演员。"

面对嘲笑，最忌讳的做法是勃然大怒，大骂一通，其结果只会让嘲笑之声越来越炽。要让嘲笑自然平息，最好的办法是运用幽默的姿态一笑了之。一个有幽默感的人，不会去考虑别人多余的想法，而是有风度、有气概地接受一切非难与嘲笑。伟大的心灵多是海底之下的暗流，唯有小丑式的人物，才会像一只烦人的青蛙一样，整天聒噪不休！

这再次证明了幽默是一种比搞笑更出色的影响力，幽默是尴尬与拘谨的克星，幽默让一个有涵养的人懂得用雅量去面对他人的嘲笑。

在社交过程中，以讥讽应对嘲笑，只会降低自己的品格，让他人的嘲笑声再次风起云涌。多点雅量面对嘲笑，是对自己的自信，对他人的包容，是淡定的从容积淀出来的优雅。有了雅量的人生，就是充满尊敬、赞扬与幽默的一生。

第四章

做事幽默——寓庄于谐，办好难办的事

用“名片效应”套近乎

美国一位心理学家说过：“幽默是一种最有趣、最有感染力、最具有普遍意义的传递艺术。”幽默是一个人最好的形象代言，幽默的传递是一种堪称完美的社会作用。雅各布·莱文对幽默的作用这样说过：“幽默作为一种来自他人并可供共享的经验，有利于减轻交流中焦虑的心理，进而起到掩饰受压抑愿望的作用，这是一种在幽默中悄然流露又不会受到责难的愿望表达。”

也就是说，在交际中幽默地表达自己的愿望远比直言快语更加让人容易接受。生活在社会中就意味着必须与外界拥有切不断的联系，有联系也就意味着我们要“求人”。但是求人做事是一件技巧性的活动，如果想要求人，却又不懂得求人的技巧，这是件很无奈的事情，毕竟不会说话就不可能达到求人的目的。聪明的人在求人办事的过程中懂得让幽默作为自己的名片，运用善意的玩笑博得他人的好感，只有赢得他人的好感才有把事情谈下去的必要。毕竟没有谁会心甘情愿地去帮助一个自己讨厌至极的人。

求人，需要智慧，更加需要幽默的智慧。

幽默是自己最好的名片，良好的幽默口才能让他人在最短的时间内认识你的特点，幽默的口才是对自己最佳的自我介绍，会说幽默话的人，更容易办成事、办好事。

幽默道歉，谅解不请自来

几乎对所有人来说，道歉不是一件很轻松的事情，道歉会让大家感觉到难为情。如果做错了事情，就要请求他人的原谅。道歉也是一门很有学问的艺术。学会幽默，道歉也会变得容易，而没有我们想象中的那么难以启齿了。试着幽默地表达自己的歉意，这不仅不会让我们觉得没有“面子”，还可以很好的化解难题。

夫妻之间，发生争吵的事情犹如家常便饭，这不，老孙又跟妻子吵架了，他们相互赌气，一连好几天都互不理睬。老孙就想，自己作为男子汉大丈夫，和老婆计较显得太不大度，于是，他想了一个办法，和妻子轻松地和好如初了。

这天晚上，在睡觉之前，老孙在床头柜上放了一张字条，上面写着：“孩子他妈，明天，请在早上6点钟叫醒我，我有急事需要处理。孩子他爸。”

第二天早上，老孙一觉醒来，却发现已经7点了，当时他就想，妻子没有叫醒我，难道她还没有原谅我的意思，正要生气，却看到床头柜上有张字条，上面写着：“孩子他爸，快醒醒，快醒醒，已经6点整了。孩子他妈。”看到这个字条，老孙再也气不起来了，不禁笑出声来。拿着这张字条跑到妻子面前，没想到妻子也笑了。

直白地道歉可以有立竿见影的效果，幽默含蓄的道歉方式同样可以赢得爱人的欣赏和认同。老孙和妻子之间这种无声的道歉方式实在是非常高明。以幽默的情景喜剧来代替干瘪乏味的语言，解决日常生活中的分歧，最后可谓是皆大欢喜，有一个快乐的结局。

马先生在外忙着做生意，所以经常会忘记太太的生日。马太太为此跟他有过好几次不愉快的事情，所以马先生便向马太太保证说以后一定记得她的生日了，会给她庆祝。但是，不巧的是，马太太今年的生日，他又忘掉了。生日过了三天他才想起来。虽然如此，他还是给老婆买了一个精美的礼物，然后送到马太太的面前，说：“亲爱的老婆大人，你的样子真是太年轻了，我都没能反应过来你又长了一岁。这也难怪我记不得你的生日。”本来马太太还一直对这件事情耿耿于怀，但是，看到老公为自己选了礼物，并且还说了一句这么会心的话。就没有了脾气，也忘记了丈夫犯的过失。

马先生在弥补自己过失、给太太道歉的同时，幽默地声称是因为自己没有察觉到老婆已经老了一岁，因为自己的老婆看起来依旧那么年轻，所以会忘记她生日的来临。马先生如此巧妙幽默地借机称赞马太太年轻貌美，这样的道歉，即使是再生气的太太也会无力拒绝。

如果你正为自己做错了事而苦心烦恼，想着要如何向对方道歉的话，那就尝试着施展一下自己的幽默魅力吧。因为，幽默是一种人生的态度，是一道精神的出口，是一杯生活的美酒。

如此说来，对掌握幽默本领的人来说，道歉并不是一件难事。懂得用幽默道歉，可以让自己的精神世界变得丰富多彩起来，进而连动自己在客观世界中的快乐，没有人会忍心拒绝诚挚与快乐的致歉方式。所谓世上无难事，只怕幽默人。

善用微笑为幽默的气场加分

有人对幽默中的微笑这样评价：真正的幽默很多源自真诚的热情而少于理智的思考，幽默不是鄙夷，不是出现在哄笑里，它的真义在于爱，出现在安详的微笑里。

在社交场合中微笑是最重要的表情。幽默不是肤浅的谈笑，也不是低下的嘲讽，它是健康的、积极的，它蕴含哲理而妙趣横生。如果说幽默能给机械而繁忙的生活带来一丝生机与活力，那么我们不妨成为生活中淘取幽默的高手，让生活充满情趣，让快乐的微笑时刻洋溢在我们的嘴角。

微笑是一种良性的脸部表情，反映出一个人的内心世界，是自信的标志、礼貌的象征、涵养的外化和情感的体现。在演讲中可以象征性格开朗与温和，可以建立融洽的气氛，消除听众的抵触情绪，可以激发感情，缓解矛盾。幽默的智者往往能够在脸上出现一种标志性的表情——微笑。

微笑可以以柔克刚，以静制动，沟通情感，融洽气氛，缓解矛盾，消融“坚冰”，为幽默表达打下良好的基础，是善意的标志、友好的使者、成功的桥梁。服务业的老板有一个共识：宁肯雇用一个小学还没毕业的女职工——如果她随时展露出可爱的微笑，也不愿雇用一位面孔冷漠的哲学博士。这话有些极端，然而却道出了其中的奥妙。

一次和朋友搭出租车去一个不大熟悉的地方。一路上，我们和司机有说有笑。但不知为什么，开出不久就连续遇到五六个红灯。眼看快到了路口，又碰到一个红灯。朋友随口嘟囔着：“真倒霉！一路都碰到红灯，就差那么一步。”听到朋友的话后，司机转过头，露出一个很豁达的笑容：“不倒霉！世界很公平，等绿灯亮时，我们总是第一个走！”

司机简单的一个笑容，简短的一句话，让我们感动。快乐其实很简单，快乐就产生于我们看待同一件事情的不同角度中。学会以笑待人，我们将会在充满美好的世界里潇洒人生。

发自内心的微笑是人们美好心灵的外现，是幽默的涵养，也是心地善良、待人友好的表露，是一个人有文化、有风度的具体体现。一个有幽默口才的人，就应该是这样的一种人。给别人做工作，要参加辩论和谈判，首先要打动他人的心；而动其心者莫先乎情，表情中最能赢得人心的是微笑。发自内心、表达真情实感的微笑，是取得说服效应的“心理武器”，也是辩论和谈判取得成功的秘诀之一。

在日常生活中，既然微笑有众多的效用，那么微笑训练便成为必要项目。然而，微笑训练都有哪些技术上的要求呢？这里介绍一个小小的诀窍，发明人是我国著名的电影表演艺术家孙道临。他说你只要在嘴上念声“茄子”就行了。

其中，微笑的练习与实用主要可以参考下面几种建议：

第一，在做微笑练习时，应注意总结一下微笑的特点：看看口腔开到什么程度为宜；嘴唇呈什么形态，圆的还是扁的；嘴角是平拉还是上提。练习时可以两人一组结对进行。

第二，微笑练习的动作要领是：口腔打开到不露或刚露齿缝的程度，嘴唇呈扁形，嘴角微微上翘。结对练习时可根据上述归纳的重点重复练习，并互相注意，看看有什么问题。

第三，微笑也要分清场合，如召开重要会议、处理突发事件、参加追悼大会时，就不能脸带微笑。平日在运用微笑传情达意时，要真诚自然，适度得体。切不可无笑装笑、皮笑肉不笑、虚情假意地笑、僵化呆板地笑。硬“挤”出来的笑，只会大倒胃口，令人反感，宁可不要。

恰当的微笑，会让幽默的气场不断扩大，会让他人更加轻易地接受你、喜欢你。

活学活用的灵性让谐趣顿生

人的一生，都需要不停地学习。这个学习包括两个方面，第一种是学习文化知识，如学生们每天坐在教室里听老师讲课；另一种则是在实践中学习，学习各种技术。学习的效果也可以分成两种，一种是潜移默化式的，另一种就是立竿见影式的——我们把这一种叫作活学活用。在做事的幽默技巧中也有一种方式叫作活学活用式的幽默。

活学活用式的幽默是指在学习别人的做法时，立刻理解并掌握别人的方法，然后将这种方法运用到自己的实践中来，当时学习，马上应用。

一次，小王向邻居借了一笔钱，借钱的时候，说好一个月后归还。一个月后，邻居向他要钱，他故作惊讶地说：“我没有借你的钱呀!”邻居看了看他说：“你忘了吗？上个月的时候，你向我借的。”

小王故作惊讶地说：“对，的确上个月我借了你的钱，但是，你应该知道，哲学上讲‘一切皆流，一切皆变’。现在的我已不是上个月向你借钱的我了，你怎么叫现在的我为过去的我还钱呢?”

邻居气得一时无言以对，他回到家里，想了一会儿，拿了一根木棍，跑到小王家里狠狠地把小王痛打了一顿。小王抱着头气势汹汹地叫道：“你打人了，我要到法庭去告你，等着瞧吧。”邻居放下木棍，笑嘻嘻地对小王说：“你去告吧，你刚才不是说‘一切皆流，一切皆变’吗？现在的我，早已不是刚才打你的我了，你确实要去告，就告那个刚才打你的那个我吧。”小王听了，无话可说，被饱打一顿，也只好自认倒霉了。

一个吝啬的老板叫仆人去买酒，却没有给他钱，仆人问："先生，没有钱怎么买酒？"老板说："用钱去买酒，这是谁都能办到的，如果不花钱买酒。那才是有能耐的人。"一会儿，仆人提着空瓶回来了。老板十分恼火，责骂道："你让我喝什么？"仆人不慌不忙地回答："从有酒的瓶里喝到酒，这是谁都能办到的。如果能从空瓶里喝到酒，那才是真正有能耐的人。"

不花钱买酒与空瓶里喝酒一类比，其内在就出现了针锋相对的矛盾，谐趣顿生。仆人"现炒现卖"的学习灵性，表现了仆人的智慧。

球王贝利向足球爱好者们赠送过各式各样的礼物，像明信片、手帕、袜子、护腿、球鞋、球衣，等等，甚至有几次他被球迷团团围住，不得不剪下头发相赠。

在一次比赛之后，有个足球俱乐部的老板，挤到贝利跟前，竟然向贝利要"几滴血"，他央求贝利道："请给我几滴血吧，我要把您的血输到我的球队的中锋身上，这样会大大增强他们比赛的意志。"

贝利风趣地答道："先生您能不能送我几滴血呢？那样就能大大增加我的财气了！"

输贝利的血能增强比赛的意志，那么输老板的血自然也就应该能增加财气了！只要前者能够成立，那么后者也应该能够成立！看来贝利不仅是球王，而且还很有"学以致用"的幽默精神。

活学活用式的幽默同别的幽默技巧，如以谬还谬，仿造仿拟式的幽默有共通相似的地方，也有不同的地方。活学活用式的幽默关键的地方是要尽快学习掌握对方的方式方法，深刻地理解对方的意图。然后就是马上学以致用，将学到的方式方法尽快投入使用。在这一使用过程中，要注意应巧妙地置换条件，否则按照正常的方式去理解，则没有幽默可讲了。幽默的力量只有突破常规才能显示出来。

幽默装傻与因势利导的应变

美国前总统威尔逊在担任新泽西州州长时，曾接到华盛顿的电话，通知他代表新泽西的议员，他的朋友去世了。威尔逊深为震动，立即取消了自己当天的一切活动。几分钟后，他接到了新泽西州一位政治家的电话。"州长，"那人支支吾吾地说，"我希望代替那位议员的位置。""好吧，"威尔逊慢吞吞地说，"要是殡仪馆同意，我本人完全赞同。"

很明显，那位政治家想要代替的"位置"是政治地位。威尔逊是不可能不知道，他故意充愣装傻，把打电话的政治家所要代替的"位置"，利用语言的歧义说成是"死人躺着的地方"，让那位想钻空子者啼笑皆非，给予了有力的嘲弄。

装傻充愣是答非所问的一种，即回答别人问题时，利用语言的歧义性和模糊性，故意错解对方的说话，问东答西。这种说话方式在回答对方的问题时，往往都会出奇制胜，产生特别的幽默感。

此外，因势利导式的幽默术也是做事中能实现出奇制胜的巧妙方法。

英国大文豪萧伯纳的剧本《武器与人》首次公演即获得巨大成功。观众们要求萧伯纳上台接受群众的祝贺。当萧伯纳走上舞台，准备向观众致意时，突然有人对他大声喊叫："萧伯纳，你的剧本糟透了，谁要看？收回去，停演吧！"观众们大都以为萧伯纳肯定会气得发抖。哪知道，萧伯纳非但不生气，还笑容满面地向那个人深深地鞠了一躬，很有礼貌地说："我的朋友，你说得很好，我完全同意你的意见。"说着，他转向台下的观众说："遗憾的是，你我两人反对这么多观众能起到什么作用呢？你我能禁止这个剧本演出吗？"萧伯纳话音刚落，全场就响起了一阵快乐的笑声，紧接着是观众对萧伯纳暴风骤雨般的掌声。那个挑衅者灰溜溜地逃出了剧场。

面对挑衅者的污蔑，萧伯纳要是一味退让，未免有失面子，若与之争辩，非但无济于事，还会在观众心中留下孤芳自赏、自命不凡的坏印象。萧伯纳此时充分展示了其应变才能，巧用因势利导的招数，凭借观众对他的信任与支持，给予他的掌声和喝彩，把挑衅者推向群众的对立面，使其孤立无援，狼狈而逃。

在一些争论场合里，应该时刻注意周围群众的情绪，尽量调动群众来支持自己的观点，巧妙地使出"因势利导，诱敌深入"的招数，寻找出一个突破口，借助群众的力量，给对手精神重压，使之无回击之力。

顺势而语，幽默口舌巧做事

以最佳的方法追求最佳的目的，叫作"智慧"。幽默智慧则是以最幽默的方法追求并实现最佳的做事目的。

生存在这个时代步伐太过紧凑的年代，盲目地蛮干已经不再适用当下的生活以及工作形式。这是一个说话、做事都讲求头脑的世界，因此，想要达到最佳的目的，就多发挥一下自己的思考力，寻求出一个最有利的方法。幽默口才，则是在智慧的基础上生成的轻松、诙谐的做事方法、说话技巧。善用幽默的人，不费吹灰之力就能够让被偷窃的东西失而复得。

这是在哈佛课堂上常会听到的一个幽默智慧故事。罗斯是闻名世界的大化学家、百万富翁。他买了很多精美绝伦的世界名画和珍贵文物，并将这些价值昂贵的东西放置在宽敞的客厅里，供客人欣赏。一个小偷得知此事后，便想去偷几件。

一个深夜，他悄悄进入罗斯家中，发现室内无人，就大胆地摘下了一幅价值20多万美元的名画，并抱起桌上的一件文物，正欲溜出门去。这时，一瓶酒吸引了小偷的注意。酒液清碧，散发出阵阵扑鼻的酒香。这小偷爱酒如命，马上拧开酒瓶盖，仰起脖子大口大口地喝了起来。忽然门外传来了脚步声，小偷马上放下酒瓶，夺路而逃。

警察在屋里没有发现罪犯的任何痕迹。这时罗斯的仆人说，放在客厅里的酒少了半瓶，一定是那窃贼贪杯，喝了几口。警长乔尼听后心生一计，吩咐罗斯马上写一份声明，在当天的晚报上登出。第二天，窃贼竟然来叩罗斯家的门了。躲在屋内的警察马上冲出去抓住了窃贼。

罗斯登报声明写了什么内容，竟使小偷自投罗网？声明内容如下："我是化学家罗斯。今天回家，我发现家中桌子上绿色酒瓶里的液体被人喝了几口。那不是酒，是有毒液体。谁喝了快到我家服解药，否则两天内必有生命危险。请读者阅后相互转告。万分感谢！"

顺势而语是一种机智，"解药"成了一种巨大的诱惑，罗斯幽默地把酒液说成是毒药，造成窃贼的心理恐惧，以至于回到罗斯那里寻找所谓的"解药"，使窃贼自投罗网。乔尼警长抓住了人惜命胜于惜财这一点，迅速地找到了解决问题的方法。

从用智慧做事的理论中可以得知，解决问题的最佳方法往往是在耗费最少精力与口舌的情况下达到了最终目的。

舞台上，在击毙敌人的一刹那，手枪竟没有响。再次射击时，仍无声音。台下的观众哗然。演员一时不知所措，他慌乱地抬起脚，朝敌人狠狠踢去。扮演敌人的演员却很幽默，只见他慢慢地倒在了地上，然后吃力地抬起了头，用微弱的声音说道："他的靴子，原来有毒！我，我真的不行了……"

观众们一阵大笑，最后演出取得了完满的成功。如果没有那位演员的幽默应变，说不定就会遭遇冷场的尴尬，幽默智慧让事情可以在意外中得以顺利发展。

做事是一种学问，需要用心用脑来参透的学问。做成一件事情，离不开智慧的头脑，也离不开智慧的口才。幽默作为"丰富而深刻的精神基础"，是一个人智慧积淀的结晶，是走向成功之路的安全扶梯。

幽默为武器，变意外为常态

生活中，时时处处充满了意外，这些意外或许会让你惊喜、或许会让你充满尴尬与无奈。但凡懂得幽默说话的人，都拥有着一种脱俗超群的品行与智商，对于突如其来的事情能够淡定自若、坦然处理。

一些广受人们爱戴的幽默大家，他们往往意志坚强、聪明灵活、自信敢为……除此之外，他们还有俘获人心的天然利器——幽默。

幽默是许多成功人士的成功素质之一，幽默能帮助他们从无名小卒成长为叱咤风云的大人物，给他们的人格披上了生机无限的魅力。

幽默是一种逆向与放射式的思维方法。具有幽默感的人往往具备较高的情商素质，幽默感强的人往往也更容易成功。原因很简单，幽默感强的人，往往具有灵活的思维与独特的思考方式，通常能够对人和事物具有与众不同的见地，进而能够在与他人的相处中尽情地迎合他人的喜好与需求，尽情展现自己洒脱的一面。他们因为幽默而受到更多人的喜欢与青睐，也因此能够利用幽默的说话技巧来办好难办的事情。

以“铁血宰相”称号载入史册的19世纪中叶普鲁士宰相奥托·冯·俾斯麦，是一位性格幽默的人。他也非常擅用幽默的盾牌，多次解决一些棘手问题。

有一次，俾斯麦在和一位朋友一起打猎时，他的朋友不小心陷入流沙中不能自拔。听到求救的声音，俾斯麦赶紧跑过来，可是他不仅不救他，反而还说：“虽然我很想救你，可是那样我也会被拖入流沙中。所以，我不能救你。但我又不忍心看你这样挣扎。最好的办法是让你死得痛快些。”俾斯麦说完便举起猎枪。他的朋友因为不想遭到枪杀，便拼命挣扎。结果终于爬出流沙。其实，这正是俾斯麦的希望所在。

俾斯麦做军官时，寄宿在一个以吝啬出名而且非常厌恶普鲁士人的家中。有一天，他要求在他房间里装设一个电铃，以便在传唤部下时不用大声喊叫。可是，主人毫不客气地一口回绝了。于是俾斯麦不再说话。当天黄昏，从俾斯麦的房间里突然传出几声枪响。主人吓了一跳，以为发生了什么事，他当即跑进俾斯麦的房间，当他看到俾斯麦的表情沉着地坐在书桌前工作时，比先前更为惊讶了。他指着放在书桌上，枪口还冒着烟的手枪问：“到底怎么回事?”俾斯麦坦然回答：“没什么，我只是在和部下联络罢了!”翌日早晨，他的房间便装上了电铃。

俾斯麦的幽默体现了临危不惧的大智大勇、面对生活中小麻烦的机警灵活，幽默，让他解救了流沙中的朋友、说服了吝啬主人的小气，办好了很难办到的事情。

幽默不只是听一听笑话，放声一笑而已。幽默的伟大在于能够以最快捷、最有效的方式化解我们在生活中遇到的各种意外情况。可以这样说，有幽默存在的地方就有坦然的洒脱。

直意曲说，圆融幽默易成事

圆融幽默是一种姿态，一种生存的韧性。圆融之人如“水”，遇山水转，遇石水转，以“天下之至柔，驰骋天下之至坚”。水灵活处世，不拘于形，因机而动，因势而变的运行姿态是圆融的最好的诠释。是幽默的机智与力量正是能够让你的口才不断改变行事风格和处世策略，让你在整个交际生活中游刃有余。

圆融幽默能掩饰他人的错处或者保护自己的隐私。

心理学的研究表明，谁都不愿把自己的错处或隐私在公众面前“曝光”，一旦被曝光，其就会感到难堪或恼怒。因此，在交际中，如果不是为了某种特殊需要，一般应尽量避免触及对方所避讳的敏感区，避免使对方当众出丑。必要时可委婉地暗示对方你已知道他的错处或隐私，便可对他造成一定的压力。但不可过分，只需“点到为止”。既能使当事者体面地“下台阶”，又尽量不使在场的旁人觉察，这才是最巧妙的“台阶”。批评他人时，莫忘给对方备好台阶，以变通的幽默智慧创造出一份和谐的生活天地。拒绝他人时，用圆融的幽默代替直言的冲撞，将不好说的话幽默说。

约翰·辛格·萨金特，美国人像画家，特别善于画富人和名人。

在一次晚宴上，萨金特发现自己身边坐着一位热情洋溢的女倾慕者。“哦，萨金特先生，前两天我看到了您最近的一幅画，忍不住吻了画上的人，因为那人看上去太像您了。”她动情地告诉萨金特。

“那么，它回吻了您没有?”画家幽默地问。

“什么？它当然不会。”女倾慕者干脆地说。

“这么说，它一点儿也不像我。”萨金特大笑了起来。

约翰·辛格·萨金特并没有对女倾慕者的告白直接表示出自己的看法，而是委婉地通过画像的借口，表达了自己对倾慕者的态度。圆融的幽默，保留了他人的情面，体现了人格魅力的光环。

懂得幽默说话的人往往都会这样不动声色地让对方自己识趣，有时遇到意外情况使对方陷入尴尬境地，这时，外圆内方的人在给对方提供“台阶”的同时，往往会采取某些妥善措施，及时用幽默的语言给对方的面子上再增添一些光彩，使对方更加感激不尽。

另外，如果直来直去不容易达成做事情的目的时，就要学会幽默拐弯。直线像一把利刀，虽然锋利但难免伤人伤气；曲线像一个圆，虽然线长但往往能如我们所愿。幽默说话的道理亦如此。

在美国的一所大学里，一位善用圆融幽默的俄文教授在给同学们上第一堂俄文课的时候，居然带着他的一只小狗来到了课堂上。在上课之前，这位教授用俄语作为口令，让自己的小狗做了一系列精彩的表演，其中一个口令代表着一个动作，小狗很精彩地完成了表演，赢得同学们的热烈欢迎。

待掌声逐渐安静下来，教授指着自己的小狗对大家幽默地说道：“各位同学们都已经看到了，这只小狗能够按俄语的指令一个不差地完成表演。”稍做停顿后，他又说：

“由此可见，俄文是很容易学会的，连一只小狗都能够听得明白，相信大家更是没有问题的。

这位俄文教授并没有像其他老师一样，上课就对自己的学生说学习有多重要，用死板的教条来督促学生。他圆融地借助了小狗的表演来激发学生们对俄语的兴趣，同时幽默指出了学习俄语并不是什么难事。

幽默需要通俗易懂

如果幽默成为一种难懂的艺术，那么幽默将不再是幽默而是滑稽的替代品。幽默需要给他人带去欢乐、需要将自己与他人之间的纽带联结起来。幽默的语言往往是通俗易懂的语言。一个具备幽默口才的人，即使再怎么努力，只要说出的都是一些令人费解的东西，那么幽默效果即将不在，幽默此时只有一个可怜的效果——让他人莫名其妙。

所谓弹琴看听众，幽默看对象。幽默说话时心中要有听者，意识到自己是讲给他们听的。如果他们不是专家学者，就必须使用浅显、平易、朴实的幽默语言，尽量少用专业术语，更不可咬文嚼字，故作高深，否则别人不易接受。如果听者是具有较高文化素养的人，幽默语言才可以稍微文雅些，让自己的谈吐适应他们的水平，当然绝不能之乎者也。

幽默语言讲出来要让别人听懂，这是对幽默语言的基本要求。相反，幽默语言不准确，意思表达得不清楚，就不能反映出现实面貌和思想实际，不能为听者所接受，即使一身机智的好口才，也难以说服他人。所谓规范化的幽默语言就是“统一的、普及的；无论在它的书面形式或口头形式上，都具有明确的规范语言”，对一些外来词语要少用、慎用。特别是考虑到讲话者的特殊身份，在幽默语言上更要通俗易懂。所以，幽默说话，尤其是在大庭广众之下讲话，必须尽量用口语。

幽默语言通俗化、口语化是十分重要的，如果不用通俗的口语，会有什么后果呢？

古时候，有一个读书人上街买柴，看见一个卖柴的樵夫，便高声叫道：“荷薪者过来！”卖柴的听见了喊声，迷迷糊糊地走了过来。秀才问：“其价几何？”卖柴的不知道“几何”是什么意思，听到有“价”字，就说出了价格。秀才看了看，说：“外实而内虚，烟多而焰少，请损之。”卖柴的彻底听不懂了，于是吓得挑起柴，跑了。

这是一则让人发笑的讽刺性幽默。不知这位读书人是故意卖弄自己的文墨呢，还是故意刁难樵夫。但无论出于哪种目的，若将自己的语言当成了卖弄的玩具，就会使语言失去了它在沟通中的意义，就会让本来可以完成的事情变得不再那么简单。

当然，幽默说话能够做到雅俗共赏是最理想的，那将使你拥有更多的听众。但无论如何，为了接近群众和群众交流，并受其欢迎，幽默语言首要的还是通俗易懂。何况幽默的根本是为了顺利实现沟通，成功地把事情完成。

反向求因，乐观为人懂变通

反向求因的幽默就是要求在推理过程中善于钻空子，特别是向反面去钻空子，把极其微小的可能性当作立论的出发点。然而，在生活中有某种常态，在思维中有某种常理，人们的联想都为这种习惯了的常态和常理反复训练达到自动化的程度，以致一个结果出来，便会自动地联想到通常的原因。

反向求因的幽默特点，就是把一个极其微小的可能性当成现实，虽不能最后取消对方提出的另一种更大的可能性，但这种类型的方法更具有喜剧性，是另一种完全否定了原来因果关系的幽默方法。

有一次，萧伯纳收到英国著名女舞蹈家邓肯一封热情洋溢的信。

信中说，如果他俩结合，养个孩子，那对后代将是好事，“孩子有你那样的脑袋和我这样的身体，那将会多美妙啊！”

在回信中，萧伯纳表示受宠若惊，但他不能接受这样的好意。他幽默地说：

“那个孩子的运气可能没那么好，如果他有我这样的身体和你那样的脑袋，那可就糟透了。”

萧伯纳在这里用的方法就是反向求因的幽默法，他向反面钻空子，把哪怕是极其微小的巧合的可能性当成立论的出发点，构成对方期待的落空。在这里，萧伯纳的幽默的特点是把自我调侃（长得不好看）和讽喻他人（脑袋不聪明）巧妙地结合在一起了。

反向求因的幽默也是爱因斯坦惯用的幽默技巧。

爱因斯坦初到纽约，在大街上遇见一位朋友，这位朋友见他穿着一件旧大衣，劝他更换一件新的。爱因斯坦回答说：“没关系，在纽约谁也不认识我。”

几年以后，爱因斯坦名声大振。这位朋友又遇见他，他仍然穿着那件大衣。这位朋友劝他去买一件新大衣。爱因斯坦说：“何必呢，现在这里的每一个人都认识我了。”

爱因斯坦的过人之处不仅在于淡泊，而且在于肯定相同衣着时，却运用了形式上看来是互不相容的理由，以不变应万变。不管情况怎么变幻，行为却一点也不变。

反向求因的幽默在人际交往中很有实用价值，它能让你在情况极端变幻的情况下，找到有利于自己的理由，哪怕是互相对立的理由，也都能为己所用。

当然，这种幽默的功能不但能松弛人与人之间的紧张关系，有时也可以用相反的目的，使人与人之间的关系保持紧张。反向求因的幽默是为人做事的变通之道，是乐观为人的快乐之道。

让脑子转个弯儿来补救失言

懂幽默的人会即使驾驭自己的思维，让自己的脑子因地因时地转弯。“人有失足，马有乱蹄”，在现实生活中，即使辩才如张仪，也难免会陷入词不达意的尴尬境地，更不用说偶尔头脑发昏，举止失当，做出莫名其妙的蠢事。虽然个中原因不同，但后果却相似：贻笑大方或引起纠纷，有时甚至一发而不可收拾。这个时候，你就得让脑子转个弯儿，巧用幽默思维以化解纠纷。

美国前国务卿基辛格是一位成功的外交家，一次，他在接受意大利女记者法拉奇的采访时，说起自己成功的外交施政时，竟夸口说道：“美国人崇尚只身闯荡的西部牛仔，而单枪匹马向来是我的作风，或者说是我技能的一部分。”此番话一经报纸发表，马上引起轩然大波，连一贯赞赏基辛格的人们也不满于他好大喜功的轻率言论。然而，基辛格毕竟是基辛格，他不但沉住了气，还幽默地主动接受采访并乘机声明：“当初接见法拉奇是我平生最愚蠢的一件事，她曲解了我的话，拿我来做文章罢了。”

基辛格与法拉奇之间的谈话，究竟谁真谁假，外人一下子丈二和尚摸不着头脑。这便是一种转移别人注意力的幽默方法。它可以减轻失误的严重性，但在一般情况下，应用此法应该谨慎，因为它实际上是诿过于人，不到万不得已最好少用，以免损失自己的声誉，失去他人的信任。

从前，有一个云游天下的僧人，很有智慧。一次，他来到一个地方，听说前方有一户人家，从来不许别人借宿，他决定去借宿一夜。

天黑下来以后，这个游僧就走进了这户人家。这时，他突然变成了一个“聋子”。在互相致意之后，主人急忙给他烧了茶，招待他吃了饭，然后打着手势对他说：“吃了饭早点动身吧，我们家里是不能过夜的。”

游僧佯装不懂，只是瞪大眼睛看。主人用手指指门，再次请他出去。

“好，好。”游僧好像懂了。一边说着，一边大步走到门外，把包裹拖了进来，放在西北角的柜子前。

主人又做了一个背上包裹快走的手势。游僧立即跳了起来，举起包裹放在柜子上面，嘴里还说：“这倒也是，里面可全是经书啊！”

主人又反复比画，要他走，他却点点头，说：“没有小孩好，不会乱拿东西。我把两根木棍插在包裹的粗绳上了。”人家说东，他就说西，弄得主人哭笑不得，最后没法，只得留他过了一夜。

很多情况下，如果据理力争不成功，反向思维，用装聋作哑去化解异议、转移话题的缄默，让他人无法推辞，从而达到自己的目的。

有句俗语说，一半是真，一半是假。“借口”永远是有的，就看你如何去发现，怎样去利用。时常让自己的思维转个弯，借助幽默的精髓补救失言的无奈。这应验了中国的一句古谚语：“塞翁失马，焉知非福。”将自己说过的“错话”添文减字，让意思改变，是幽默改口的另一个招数；亦或将自己的意愿通过另一种语言方式委婉地表达出来，就会更加容易被人接受。

但是，需要注意的是用幽默补救言语失误或举止失当，应视场合的不同而采取不同的手段。灵活运用，方能百战百胜。如果拘泥形式，只会雪上加霜。以上所介绍的只是在变通情况下应采取的幽默应对之法，希望对读者有所帮助。

因此，当你发现自己不小心说错话的时候，不妨让自己的脑子转个弯，变换一种说话习惯，将失言解释得津津有味，这时你就成了说话高手了。

摆脱两难问题的幽默法术

“两难”问题就是不论你回答“是”或“否”都可能给你带来麻烦。回答这类问题最须用心，最需要幽默而机智的口才技巧。

为了更加形象地说明回答“两难”问题的方式以及作用，接下来主要用案例来说明，让大家能够在案例中具体体会到如何做才能让“两难”问题在幽默对策中迎刃而解。

1. 回避难题可找出他人的漏洞

在清朝末期的一次科举考试中，有一位考生的试卷做得甚是糟糕，当考官阅卷到最后的时候，居然发现这样一句话：“我乃李鸿章大人之亲妻。”这位考生在故意拉关系的时候，却误将“亲戚”写成了“亲妻”，实在可笑。

阅卷老师正好从考生的马脚出发，批语道：“断不敢娶！”

上文中的“断不敢娶”有两种意思，表面上在指代既然是李鸿章大人的亲妻，当然不敢娶了，实质上是在说明对于这样的考生是不会同意录取的，阅卷老师将错就错，轻松解决了一个两难问题。如果这位考生真的是李鸿章大人的亲戚，也不能怪罪到阅卷考官的头上，是考生错字在先；如果这位考生是在无理取闹，那不予录取正是理所当然的。

当我们面对两难问题，既不能肯定也不能否定的情况下，那就拿他人的漏洞开刀，表明自己的无能为力，这是一种幽默的机智与变通，是一种保全自己的良方。

2. 正式场合遭遇两难，朦胧幽默为自己解围

顾维均担任美国公使的时候，有一天，参加各国使节团的国际舞会。和他共舞的美国小姐忽然问："请问，您喜欢中国小姐，还是美国小姐?"

这个问题很难回答，如果说喜欢中国小姐，就得罪了共舞的美国小姐；如果说喜欢美国小姐，那又是违心之论，并且有贬低中国小姐的嫌疑。顾维均幽默地笑着说："不管是中国小姐还是美国小姐，只要是喜欢我的人，我都喜欢。"

针对美国小姐提出的两难问题，无论选择哪一个答案都会让顾维均遭受到他人的质疑。如果顾维均选择说自己喜欢中国小姐，那么就会让美国小姐气愤；如果他说自己喜欢美国小姐，又会造成对中国小姐的不尊重。令人欣慰的是，顾维均没有直接地做出选择，而是运用朦胧语言"只要是喜欢我的人，我都喜欢"，不仅给那位美国小姐留了情面，也为自己保全了气度。

幽默做事情，保全他人面子

俗话说："人争一口气，树争一层皮。"此话道出了人性的一大特点：爱面子。可是我们不能只爱自己的面子，而不给他人面子。每个人都有一道最后的心理防线，一旦我们不给他人退路，不让他人下台阶，他只好使出最后的一招——自卫。因此，当我们遇事待人时，应谨记一条原则：别让人下不了台阶。之所以提倡幽默做事，原因正在于此。幽默做事可以在保全他人面子的同时，实现自己的办事目的。

一句或两句体谅的话，对他人态度宽容，这些都可以减少对别人的伤害，保住别人的面子。假如我们是对的，别人是错的，我们也会因为让别人丢脸而毁了他。传奇性的法国飞行先锋和作家安托安娜·德·圣苏荷依写过："我没有权利去做或说任何事以贬低一个人的自尊。重要的并不是我觉得他怎么样，而是他觉得他自己如何，伤害他人的自尊是一种罪行。"幽默做事贯穿的原则就是豁达、大度，为别人留下一丝情面，也是在为自己增添一分尊容。

海涅经常收到许多朋友寄来的诗稿。有一次，他收到一份欠邮资的稿件。拆开一看，里面一首诗也没有，只有一捆稿纸，并附有一张小字条，上面写着："亲爱的海涅，我健康而快活，衷心地致以问候，你的梅厄。"

海涅手里拿着邮件，猜不透这位朋友的用意。几天以后，梅厄也收到了一个欠邮资的沉重的邮包。他打开一看，竟是一块大石头，还有一张便笺，上面幽默地写道："亲爱的梅厄，看了你的信，我心里的这块石头才落了地，我把它寄给你，以纪念我对你的爱。”

海涅以彼之道还施彼身，用对方的方式来启发对方，让对方认识到自己的行为不妥，不必用言语让对方难堪，反而因此保全了双方的面子。这正是幽默做事的内涵所在。

当一个人已经做出一定的许诺——宣布一种坚定的立场或观点后，由于自尊的缘故，他很难改变自己的立场或观点，此时你若想说服他，就必须顾全他的面子，为对方铺台面，说一些有利对方的话，也是在为自己铺路。

这是每个幽默说服者都懂得的——让他人保全自己的面子。

即使对方犯错，而我们是对的，如果没有为别人保留面子，就会在毁了他人的颜面的同时断送自己一个朋友。因此，你要说服他人就应该遵循这一原则：帮助别人认识并改正错误，幽默说话，保全他们的面子。

丢掉面子时，学会幽默挽回

无论在什么时候，给别人保留一份面子，也是为自己留一点余地。对中国人来说，面子实际上等于脸面。做事不讲讲脸面就没有进行下去的必要。于是面子问题一直是在业务洽谈、与人交往中的重要课题。

当你不小心触及他人的颜面问题，或者自己的面子遭受到外来嘲笑的时候，应该怎样正确应对呢？答案是，不要硬对硬，要懂得巧妙地运用幽默语言，挽回颜面。

切斯特顿这一巧妙的揶揄，既让萧伯纳感到了自己的失言，又让自己的智慧在人前闪光。按照字典的解释，揶揄是一种嘲笑。而艺术地揶揄应当说是一种运用语言的技巧。

丹麦童话作家安徒生有一次在大街上行走的时候，突然遭遇了他人的嘲笑，但是安徒生的幽默应答却让奚落他的人自惭形秽。

由于安徒生平时生活很简朴，常常戴着破旧的帽子上街。

突然有个行路人嘲笑他：“你脑袋上边的那个玩意儿是什么？能算是帽子吗？”

安徒生幽默回敬道：“你帽子下边的那个玩意儿是什么？能算是脑袋吗？”

安徒生巧妙地以其人之道还治其人之身，将同样的讽刺还击给了那个行路人，虽然讽刺性很强，却表达间接诙谐，顾虑到了行路人的面子。

幽默灵感的爆发，幽默的妙答常常使你在濒临危境的时候柳暗花明，享受绝处逢生的喜悦。生活中如果自己突然遇到了尴尬有失体面的小事，不妨幽默自己一下。

宋朝大文学家石曼卿，人称“石学士”。一日酒后骑马去报国寺游玩，突然马受惊乱跑，将石曼卿从马上摔了下来。只见石曼卿站起来，拍拍身上的尘土，拿起马鞭，然后风趣地对围观者说："幸亏我是'石'学士，要是'瓦'学士，一定要摔破了。"

石学士把自己的姓，作了另外一种解释，妙语解疑，为后人称道。

语言的运用是一门综合艺术，照本宣科式的教条运用不会有好的交际效果。幽默机智的背后是深厚的文化素养，高雅的气质和风度。

幽默沟通中的间接批评方法

张三在深圳一家合资企业工作。他经常在上班时间去理发店理发，这是违反公司规定的。公司经理知道后，决定要狠狠地批评他。

一天，当张三正在理发店理发时，公司经理也来到店里。张三看见经理，急忙低下头，藏起脸，想躲过经理。可是经理站在他旁边的位置上，把他叫出来。

"喂，张三，"经理说，"你怎么在上班时间理发？"

"是，经理，"张三说，"您看，我的头发是在上班时间长的。"

"不完全是，"经理马上说，"有些是在你下班时间长的。"

"是的，经理，您说得对，"张三礼貌地回答，"但是，我现在只剪上班时长的那部分。"

经理听了不禁笑了起来，也忘了指责张三了。

张三在上班时间理发是不对的，在正常情况下，经理必定会批评他，甚至对他产生不好的印象。但经过张三这么幽默一说，经理与他的误会顿时化解了，而且他们之间的关系也融洽起来。

无论是经理还是张三，他们都属于懂幽默会说幽默话的人，经理对张三在上班时间理发并没有采取直接的批评方式，而是巧借"有些是在你下班时间长的"的幽默来婉言批评张三的不对，张三则借助经理的幽默顺势说下去，带给经理"笑"点，让经理的不满自动消失。幽默沟通中的间接批评，让他人容易接受，让自己少受闷气。

在旅途中，司机师傅并没有全心全意在开车，他只用一只手握着方向盘，却把另一只手伸出车窗外，还把车开得飞快。车中有位老婆婆对此心有余悸，但是她没有直接批评司机师傅开车太不谨慎，她是这样说的："年轻人，这个地方下雨挺频繁的吧？"

"那是当然，这里的天就像孩子的脸一样说变就变。"司机师傅悠然地回答。

"哎呀，我说你总喜欢把手放在车窗外呢，感情是帮我们打探天气呢，放心吧小伙子，你专心开车，我帮你盯着天呢，哈哈。"

老婆婆的幽默批评将小伙子说得笑了起来，也赶紧将放在车窗外的手收了回来。

老婆婆明明知道司机师傅只用一只手开车是很危险的，却幽默地将自己的意见用下雨来暗示师傅的不是之处。老婆婆巧用幽默，不仅给司机师傅留全了面子，消除了情绪上的对立，还通过误会将笑料制造了出来，给他人和自己带来了幽默与愉悦。

因此，在为人处世中，不妨多体会一下别人的感受，当你批评他人的时候最好不要生硬地将自己的不满直接表达出来，毕竟多数人不会愿意心甘情愿地接受他人的批评。大多数人在面对他人批评的时候，心理或者焦急担心，或者恐惧，或者敌视而抱有戒心，或者懊悔不已。从心理角度出发，人们更应该懂得与他人在思想上统一，借助幽默语言可以赢得他人的感激，激发他人奋进的力量。

第五章

谈判幽默——打破僵局，增加胜算

寒暄幽默，激活气氛

寒暄又叫打招呼，是人与人建立语言交流的方法之一。它能使不相识的人相互认识，使不熟悉的人相互熟悉，使单调的气氛活跃起来。寒暄幽默可为谈判双方进一步攀谈架设桥梁，沟通情感。

刚与对手见面时，必定要说几句客套话，虽是客套，可也非常重要，值得注意。数分钟的寒暄，有助于气氛的融洽，有助于商谈正题气氛的营造。如果刚见面就开门见山，单刀直入，很容易让人觉得突兀，态度不免就会强硬，不利于商谈的展开。

总的来说，为了创造出一个良好的谈判气氛，谈判人员在寒暄幽默中应做到：

（1）寒暄恰到好处。在进入谈判正题之前，一般都有一个过渡阶段，在这阶段双方一般要互致问候或谈几句与正题无关的问题。如来会谈前各自的经历、体育比赛、个人问题以及以往的共同经历和取得的成功等等，使双方找到共同语言，为心理沟通做好准备。切记不要涉及令人沮丧的话题。

（2）动作自然得体。动作和手势也是影响谈判气氛的重要因素。特别值得注意的是，由于各国、各民族文化、习俗的不同，对各种动作的反映也不尽相同。比如，初次见面时的握手就颇有讲究，有的外宾认为这是一种友好的表示，给人以亲近感；而有的外宾则会觉得对方是在故弄玄虚，有意谄媚，就会产生一种厌恶感。因此，谈判者应事先了解对方的背景、性格特点，区别不同的情况，采用不同的形体语言。

（3）破题引人入胜。如果说开局是谈判气氛形成的关键阶段，那么破题则是关键中的关键，就好比围棋中的“天王山”，既是对方之要点也是我们之要点。因为双方都要通过破题来表明自己的观点、立场，也都要通过破题来了解对方。由于谈判即将开始，难免会心情紧张，因此出现张口结舌、言不由衷或盲目迎合对方的现象，这对下面的正式谈判将会产生不良的影响。为了防止这种现象的发生，应该事先做好充分准备，做到有备而来。比如，可以把预计谈判时间的5%作为“入题”阶段，若谈判准备进行1小时，就用3分钟时间沉思；如果谈判要持续几天，最好在谈生意前的某个晚上，找机会请对方一起吃顿饭。

(4) 讲究表情幽默。表情幽默是无声的信息，是内心情感的表露，包括形象、表情、眼神，等等。幽默谈判人员往往会信心十足，是轻松愉快而不是紧张呆滞，通过很俏皮的表情流露出来。比如活泼地眨眨眼睛，幽默地噘嘴，热情洋溢的一个手势都可以让谈判对方感觉到亲切、友好，进而激发出合作的愿望。

察言观色，开局阶段的任务不仅仅是营造良好的气氛，还要敏锐地捕捉各种信息，如对方的性格、态度、意向、风格、经验等，为以后的谈判工作提供帮助。

退让有度，声东击西

在谈判中，一味地用和气、温柔的语调讲话，一个劲地谦虚、客气、退让，有时并不能让对方信赖、尊敬及让步，反而会使一些人误认为你必须依附于他，或认为你是个软弱的谈判对手，可以在你身上获得更多更大的利益，这样的谈判态度也是幽默谈判所摒弃的语言风格。

退让有度，声东击西，是幽默谈判技巧的重要方法，也是一种更加含蓄迂回的幽默技巧。在利用幽默的语言来回击或反驳一些错误观点的时候，这种技巧的运用特别有力。

从人的心理来看，也是极为可取的一种幽默方法。爱面子是人皆有之的自尊心的表现，如果在语言或行为上直接损伤了对方的面子，那么即使这个语言或行为是善意的，对方也难以接受，而采用声东击西法就可以避免这一点。作为一个智者，尤其作为一个大幽默家，他们的话大多属于声东击西法的典型，而且显得十分幽默。

王军应谈判方之邀参加酒宴，谈判方很吝啬，仅仅招待了他几杯白酒。王军临走时对那人说：“劳驾你，请在我的左右腮帮上各打一记耳光吧。”那人很是奇怪，问什么原因，王军说：“这样的话，我脸上通红，领导才知我在你这里吃饱喝足了，否则，不好交代啊！”

这位吝啬的谈判方也觉得不好意思，便拿出一个很大的酒杯，可倒酒时仅盖上杯底。王军便要求拿一把锯子，那人更奇怪了，王军回答说：“我是想把这杯子无用的上半部锯掉。”

王军面对谈判方的吝啬不好直说，转弯抹角，声东击西，几句妙语实在值得玩味。

既表达了自己的不满，也讥讽了谈判方的小气。

软硬兼施的声东击西法在不少场合都可以见到：明是说罪，暗里摆功；明是说愚，暗里表忠；明说张三，实指李四；欲东而西，欲是而非；敲山震虎，指桑骂槐，等等，都属于这类。当然，在日常的生活中，这种声东击西法的幽默技巧也可以诙谐地加以运用，以产生强烈的幽默效果。内心想要拒绝，表面上却装出一副答应的样子，然后借机列出自己所遇到的难度，让谈判方自己松懈下来。

相反，如果一开始就以比较强硬的态度出现，从面部表情到言谈举止，都表现高傲、不可战胜、一步也不退让，那么留给对方的将是极不好的印象。这样，会使对方对你的谈判诚意持有异议，从而导致失去对你的信赖和尊敬。

但是，声东击西法要取得好的效果，取决于听众的静心默思，反复品味。因为这种幽默技巧的特点是：你想表达的思想不是直接表达出来，而是以迂为直，被埋藏在说出来的后面。听众在听完话之后，必须有个回味的时间，才能体会出个中的奥秘，产生幽默风趣的情绪。

谈判桌上，幽默装傻

大多数人认为，一位幽默的谈判家应该是一个风度翩翩、伶牙俐齿、反应敏捷和精明干练的强者。其实，在实际的谈判场合中，往往表面上弱势的人，比如看似口才笨拙、个性愚钝的人，反倒容易达到目标，在别人看来很明显的缺陷反而转变成了有利条件。幽默装傻成了谈判桌上无往不胜的法宝。要想赢在谈判，得先学会装傻。

很多著名的谈判专家都谈到过和那些犹豫不决、愚笨无知或固执一端的人打交道时所产生的挫折感。如果一个人听不进去另一个人的解说，就如同让野兽去享受贵重祭品，让飞鸟欣赏高雅的音乐。的确，在一个根本听不懂你在说什么的人面前，再精辟的见解、再高深的理论、再高明的技巧，又能起什么作用呢？没有了对手，你还有什么精神去冲锋陷阵呢？

所以，你可以收敛自己唇枪舌剑的锋芒，向对方“示弱”，以消除对方的排斥感和敌对心理；松懈他的警惕性，助长他的同情心，使谈判朝着有利于你的方向发展。你不妨常常把“对不起，您能再说一遍吗”“我不太理解”或者“我全都指望你帮我了，看来指望自己是无望了”之类的幽默话挂在嘴边。直到对方兴致全无，一筹莫展，完全丧失毅力和耐心。

日本某航空公司和美国一家公司谈判。谈判从早8点开始，美国人完全控制了局面，他们利用手中充足的资料向日本人展开攻势。他们通过屏幕向日本人详细地介绍、演示各式图表和计算机结果。而日本人只是静静地坐在那里，一言不发。两个半小时之后，美国人关掉放映机，扭亮电灯，满怀信心地询问日方代表的意见。

一位日方代表面带微笑地答道："我们不明白。"

"不明白？什么地方不明白？"

另一位代表回答："都不明白。"

美国人再也沉不住气了："从哪里开始不明白？"

第三位代表幽默却故作镇定地说："从你将会议室的灯关了之后开始。"

美国人傻了眼："你们要怎么办？"

三个日本商人再次异口同声地说："请你再说一遍。"

美方代表彻底泄了气。他们再也没有勇气和兴致重复那两个半小时的场面。他们只得放低要求，不计代价，只求达成协议。

美方代表是有备而来的，日方代表如果和他们正面交谈，肯定很难占到便宜，日方代表索性收敛锋芒，宣称自己什么也不懂，反倒打乱了对方的阵脚，获得了成功。

在谈判中，我们有时会遇到攻击型的对手，他们咄咄逼人、气势汹汹。对这种人，采用幽默"装傻"示弱的方法，往往能收到很好的效果。

一般说来，攻击型的人都认定对方会激烈抵抗自己的攻击，所以，一旦对方不加反驳，反而坦白承认自己的错处时，这就会狠狠地挫败攻击者的气势，令他不知如何是好。这就好像一个人运足了全身的力气挥拳向你击来，你不但不还手，反而后退走开，对方那种尴尬的感觉恐怕比挨一顿揍还要难以忍受。

就像人们常说的"傻人有傻福"，"傻"透露给人们的是一种不具备攻击性的概念，"傻"中的真诚与幽默往往能够打动谈判桌对面的所有人。

幽默在先，友好随后

谈判是我们在工作和生活中必不可少的一种洽谈，谈判需要一项高技能的幽默说话艺术，对每一个时机的把握，对每一个用词的力度都会是一次谈判决胜的关键。懂得运用幽默作为谈判基础的人，往往更能轻易取得谈判的成功。

在一家药店里，一位顾客气愤地对经理说："一星期前，我在这里买的润肤膏，我用了一点作用也没起，我要求退款。"

"为什么？"

"你说，它可以与脱发作斗争的，可是不顶用。"

"您再试试看。我是说过，这种润肤膏可用来与脱发作斗争，但并未说，它一定最终能取得胜利，但是我可以保证的是我们的产品都是真品。"

顾客不禁被经理的这句幽默的话逗得咯咯笑了起来，随后，经理同意为该顾客免费提供一瓶润肤膏，顾客心满意足地走了。

经理面对顾客的抱怨，并没有因此而气急败坏，他没有否认自己曾经对顾客许下的承诺，反而对自己的承诺进行了幽默的补充说明。幽默让顾客在笑声中忘记了抱怨，让顾客高高兴兴地接受了经理的最终处理方式。

在谈判中，语言的幽默可以让自己在谈判中轻易取胜，但是语言的丝毫不严谨之处都有可能造成失败，而抓住对方的关键字眼则可以大做文章。因此，对待大局的沉着冷静和关键时刻的幽默谈判技巧都会助你一臂之力。

在谈判的时候，谈判双方都想争取最大利益，这也正是谈判之所以产生的主要原因。但是如何为自己争取最大的利益呢？首先就应该创造出一种友好的气氛。试想一下，谈判双方在心情好的情况下和在情绪很糟糕的情况下，哪一种形式更利于谈判的进行呢？答案可想而知。幽默是谈判气氛的烘托，更是维护良好气氛的调节剂。

但是在友好谈判中，幽默却要有立场，而许多人却因为自己的立场不坚定，时机把握的不及时，对问题考虑的不周全等状况，而使自己的谈判陷入僵局。

口才较量，幽默助阵

商场是一个展示口才的好地方，商家为了自身的生存和发展，不可能不用最好的产品来赢得客户；需要筹措资金，就得同银行等金融机构谈判；需要采购原材料或成品，就得同供应商谈判；需要推销产品，就得同用户或消费者谈判；需要扩大产品知名度，提高企业的声誉，就得同广告公司谈判……如此看来，这一切都离不开说话。

一个精明的商家说过这样一句话：一个成功的谈判者首先必须是一个出色的口才高手，幽默则当之无愧地成为优秀谈判者展示口才的法宝。

因此，幽默能使你在谈判中左右逢源，常常在“山重水复疑无路”时变得“柳暗花明又一村”。因为，谈判时具有幽默心理能使你情绪良好、充满自信，思路清晰、判断准确。谈判中要使自己进退自如，没有幽默的帮助是难以达到预期的效果的。

适度的幽默能够建立良好的气氛，让大家精神放松，进一步密切双边关系。这样就可以营造一个友好、轻松、诚挚、认真的合作氛围，对谈判双方来说，都是具有实质性意义的。

每个人的思想不可能相同，当意见不一致时，要学会运用幽默来化解，避免让双方进入对话的死胡同，从而化干戈为玉帛。

商场之上，风起云涌，商战轰轰烈烈。欲在竞争激烈的商场上辟出并发展一块立足之地，商家不能不重视商务谈判。“纵横舌上鼓风雷”，商务谈判比日常生活中的谈判更富有竞争性，更富有技巧，它关系到企业的生死存亡。

商场谈判是一个过程，也是一种较量，是谋略的较量，也是口才的较量，不具备一流的口才是无法进入实际的谈判过程的。幽默的口才，不仅可以展现你的风度与诚意，还可以使你多一个生意上的朋友或多一个潜在的客户。

总之，事业的成功与失败，往往决定于你的幽默口才，决定于你在商战中所说的话，这是千真万确的，一个人在商业上的成败，常常取决一次谈判的好与坏。如果你想成为商场精英，必须具备应付自如的幽默口才能力。幽默口才，为你的成功鸣锣开道。

幽默言语，软化气氛

当谈判双方正式亮相后，开始彼此间的接触、交流、摸底甚至冲突。当然这也仅仅是开始，它离达成正式协议还有相当漫长的过程。但是在谈判开始阶段，你首先要做好一项非常重要的工作，那就是营造洽谈的气氛，它对谈判成败有非常重要的关系。

谈判气氛是谈判对手之间的相互态度，它能够影响谈判人员的心理、情绪和感觉，从而引起相应的反应。

在一次重要的谈判中，双方以前未从有过任何接触，气氛略显沉闷。这时甲方的代表开口了："王经理，听说你是属虎的，贵厂在你的领导下真是虎虎有生气呀！"

"谢谢，借你吉言。唉，可惜我一回家，就虎威难再了！"

"哦，为什么呀？"

"我和我的夫人属相相克啊，我被降住了！"

"那么你妻子……"

"她属武松！"

双方你来我往，不经意的几句幽默话语，就让原来的沉闷气氛一扫而光，彼此间很容易就建立了一种亲近随和的关系。

不同的谈判气氛，对于谈判有着不同的影响，一种谈判气氛可以在不知不觉中把谈判朝某个方向推进。热烈的、积极的、合作的气氛，会把谈判朝达成一致的协议方向推动；而冷淡的、对立的、紧张的气氛则会把谈判推向更为严峻的境地，很难真正地解决问题。

作为一个谈判人员，在谈判开始阶段，首先要做好的一项非常重要的工作就是营造洽谈的气氛，它对谈判的成败与否具有举足轻重的作用。愉快的洽谈气氛离不开幽默的运用。

有一个年轻人与智者进行了对话，小伙子很聪明也很幽默，但是智者的幽默水平看起来更上一层楼。

年轻人：我尊贵的智者，在你看来，一千年的时间有多长啊？

智者：一千年的时间相当于你们的一分钟。

年轻人：原来这样，那在你看来，十万个金币又相当于多少钱呢？

智者：也就是一个小钱吧。

年轻人：我伟大而又仁爱的智者啊，既然这样，你就发发您的慈悲心，赐予我一点小钱吧。

智者：好的，我亲爱的孩子，但是我需要在一分钟后拿给你。

这位年轻人本来要向博爱的智者索要一些零花钱的，可是却被智者巧妙地回绝了。谈判是一门高雅的艺术，把话说得好了，即使别人没有达到自己的目的，也会对你佩服得五体投地。也就是说谈判的高手，一般不会轻易在谈判过程中树敌。

林语堂曾经风趣地讲过，人与人之间进行谈判时，谈判双方最好学会由政治家向幽默家的转变，因为幽默可以减轻双方的对立感，可以营造更有利于谈判结果、实现双赢的谈判气氛。

谈判气氛多数情况下是人为营造的。不同的谈判气氛任何谈判者都有可能遇到。能运用幽默影响谈判过程的谈判者，自是精明之人。

第六章

应酬幽默——开口是金，赢得人情

机巧示弱，酒场能手

应酬的时候，我们要面对不同的人，当你面对一个“弱”者时，即使对他没有同情心，也不要对他“痛下杀手”。作为这方面的一个高手，就要常在关键场合向人“示弱”，说一些软话、幽默话、圆场话，来提高应酬场上的气氛、避免给自己带来麻烦。

在应酬场合多说几句“软话”，就会逃过被灌醉的“劫难”，因此，用幽默的示弱语言，巧妙拒绝他人是一种手段，别人看见你一副不胜酒力的样子，便不愿再责难了。当然，如果你在示弱无望的情况下，你也可以实话实说，争取谅解。相信别人也不会太为难你的，只要说话的语气是委婉的、机智的、幽默的。

刘某新婚大喜之日，当酒宴进入高潮时，某“酒仙”似醉非醉、侃侃而谈，请三位上座的来宾一起喝一瓶。面对“酒仙”言辞上的咄咄逼人，三位来宾中的一人站起来说：“我想请教你一个问题‘三人行，必有我师’，这是不是孔子的话?”

“是的。”“酒仙”随即说。

来宾又问：“你是不是要我们三个人一起喝?”

“酒仙”答：“不错。”

来宾见其已入“圈套”，便说：

“既然圣人说‘三人行，必有我师’，你又提出要我们三人一起喝，你现在就是我们最好的老师，请你先示范一瓶，怎么样?”

这突如其来的一击，直逼得“酒仙”束手无策，无言以对，只得解除“酒令”。

这一招幽默式叫“巧设圈套，反守为攻”，就是先不动声色，静听其言，等待时机，一旦时机成熟，抓住对方言辞中的“突破口”，以此切入，反守为攻，使对方无言争辩，从而回绝。懂得这样回绝的人必定是一位酒场高手，必定拥有一颗机智、乐观的心态。俗话说事实胜于雄辩，拒酒时，若能突出事实，申明实际情况，表明自己的苦衷，再配上得体幽默的语言，那就能取得劝酒者的谅解，使他欲言又止，辍杯罢手。拒酒也可以半开玩笑地搬出后果以作前车之鉴，从而达到拒酒目的。

饮酒当然应是喝好而不喝倒，让客人乘兴而来，尽兴而归。那种不顾实际的劝酒风，说到底，也不过是以把人喝倒为目的，这充其量只能说是一种低级趣味的劝酒术，乃劝酒之大忌。作为被动者，当酒量喝到一半时，应向东道主或劝酒者说明情况。比如说："感谢你对我的一片盛情，我原本只有三两酒量，今天因喝得格外称心，我贪了几杯，再喝就'不对劲'了，还望你能体谅。"如此开脱以后，就再也不要喝了。这种实实在在地说明后果和隐患的拒酒术，只要劝酒者明白"乐极生悲"的道理，善解人意者，就会见好就收。

现代生活中，交际应酬在所难免。而应酬中总是免不了喝酒，如果有些酒是非喝不可，肯定是推不掉的，那就需要掌握喝酒的诀窍了。这些诀窍的目的在于怎么样把酒喝好，还尽可能少损害健康或者让我们不会因喝多了而乱说话扫别人的兴，但相对于"酒品如人品"来说，有些伎俩还是不要轻易用，不到万不得已之时，最好不要拿出来，否则可能让别人觉得我们不够真诚。

不说蠢话，诙谐相处

中国是一个崇尚酒的国度，酒文化在社会生活中起着举足轻重的作用。从古至今，无论是逢年过节，还是婚丧嫁娶，都免不了要请客喝酒，也就是应酬。在当今社会中，不能经商赚钱，不能一举成名，都不会有人笑话你，若不能饮酒、不懂得应酬，则有可能会受到别人的"奚落"。

因此，饮酒也是一种基本能力，缺少不得。所以，只要一上酒席，遇有人敬酒，总要喝上一些。但如果遇到某些特殊的情况而不想或是不能喝，那该怎么办呢？要知道酒席上的氛围总是喝酒容易拒酒难。

如果的确是对酒的招架力太差，就应该学会说好辞宴话。辞宴话的要点是，不说蠢话，给他人营造一种诙谐的说话环境，让他人在微笑之余，欣然接受你对应酬的推辞。

下面是贾平凹先生的一封别有风味、妙语横生的辞宴信：

6 月 16 日粤菜馆的饭局我就不去了。在座的有那么多领导和大款，我虽也是局级，但文联主席是穷官、闲官，别人不装在眼里，我也不把我瞧得上，哪里敢称作同僚？他们知道我而没见过我，我没有见过人家也不知道人家具体职务，若去了，他们西装革履我一身休闲，他们坐小车我骑自行车，他们提手机我背个挎包，于我觉得寒酸，于人家又觉得我不合群，这饭就吃得不自在了。

要吃饭和熟人吃着香，爱吃的多吃，不爱吃的少吃，可以打嗝儿，可以放屁，可以说趣话骂娘，和生人能这样吗？和领导能这样吗？知道的能原谅我是懒散惯了，不知道的还以为我对人家不恭，为吃一顿饭惹出许多事情来，这就犯不着了。酒席上谁是上座，谁是次座，那是不能乱了秩序的，且常常上座的领导到得最迟，菜端上来得他到来方能开席，我是半年未吃海鲜之类了，见那龙虾海蟹就急不可耐，若不自觉筷先伸了过去如何是好？即便开席，你知道我向来吃速快，吃相难看，只顾闷头吃下去，若顺我意，让满座难堪，也丢了文人的斯文，若强制自己，为吃一顿饭强制自己，这又是为什么来着？席间敬酒，先敬谁，后敬谁，顺序不能乱，谁也不得漏，而且又要说敬酒词，我生来口讷，说得得体我不会，说得不得体又落个傲慢。敬领导要起立，一人敬全席起立，我腿有疾，几十次起来坐下又起来我难以支持。我又不善笑，你知道，从来照相都不笑的，在席上当然要笑，那笑就易于皮笑肉不笑，就要冷落席上的气氛。

更为难的是我自患病后已戒了酒，若领导让我喝，我不喝拂他的兴，喝了又得伤我身子，即使是你事先在我杯中盛白水，一旦发现，那就全没了意思。官场的事我不懂，写文章又常惹领导不满，席间人家若指导起文学上的事，我该不该掏了笔来记录？该不该和他辩论？说是不是，说不是也不是，我这般年纪了，在外随便惯了，在家也充大惯了，让我一副奴相去逢迎，百般殷勤做妓态，一时半会儿难以学会。而你设一局饭，花销几千，忙活数日，图的是皆大欢喜，若让我去尴尬了人家，这饭局就白设了，我怎么对得住朋友？而让我难堪，这你又于心不忍，所以，还是放我过去，免了吧。几时我来做东，回报你的心意，咱坐小饭馆，一壶酒，两个人，三碗饭，四盘菜，五六十分钟吃一顿！如果领导知道了要请我而我未去，你就说我突然病了，病得很重，这虽然对我不吉利，但我宁愿重病，也免得我去坏了你的饭局而让我长久心中愧疚啊。

看了这封信，不得不佩服贾平凹先生的幽默功底之深厚。贾平凹以真诚实在的语言将不能参加宴会的理由一一列举，合情合理，以诙谐幽默的玩笑降低自己的应酬能力，最后引出结语自己的参加怕会影响整个宴会的兴致与气氛。一切说得是那么的中规中矩，一切说得是那么让人感同身受，岂有不答应之理呢？

幽默辞宴的说话技巧：

（1）说话风格不要太过正式，更不要矫情，这样会显得自己不够真诚，有故意推脱的意向。所以，说服他人就应该要坦白真实地说，幽默直白会拉近与他人的关系，还能够以情动人。

（2）要适当地自贬和自嘲，玩笑中突出他人高强的应酬能力。

（3）要体现自己的大局观念，委婉指明自己的参加会影响到宴会的雅兴，为大局着想，只好有自知之明地选择退出。

妙语劝酒，不喝才怪

什么是应酬？应酬是一种寒暄、一种问候、一种礼仪。在词典的解释中，应酬是指为了达到某种目的，去做不想做，但又不得不做的事情。既然应酬有不得不做的苦衷，高兴需要做，不高兴也需要去做，那何不快乐地将应酬进行到底呢？

既然是应酬就应该懂得幽默说话、圆融处世。幽默激将就是在酒场中比较管用的劝酒术。

俗话说：“树怕剥皮，人怕激气。”激励他人是针对每个人都有一种保护个人自尊心的心理，抓住对方的过失、弱点或者某种利害关系，给予挫伤其自尊心的刺激。孟子曾说：“一怒而天下定。”这怒因刺激而起，勇气即从胆中而生。许多事业可以凭借这一激而成创举。在酒桌上也是如此。如果你能恰到好处地使用激将法刺激对方的自尊心，使其认识到不喝这杯酒将会丢失脸面，那么对方就会豁出去，逞一回英雄。

在一次单位员工的聚餐上，小李喝完一杯后就不再倒酒。这时，你可以这样激将他：“小李，你看看四周，凡是小伙子可是每人一瓶酒，女同志例外。如果你不是男子汉，这瓶酒你可以不喝。或者，我给你叫瓶‘露露’？你瞧，女士们可是人手一瓶啊。”小李被激将说道：“谁说我不能喝？不信咱俩一较高下。”说着，他倒满一杯酒，一饮而尽。

幽默的激将法在这里取得了显著效果。通过激将小李不能像女人一样不喝酒，激发了小李证明自己男性面子的动力。

不过，使用此方法劝酒一定要注意适可而止，如不成就干脆作罢，以免真的损伤对方的自尊，两人较起劲来，甚至伤了和气，那就得不偿失了。记住，在酒场上劝酒的目的不是必须让对方将酒喝掉，而是为了活跃酒场的气氛。

除了反语激将外，对他人幽默的赞美也是一种绝妙的劝酒口才。

人对于赞美的抵抗力往往是最微弱的，特别是在酒桌上，热闹的气氛使人的虚荣心很容易膨胀，而虚荣心一旦膨胀人就免不了要有一些超出常规的“豪壮之举”。另外，在酒桌上赞美对方的酒量或学习成绩、工作成绩，如果对方仍坚持不喝，就会牵涉到面子问题，酒桌上众人的眼光会给他造成一种无形的压力：既然你能喝，既然事业这么得意，连杯酒都不愿喝，是瞧不起我们吗？这种压力是对方很容易感觉到的，因而他即使是迫于压力也得拿起酒杯。劝对方喝酒，首先抓住他的优点，以赞美、崇拜、幽默的语言来敬酒。每个人都喜欢听美言，这样不仅可以成功劝酒，还能拉近彼此间的距离，增进双方的感情。

不同的场合说不同的劝酒词，只有恰当的劝酒词才会让人喜欢喝酒，才能在喝酒中喝出友谊。请记住：好的劝酒词，能让人欣喜，也能增加别人对我们的好感；恰到好处的劝酒词，能让对方喜不自胜，喝酒也喝得畅快。酒量不在高，但一定要杯杯都喝得精彩。

劝酒词简洁、幽默，让对方听起来很有趣，切忌说得过长过多。别人敬酒时说了一些喜气洋洋的劝酒词，我们也要恰当地回应对方，不要直接就喝酒。不管是在哪种场合，该说的时候才说，不该说的时候如果说了，就算敬酒词再好，也会让人感到无礼。

对于那些会劝酒的人，他们总是能轻松地用一两句话说得别人心服口服，让别人感觉不到有什么强求的地方或者负担，而是高高兴兴、心甘情愿地喝下这杯酒。

所以，酒还是要劝的，至于该怎么劝、怎样劝才合适，就需要好好斟酌了。有时可以适度地赞美一下对方，或是通过强调一下场合的重要等方法来劝酒，但还是要因人而异，适度劝酒、切勿强求。只是，要谨记一点，幽默的劝酒术永远不会让你在应酬中遭受冷落。

幽默祝酒，拉拢人情

有一句祝酒词“人在江湖走，哪有不喝酒”，这句词巧妙地说明了酒在现代人际交往中的重要性。无论何种场合，觥筹交错，在所难免。一旦谈起喝酒，许多人都有自己切身的体会。虽然喝酒是一件非常普遍的事情，但是，没有人会平白无故地来喝你的酒，喝酒总是需要理由的，而且要怎么才能把酒喝得好、喝得快乐也是一门艺术。

要把酒喝得顺理成章，喝得快乐，巧妙的祝酒词可是起到了举足轻重的作用。敬酒时不只需要一个好的理由，巧妙的祝酒词也很重要。如果没有幽默的祝酒词增添色彩，那敬酒、祝酒跟一个人喝闷酒又有什么区别呢？一番幽默的祝酒词就能让在场的人开怀大笑，兴致勃勃，借敬酒的时机就创造出了一个个小高潮；一番幽默的祝酒词也能让人心情舒畅，酒自然喝得兴高采烈。如果是一番说得不当的祝酒词，就算别人喝了你的酒，也会在心里颇有微词。

祝酒词通常都是为了营造一种轻松的气氛，所以要说得喜气洋洋，多说几句客套话，听起来花样百出、朗朗上口。比如说最常见的“感情深、一口闷”之类的祝酒词，语言简洁，又不失幽默。祝酒词也是祝对方身体健康、事业蒸蒸日上、生意兴隆、家庭幸福等这样的话，这样的直抒胸臆的祝酒词虽然简单，却饱含情意。

不同场合，祝酒词也会有所不同。餐桌上祝酒，可以渲染吃饭气氛。此时的祝酒词不宜太长，最好是说出感受。在婚礼上的祝酒词应该侧重于情感方面；向退休员工表达敬意的祝酒词则应当侧重于怀旧；在餐会上，致祝酒词通常是男主人或女主人的优先权。如果无人祝酒，客人则可以提议向主人祝酒。在仪式场合，通常会有一位酒司仪，如果没有，组委会主席，会在就餐结束，开始发言前，致必要的祝酒词。在不太正式的场合，可以在葡萄酒和香槟酒上来之后，就提议祝酒。

有来有往，别人提了祝酒词，自己也要适当地回应。如果别人在祝酒词上花上百样心思，你就不得不喝了，但是也不能拿起酒杯直接干了，那样喝酒就少了许多乐趣。恰当地回应，也是表明了喝酒喝得明白，不是有酒就喝，也不是不敢还言。无论是喝酒还是祝酒，都需要幽默的技巧来助兴。幽默是快乐的分子，在回应祝酒时，幽默一些往往能营造出轻松欢快的气氛，令人身心愉悦。

1930 年 2 月 9 日，蔡元培 70 岁生日，上海各界人士在国际饭店为他设宴祝寿，他在答谢时风趣洒脱地说："诸位来为我祝寿，总不外要我多做几年事。我活到了 70 岁，就觉得过去 69 年都做错了。要我再活几年，无非要我再做几年错事喽。"宾客一听，哄堂大笑，整个宴会充满了欢声笑语。

试想，如果一个人摆出一副严肃相，一本正经地致答谢辞，那么整个宴会就不会产生如此活跃快乐的效果了。

听了别人说的笑语能发笑，这是每个人的正常反应，但高明的幽默者往往不会是为了迎合他人的幽默而应酬。真正的应酬高手，不会把自己当作应酬过程的中心，却可以谦卑地将自己作为玩笑的引发点，给大家送去欢乐。

生日致辞，幽默来贺

生日宴会往往具有热烈的氛围与欢闹的言辞，幽默在这种场合是最具有感染力的语言。但是，生日宴会上的幽默致辞要根据年龄的不同而各有差异。用词用语要适当。

生日的主持人应该掌握生日宴会的各个步骤，根据宴会的具体情况说出自己的幽默语言。这些幽默语言既涵盖了对寿星的祝福，又能够调动气氛。对于不同年龄阶层用不同的贺词，一般大型的寿宴场合，如孩子周岁或者老人过大寿都要格外注意，而且要懂得一些禁忌和规矩。如在吹生日蜡烛环节切忌不要说成"吹灭蜡烛"，请来宾致祝词的时候要长幼有序。

生日祝词，也就是来宾对过生日的人所说的祝语。祝语要根据寿星的年龄来选择适当的话，更要符合说话人的身份。对于长辈多半以祝福为主，而对待同辈和晚辈则要以勉励为主。

按年龄来说，如果是 10 岁以下的孩子过生日，一般包括了对孩子的表扬和肯定，鼓励孩子并提出希望，最后祝福孩子并表达出自己对孩子的爱，可以说祝福可爱的小宝贝以后健康成长；而18岁以下的少年，祝福语应该偏重于学业，祝福其学业有成，取得进步之类的语言；已成年的青年人，他们的生日祝语则偏重希望其能够实现自己的志向，找到好的工作；对于中年人，在生日庆典上要祝福其事业有成、儿女聪颖可爱，家庭美满、身体健康；对于老年人，要格外重视。一是因为老年人祝寿的讲究多，二是老年人对于自己的生日格外的重视，所以要谨言慎行。应该根据寿星的年龄和性别来做相应的变动。对于年长的男寿星多用“松柏”、“北斗”、“泰山”、“南山”等，来表现男性的坚韧和刚强；对于女性则多用“瑶池”、“王母”、“萱草”等来赞扬其柔美温和。

我在天空写下祝你生日快乐，却被风儿带走了；在沙滩写下祝你生日快乐，却被浪花带走了；在街上写下祝你生日快乐，可是我被警察带走了。现在我向警察借了手机祝你生日快乐，我容易吗我！

知道你明天就要过生日了，到底想要什么礼物呢？想要什么礼物尽管说，快说呀，快说呀……话已经说完，时效已过。

现在的生日不送礼，让我把祝福送给你，如果你嫌礼不重，再把我也往上凑。祝你生日快乐，长命百岁！

你的生日又这样悄然而至了，祝你吃饭大鱼大肉；唱歌美女伴奏；日进斗金不够；敢与天地比寿。生日快乐！

又是一年生日时，一句祝福送给你：愿生日祝福你，好事追着你，主管重视你，病魔躲着你，爱人深爱你，痛苦远离你，开心跟着你，万事顺着你！

在这些生日祝词中，我们不仅感受到了生日的快乐与温馨，也感觉到了幽默带来的震撼力。正是因为一句句幽默、好玩的祝福语让生日的温馨感倍增。相信收到这样祝福的寿星肯定会很开心。

总而言之，生日致辞要符合主题，对过生日之人发自内心的祝福。讲话要符合规矩，符合身份，对于不同的人，不同的年龄阶层选择最合适的词语，表达最诚挚的祝福和勉励。

同时，幽默在这样的祥和环境中起到了不可或缺的作用。幽默让你身心放松、使环境更协调，幽默可以在智慧的光芒中缩短人与人之间的距离，让大家感到亲切自然。

第七章

说服幽默——把幽默的话说到心坎上

欲擒故纵，幽默地说服他人

欲擒故纵幽默法的逻辑学常识告诉我们，有时同一个语言在不同的语境中，可以表达不同的概念；有时不同的语词却可以表达相同的概念。

这种欲擒故纵幽默法，一般很有效力，一是增加了幽默感，从而使他的要求更易于使对方所接受。因为心理学理论告诉我们，同一要求，采用不同的方式表达，其客观效果是不一样的。二是先放后收，使对方难以讨价还价，只得照办。

日本的银行不允许职员留长发，因为留长发会给顾客留下颓废和散漫的印象，有损银行的形象。

有一次，一家银行的经理和人事部主任接见一批经过笔试合格的考生，发现其中有不少留长发的男子。为了能使这些留长发的考生都剪短发，人事部主任在致辞时，没有正面提出要求，而是充分运用了他杰出的口才和幽默感，只说了几句话，便使留长发的考生愉快地接受了他的意见。他是怎么说的呢？

人事部主任留着短发型，他说：“诸位，本行对于头发的长短问题，历来持豁达的态度，诸位的头发只要在我和经理的头发长度之间就可以了。”

众人立即把目光投向经理，只见经理面带笑容站起来，徐徐脱帽——露出了一个光头。

人事部主任使用的就是欲擒故纵法，他的本意是要求考生们都留短发的，但他却不直接说出来，而是故意表现出一种豁达的态度，似乎他们的要求并不高。

从表面上看来，银行对于头发长短问题历来持“豁达的态度”，好像是“纵”，实际上，“诸位的头发长度只要在我和经理的头发长度之间就可以了”，却是“擒”。他是用不同的语词表达了同一个概念。以退为进又称为欲擒故纵的战略战术之一。

“以退为进”是军事上的用语，暂时退让输赢未定；伺机而进，争取成功，这就是一种欲擒故纵的策略。谈判也如打仗一样，亦是互相交锋，争斗激烈。有时要继续谈下去，有时则要暂时休会；有时要据理力争、讨价还价。有时候，即使双方都作了许多让步，但双方的谈判立场仍有很大差距，似乎谈判已钻进了死胡同。在确信谈判双方有许多共识，并且主动权在我方手里时，便可采用以退为进的方法，逼迫对方答应我方的条件。当然，这需要谈判者娴熟口才技法的运用，以免对方识破。

如果你是对的，你要坚持自己的观点，说服别人接受，那么，最好试着以一种温和、幽默、豁达的态度和技巧达到目的。退一步实际上可以让你进两步，这就是以退为进的高明之处。

社会上就是有许多人并非以论据去做反对，往往是意气用事，强硬说服，为反对而反对，若有一方能稍做让步，对方就会不再反对从而使气氛缓和下来。

又如吵架的一方正欲向对方挥拳时，若对方以幽默的语气向他道歉，本欲挥下的拳头顿时失去了目标而缓缓垂下，一场火药味十足的争斗也顿时熄灭。

创造独特，让幽默推动销售

销售已经成为发展企业、促进经济的最重要的业务之一，然而有销售就必须提及说服力。能够将自己的产品成功地销售出去，离不开说话的水平，确切地说是独特的说服力。当把幽默元素进入到说服中的时候，谈成业务已经不再是难事。

在日趋激烈的销售战场上，一个销售员如果没有巧舌如簧的幽默口才，是很难拨动客户购买的心弦，从而在冷酷的商战中立于不败之地的。交易的成功往往是幽默口才的产物。

著名的销售大师原一平说：“我之所以被人称为推销之神，可以归功于我的谈话技巧。我觉得谈话技巧非常重要。”他认为在约见客户的过程中，设法打开沉闷的局面，创造一个融洽和谐的气氛是十分重要的。只有在这样的气氛下生意才可能成交。而要达到这一点要求，推销员必须注意谈话的技巧，发挥自己幽默、亲切的特点。

下面是原一平曾以“切腹”逗客户笑，从而拉近两人关系的故事。

有一天，原一平拜访一位客户。

“你好，我是××保险公司的原一平。”

对方端详着名片，过了一会儿，才慢条斯理地抬头说：“几天前曾来过某保险公司的业务员，他还没讲完，我就打发他走了。我是不会投保的，为了不浪费你的时间，我看你还是找其他人吧。”

“真谢谢你的关心，你听完后，如果不满意的话，我当场切腹。无论如何，请你抽出点时间给我吧!”原一平一脸正气地说，对方听了忍不住哈哈大笑起来，说：“你真的要切腹吗?”

“不错，就这样一刀刺下去……”

我边回答，边用手比画着。

“你等着瞧，我非要你切腹不可。”

“来啊，我也害怕切腹，看来我非要用心介绍不可了。”

讲到这里，原一平故意让表情突然由“正经”变为“鬼脸”，于是，准客户也忍不住和他一起大笑起来。

无论如何，总要想办法逗准客户笑，这样，也可提升自己的工作热情。当两个人同时开怀大笑时，陌生感消失了，成交的机会就会来临。

“你好，我是××保险公司的原一平。”

“哦，××保险公司，你们公司的业务员昨天才来过，我最讨厌保险，所以他昨天被我拒绝了。”

“是吗？不过，我总比昨天那位同事英俊潇洒吧?”

“什么，昨天那个业务员比你好看多了。”

“哈哈……”

善于创造拜访的幽默气氛，是优秀的推销员必备的。只有在一个和平欢愉的气氛中，准客户才会好好地听你说保险。而这种气氛完全就靠推销员高超的谈话技术。

不过，在现实中有不少人对此存在一个认识上的误区，在他们看来，幽默的语言表达能力就是讲话如长江之水，滔滔不绝，事实上并非如此。判断一名销售人员是否具有好的语言表达能力，要从他所谈论的话语是否具有说服力上来分析。销售的主要目的是说服，说服力的强弱是衡量销售员销售能力强弱的标准之一。有的销售员滔滔不绝，不但不能说服客户，还有可能引起客户的反感。而有的销售员看似木讷、呆板甚至说话结巴，却能一语中的，使客户买得开心。因此，真正的说服是需要幽默技巧和表达艺术。

作为一名销售人员，想要客户心甘情愿地从腰包里掏钱购买你的产品，必须掌握说服的技巧和艺术。用出色的幽默口才将自己产品的独特卖点以及其他足以让客户欣赏的优越性展现给客户，让客户对你和你所销售的产品心服口服，这就需要专业销售人员不仅对自己产品的优越性、客户的心态等了如指掌，更要有外交家一般的幽默好口才。

为了拥有外交家般的幽默好口才，很多优秀的销售人员都会有以下几个方面：

1. 广闻博识

他们认为只有懂得多了，脑子里才有内容，才不至于词穷。一个优秀的销售人员不但要对自己的产品了如指掌，还要在向客户介绍产品时口若悬河，还要了解除此之外的各方面的知识，这样才能在谈判陷入僵局时有其他话题，以缓和紧张局面。

2. 自觉训练

只做到广闻博识还是达不到拥有一个幽默好口才的目的，常见到有些学富五车的人虽然懂得不少，却整个一个茶壶里煮饺子——肚里有货倒不出。一个杰出的销售人员还要经常有意识地多说话，说好听的话，说让人开心的话，说让人心悦诚服的话。只有经常自觉训练了，才会在面对客户时，临场发挥得好。

自觉训练时，可以每天看一些漫画书，听一些相声、小品，挖掘其中幽默的表达力与表现力。

3. 以理服人

懂得多了，会说了，便要做到以理服人，而不是强词夺理。否则，人家虽然说不过你，也只会口服心不服，达不到营销的目的。要做到以理服人，首先要求你自己要明理，要在说服别人前做好充分的准备，搜集与此话题有关的各种幽默材料。

4. 以情感人

与客户说话时，在自己的动作表情中要竭力避免焦躁、着急的不良形象，要显得谦逊、积极、乐观，宜用幽默协商的语气，让客户感到你不仅仅是向他卖产品，更是为了让他的生活更丰富、更幸福，你可以向客户问些有关他生活的方方面面，问他对产品还有什么意见，有什么想要改进的要求。一个成功的销售人员要以自己对产品的情感来感染客户对产品产生喜爱之情，进而产生购买欲。

从销售人员对幽默口才的重视态度就可以知道幽默口才的优劣决定着推销业绩的好坏，幽默口才是推销行业的敲门砖、垫脚石。

幽默诱导，让对方说“是”

说服他人无疑就是要让他人给予自己一个肯定的答复——“是”。说服别人的最终状态是让他人与自己相互背离的观念融合在了一起。然而无论是在商场、情场还是在战场，说服他人又何尝是一件易事。说服他人需要幽默口才，需要口才中的幽默智慧一步步地进行“诱导”。

诱导劝说术是幽默说服中最具笑点的幽默口才，它借助引诱于无形，让对方在不知不觉的情况下陷入语言的“陷阱”。也就是说，在说服过程中，可以先巧设陷阱，让对方在没有防备的情况下，诱其说“是”。对方在不知不觉中会一步步坠入圈套。这时候你就牵住了他的“牛鼻子”，对方不得不跟着你走。毫无疑问，在整个说服的过程中，你已经掌握了主动的优势地位。

在幽默说服术中，诱使对方说“是”的方法主要包括：

（1）开头切勿涉及有争议的观点，而应顺应对方的思路强调彼此有共同语言的话题，从对方的角度提出问题，诱使对方承认你的立场，让对方连连说“是”，与此同时，一定要避免对方说“不”。

一个人的思维是有惯性的，当你朝某一个方向思考问题时，你就会倾向于一直考虑下去，这就是为什么有些人一旦沉醉于某些消极的想法之后，就一直难以自拔的道理。

（2）促使对方说“是”的方法很多，但目的都是要以最简单的方式使对方不说“不”。当你与别人交谈的时候，不要先讨论你不同意的事，要先强调——而且不停地强调——你所同意的事。因为你们都在为同一结论而努力，所以你们的相异之处只在方法，而不是目的。

让对方在一开始就说“是，是的”。假如可能的话，最好让你的对方没有机会说“不”。

（3）当你向别人发问，你可以连续不断地追问下去，而最后使对方不得不说“好”。是制造肯定气氛最高明的技术，也是让对方点头的妙方。

譬如当你看到某种东西，你先连续问对方五六次：“它的颜色很漂亮吧?”“它的手工很精细吧?”“它的造型很完美吧?”让对方答出一连串的“是”之后，你再问他原先你想获得他肯定回答的问题，那他一定会说“是”。因为在此之前，他已被你催眠似的说“是”，很自然地，在回答你这关键问题时，他也会说“是”。

（4）另一个使对方点头或说出肯定答案的妙方是，当你向对方发问而他还没有回答之前，自己也要先点头。你一边发问一边点头，可以诱导他更快地点头。因为你的行动和态度会诱导对方的行动和态度。所以只要善用此原理，就会更快地得到对方肯定的答案。

那么要如何才能诱导对方作出你所期待的行动和态度呢？关键在于你说话的语气和态度。诙谐的语气，加上幽默的态度，会让对方更加没有戒心地进入你的“圈套”之中。

旁敲侧击，说服可以不走直线

林肯曾经说过：“我虽然向别人讲过很多的故事，但是在我的经验中总结到，一般人对以幽默为介质的表达更容易受到影响。”那么，当说服与幽默被捆绑在一起的时候，说服便在不自觉间被加入了强大的影响力。旁敲侧击的说服便是幽默技巧在说服中的巧妙运用。

在日常的生活以及工作中，每个人的心理都很难把握。我们需要做的是通过缜密、周全的问题推测出对方的真正心思。通过交谈，感受出对方的心理，通过旁敲侧击来巧妙地实现对他人的说服。

说服是一种对口才的锻炼与考验，说服别人的迂回之术就是要将表达的意思绕个圈子说出来。旁敲侧击，一种圆融的幽默说服。

旁敲侧击的说服能够减轻被说服者内心的负担，避免了因直接受批评而颜面尽失的可能。有时候，我们明明看出了某人的错误，并不直说，而是拐弯抹角地旁敲侧击，这种方法更能让对方接受。他会明白，你是在给他留面子，而不是故意让他难堪。

总之，旁敲侧击的幽默说服，通过迂回的表达将说服力扩大到无懈可击，原来成功的说服不一定非要走直线。幽默的表达方式作为说服曲线上的拐点，一次次将说服推入了令他人无可辩驳的高点。正如法国著名的演讲者海因·雷曼麦说的，用幽默的方式说出很严肃的道理，比直截了当地提出更能够被人接受。

保持缄默，变相的幽默说服

幽默的智慧不一定只表现在有声世界中，有时候保持缄默也是一种更高境界的幽默智慧。缄默是指一个人总是闭着嘴巴不说话，而幽默则不只是代表着能说话，而且是能说一口漂亮、动听的话。不用疑惑，其实这并不矛盾。缄默不只是意味着沉默，缄默具备着强大的幽默说服潜力。

大家都认为既然是说服，当然就得凭借好口才。其实，偶尔采取沉默战术同样可以达到说服的效果。沉默可以引起对方注意，使对方产生迫切想了解你的念头。在特定的环境中，缄默常常比论理更有说服力。我们说服别人时，最头痛的是对方什么也不说。反过来，如果劝者什么也不说，对方的错误意见就找不到市场了。

缄默分为几种，每一种缄默都有自己独特的说服力。

（1）转移话题的缄默能使人乐而忘求。

对所要回答的问题保持缄默，而选准时机谈大家的热门话题并引人入胜，使对方无法插入自己的话题，且从谈话中悟出道理，检讨自己。

（2）义无反顾的缄默能使人就范。

某领导有一次交代下属办一件较困难的任务，当然，他能胜任。交代之后，对方讲起了“价钱”，于是该领导义无反顾地保持缄默，连哼也不哼。“困难如何大……”“条件如何差……”“时间如何紧……”说着说着他就不说了。最后说了一句：“好，我一定完成。”这就是沉默带来的威力，保持缄默将说服他人于无形。

沉默是金，有时沉默不语能够出奇制胜，如果滔滔不绝，反而有理说不清。有时候，在沉默的同时以另一种行动的方式来代替口头表达，说服的效果就很妙了。

美国第十三任总统约翰·卡尔文·柯立芝就以少言寡语出名，常被人们称作“沉默的卡尔”。

艾丽斯·罗斯福·朗沃思就曾说柯立芝“看上去像从盐水里捞出来的”。柯立芝却说：“我认为美国人民希望有一头严肃的驴做总统，我只是顺应了民心而已。”

缄默是一种力量，代表着一种变相的幽默说服，缄默足以使人们应付周遭棱角突兀的变化，在恰当的时候保持缄默，在合适的地方发挥缄默的幽默力量，说服他人已经变得不再是那么遥不可及了。

以谬制谬，顺言逆意的说辩

以谬制谬，幽默说服的有力武器，用对方的逻辑击败对方的道理，让对方即便拥有百口却也难辨其中之意。

在说辩中抓住对方命题中隐蔽的荒谬点，加以推衍，或由此及彼，或由小到大，或由隐到显，最后得出荒谬可笑的结论，从而证明对方的论点是错误的。这种顺言逆意的说辩谋略，在逻辑上属于引申归谬。虽带有某种讽刺意味，但多属善意的。

以谬制谬就是对问题换了一种思路进行考虑，看似荒谬的回答也有其逻辑可循。既然医生对自己的患者提出了荒谬的问题，那么患者看似荒谬的回答中，却蕴含了有力的说辩哲理，即以谬制谬，让他人无话可说。

运用归谬方式使说服对象认识到原来观点的错误，还可以采用这样一套方式，即先提出一些问题让对方谈自己的见解，即便对方说错了，也不要急于直接指出，而要不断地提出补充的问题，幽默地诱导对方由错误的前提推到显然荒谬的结论上，使之不得不承认其错误，然后再设法引导他随着你的正确的思维逻辑，一步一步通向你所主张的观点，达到劝导说服的目的。

鲁迅担任厦门大学教授时，校长常常克扣教学经费。这钱不能花，那钱没有预算，再一笔钱又可以不花。老是这样刁难师生，弄得大家意见很大。

这天，校长又决定把经费削减一半。他把各研究院的负责人和教授们召集起来。一说出削减方案，马上遭到教授们的反对。大家说：“研究经费本来就少得可怜，好多科研项目不能上马，正在进行的一些研究工作也日子难熬，不能往纵深发展。再说，许多研究成果、论著因没钱不能印刷，再削减经费怎么得了？不行，不行！”校长根本不认真倾听教授们的意见，他强词夺理，说：“对于经费问题，你们没有发言权。学校是有钱人掏钱办的，只有有钱人才可以发言，在这个问题上应充分重视有钱人的意见。”

校长话音刚落，鲁迅站起身，从长衫里摸出两个银币“啪”的一声放在桌上，说：“我有钱！我有发言权！”接着，他力陈经费只能增加不能减少的道理。论据充分，思路严密，无懈可击，驳得校长哑口无言，只得收回主张。教授们胜利了。

鲁迅先生在这里幽默地将校长所说的“钱”（即财富，广义的钱）偷换成一分二分的零花钱的狭义的“钱”，从而以两个银币的“钱”为引子提出了自己的理由，使校长无话可说。巧以对方的谬论“有钱人才有发言权”，将自己的“小钱”掏出来取得发言权，既诙谐，又讽刺，又能把意见表达出来，鲁迅不愧为一代大文豪。

以谬制谬的幽默实际上是攻守易位，是将对方的观点为我方所用，再用对方的观点攻击对方，即攻和守的角色转换。如果在以谬制谬的说服中，又巧妙加入了幽默的调料，那就更加令说服力无懈可击了。

指桑骂槐，“骂”出幽默的威力

指桑骂槐幽默法（又叫“春秋笔法”），即明知对某人某事不满，但并不直接进行攻击，而是采用迂回的方式表露自己的想法。这是幽默说服他人的强硬战术，凡是懂点趣味的人一般能够在他人的指桑骂槐中听出弦外之音，从而选择溜之大吉。指桑骂槐的说话法，不只是一种智慧，还体现了一定的胆量与气魄。

有个人去朋友家里做客，住了很久还没有启程之意，主人实在感到讨厌，但又不好当面驱逐。

一次两人面对面坐着喝酒，主人讲了这么一个故事：“在偏僻的路上，常有老虎出来伤人。有个商人贩卖瓷器，忽然遇见一只猛虎，那猛虎张着血盆大口扑了过来。说时迟，那时快，商人慌忙拿起一个瓷瓶投了过去，老虎没有离开，他又拿出一个瓷瓶投了过去，老虎依然不动。瓷瓶快投完了，只留下一只，于是他手指老虎高声喝道：‘你走也只有这一瓶，你不走也只有这一瓶！’”

客人一听，拔腿就走了。

指桑骂槐幽默法的另一个妙用在这里得到了体现——逐客令。主人明说虎暗指客，达到了逐客的目的。对于那些不自觉的客人，我们不妨使用这样的逐客法，还避免了正面交锋。

对于一些顽固不化的人来说，循规蹈矩地劝说，根本达不到效果，还不如以反话切入。

某企业待遇苛刻，下级职员苦不堪言。在经济紧缩、差事难谋的情况下，又不好“一怒之下，摔冠而出”，只好多次向老板进言，但均无功而返。

一天，某部门经理灵机一动，想了一个计策，决定在老板面前试一试。

他对老板说：“公司员工都表示待遇太低，生活太艰苦，别的花费暂且不说，每月上班的交通费，也不胜负荷，让他们如何解决呢？”

老板说：“让他们安步当车，一文不费，而且借此还锻炼了身体，不是一个好办法吗?”此君摇摇头表示不行：“走破了鞋袜，搞不好还没钱换新鞋呢？我倒有个建议，希望老板出一布告，提倡赤足运动，要求大家赤足上下班，问题不就解决了吗？谁让他们命运太差，偏偏生活在这个时代！谁让他们不去想发财的门路，偏偏来我们公司做这样辛苦的事！他们坐不起公车，也不能鞋袜整齐地到公司来，都是活该！”

部门经理一面说，一面笑，弄得老板也不好意思起来，只好答应调整一下待遇。

在这里，不得不佩服部门经理的智慧，以及在沟通中巧用的幽默。老板不能骂，那就“骂”下属，拿他们的委屈作为谈资，老板不会听不出下级对他的抱怨。使用这种方法跟上司交流时要注意辅以微笑，这样可以一面间接说出自己的意见，一面缓解双方的压力。

当一个上司要责备下属时，需要使用这种幽默说服的技巧。譬如，虽然你明明是要责备乙的不是，但你并不正面指责，而以指桑骂槐的方式来责备甲，因为此时你若是责备乙，乙的心里一定感到难受，对日后的改进不见得就会有效，何况你们二人之间尚有一段距离。但是为何又要责备甲呢？因平时你与甲之间已不存有隔阂，即使甲也犯了同样过错而受到上司的指责，也不会感到十分在意。但是，因为当时乙也在场，他听后心里会在想“原来这样的过错我也犯过”，于是你的目的便可达到。

而此时的乙也绝不会认为：“反正这是别人的错，不关已事。”反而会因为“原来上司是在说我，但他并不责骂我，反而责骂他人来顾全我的脸面”而感激不尽。指桑骂槐的幽默指责方式，对下属们很能奏效。

但是，我们要特别注意，指桑骂槐幽默法不是一种常用的方法，只是在某些特殊的、偶然的场合，如果滥用此法去攻击朋友，这只能导致众叛亲离的恶劣后果。

巧抓心理，趣味销售要独特

有一个销售安全玻璃的推销员，他的业绩一直都维持北美整个区域的第一名，在一次销售精英的颁奖大会上，主持人说：“你用什么独特的方法来让你的业绩维持顶尖的?”他说：“每当我去拜访一个客户的时候，我的皮箱里面总是放了许多截成15公分见方的安全玻璃，我随身也带着一个铁锤子，每当我到客户那里后我会问他：‘你相不相信安全玻璃?’当客户说不相信的时候，我就把玻璃放在他们面前，拿锤子往玻璃上一敲，而每当这时候，许多客户都会因此而吓一跳，同时他们会发现玻璃真的没有碎裂开来。然后客户就会说：‘天哪，真不敢相信。’这时候我就问他们：‘你想买多少?’”

直接进行缔结成交的步骤，而整个过程花费的时间还不到一分钟。

当他讲完这个故事不久，几乎所有销售安全玻璃的推销员出去拜访客户的时候，都会随身携带安全玻璃样品和一个小锤子。

但经过一段时间，他们发现这个推销员的业绩仍然维持第一名，他们觉得很奇怪。

而在又一次颁奖大会上，主持人又问他：“我们现在也已经做了同你一样的事情了，那么为什么你的业绩仍然能维持第一呢?”他笑一笑说：“我的秘诀很简单，我早就知道当我上次说完这个点子之后，你们会很快地模仿，所以自那时以后我到客户那里，唯一所做的事情是我把玻璃放在他们的桌上，问他们：‘你相信安全玻璃吗?’当他们说不相信的时候，我把玻璃放到他们的面前，把锤子交给他们，让他们自己来砸这块玻璃。”

从头到尾这个金牌推销员都在思考该以怎样独特的方式去吸引顾客的注意，这就是他为什么一直保持领先地位的原因。他懂得以幽默的方式、独特的做法来表明自己产品的与众不同。

幽默在销售中至关重要。幽默说服顾客需要独特，需要抓住顾客的好奇心理来吸引顾客。很多推销员都会精心打造好他们在销售过程中的语言表达。

一位推销员在卖皮鞋，他对从自己柜台前走过的顾客说了一句：“先生，请当心摔跤!”顾客不由得停了下来，看看地面，这时推销员乘机凑上前去，对客户幽默一笑：“你的鞋子旧了，换一双吧!”“这双鞋子式样过时了，穿着挺别扭的，我这儿有更合适的皮鞋，请试试看。”

不用多说，在此情况下对方的注意力已经一下子集中到销售人员要讲的话题上了。

开始便抓住客户注意力的一个简单办法是去掉空泛的言辞和一些多余的寒暄。为了防止客户走神或考虑其他问题，可在推销的开场白中多动些脑筋，如果开始几句话表述的生动有力，句子简练，语风幽默，那么引起他人注意的概率将大大提高。讲话时目视对方双眼，面带微笑，表现出自信而谦逊、热情而幽默的态度，切不可拖泥带水、支支吾吾。一些推销高手认为，一开场就使客户了解自己的利益所在是吸引对方注意力的一个有效思路。

另外，从顾客的利益角度出发，提起对方注意的可能性较大，因为你所说的是他当下最关心的事。即兴的灵感总是少有的，因此在推销之前，做好应有的各项准备，包括你的思维，你的幽默风度，这样才能百战不殆。

间接说服，巧用语言的不同

下面一段话，是从罗宾汉教授所著最伟大、最受人欢迎的《心的形成》一书中摘录下来的，他根据心理学原理来指示我们为什么对他人直接的攻击方式不会发生说服效力：

“这是我们常常感觉到的，我们并不费什么情感，或是遭遇到什么阻力，就把原来的意见改变了。但是，如果有人明确指责我们的错误，我们立刻会对这指责发生反感，而且还使我们的主意更加坚决。我们的信念往往在不知不觉中发生，但是，如果有谁来打消我们那种信念时，我们就会十分坚决地以全力来保护它。

“如果你要表达一个与别人的意见相左的观点，特别是你要说服别人相信自己的观点并抛弃原有的意见，那么最好不要一上来就攻击说别人是错误的，而应该机智、幽默地表述自己的观点，然后把听众引到你的观点上来，从而使他们忘记原来的观点。”

因此，当直接说服显得没那么奏效时，巧用间接说服能增强说服他人的胜算。

有一次，一位经验丰富，久经人情世故的金牌推销员带着一位实习推销员外出销售收款机。虽然这位老推销员长得并不怎么样，但从他的身上你能时时感受到幽默的活力与乐观的朝气。所以，乍一看上去，是个精气神十足的中年男子。

老推销员领着实习推销员来到了一家商店，商店的规模不大，老板对他们的到来并不欢迎，甚至对他们冷言冷语道：“你们赶紧走，我对收款机没有半点兴趣，再说了我现在不缺这东西。”实习推销员听到这，已经羞怯得恨不能找个地缝钻进去。可是老推销员却并没有因为老板的这几句话而退却，反而哈哈大笑了起来，貌似他在听老板讲了一个笑话一样，老板被他的笑声弄得愣了一会儿，莫名其妙地看着老推销员接下来要做什么。

等笑过之后，老推销原调整了一下表情，满脸歉意地对他说道：“老板，请原谅我刚才失态了，只是您的态度让我想起了另一家商店的老板，他也对我这个收款机没有兴趣，可是后来由于他的收款机出故障了，导致所有的钱都被监禁了起来，那老板才十万火急找我买下了收款机。呵呵，看来您家的收款机比较听您的使唤，不敢像他家的收款机一样擅自罢工，这样，我到这里来确实是没有意义的。

实习推销员还在满脸窘相的时候，老板却笑了起来，并最终同意买下一台收款机作为备用。

这位老推销员用的就是间接说服的方式。他并没有对老板的拒绝打击感觉到气馁，也没有因为直接推销自己的产品质量有多好多耐用，而是通过反面的例子打动了老板的内心。是的，如果自己的收款机也在突然间坏掉的话，岂不是会影响自己的工作效率。

间接地幽默说服法，巧用每一个语言表达的不同点，将其幽默转化成通俗易懂的反向描述，说服他人就会变得更加轻而易举起了。

金牌销售，幽默艺术做担保

幽默的人都很受欢迎，幽默让沟通变得更简单，幽默是推销的加速器，运用好幽默法则很重要。在推销的过程中，没有什么比幽默更有利于和顾客之间建立亲和的关系。幽默就像是机器中的一个接合零件，能将人们思想中的成见与偏见揭示出来。

金牌推销员贝特经常有奇思妙想，使用一些出其不意的方法赢得客户。

有一次，他用电脑制成了一张乐透彩券，把自己的照片放入号码栏内。然后用彩色打印机印出彩券，再把彩券贴到一张厚纸板上，最后覆以锡纸，制成刮刮乐的表面。上面写着：在直排、横排或对角线中，只要出现三张相同的照片，您就中奖了。

贝特可以想象，当对方收到彩券、刮出照片时是怎样的一副惊奇和好笑的表情。贝特把自己制好的彩券寄给了一位久攻不下的大客户。贝特已经连续拜访这位客户一个半月了，却一点效果都没有，打电话，秘书的防护坚硬如墙，将他拒之门外。没想到，贝特寄出彩券的第二天，客户就亲自打电话过来了，说："你这个人真幽默，我倒想看看制作这张彩券的人到底是何方神圣！"

就这样，不等贝特请求，对方先说出了见面的时间，后来贝特当然是顺利地做成了一笔大生意。

"幽默是具有智慧、教养和道德上的优越感的表现。"在人们的交往中，幽默更是具有许多妙不可言的功能。幽默的谈吐在社交与推销场合是离不开的，它能使那些严肃紧张的气氛顿时变得轻松活泼，它能让人感受到说话人的温厚和善意，使他的观点变得容易让人接受。

幽默能活跃交往的气氛。在推销方正襟而坐，言谈拘谨时，一句幽默的话往往能，使来宾们开怀大笑，气氛顿时活跃起来。幽默的语言有时也能使局促、尴尬的推销场面变得轻松和缓，使人立即戒除拘谨不安，同时，它还能调解矛盾。老舍先生曾经举过一个例子：一个小孩看到一个陌生人，长着一只很大的鼻子，马上叫出来"大鼻子"假如这位先生没有幽默感，就会觉得不高兴，而孩子的父母也会感到难为情。结果陌生人幽默地说："就叫我大鼻子叔叔吧！"这就使大家一笑了之。当然，幽默只是手段，并不是目的，不能强求幽默，否则反而弄巧成拙。

幽默还可以提高批评效果。美国作家卡尔·桑德贝格脾气很怪，有一次卡尔在匆忙中没打开一扇窗门，就扬起双臂乱喊乱叫起来，这时，他的妻子走了过来，一边抬头望着他，一边用手抚摸着丈夫的胸膛说："多么令人提神的好嗓子啊！"卡尔立即不好意思地安静下来。在交往中如果有人蓄意攻击和侮辱你，幽默又可以是一种十分有效的说服与反击武器。

据说大文豪歌德一天在公园散步，碰到了曾恶意攻击过他的一位批评家。那位批评家傲慢地说："我是从来不给傻瓜让路的。"歌德立即回答说："我却完全相反！"说完，他就转到一边去了。

这种幽默的回答，充分表达了歌德的机警和敏捷。在错综复杂的推销过程中，需要因时因地恰当地运用幽默策略战胜对手。

如果你有意从事销售业务，或者正在从事着销售行业，那么口才的重要性已经可以不言而喻了，但是在大家都很注重口才的基础上，不妨给自己的口才增加一点特色，一种幽默的特色。幽默的口才往往是智慧的体现，是不断练习的结晶，是具有自己个性的语言展示。因此，不妨为口才插上幽默的翅膀，推动销售业绩的不断攀升。

第八章

面试幽默——步入职场的敲门金砖

自我介绍请幽默地说

幽默的人很受欢迎，幽默的求职者同样会让自己的气质脱颖而出，因此面试的时候，在作自我介绍这一关中，不妨加上一点幽默。但是，应该注意的是，求职自我介绍的幽默需要遵循一些技巧。

美国政治家查尔斯·爱迪生在竞选州长时，不想利用父亲（大发明家爱迪生）的声誉来抬高自己。

在作自我介绍时这样解释说："我不想让人认为我是在利用爱迪生的名望。我宁愿让你们知道，我只不过是我父亲早期实验的结果之一。"

在这段简短的介绍中，查尔斯·爱迪生霎时就迎来了一阵阵掌声。

人们欢迎的是查尔斯·爱迪生幽默的言辞以及风趣的比喻。幽默的自我介绍，能够提升自己在他人心目中的印象指数，能够展示自己的睿智与气度。

毕竟求职面试时，招聘者手中往往拥有许多求职履历表，这里面的应聘者个个实力雄厚，所以招聘者想知道你和别人相比有什么独到之处。在能力相同的情况下，那些求积者之所以能够成功，关键在于他们在作自我介绍时的出色表现。

当然，幽默的自我介绍并不是随心所欲进行的，一个良好的、恰到好处的自我介绍能给主考官留下深刻的印象，反之则会让你的面试一开始就一塌糊涂。自我介绍的幽默是有讲究的，在注入幽默的同时主要从以下几个方面来着手。

1. 直白的幽默，让"面试官"欣然接受坦诚

列宁作为在爱情追求之旅中的"求职者"，希望能顺利通过克鲁普斯卡亚的审核，列宁是个善于幽默的人，他摒弃了华丽的表达、肉麻的承诺，他只是很直接地对克鲁普斯卡亚说：“你就做我的妻子吧。”

克鲁普斯卡亚面对列宁如此直白的求爱，却更加幽默地回答：“你这么说，我也就没办法了，那就做你的妻子吧。”

简洁明了的求爱，换来直接的肯定，他们两人的淡定真是搞笑。正因为表白太简单、太直接，才会引来幽默的逗趣效果。

2. 由果及因，想不通关都难

冯玉祥将军当年在挑选妻子的时候是一个个进行面试的，在面试过程中很多女孩在面对他的问题“你是因为什么想要和我结婚”时，回答的都是一些千篇一律的答案，比如“因为你很成功，因为你是英雄，因为你有大男人的气概”等，可唯独一个女人回答的幽默且与众不同，她说：“上天眷顾你，怕你做错事，所以就派我来督促你。”这个女人就是他的妻子李德全。

冯玉祥之所以选择李德全，或许不是因为她拥有多好的相貌与身材，而是因为她的机灵智慧与幽默的生活态度。李德全则巧妙地通过结果，来分析自己对他来说会有多重要，她可以帮助他、可以督促他，让他的生活、事业顺利进行。想必作为男人，当听到女人如此通情达理与幽默的答案时，无不为之动心吧。

推销自己，幽默创意

幽默在求职过程中可以体现你的随机应变能力以及对自我价值的肯定。其实，一个求职者的价值很大一部分是说出来的，幽默的口才可以让你在随意中最大化地宣传自己，无论这种幽默的宣传是一种语言，还是来自行动。

英国是一个高福利和高薪制国家，只要能找到工作，一般都能拿到理想的工薪，但要找工作却不是一件易事。有一位22岁的年轻人，是名牌大学的高材生，大学毕业后一直找不到工作。尽管他有一张大学新闻专业的学历，但在竞争激烈的人才市场上，经常被碰得头破血流。

为了找到一份合适的工作，这位年轻人从英国的北方一直到首都伦敦，几乎跑遍了全国。一天，他走进《泰晤士报》编辑部。

他鼓足勇气非常有礼貌地问道：“请问，你们需要编辑吗？”

对方看了看这位貌不出众的年轻人，不冷不热地说：“不要。”

他接着又问：“需要记者吗？”

对方回答：“也不要。”

年轻人没有气馁：“排字工、校对呢？”

对方已经不耐烦了，冷冷地说："你不用再白费口舌了，我们这儿现在不缺人手。"年轻人微微一笑，从包里掏出一块制作精美的告示牌交给对方，说："那你们肯定需要这块告示牌。"

对方接过来一看，只见上面写着漂亮的钢笔字体："名额已满，暂不招聘。"

这大大出乎对方的意料，这位主管被年轻人真诚而又聪慧且幽默的求职行为所打动，破例对他进行了全面考核。结果，他幸运地被报社录用了，并安排到与他的才华相应的对外宣传部门工作。

事实证明，负责招聘的主管没有看错人。20年后，年轻人已经成了中年人，同时也成了《泰晤士报》的总编。这个人就是生蒙，一位资深且具有良好人格魅力的报业人士。

生蒙在求职中善于变换思路，善于运用绝处求生的幽默思维，赢得了让人们发现才华的机遇，最终由待业青年成了英国王牌大报社的顶尖人物。无论从事何种活动都要求我们摆脱思维定式，运用创新的思维，想出独立的创意以应对新的情况，解决新的问题。当然，这也需要我们付出极大的努力。当我们的创新遇到障碍，陷入困境难以继续时就应该反思一下：幽默的头脑是不是被某种思维定式所束缚，有没有解决问题的其他方式。

求职过程中，幽默口才是宣传自己、销售自己的媒介，然而，幽默的口才和创意的思维将会让你在三管齐下中尽显灵性的本色，最终会帮助你赢在求职、赢在职场！

让个性幽默脱口而出

在面试中，充分表现自己的特色，幽默秀出自己的个性语言。这是一种显示创造力，超人一等的自我推销方式。

比方说，款式新颖、造型独特的产品常常是市场上的畅销货；见解与众不同，构思新奇的著作往往供不应求。独特、新颖便是价值。物如此，人亦然。他人不修边幅，你则不妨稍加改变和修饰；他人好信口开河，你最好学会沉默，保持神秘感，时间越长，你的魅力越大；他人总是扬长避短，你可试着公开自己的某些弱点，以博得人们的理解与谅解；他人自命清高，孤陋寡闻，你应该尽力地建立一个可以信赖的关系网；他人虚伪做作，你要光明磊落，待人坦诚；他人只求可以，你则应全力以赴，创一流业绩；他人对上级阿谀奉承，你却以信取胜。倘若你愿意试试以上方法来表现自己，就一定可以收到异乎寻常的效果。

在面试中推销自己的时候，要突出自己的特色，抓住自己最能打动别人的优点，以创造性的姿态幽默地表达出来，你将会因自己的与众不同而距离自己的梦想越来越近。

在一次遴选“青春形象大使”的征选决赛中，为了测试参赛小姐的思维速度和应对技巧，主持人提出了这样一个难题：“假如你必须在肖邦和希特勒两个人中间选择一个作为终身伴侣的话，你会选择哪一个呢?”

其中有一位参赛小姐是这样回答的：“我会选择希特勒。如果嫁给希特勒，我相信我能够感化他，那么第二次世界大战就不会发生了，也不会有那么多的人家破人亡。”

这位小姐幽默巧妙的回答赢得了人们的掌声。因为这个问题难度较大，如果回答“选择肖邦”，则答案没有特色，显得很平淡；如果回答“选择希特勒”，则很难给予合理的解释。那位小姐选择了出人意料的答案，又找出了合理而又充满正义的回答，从而成功地推销了自己，以幽默、机智给观众和评委留下了深刻印象。

招聘者有时会出一些尴尬情境中的难题，看应试者怎样应答。应试者如果表现出色，就能赢得招聘者的好感。面试者只要把握得当，就能将难题轻松打破。

青青去深圳某电子公司应聘时，穿的是一件雅致的连衣裙。老板问她：“为什么愿意离开家，从遥远的西安来深圳打工?”

青青微笑着说：“在深圳一年四季都可以穿裙子!”这出乎意料的回答，令老板十分欢喜。他马上笑着站起来，走过去对她说：“好，我们欢迎你，你有一颗纯真质朴的心。”

青青用一句轻松的调侃，就将一个很难的问题轻松化解，表现了较高的应变能力。他敢于打破常规思维，别出心裁，以这种平实而真诚的说法，给了招聘者思路上的冲击。

其实，只要你是个有心人，那些看似给你带来麻烦的困扰和过失都有可能成为你转忧为喜的契机。“个性鲜明”的幽默式回答往往容易给人留下深刻的印象。

让幽默做语言包装纸

在现代社会中，面试似乎成为一个至关重要的环节，那么该如何成功面试呢?

从一定意义上说，面试的过程是一个让面试官接受你、欣赏你的过程。如果能在最短的时间内发挥出自己的聪明才智，突出自己的个性，让面试官眼前一亮，你就会有很大的胜算。幽默就是这样一种能够吸引面试官注意力的精美包装纸。

在面试时，一定要注意说话方式，否则会让你与工作失之交臂。求职者倘若能把求职语言也进行一番精美而富有创意的幽默“包装”，那么，取得面试成功不再是什么难事。

在一次警察学校毕业面试中，一位考官出了一道看似很简单，却很难得到出彩答案的考题。面试官问道："如果你正在执行公务，却正巧迎面扑来了一群疯狂的人们，如果不尽快将他们驱散，他们将会严重影响你的任务执行，这个时候你会怎么做？"

很多考生回答说："我会吹哨引起人群的注意，向他们发出避开的指令。"

然而有一个人却是这样回答的："很简单长官，我会向他们募捐。"

结果可想而知，这位考生使得考官哈哈大笑，随后毫不含糊地对该生说："你可以顺利通过了。"

求职和招聘不是简单的"我卖你买"的生意，语言出口时，讲究一点"包装"，它会给你的求职路锦上添花。

曾经有一位很幽默的同学，他在面试时，老板问他："评价一下罗纳尔多和乔丹，看看哪个更厉害。"

"我觉得他俩都没我厉害！"他很是得意地说。

"啊?!"老板一头雾水。

"我要跟罗纳尔多打篮球，跟乔丹踢足球，看看到底谁更厉害！"

最后这位学生如愿以偿地被录用了，原因就在于他幽默地回答了老板的问题，让老板的思维在昏暗中突然找到了光明的转机，这种转机是一种享受惊喜的快感。

面试中，学会用幽默老包装语言，幽默不仅能包装你的语言，还能包装你的才华与气质。

面试语言用幽默包装应注意以下几点：

（1）表明你的工作态度是认真的。招聘者对求职者能否适合某项工作，经常注意到的一点就是看他对目前的工作有何看法。因此，从这一点上说，在表明工作态度时要慎用幽默，否则，幽默运用不当反而会让考官感觉到你不够踏实。

（2）在自我介绍中，亮出你的新意。面试过程中随机应变，表现出你的新意，才有可能给面试官留下深刻的印象。幽默加创新，是面试成功的晋级帮手。

（3）说话要突出你的幽默个性，还要表现出对招聘者的尊重与服从。首先要做到实事求是，怎么想就怎么说。真实的思想与幽默的语言就是"个性突出"的最佳体现。

（4）幽默要自信，更要有底气，不能唯唯诺诺，否则会给考官留下扭捏、做作之感。

（5）面试中的幽默说话要有条理、有主见，但也不能狂妄自大、更不能目中无人。

逗笑考官，轻松取胜

应聘者希望找到一个能够了解自己优点的老板，用人单位则希望能找到优秀的合作伙伴。当陌生的双方相见后，都想在短时间内努力表现出自己的优点、说出聪明话或立即呈现出很棒的一面，以便给对方留下不错的印象。

有一次，吴华应聘一个炙手可热的职位，简历寄去后大概两星期左右，对方就将“抱歉！未能录用”的E—mail发给了他。在没有希望的情况下，他便突发奇想采取幽默的方式做最后一次尝试，他回了一封信：“既然您对未能录用我如此遗憾，为什么不给我一次面试的机会呢?”

这封信果然起了作用，后来他得到了这个公司另外一个职位的面试机会，并且凭借自己的幽默口才成功赢得了这个职位。

有时候面试的失利不一定就是一件绝对的坏事情，关键在于你怎样看待面试的成与败。用豁达与包容来坦然面对，扭转失败的局面也不是没有可能。

在求职过程中，求职者在回答问题时采用一些幽默的语言，不但能活跃气氛，也能赢得面试官的好感。

一位刚刚毕业的大学生，在接受一个外企的面试中，碰到了这样一道看似简单的测验题，题目是：请明确解释出“cryogenics（低温学）”的具体含义。这位大学生仔细思考考官们出这道题的用意。深思之后，她带有笑意地写下了这个词的意思“这个单词的意思很简单，就是说让我不要在这里浪费时间了。”

结果出乎意料，这位考生取得了面试的成功。

这位大学生之所以能够说出让自己不要在这里浪费时间，是对自己充满自信的表现。她敢说别人不敢说的话，善用幽默的假设展现了自己魄力。

自信的语言应答不但有助于面试者吻合招聘者既定的聘用期望，而且可能重新塑造招聘者的聘用愿望。

有的人不仅利用幽默风格表现出了自信，而且幽默的富有内涵，这样的面试者无疑会受到考官的青睐。然而，有的人更胜一筹，是因为他在自信中添加了幽默的元素。

幽默的答复淡化缺点

金无足赤，人无完人，当招聘方提到你的短处时，如果你想刻意掩饰，尤其是那些显而易见的短处，恐怕会招致反感。最好的办法就是“这壶不开赶紧提那壶”，扬长避短，做不了完人可以尽量向完人靠拢，借助幽默的嘴皮子来将自己的缺点淡化。

有面试经验的人通常坦然承认自己的缺点，但他们很有技巧，在谈起这些缺点时，他们可以幽默地忽略掉这些缺点所带来的弊端，同时将缺点过渡为优点。例如：

当求职者的简历上有明显的留级记载，他可以这样提及这件事：

“你为什么留级一年?”主考官这样问，求职者可以这样回答：“我也觉得留级一年很不应该，当时我被推选为社团的负责人，全身投入到社团活动上，反而忽略了自己当学生的本分，等我察觉到这个错误时，我已经被留级了。虽然我花在社团的心血，也带给我不少的收获，可是一想到自己因此而留级，就觉得很可耻，我一直都为此事耿耿于怀，更不愿重蹈覆辙。但是，我的责任心已经被深刻地践行了，它就像影子一样和我如影随形。”

首先，这位求职者给主考官留下了一个主动承认错误，知错就改的形象。其次，主考官听了他的回答后会认为虽然留级一年，但造成这种结果的原因却是带有良性的，他会猜测该求职者的社交、组织能力很不错。由此，该求职者实现了缺点到优点之间的平稳过渡。

再次，这位求职者面对刁难的问题，处变不惊，坦然而风趣地应对。幽默的语言智慧，让他的缺点更加淡化，取而代之的是人格魅力的优势显现。

当然，对于别人当面评价你的缺点或短处时，你也可以淡化缺点，避而不谈，机智地去转向其他的优点。

戴维：“很抱歉，我们的谈话随时有可能被打断。不过，法拉第先生，你很幸运，此时此刻仪器还没有爆炸。你的信和笔记本我都看了，你好像在信中并没有说明你在什么地方上大学。”

法拉第：“我没有上过大学，先生。”

法拉第接着说：“我尽可能学习一切知识，并用自己的房间建立的实验室进行试验。”

戴维：“哦，你的话使我很感动。不过科学太艰苦了，付出极大的努力只能得到微薄的报酬。”

法拉第：“但是，我认为，只要能做这种工作，本身就是一种报酬！”

这段对话十分精彩且趣味十足，它是英国科学巨匠法拉第当年向戴维爵士求职时的对话。当戴维爵士提到法拉第没有受过正视教育时，法拉第仅一句带过，话锋立刻投向他的长处——执着、勤奋，而这正是从事科学研究所需要的品质。最终法拉第被爵士破格录取为自己的助手。

面试中经常会被问的一个问题那就是：“你认为自己最大的弱点是什么？”

这是一个棘手的问题。如果照实回答，你可能会失去工作；如果回答没有什么缺点又实在不能令人信服。面试官试图使你处于不利的境地，观察你在类似的工作困境中将作出什么反应。

完满的回答便是用简洁正面的介绍抵消缺点本身带来的不良效果。请在幽默回复面试官问题的时候记住以下几个原则：

（1）不宜说自己没什么缺点。

（2）不要把那些明显的优点牵强地说成缺点。

（3）切勿不经思量地说出那些严重影响所应聘工作的缺点。

（4）不宜说出一些令人不放心、不舒服的缺点。

（5）可以说出一些对于所应聘工作一些表面上看是缺点，从工作的角度看却是优点的缺点。

（6）更不要将幽默误解为搞笑，幽默的答复体现的是一种淡定的智慧，如果在面试过程中一味地说笑，缺乏节制与分寸，就会给面试官带来不安稳的印象。

巧妙地运用以上原则，便能漂亮地解决这个棘手的问题。一个人有缺点并不可怕，可怕的是不敢承认它、改正它，反而强词夺理。从辩证的角度看，缺点与优点是相互转化的，前提是正确地认识缺点，实实在在地改正缺点。“横看成岭侧成峰”，对缺点本身来讲，有些“缺点”对某些工作来说恰恰是优点；对有缺点的人来说，无论是消除误会，还是坦然承认，都会使消极评价转化为积极的评价。

创意幽默换来录用书

有过求职经历的人都知道，求职面试时，经常会碰到一些很难回答的问题，当问题回答不上来的时候甚至会让自己变得十分尴尬。遇到这种情况该怎么办呢？不要轻言放弃，更不要只是愣在那里什么都不做。而是应该给自己一定的思考时间后，从容地组织回复的答案。这个时候不要回想他人怎么说，而更要提醒自己该怎么说才能够有新意。任何人都喜欢新鲜的创意，任何人都会被惯用的话语麻木到没有感觉。

于是，考验自己随机应变的时刻到了，不要紧张，要对自己的创意放心。因为只要你的回答完全不同于其他人，你已经成了创造的成功者。创意性的幽默回答，让你在信服中换来面试官的认可。

在一次电视台主持人招聘面试中，考官问一位女学生：“三纲五常中的‘三纲’指什么？”这名女学生答道：“臣为君纲，子为父纲，妻为夫纲。”她刚好把三者关系颠倒了，引起哄堂大笑。

可她镇定自若，幽默地说：“我指的是新‘三纲’，我们国家人民当家做主，领导是人民的公仆，当然是‘臣为君纲’；计划生育产生了大量的‘小皇帝’，这不是‘子为父纲’吗？如今，妻子的权利逐渐升级，‘妻管炎’、‘模范丈夫’流行，岂不是‘妻为夫纲’吗？”

这位女学生机敏幽默的回答，用新时代的特色重新解释了三纲五常中的“三纲”，这不仅让面试官的眼前一亮，而且她灵巧地显示了她的口才与智慧，显示了她竞争的实力，最终使她顺利通过了面试。

创意让你不断地在探索中走向成功。一个成功人士在总结自己的成功经验时说："你可以超越任何障碍。如果它太高，你可以从底下穿过；如果它很矮，你可以从上面跨过去。总会有办法的。"所以，对于善于变通的人来说，世界上不存在困难，只存在暂时还没有想到的方法，而死板之人，常画地为牢，最终害苦自己。想要有创意的灵感，我们只需懂得流水的圆融。勇于迈出别人不敢迈出的一步。

陈锋南下广州，第一次参加应聘面试时却迟到了，到达该公司时，已有30个求职者排在他前面，他是第三十一位。

怎么能引起面试者的特别注意而赢得职位呢？陈锋很快拿出一张纸，在上面写了一些东西，然后折得整整齐齐，走向秘书小姐，恭敬地对她说："小姐，请你马上把这张纸交给老板，这非常重要！"

那小姐很称职，点点头把那张字条取走，并很快送到老板的桌上，老板看后笑了起来，因为字条上写着："先生，我排在队伍的31位，在你看到我之前，请不要做决定。"

最终陈锋应聘成功了，这是他善于用脑的结果。

确实，一个会动脑筋的人，一定是个富有创意的人，而这家广告公司所要的人才，就是要求其想象力丰富，有创意。

创意，意味着打破沉闷、打破旧有的做法。在面试中，我们需要有突破陈旧的勇气，不要让不合时宜的面试规则控制你的大脑。面试需要勇气，也需要潜力，潜力的繁衍需要不断新生的空间。

创意幽默，作为圆融的面试技巧，会让你成功步入职场。

幽默成为职场准入证

大多数人初次面试时都表现得略显紧张，有不少有能力、有才华的人为此痛失机会。对于面试官来说，紧张慌乱的应聘者，意味着不能很好地胜任工作。此时，如果你善于幽默，就可以借此化解紧张气氛。

在求职过程中，求职者面对面试官的问题，可以采取幽默回答的灵活方式，这样不但能够活跃气氛，还能够让面试官看到自己的活力与热情，进而会更加容易获得面试官的好感。到达成功的路可以说有千条万条，而幽默是一条阳光大道，是潇洒走一回的必然选择。

一位面试官这样问一个应聘者："为什么你要选择教师这个职业？"

应聘者回答说："我从小就立志长大后要做伟人的妻子。但是现在才知道，我能做伟人妻子的机会实在渺茫，所以又改变主意，决定做伟人的老师。”

这位应聘者的回答博得在场人员的一片掌声，结果她被录取了。

这位应聘者的明智之处就在于打破了常规思维和表达模式，以真实感受胜人一筹；她用了“伟人”这个范畴来贯穿前后表达自己所立的志向。幽默的谈吐，既表达清楚了自己的中心意图，又出语惊人、新颖而不落俗套，因而这位求职者获得了成功。

在美国纽约，一个人到一个公司去求职。

经理说：“对不起，应聘的名额已经满了，要到我们单位的人已经有许多了，他们的名字我根本登记不完。”

这个求职者喜形于色，说：“太好了！太好了！既然你都忙不过来了，就说明贵公司还需要人，你就安排我做登记员吧!”

如果这位应聘者不是久经沙场，对自己充满自信，也不会在面试中如此幽默、迅捷地利用招聘者的问题为自己争取机会。幽默是自信的表现，是善于处理人际关系的反映。可以说，哪里有幽默，哪里就有活跃的气氛；哪里有幽默，哪里就有笑声和成功的喜悦。为此，在面试的时候，不妨来点幽默，不仅能使自己放松，也使招聘者记住你，可能还会使你在面试中脱颖而出。

离职原因，幽默讲述

“你能否描述一下你离开以前所供职单位的原因?”这类问题在面试时经常会被问及，招聘单位能从中获得很多关于你的信息。因此，在回答这个问题时应该非常小心，要考虑到单位的感受，千万不要说得愤世嫉俗，众人皆浊我独清。

选择像“大锅饭”阻碍了发挥，专业不对口、生病、结婚等人们都是可以理解的离职原因。但是，要避免把离职原因归结为别人的主观因素，让招聘单位怀疑你的个人品行和团队合作能力，比如：

人际关系复杂。现代企业讲求团队精神，要求所有成员都能有与别人合作的能力，你对人际关系的看法，可能会被认为是心理状况不佳，处于自我封闭的心境之中，从而妨碍招聘单位对你的选择。

分配不公平。现在企业中实行效益薪金、浮动工资制度是很普遍的，旨在用物质刺激手段提高业绩和效率；同时，很多单位都开始了员工收入保密的措施。如果你在面试时将此作为离开原单位的借口，则一方面你将失去竞争优势，另一方面你会有爱打探别人收入乃至隐私的嫌疑。

上司有毛病。既然是在社会中存在，就得和各式各样的人打交道。假如你挑剔上司，说明你缺乏工作上的适应性，那么，很难想象你在遇到客户或与单位有关系的人时会不会凭好恶行事。

竞争过于激烈。随着市场化程度的提高，无论是在企业内部还是在同行之间，竞争都日益激烈，需要员工能适应在这种环境下干好本职工作。

工作压力太大。现代企业生存状况是快节奏的，企业中的各色人等皆处于高强度的工作生存状态下，有的单位在招聘启事上干脆直言相告，要求应聘者能在压力下完成工作，这是越来越明显的趋向。

很多招聘者建议把加入一家新公司的理由设定为事业发展的需要。例如："在原公司销售科工作了两年后，我学到了许多有关营销方面的知识。现在，我想学点别的。"或者，"现在，我想学点新东西，而贵公司则是我最中意的。"不过，要是你确实因与老板发生冲突而被解聘，那么，你最好主动把事情原委告诉他们，而不要让他们先问你。话要说得既明确又有艺术性。例如："在管理形式方面，我和原公司的一位新金融主管存在分歧。不过，我们双方对此表示理解。"

因此，在面对离职原因的解释时，最高明的回答方式就是运用幽默，巧妙地将自己的优势表达成离开上个东家的原因，并进一步将自己的职业发展规划幽默地表达出来。幽默是解释离职缘由的两全其美之法。

一位面试官问应征秘书的刘婷："小姐，你这么美，学历又高，举止又优雅，难道你原来的上司不喜欢你吗?"

刘婷微笑着说："也许正因为美的缘故，我才离开原来的公司。我宁愿老板事多累下人，也不希望他们'情多累美人'。我想在您手下工作，一定会省去许多不必要的累。"

刘婷并没有说"老东家"的好与不好，但一句幽默的"情多累美人"既让人同情也让人爱怜，结果刘婷很顺利地走上了新岗位。

刘婷明白，面试中对自己的前任上司切不可妄加评论，要知道现在招聘你的面试官可能就是你未来的上司，既然你可以在他面前说过去的上司不好，难保你今后不在别人面前对他说三道四。一个人要在社会中生存，就得与各色各样的人打交道，挑剔上司说明你对工作缺乏适应性。

第九章

下属幽默——善用玩笑，左右逢源

幽默是晋升的快捷方式

公司是一个小型社会，作为员工在公司中除了做好事情之外，最重要的是要会说话。公司中重要的关系就是员工与上司之间的关系协调，聪明的下属在上司面前不会做作，但会幽默。

在员工与上司之间的关系中，上司处于权力的主导地位，员工难免会遭受到上司的批评或者指责，让员工感觉到委屈与压抑。这个时候，面对承受的委屈，如果你一脸的愤怒与不服气，只会加重与上司之间的矛盾与纠葛。但是，如果你能够坦然接受委屈，运用幽默的谦和与乐观表现出对上司的理解和支持，那么上司也会对你另眼相看，尽管他在批评你的时候没有任何表情，但是他已经暗暗看好你的态度。所以说无论上司会对你怎样，请学会用幽默的方法和技巧来解决。

一次，乾隆皇帝突然问刘墉："京城共有多少人?"刘墉猝不及防，却非常冷静地回了一句："只有两人。"乾隆问："此话何意?"刘墉答曰："人再多，其实只有男女两种，不是只有两人?"又问："今年京城里有几人出生？有几人去世?"刘墉回答："只有1人出生，却有12人去世。"乾隆问："此话怎讲?"刘墉妙答曰："今年出生的人再多，也都是一个属相，岂不是只出生1人？今年去世的人则12种属相皆有，岂不是死去12人?"乾隆听了大笑，深以为然。

刘墉是一位智者，是一个懂得幽默的人才，他在回答皇帝提出的问题的时候用一种"大智若愚"式的智慧，深得皇帝的喜欢与欣赏，也难怪刘墉很长时间以来一直是皇帝身边的红人。

身在职场的我们一定要做到心里明白，外表糊涂，大智若愚的幽默说话会让你深得上司的赏识，助力自己平步青云。从这一点上说，在职场上出人头地，才干加上超时加班固然很重要，但懂得在关键时刻说适当的话，也是成功与否的决定性因素。其中，员工对上司的幽默运用需要注意一定的技巧。

（1）应该善用幽默调整好自己的心态，没有谦逊的学习姿态，幽默只会变得做作甚至是卖弄。

（2）要学会运用自嘲，在上司面前嘲笑自己也是在凸显上司的英明，这会让上司欣慰于自己的领导力的同时，也会对你的幽默心态大加赞赏。

（3）若要与上司在情感上进一步拉近，暖色幽默是一个很得力的助手。与上司经常进行一些暖色幽默，几乎没有什么问题是解决不了的。所谓暖色幽默不同于一般的搞笑幽默，搞笑幽默是笑过之后就没有什么太大的影响与深刻的记忆了，而暖色幽默则会通过平和友善的姿态，妙趣横生的语言让人们在微笑中产生对你的敬服，从而印象深刻。

尴尬时笑替领导打圆场

领导如果碰上什么尴尬场面，作为下属，在这个时候替领导打个圆场是分内之事，也会让领导更加喜欢你。如果领导每每在遇到尴尬时，就让领导独自承担这种尴尬，作为下属的你需要认真思考了。

适时幽默地替领导打圆场，使他得到心理上的安慰，会让他把你看作知心人。在领导不知所措的时候，为领导打好圆场，也会让领导欠自己一个人情，如果人情欠多了，自己受到重用的时候也就不远了。如果公司出现了晋升、加薪或者技能培训的机会，领导会第一时间想到你。

因此，适时幽默地为领导打圆场不仅可以保全领导的情面，而且是在为自己的前途发展奠定基础。

慈禧太后爱看京戏，常赏赐艺人一点东西。一次，她看完著名演员杨小楼的戏后，把他召到眼前，指着满桌子的糕点说：“这一些赐给你，带回去吧！”

杨小楼叩头谢恩，他不想要糕点，便壮着胆子说：“叩谢老佛爷，这些尊贵之物，小民不敢领，请……另外恩赐点……”

“要什么？”慈禧心情不错，并未发怒。

杨小楼又叩头说：“老佛爷洪福齐天，不知可否赐个字给奴才。”

慈禧听了，一时高兴，便让太监捧来笔墨纸砚。慈禧举笔一挥，就写了一个“福”字。

站在一旁的小王爷，看了慈禧写的字，悄悄地说：“福字是‘示’字旁，不是‘衣’

字旁的呢！”杨小楼一看，这字写错了，若拿回去必遭人议论，岂非有欺君之罪？不拿回去也不好，慈禧太后一怒就要自己的命。要也不是，不要也不是，他急得直冒冷汗。气氛一下子紧张起来，慈禧太后也觉得挺不好意思，既不想让杨小楼拿去错字，又不好意思再要过来。

旁边的李莲英脑子一动，笑呵呵地幽默说：“老佛爷之福，比世上任何人都要多出一‘点’呀！”杨小楼一听，脑筋转过弯来，连忙叩首道：“老佛爷福多，这万人之上之福，奴才怎么敢领呢！”慈禧太后正为下不了台而发愁，听这么一说，急忙顺水推舟，笑着说：“好吧，隔天再赐你吧。”就这样，李莲英为二人解脱了窘境。

做领导的一般都比普通人更注重面子，尤其是下属在场的时候。如果在公众场合碰到了尴尬，是十分令人沮丧的事情。这时作为下属，就应当站出来，替他打个圆场，用幽默的语言来缓和这种尴尬，让自己在领导心中有更好的印象。

能够常替领导打圆场的幽默智者，他们在为领导开脱的同时也是在为自己说话。领导喜欢的是能为自己排忧解难、出谋划策的人，不是见事就躲、不替领导打圆场，甚至把尴尬境地硬推给领导的人。

因此，聪明的下属不是在平时对领导说笑拍马，而是在关键时刻能够挺身而出，巧用幽默的智慧打破尴尬的场面。幽默不仅仅在于博得他人一笑，更重要的是能够解决生活或者工作中的问题。能为人所用，才是幽默口才真正的价值所在。

和上司有分寸地开玩笑

玩笑是幽默的一种搞笑形式，玩笑开得好不仅可以增进人际关系，还能使你整个人充满魅力。但如果玩笑有人身攻击的成分，就是黑色玩笑了。很多人喜欢和别人开玩笑，却从来不知道玩笑也是要有分寸的，其实，黑色玩笑体现着一个人性的弱点：面对一个人或一件事时，会不自觉地挑刺，这是一种思维习惯。

玩笑万一开得不好，对方听了心里就会不舒服，在上司面前尤其如此。事实上，没有几个人真正喜欢黑色玩笑的，这里包含了太多的不尊敬和戏弄成分。

高蝶上学的时候就非常聪明，老师说她的脑子活，言辞犀利，还有丰富的幽默细胞。无论上学还是工作，她都是大家的一颗“开心果”。尽管如此，她在一家公司已经工作 3 年了，仍然只是一名仓库管理员。到底是什么原因使她在工作上没有转变，她自己也说不好。

那天，高蝶向研究心理学的表哥提到了这个问题，表哥问她：“你平时有没有在言辞上对上司不敬啊？”

高蝶一愣，想她平时除了爱开玩笑，没有其他的毛病了，难道是她向上司开玩笑引起的？于是，高蝶想到了最近的几个玩笑。

那天，上司穿了身新衣服去上班，灰西装、灰衬衫、灰裤子、灰领带。同事都没有说话，只有高蝶高声地喊着："哎呀，穿新衣服了？"上司听了咧嘴一笑，她接着捂着嘴笑："哈哈，像只灰耗子！"

还有周五的时候，来了个客户找上司签字。当上司签完字以后，对方连连称赞上司的字好，说："您的签名可真气派！"高蝶正好走进办公室，听到称赞声后，一阵坏笑："能不气派吗？我们上司可暗地里练了3个月呢！"当时她注意到上司和客户的表情都很尴尬，不过她也没有多想。

现在仔细一想，好像问题就出在这里。高蝶工作很勤奋，每天加班加点，有时候工作中出现差错的时候，上司不仅不体谅，还不分青红皂白地说她偷懒，怎么解释都不行。当时觉得很委屈，现在看来，好像真正的原因很明了了！

开玩笑没有分寸的人多数是热衷于挑刺的人，这类人往往被视为"刻薄"，容易引起他人反感。同事或朋友、同学之间，也许一笑了之，但如果冒犯了上司的尊严，其后果是严重的。同样一个问题，也许你觉得没有什么，然而你的上司会觉得问题很严重。这就需要自己平时多加注意了！

与上司有分寸的开玩笑需要注意：

（1）要学会宽容，学会挖掘别人的优点。只有你的眼睛里都是对方优点的时候，你的玩笑开起来才会动听一些。

（2）在和上司单独相处时，可以去赞美对方的衣饰细节的变化，这样能迅速拉近双方的距离。用这个方法，不仅能在紧急时刻迅速打破和上司之间的僵局，而且还能了解到不少上司的喜好。

（3）平时在汇报自己想法的时候，要选择好措辞。在开玩笑的时候一定要看场合，要清楚自己该不该说。比如，某些人如果不开黑色玩笑，而用另外一种方式向上司说话，如："我个人认为××方案比较可行，但我做不了主，您经验丰富，帮我做个决定行吗？"上司听到这样的话，绝对会做个顺水人情，答应你的请求，这样岂不两全其美？

在工作中开玩笑应当适度，尤其是在对上司的玩笑中。上司毕竟是有头有脸的人，毕竟是需要尊重的人，切不可为了显示自己和上司关系好而对上司开玩笑，而不注意说话的分寸，那样只会引得上司的反感。

何况，过度的玩笑已经偏离了幽默的本质。幽默不意味着戏弄别人，过度的玩笑已然成为黑色幽默，殊不知黑色幽默用在领导身上的话，最终黑色幽默的不良影响会映射到自己身上来呢。

对同事有意见要幽默地说

飞飞在职场上已经“浮沉”好些年了，也遇到过各种各样的人和事，本来应该也算是一个“交际能手”，但她总是很容易得罪人。她心里总搁不住事儿，嘴上更是藏不住任何意见，有什么就说什么，从来不会隐瞒自己的观点。

当有的同事把茶水倒在纸篓里，弄得满地都是水，她会叫他不要这样做；有的人在办公室里抽烟，她会请他出去抽；有的人爱没完没了地打电话，她就告诉她不要随便浪费公司的资源……她这样做是好心，如果让经理看见了，不是一顿责骂，就是扣奖金。可是，好心没好报，她这样做的后果是把同事们都给得罪了。每个人都对她有一大堆的意见，甚至大伙一起去郊游也故意不叫上她。有一次她实在气不过，就向经理反映，没想到经理也不怎么支持她，并没有批评有错误的人，反倒弄得她在公司里更加被动。她非常想不通，明明自己是实话实说，为什么结局是这样的？难道做人就一定要虚伪做作吗？

道理很简单，飞飞没有把对同事的意见用另外一种方式来委婉表达。幽默是职场的保护伞，是对他人的尊重。尤其是在公司里，每天都会跟自己的同事低头不见抬头见，如果处理不好与同事之间的关系，将会让自己在尴尬中独享无奈。就像飞飞这样，尽管她没有做错，但是他依旧得不到同事的欢迎，这在于她不懂得如何向自己的同事提建议。

聪明的同事从来不会在与同事的相处中漠视“幽默”这位仁兄，他们往往能学会掌握幽默的习惯，让幽默把对同事的意见委婉、轻松地表达出来，听的人会很舒心，说的人也会为自己的表达感觉到放心。

懂得圆融的人，往往会懂得在笑声中向大家委婉地提出意见，即学会为直接的意见披件幽默的外衣。既缓和了气氛，又可以保留他人的情面，还可以拉近自己和同事之间的关系。

一位女同事总是在周一迟到，这一天她又一如既往急匆匆地奔进了办公室，跑到打卡机旁边，慌忙打完卡，刚落座不久，旁边的一位男同事问道：“我尊敬的女士，星期天晚上有时间吗?”

“当然有了，我尊敬的先生。”女同事打趣说。

“早点睡觉嘛，否则周一早上总是这么一阵风似的来得匆匆，不怕心脏会承受不住啊，哈哈。”

这位男同事对女同事的建议是善意的，他很懂得幽默的委婉，通过一种逗笑的形式将自己的提醒幽默地表达出来，让女同事在快乐中接受。这位男同事既没有伤害到女同事的自尊，反而通过这样一种趣味提议拉近了两人之间的关系。

幽默秀出你的幕后功劳

你的身体蕴藏着巨大的能量，成功并不需要让自己彻底改头换面，你要做的只是恰如其分地将自己的优点与优势展示人前，将自己的潜能极大发挥。幽默口才可以帮助你在工作中做到这一点，既能够凸显你的人格魅力，又能衬托你的工作能力。

在文艺复兴时期，意大利雕刻家米开朗琪罗用了多年时间，完成了举世闻名的大理石雕刻，名为“大卫”，现在存放于佛罗伦萨美术学院。当朋友问米开朗琪罗雕出栩栩如生的大卫像的秘诀，他只是诙谐地说：“大卫本来就在这块大理石里面，我只是将不属于大卫的石块凿掉罢了!”

米开朗琪罗对于自己闻名于世的雕刻作品“大卫”，没有显示出骄傲，也没有完全赞美自己的功劳，反而对自己的朋友以幽默展示出了谦逊，谦逊没有降低他的成就，反而让他的智慧过人更加被世人赞扬。

我们怎样将米开朗琪罗这种幽默的技巧应用到工作中呢？面对自己的上司，应该怎样将自己的能力优势向他婉转地表达，既不会让上司发现自己是在故意卖弄，还可以让上司看到自己的成绩呢？

不要以为自己和其他员工一样是在上司的视野里努力工作的，只要用功了，就能得到应有的奖赏。很多时候，并不是如此，有时候自己一直在拼命地工作，上司却也可能一点都看不到。这是一个信息化的时代了，光做事情是不够的，一定要懂得和上司沟通，让自己的成绩在上司面前幽默地表达出来。否则，纵使你累得半死，也很难获得加薪、升职的机会。

文先生自从毕业之后就在一家公关公司上班，工作一直非常认真，自我感觉也很聪明。但是，上司似乎总也看不到他的成绩，文先生不喜欢表功，上司让他们随便谈论自己成绩的时候，他总是很谦逊地说：“其实，我也没有做什么成绩，我只是个帮扶的小角色，都是在大家的帮助和努力下完成的!”

后来，文先生意识到这样的回答不会让上司觉得这是在谦虚，他反而觉得文先生真的什么都没有做。于是，文先生就进行了调整。有一次，他只花了一个星期就将一笔业务成交了！于是，他开始趁热打铁，显示自己的功劳。

在一个偶然的机会下，他开玩笑地跟上司提起：“我刚和一个朋友谈完，就成交了这笔生意！前后还不到几分钟的时间。更具体地说我的思想还停留在谈判的境地呢，结果就被谈判成功的结果给拽出来了。”

上司果真非常高兴，他建议文先生告诉公司的公关部门，好让公司同仁知道这笔进账。后来，他就被调到了公关部门做了主管。

所以，文先生不管自己做了多少事情，付出了多少努力，如果自己不提，不会有谁帮你去告诉上司。而上司也不会将自己的注意力集中在某个员工的业绩上，他们关心的是整个公司的运转。不留痕迹地幽默表功劳，正适合那些有点内敛的人。

如果你没勇气直接向上司表露功绩，就学习一下这种幽默的方式吧。这种方式不仅能让上司对你刮目相看，还能充分体现你的聪明和技巧。幕后英雄总是以默默无闻的姿态做着非凡的事情，但是这里说的幕后英雄却不是如此，而是指明明是自己的功劳，却被安在了别人身上。

作家黄明坚有一个形象的比喻：“做完蛋糕要记得裱花。有很多做好的蛋糕，因为看起来不够漂亮，所以卖不出去。如果在上面涂满奶油，裱上美丽的花朵，人们自然就会喜欢来买。”

工作也是一样，除非你打算继续坐冷板凳，蹲在角落里顾影自怜，否则，每当做完自认为圆满的工作，都要记得向上司、同事做一次报告，别怕别人看见你的光亮；当有人来抢夺属于你的功劳时，也要坚决捍卫。

将自己秀出来是需要勇气和说话技巧的，秀出自己的功劳不妨用幽默的话语，幽默可以让大家在敬佩你的业绩能力的同时，更加喜欢你这个人的说话做事风格。

幽默让错话转化为良言

当你在上司面前失言了，千万不要慌张，关键在于懂得亡羊补牢，伺机施以妙语挽回失误，这样不仅趣味横生，还可以将自己无心的失言转化成为一种拉近与上司或者同事关系的道具。

首先，善用幽默将错话转化为良言，是为错误进行合理解释的借口，既然是借口就不能够显示出不真诚，否则借口将不再美丽。

有一次，小王在和同事聊天时，开玩笑地说上司“像个机器人”，不巧的是正好被上司听到了。于是，小王在忐忑中给上司写了一张字条，约他抽空谈一谈，上司同意了。

“显而易见，我用的那个词绝无其他用意，我现在备感悔恨，”小王向上司解释道，“我之所以用‘机器人’之类的字眼，只不过想开个玩笑，我感到您对工作一丝不苟，但对我们有些疏远，因此，‘机器人’三个字只不过是描述我这种感情的一种简短方式。

请您谅解！以后我会注意自己的表达方式。”

上司为小王合情合理的幽默解释和自我批评而深受感动，小王借力表态，说以后要努力克制乱开玩笑的毛病，做个通情达理的好员工。

小王利用幽默进行的坦率道歉，让他与上司的关系化干戈为玉帛。有些人在对上司说了不敬的话时，往往会一味地自我谴责甚至自我羞辱，然后低声下气地去道歉。但许多情况下，仅靠一句“对不起”不会取得上司的谅解。道歉要坦率，更重要的是，要通过幽默的感染力把问题讲清楚，只有这样才能促成和上司的友好沟通，从而顺利解决自己言行失误带来的感情危机。

其次，幽默巧表，需要巧妙地运用修辞。

南朝梁有个大臣叫萧琛，能言善辩。在萧衍还没有称帝时，他就与之交好。后来萧衍当了皇帝，两个人之间的关系还是很亲密。

有一次，萧衍举行大型宴会，萧琛也参加了。酒过几杯后，萧琛有些醉意，就趴在桌子上。萧衍见了，就用枣子投他，正好打中萧琛的头。萧琛抬起头，竟然不假思索地拿起食品盒里的栗子向萧衍投去，正好打中萧衍的脸。这时，旁边的官员都看到了，吓得大气不敢出。萧衍的脸也一下子沉了下来，刚要动气，萧琛急忙说道：“陛下把赤心投给臣，臣怎敢不用战栗来回报呢？”

萧衍一听，转怒为笑。

这里，“赤心”是借用枣的形态做比喻的，“战栗”则幽默借用了“栗”的谐音。可以想象，如果萧琛不能机智快速地反应，及时想出应答的办法，等待他的岂不是大祸临头。

在上司面前做错了事，道歉并不是唯一的选择。因为道歉过后，上司可能只是原谅了你，怨气消了不等于喜气来了，而如果能像萧琛这样，明明是做错了事，可短短一句幽默话，不但消解了萧衍的怨气，而且还带来了喜气，岂不是更高明的选择？给自己的失误加上一个美丽的修饰，错误反而成了向上司表达衷心的举动，难道不令人拍案叫绝吗？

向上司委婉提出意见

在职场中，下属作为团队中的一员，总免不了要与上司打交道，常常要向上司表达自己对某工作的一些看法，或是提出一些对工作或业务发展的建议。这个时候，要注意说话的技巧了，如果自己颇有微词，便会导致沟通不能顺利进行下去，如果更严重的话，还有可能使上司自己对自己产生一些偏见，使自己在单位中的处境变得不乐观起来。那么，要用什么样的方法呢？不妨试着培养一下自己的幽默风趣吧。

幽默能让你的回答更加婉转，让你的上司更加容易接受，既达到了提意见的目的，又融洽了气氛。下面这个故事中，一个员工迂回地表达了对公司伙食的不满，让他的上司一下子就明白了员工们的早餐状况，并采纳他的标准改善了他们的伙食标准。

某公司，一位总经理早上去慰问自己的员工，并顺便询问了员工们的早餐状况。大部分员工都恐于老总的权威，于是都含糊其词地回答说“还行”“可以”。只有一位员工很满足地说：“一个鸡蛋、一碗麦片粥、三块蛋糕、两个夹肉卷饼、一个苹果，总经理。”经理听完之后，半信半疑地问这位员工：“你们的标准差不多都要赶上国王的早餐了！”经理说完，这位员工毕恭毕敬地回答他：“很遗憾的是，这是我在外面餐馆享受的标准。”

这次慰问之后，总经理便马上开会讨论，责令改善员工们的伙食待遇。有的时候，一个小小的幽默就是这样的奇妙，轻易地让别人采纳了自己的想法和意见。

在工作中，有些上司总是对员工要求比较苛刻，对某一个问题，如果员工有不同的意见也不乐于采纳。而对一个称职的员工来说，坚持自己的意见和立场是重要的，做事遵循一定的原则，不能因为上司的吹毛求疵而轻易改变自己的看法，所以，要敢于指出上司工作中的不足。但这是需要勇气的，而能够比较幽默地表达出来的话，便能让上司在知道错在了哪里的同时还会注意改正自己的错误。

某公司的李经理有着很重的官僚作风。公司最近新聘请了一个员工小王，对待小王，他便总是颐指气使地训话：“你既然是我的下属，就一定要懂得服从，我让你往东，你就不能往西，让你做什么，你就得做什么，明白吗？”“知道了，知道了！”小王诚惶诚恐地答道。

就这样过了几天，有一位贵宾来访。李经理便让小王给客人端茶倒水，递烟。事情做完后，小王便站在了旁边。这时，李经理要为客人点烟，却发现没有打火机，便气急败坏地吼道：“笨蛋！烟、打火机、烟灰缸都是环环相扣的，没有打火机怎么点烟呢？你就不能学聪明一点吗？”小王连忙点头称是。

过了几天，李经理生病了，便吩咐小王去请医生。结果小王去了三四个小时才回来。于是李经理又开始骂开了：“笨蛋！就这么点小事，需要那么长时间吗？”这时，小王故意大声喊道：“经理，您要知道，要花的时间还长着呢，现在医生、律师、棺材店老板、殡仪馆老板都在外面等着了呢！”

这个小王还真是风趣，简单的一句话便把傲慢刁难的李经理好好地讽刺了一番。

在职场中，每个人都渴望自己的工作成绩能够和收入成正比。但有的时候，加薪这样的美好愿望要怎样向上司提出来呢？是直截了当地提出加薪要求，还是委婉地表达自己的愿望，让对方明白自己的想法呢？当然，后者应该是更可取的。否则，不但自己加薪不成，反而会引起上司的反感，影响自己在公司的发展前途。

下属需要向上司提建议时，通过幽默的方法，把建议表述得含蓄委婉，从而可以使自己处在进可攻、退可守的位置，让自己立于不败之地。

第十章

职场幽默——愉快工作，轻松生存

职场幽默帮助提升业绩

职场幽默可以说是一种生产力，因为幽默元素能够促进人们情绪的活跃，而生产力中最重要的因素就是人，因此，幽默的风趣直接导致了人力的积极与活跃，进而带动了生产力的不断提高。因此，职场需要幽默，每个职场人更需要幽默。

现实生活中，很多企业已经意识到幽默的重要性，某企业的人力资源培训讲师曾经在培训中明确指出了幽默的地位：

“公司培训有五大要求，即培训内容要充实，要能激励人心，要给人深刻的印象，要有说服力，再有就是风趣幽默的谈吐，其中幽默谈吐仅次于印象深刻，排名第二位。”

将幽默作为公司培训的考量，是因为幽默是一个员工情商的重要体现，情商决定了与人交往的能力，影响了给公司创造生产价值的能力。幽默风趣能使人在愉快与轻松的职场氛围中工作，工作效率自然会提高。

王先生与老婆逛家具城的时候，看到了一个比较精致的床，老婆喜欢得不得了，很想买下，可是等他们看了一下价格后，心里顿时凉了半截。床虽然不错，但价格也不便宜，居然是7万元的高价。老婆有些意外地对服务员说道：“这床怎么这么贵啊?”

服务员认真地解释道：“因为这是一张绝对以人为本的床啊，其他款式的床都是让人来适应，无论是床的高矮度、软硬度，都是人们无法改变的。可是这款床却是一款可以适应人们不同需求的床，床上带有多个电动按钮，只要一按电钮，就可以让床的各个部分抬起或者降下，以便顺应自己的舒适度，另外更重要的是这款床还可以根据人们不同的睡姿来适时调整，让你每一晚都能进入甜蜜的梦乡。所以，不是床的价钱贵，是看您舍不舍得为自己的身体健康埋单了，呵呵。”

听到服务员如此生动、幽默地讲解，妻子已经完全被打动了，王先生是个心疼老婆的人，看到老婆如此倾心于这款“以人为本”的床，也就没有计较太多，随后就买了下来。在付款的时候，王先生还对服务员说道：“你可真会说话啊。”

幽默，在增强说服力的同时，也增加了产品的销售量，也就提高了企业的生产力。

无论是在情场、生意场，还是在职场，没有人不喜欢幽默风趣，正是因为人们的喜爱，促使幽默成为一种生产力，或者让幽默成为促进生产力迅速提升的重要因素。

办公室里的幽默探幽

高强度和快节奏的工作步调，不免让人们心生烦恼。如果这样的工作占据着我们的生活，那我们就没有快乐可言了。所以，闲暇的时候，同事们聚在一起聊聊天，说点幽默的话题，也不失为一种减压的好方法。但是，职场中毕竟是一个比较特殊的环境，我们一定要掌握好自己的幽默尺度，不要成为办公室中的那个众矢之的。

小芬的身高不高，身体还比较单薄。一天，公司里有个同事拿了一根竹竿到办公室，就想和小芬开个玩笑，一手招呼小芬，示意他站起了。

小芬对他的举动有点莫名其妙，于是就问他：“有什么事吗？”

“没什么特别的。我就想拿竹竿和你比对比对，看看到底哪一个高一点。”同事满脸堆笑，对着小芬说。小芬听他如是说，便对他顿生厌恶之意，随即转身就离开了。

用别人的身高来调侃，这个同事真是哪壶不开提哪壶，根本就没有顾忌到小芬的感受，也没有设想自己这样做是多么的愚蠢，这样的幽默只会让别人更加厌恶。其他的同事也把这件事看在眼里，不知道他们看到这一幕会有什么样的想法。但是，他们也一定不喜欢这样的玩笑吧！

如此说来，我们在办公室就不能开玩笑了吗？肯定不是这样的。上面的那个同事只是用错了幽默的方式，忽略了幽默要看对象，要用适当的方法，如果同事间能坦诚相待，这样的幽默还是能让大家笑口常开的。

单位小张的儿子还比较小，所以小张上班的时候也会时不时地把儿子带上。一天，小张又带着儿子去上班。可是，没想到的是，这个小孩非常的调皮，东奔西跑，一不小心，就打碎了同事的杯子。小张见状，指着儿子就大骂，并照着孩子的头就是一巴掌。

单位同事王萱看到这样的情况，站起来就对着小张大喊：“小张，你怎么打孩子呢？快给我住手。”整个办公室闹声都停了下来，看着这种场面，心想怎么王萱要多管闲事。四下安静了，接着又听到王萱说：“你这孩子原本可以当大学教授，就这一巴掌，把个好端端的大学教授打没了。”听到她这么一说，原本紧张的局面一下子缓解了，大家都被王萱的这句话逗乐了。小张也乐开了：“王姐你说话可真有意思，你说这小子能当大学教授？这小子要是能有这能力，我就不操这份心了。”

当我们在工作中看到同事与同事有磕磕绊绊的时候，若能用一个恰当的小幽默来巧妙地化解，不仅让同事之间的关系更加融洽，还能给同事留下良好的形象。不过，我们知道，同事之间开开玩笑没有什么，但是一定不要在办公室里拿上司当作笑话的对象，要不然可能就会有意想不到的麻烦。

职场中的我们需要幽默。得体的幽默，于人于己都是一缕玫瑰的芳香；幽默是闲暇之余的调味品，能不能融洽办公室的气氛，那就要看你懂不懂职场中的幽默了。如果你不能遵循这些原则，你的幽默不仅不能幽默别人，还容易把自己给幽默了。记住这些职场幽默原则，那么，你在工作中，不论你走到哪里，你的身边也总是会有一群人围绕着你，因为你能够给他们带去快乐。

职场矛盾，幽默化解

战国时期，齐国有个出身卑微的人叫淳于髡，他虽然身材矮小但口才很好，善于讲幽默笑话，使听者在笑声中受到启发。于是齐威王派他作为齐国的使臣，出使各国。由于他有一副雄辩的口才，因而每次都非常出色地完成了使命，深得齐威王的器重。

一次，楚国发兵进攻齐国，齐威王派遣淳于髡带着黄金百斤、驷车十乘为礼物，前往赵国求救兵。淳于髡接到命令后放声大笑，笑得前仰后合，浑身颤动。

齐威王问他道：“先生是不是嫌我送给赵王的礼物太轻了？”

淳于髡回答说：“我怎么敢呢？”

齐威王又问：“那么，你为何这样大笑呢？”

淳于髡答道：“不久前，我从东面来，看见路上有一个人正在向土地神祈祷。他拿着一只猪蹄，捧着一杯酒，嘴里念念有词，‘高地上粮食满筐，低地上收获满车，五谷丰登，全家富足’。我看见他奉献给土地神的少，而向土地神索取的多，所以觉得好笑。”

齐威王听到此处明白了，淳于髡是在用隐语来谏劝自己增加礼物，于是决定把礼品增为黄金一千镒（每镒二十两）、白璧十对、驷车一百乘。淳于髡于是带着礼物前往赵国，说动了赵王，答应发兵救齐。

在职场中，我们常常会碰到各种各样的矛盾，有的甚至是十分棘手的难题，这就需要我们妥善解决它。我们可以以幽默的语言打开局面，给上司以智慧的启迪。所以，职场上离不开幽默的语言。

另外，需要注意的是，职场离不开的是恰当的幽默，而不是过分的幽默，当你说的话出现措辞不当的时候，即使很有幽默感，又能有谁会为你的幽默喝彩呢？

在一次盛大的宴会上，一位诗人和一位将军坐在了一起，但是他们对彼此都很有敌意，将军看不惯诗人，诗人也不习惯将军的架子，他们彼此很冷淡。当举办宴会的主人提到诗歌的时候，将军就会摆出一副不屑的表情。当宴会进行到一半的时候，宴会主持人提议让诗人当场为大家作一首诗。

幽默的诗人推辞说："哦，主持人，作诗没有什么好看的，还是让我们的将军来为大家表演发射一枚炮弹吧。"

将军听到这，一下子笑了，并与诗人举杯同饮。直到宴会结束的时候，他们还在聊天。

幽默，可以让互相仇视的两个人，相逢一笑泯恩仇。职场中并不总是一帆风顺，也并不总会遇到自己喜欢的人，当"看不惯"占了上风的时候，请学会运用幽默的智慧之剑将冷漠斩断。真正聪明的人，总会依靠幽默使职场更富有人情味，变得更顺利。

所以说幽默是一门艺术，是一门必须修炼的课程。职场中，幽默的遣词用字是优秀员工所必备的，拙于言辞职业生涯已经失败了一半。

在争吵面前，保持微笑的幽默说话才是一种可贵的涵养与品质。

工作难题，幽默处理

在工作中，难免会遇到一些难处理的问题，比如讨好斤斤计较的老板，对付难缠的客户，维持争论不休的会议，等等。面对这些棘手的问题，我们是杞人忧天不采取行动，还是用适当的方法加以解决呢？当然是要积极面对了，那我们以什么方法应对呢？那就幽默一些吧，这样不仅可以让我们的职场生涯更快乐、更轻松，还可以帮助我们完成一些难以完成的工作，从而让我们把工作做得更加得心应手。

小丽是一家跨国企业的部门秘书，她的部门经理是一个外国人。有一次，小丽给他送午餐，不小心打翻了餐盒，所有的东西都掉在了地毯上。经理见状，顿时激动起来，来了脾气，便冲着小丽喊道："哦，上帝，赶紧清理干净，要不然蟑螂就要来袭击我的办公室了。"他就这样冲着小丽反复叫喊着。

这个时候，小丽也没有乱了阵脚，一边打扫一遍抬起头，微笑着说："经理，放心，这种事不会发生的，因为中国的蟑螂只爱吃中餐。"

听到小丽这样一说，他便停止了叫喊，脸色也顿时放晴，心情一下子顺畅了。

遇到让人难缠的上司，不想些幽默的点子也不好应付。像小丽抓住了上司的文化背景和职场习惯，看准时机幽默一下，结局总是快乐的。当然在幽默的时候也一定要看清对象，要因事而异，因人而异。解决麻烦问题，也是考验我们的工作能力，其实只要我们凭借我们的聪明才智，化繁为简，迎难而上，什么事情都可以幽默轻松地搞定。

幽默是工作难题的克星，懂幽默的人懂得如何在工作中实现自己的目的。

汤姆是个个头不大而又害羞的孩子。他是办公室的勤杂工，累死累活，一星期也只能挣到 6 元。一天他终于鼓足勇气，去找老板要求加工钱。

老板说："你是个诚实的孩子，不是懒骨头，你想加多少？"

汤姆回答说："我想一星期加 4 元不为多吧？"

"哎呀，你这么点大也要 10 元一星期？"老板说。

汤姆回答说："我知道，就我的年龄来说，我的个头是太小了，但实话跟您说吧，自从我到这里来工作，就忙得没工夫长个子了。"

老板听后哈哈大笑起来，说："既然如此，我只能给你加营养了，就按你说的标准来吧！不过，可不能只长肉，不干活啊。"

汤姆是个懂幽默的员工，在笑声中讲出自己的苦衷与理由，既得到了老板的认可，还使自己的加薪计划得以实现。

方圆幽默，巧妙制胜

幽默是智慧、爱心与灵感的结晶，是一个人良好素质和修养的表现，也是一个人圆融处世的灵丹妙药。日本心理学家多湖辉把幽默称作"语言的酵母"。创造出幽默就是创造出快乐。幽默的人生，是乐趣无穷的人生。学会和善于运用幽默，会令我们的工作、生活更为丰富和快乐。尤其是方圆的幽默技巧，会让你在职场中立于不败之地。

基辛格 31 岁时，以优异的成绩取得了哈佛大学的博士学位，之后留校任教。他十分喜欢外交，具有无与伦比的辩论能力和外交天赋。

基辛格担任国务卿时，有一次设宴款待联合国外交使节团和记者团。他在致辞中说："各位外交官先生，你们的周围都是新闻记者，说话要多留神。各位记者先生，你们的身边都是外交官，对他们的话，可别太认真了。"

如何在工作中自由游走？即话不能说的太多，不能说得太绝，凡是要留有余地，既要像记者一样知晓各种厉害，也要像外交官一样，通达各种关系。这就是基辛格的方圆幽默技巧的展示。

基辛格是一个懂得运用幽默处世的高手，他知道什么该说，什么不该说，该说的会幽默地说，不该说的会委婉绕过。

基辛格在担任国务卿期间，经常奔走于华盛顿、巴黎、北京、莫斯科，进行穿梭外交。

有一次举行记者招待会，基辛格表示下星期日世界不可能有新的危机发生。记者追问这是什么原因？他幽默地说："因为我的工作已经排满了。"

基辛格懂得如何让别人认识到自己工作的重要性，他借用幽默来表达，既让大家看到自己的工作内容，更让大家感受到自己的努力。为此，才会受到更多人的尊重与信服。

方圆幽默适合于各行各业，有方圆幽默的地方就有欢笑，就能够将难以回答的问题幽默地作出精彩的答复。

一次，一位大律师到某大学讲演时，对于学生提出的各种问题，他都作了坦率的解答。这时，一位男学生递上一张字条，上面写道："既然律师公平地维护当事人的权益，那么你为什么还要为杀人犯辩护？你明明知道他杀了人，难道法律没有公平可言吗？"读完这一尖锐的问题，那位大律师想了一下，便问那位男生："你喜欢照相吗？"见男生直点头，大律师反问道："你脸上有光滑漂亮的时候，也有长疮疤不干净的时候，你为什么不在脸上生疮疤的时候去照相呢？"这一问，引得周围的人都情不自禁地笑了。

对于男学生提出的颇有难度的问题，律师不是急于作答，而是提出一个对方感兴趣的幽默问题，再进行反问，把在法庭为杀人犯作辩护与年轻人的照相巧作对比，在言简意明和风趣诙谐中，把自己的观点表达出来，让人豁然开朗，印象深刻。

因此，通常回答有些人的提问时，正面的回答极易落入俗套，难以满足提问者的口味，幽默的回答者会漫不经心地似答非答，引对方入圈套，占据主动，最后让对方折服。

避免与同事"交火"

工作中同事之间很容易发生争执，有时搞得不欢而散甚至使双方结下疙瘩。人是有记忆的，发生了冲突或争吵之后，无论怎样妥善地处理，总会在心理、感情上蒙一层阴影，为日后的相处带来障碍，最好的办法还是尽量避免它。

俗语说："有话好好说。"这是很有道理的，据心理学家分析，争吵者往往犯三个错误：第一，没有清楚地说明自己的想法，含糊，不坦白；第二，措辞激烈、武断，没有商量的余地；第三，不愿以尊重的态度聆听对方的意见。这个时候，我们需要借助幽默，为即将在职场中爆发的矛盾开脱。

同事关系的和谐是助力自己积极工作的重要动因。同事之间相处要以融洽为主导，选择幽默地相处也是同事之间建立融洽关系的因素之一，对同事多运用些幽默来搞好关系，善用幽默避免与同事的争吵，就会为自己腾出更多的时间和精力来致力于工作。

麦克阿里斯特作为某航空公司的主管工程师，去参加一次关于要不要将新型喷气引擎继续安装在“逾龄”飞机上使用的回忆讨论。此次会议讨论十分激烈，一方强烈要求安装，另一方却坚决反对安装，双方僵持不下，火药味十足。就在这时，会议讨论主席一席幽默的话打破了这种紧张的对峙局面。

主席说：“这些老飞机就跟老祖母一样，为老飞机安装新型喷气引擎就像是在为老祖母隆胸一样，可能带来浪费，却也可能会大有用处，不管怎么说，老祖母还是觉得很开心的吧。”

主席巧用比喻以及诙谐式的表达，让在场的人们放声大笑起来，对峙的局面一下子缓和了很多。会议讨论最终得出了一致的意见，就是可以将新式引擎安装在老飞机上。幽默解决了工作中对峙的尴尬，避免了“交火”的发生，为和谐共处创造了条件。

同事之间在工作中更需要这种和谐的幽默相处方式。幽默会加深同事之间的感情，避免不良情绪左右工作，进而提升工作的效率。还有一点很重要，就是幽默可以给同事保全情面。

一位漂亮的打字员小姐收到了一封来自男同事的表白信，但是她对这位男同事没有感觉，于是她没有理会男同事的信。可这位男同事仿佛并不在意打字员小姐的置之不理，他一如既往地写信。终于有一天，打字员小姐把他刚送过来的信连同自己以前的收到的信重新打了一遍寄给了他，并幽默地说道：“我已经为你全部打完了，还有什么事情吗?”

此后，这位男同事不再自找没趣。

打字员小姐巧妙地借助了职业之便，幽默委婉地拒绝了男同事的求爱，保全了男同事的面子，又不会使自己为难。

办公室作为工作场所，建立良好的工作氛围十分必要，幽默可以让自己树立起友好形象，可以引起同事们的好感，减少摩擦的发生，使自己与同事们在和谐中相处。

幽默的语言能使人在笑声中思考，而嘲笑使人感到含有恶意，这是很伤人的。真诚、坦白地说明自己的想法和要求，让人觉得你是希望与他人合作而不是在挑别人的毛病。同时，要学会聆听，耐心地倾听对方的意见，从中发现合理的部分并及时给予赞扬或同意。这不仅能使对方产生积极的心态，也给自己带来思考的机会。

如何与同事幽默相处

不得不承认，即便是对工作狂来说，上班也是件非常辛苦的事，不仅手里有--大堆要做的工作，光是正襟危坐八个小时，骨头也要疼了。所以要注意营造温馨和谐的工作环境，大家心情好了，效率提高了，干劲也就足了。

下午茶时间，大家聚在一起聊天。有一个同事姓夏，她老公姓周。他们在讨论将来宝宝的名字，想好一个简单的——“周一”。大家说：“不错不错，这个名字还有延续性，一口气可以生七个，从周一到周日。”这时，有人问：“那如果生了第八个怎么办呢？”同事说：“第八个就叫夏周一。”幽默的话语令大家捧腹不止，让办公室压抑的气氛顿时一扫而光。

幽默是一种很生动的语言表达手法，与幽默的人相处，谈话是一件非常有趣的事。在工作中遇到难题时，如果用幽默调节，事情就可能很快会得以解决。

小李和小王都是刚进公司不久的小青年，小李比较沉稳，具有幽默感，而小王血气方刚，容易冲动。有一次，两人因工作发生了一些矛盾，小王就怒气冲冲地把小李拉到办公室外面的走廊里，要跟小李决斗。

小李说：“单挑我可不怕你。不过，由我决定地点、时间及武器。”

小王同意了。小李说：“地点就在走廊里，时间就是现在，武器就是空气。”

小王一愣，然后两人同时哈哈大笑起来。

从此，两个人再也没有发生过冲突，成了最好的好朋友。

幽默能给你带来很多意想不到的好处，具有非常神奇的力量。幽默能使别人乐意与你相处，愿意与你共事，使你成为一个受欢迎的人。

职位变动，幽默视之

职场中，被辞退或是调离都是经常会发生的事情，一般大家都会觉得自己被炒鱿鱼是一件非常痛苦的事情，但是，如果换一个角度，换一种思维方式，或许就没有我们想象的那么糟糕。

波特刚被公司辞退了。朋友打电话来安慰他：

“波特，听说你被炒了，这是怎么回事呢？”

“哦，”波特说，“你知道经理是什么样的人，他就是那种悠闲地看着别人工作，而自己从来不动手的人。”

“这个情况我们是知道的，但是为什么他会让你走？”

“嫉妒！完全是他的嫉妒……你知道吗？其他的所有人都认为我是领班。”波特幽默地回答。

在离职的时候也不忘记给自己找个十分体面的理由，就像波特一样，把自己的离职归结为自己太有才能，让领班产生嫉妒，自己才会被撤职。自己被炒鱿鱼并没有什么不光彩的。用幽默来安慰自己，这不得不说是一种智慧。

如果是非走不可，我们也要幽默大度地走。为什么还要有失落、无奈和心酸呢？我们要用一种诙谐的豁达告诉别人，同时也告诉自己，不管是辞退还是调离，都预示着一段新的生活即将开始，不能说一切都不好，无论前方的路是阳光大道，还是羊肠小道，我们都要勇敢地去面对，坚持走下去。

美国著名作家马克·吐温曾在《守声报》工作，可是，6个月后的某一天，报社总编突然对他说："你太懒了，一点都不顶用！你收拾收拾东西离开我们这里吧，我们这里不欢迎懒汉。"面对这一切，马克·吐温并没有表示遗憾，只是微微一笑，大声对主编说："你这个笨蛋，你竟然用了6个月时间才了解我的为人！我可是刚到报社那天就知道你了。"

马克·吐温面临着即将失去工作，但他的一句话便让他从劣势一下子占了上风，自信十足地走了。

此外，面对人事调动，我们要大度、欣然地接受公司的安排。

小刘一直在公司总部工作。一天，人事经理找到他，告诉他即将把他安排到分公司工作，叫他准备一下。人事经理安慰小刘道："小伙子在基层也得好好努力，工作好了，我们过一段时间还是会把你调回总部的。"

小刘毫不在乎地说道："到基层没有什么不好的，我现在只不过觉得像董事长一样退休罢了！"

小刘的幽默回答体现出了他乐观豁达的精神，无形中把自己提到了一个较高的档次上，降职在他看来反而像是升职一样。他这样一说，便让经理等其他人对他另眼相看。

幽默地离开，是一种生活的态度，是向别人展示一种豁达的胸襟。哪怕我们将要离开的工作岗位是我们维持生计的保障，我们也要笑着离开，告诉别人，我们不怕挑战。

职场幽默应恰到好处

幽默要分场合、人物与时机，开玩笑也要分场合、分人物，与其他人在一起时，可以观察他们的性格，有些人是不喜欢开玩笑的，有些人性格开朗，开玩笑也没有关系的。所以，幽默要因时因人而定。朋友、熟人之间适当地开玩笑，可以活跃气氛，融洽关系，增进友谊。但开玩笑一定要适度，要因人、因时、因环境、因内容而定。

小王生性散漫，总是忘记刮胡子，因此多次被批评，但是习性难改。

一天主管找他谈话，这位主管劈头就问道："想一想，小王，你身上最锋利的是什么东西?”小王愣了一下，掏出兜里的水果刀说：“就这把水果刀了。”主管摇摇头说：“我看不见得，应该是你的胡子。”小王十分不解：“为什么?”主管说道：“因为它的穿透力非常强嘛。”经理的潜台词是说：“小王你的脸皮真厚。”等到小王反应过来，脸气得通红。

由此可见，不恰当的幽默或者过分的幽默会使别人处于难堪之中，不但达不到联络感情、调节气氛的效果，反而会无意中伤害他人的自尊心。

由于讥讽幽默具有非常严重的负面效应，所以在职场上，对别人进行批评时就要仔细推敲，以免让他人产生被捉弄、被嘲笑的感觉。职场中尤其如此，上司和下属之间、同事之间，适时地开几句玩笑，会达到一种融洽气氛的效果。然而一些不恰当的玩笑，会让人感到失去了交际的平等感，使他人陷于焦虑之中或受到伤害。

在职场上，许多时候做事没有做人重要，不聪明的人把职场当成厮杀的“战场”，聪明的人视职场为“秀场”。善用幽默制造职场“笑气”的人，既能让自己的工作进行得更顺畅，也能使同事之间的关系更和谐。

运用幽默是对生命张力的一种缓解，一种释放，一种松弛，并不是一件容易的事。幽默需要我们用谨慎的态度对待它，要用对时机，更要用对场合。

人人都喜欢幽默睿智之言。幽默需要机智，需要自嘲，需要胸怀，需要对人的博爱，需要对人的关怀，需要心灵的火花闪耀，唯一不需要的就是对他人没有顾忌的“开涮”，即使是善意的。但是，许多人却不知道善用这个利器，或者是不知道该怎么用，甚至不得其法最终弄巧成拙。

幽默在工作中不但可以表现你的聪明，还可以鼓励他人，使紧张的局面得到缓和，为你的工作助兴。恰当的幽默方式很多，但是也要慎用。幽默是一种机智性应对，如果别人对幽默作出相应的反应，那么就是一场脑力激荡的游戏。如果别人感到有压力，或不喜欢这种游戏，就容易排斥这种幽默。如果不好断定能否说出大家都非常喜欢的话时，最好的方法就是沉默，俗语说沉默是金，此时无声胜有声。否则就可能是口无遮拦，出口伤人了。

幽默打造成功的职场

幽默是思想、学识、智慧的结晶，是一瞬间闪现的光彩夺目的火花。用幽默引起他人的兴致，你说一句笑话可以像一缕阳光似的驱散重重的乌云，一切的怀疑、郁闷、恐惧，都会在一句恰当的笑话中消散。幽默运用得法，可以使一个敌对的人哑口无言，也许还可以解除尴尬的局面，赢得别人的鼓掌喝彩。

真正的幽默是诙谐而不失风度、滑稽而不粗俗、精练而不繁冗。而且，幽默虽然只是短短的几句话，或者简单的行动，却常常能胜于千言万语的描述与雄辩，使别人明白你要表达的事实和道理，并轻易地接受、为之折服，达到劝解、说服的效果。

大概从来没有人成功地为幽默下过定义，但是当所有的人听到幽默时，都会知道这就是幽默。幽默确实是一个人最有价值的因素之一。在职场中，幽默具有难以捉摸并且几乎难以估量的影响力。

成功的职场人除了像那位职员一样懂得缓解尴尬的幽默外，还能够用幽默达到“指责有术”的境界。

一般说来，在谈话中占有明显优势的一方，千万别把话说得过死过硬，即使对方出错，也最好以双关影射之言暗示他，迫使对方认错道歉，从而体面地结束无益的争论。

有一个学者在一家餐馆就餐时，发现汤里有一只苍蝇，不由得大动肝火。他先质问服务员，对方全然不理。后来他亲自找到餐馆老板，提出抗议：“这一碗汤究竟是给苍蝇的还是给我的，请解释。”那老板只顾训斥服务员，却全然不理睬他的抗议。他只得暗示老板：“对不起，请您告诉我，我该怎样对这只苍蝇的侵权行为进行起诉呢？”那老板这才意识到自己的错处，忙换来一碗汤，谦恭地说：“你是我们这里最珍贵的客人！”

显然，这个学者虽理占上风，却没有对老板纠缠不休，而是借用所谓苍蝇侵权的类比之言暗示对方：“只要有所道歉，我就饶恕你。”这样自然就风趣而又得体地化解了双方的窘迫。

幽默的职场处世风格，既让人们能够轻松化解职场中的窘境，还原职场一个美好、和谐的环境，还能够增强人们面对挑战的信心。因为懂幽默就意味着拥有宽广的胸襟与乐观的内心，他们是不会被职场中的小挫折所吓倒的。

许多人在事业和工作中，往往会遇到许多障碍。其中一个障碍就是人们在心理上对所做的工作感到难以适应。究其原因，很多是来自对人际关系的忧虑。但挑战和困难其实也是一种机会。要知道，取得成功是要付出代价的，其中一个代价就是应该把自己的某种能力和专长放在一边，在与他人的交往上下功夫。也许你是世界上最好的工作者，但是让你当领导或其他负责人的时候，你可能就会感到不胜任，从而陷入困境。因为处理众多的人事问题要比发挥个人的才能困难得多。

因此，你不仅自己要有献身精神，还要帮助大家解决困难，以取得部下的信任和拥护，否则的话，你就会一事无成。

所有这些挑战，应该看作是获得了某种机会，机会便是动力。幽默可以帮助你接受挑战，并且在实践中获得成功。幽默能使你轻松对待挫折和失败，从而使得自己和众人沟通。

第十一章

领导幽默——有“笑果”方出成果

融洽幽默，最大化亲和力

一名优秀的上司不能对下属太过严厉和苛求，成天沉着脸，不仅不能增加自己的在下属心目中的威信和尊重，反而会让他们更加疏远你，所以，适当展现出自己幽默风趣的一面，便能树立一种和蔼可亲的形象，融洽与下属的关系，给整个团队带来欢乐的气氛，从而带动下属工作的热情，进而增强公司的凝聚力。

有一次，有一家公司的经理带领员工正在卸货的时候，天下起了雨，所有的员工，包括经理在内都冒雨干活，浑身都被淋湿了。这个时候，经理一边摸着脸上的雨水，一边笑着对员工说：“今天晚上晚餐我们可以加一道新菜了。”员工们都忙着干活，还没等反应过来，经理便接着说：“这道菜名就叫清蒸‘落汤鸡’，我想味道一定好极了！”话音刚落，员工们全都笑了，心想经理还真是幽默。

如此简单的一句话便逗乐所有的员工，让大家忘记了工作的辛苦，工作也更加卖力。

领导并不意味着就要高高在上，与下属之间就要有一道高下之别的界限，一个平易近人的上司，是更能够得到下属认可的，懂得关心和照顾下属，也才会取得他们的信任。采取适当的途径，与下属做好沟通工作，便能树立一个良好的上司形象。与下属在一起相处时，放下领导的架子，保持一种幽默轻松的氛围，自然而然领导与下属也就相互理解了，对于管理也会更加有帮助。工作中，时不时地与大家开个玩笑，还能舒缓工作的紧张感，工作起来更有干劲。

汤姆是一个大企业的主管，他的工作总是最有效率，这主要得益于他与员工及时而有效的沟通。有一次，他回公司听到有人在哼唱韩德尔的神曲《弥赛亚》的一段大合唱，他悄然走进去，当职员们发现主管回来了，匆忙地回到了自己的位置。汤姆对此并没有发火，而是对大家说："刚才好像听到弥赛亚到我们这里来了，这么有名的人，大家为什么不请他等我一下呢？"

作为领导，如果不能激发自己的团队一起奋斗，不管自己再有多强的能力都是零。团队的凝聚力对于任何一个单位都是重要的，领导者应该如何发挥自己的领导艺术呢？幽默应该算是一剂良药吧！

美国前总统林肯的幽默可谓家喻户晓。有一天，一位新任的部长来见林肯总统，于是林肯便和他边走边说着话，来到了一个走廊，发现一队士兵正在那里等候，准备接受总统训话。士兵们看到总统走了过来，便开始齐声欢呼。而这位部长还没有反应过来总统要干什么，直到一位副官向他示意往后退，这时他才恍然大悟，发现了自己的失礼，因此尴尬极了。

这时，林肯总统微笑着，慢慢地对他说："布兰德先生，或许士兵们根本就不知道谁是总统呢。"

林肯的幽默让失礼的部下找到了台阶，避免了紧张和尴尬，同时，也让全体在场的人感受到了总统的可亲可敬。

聪明的上司从来都不会吝啬自己的幽默，因为他知道幽默的力量是无穷的。在管理中如果能多加一些智慧和幽默，便可以让员工们的生活和工作变得更快乐，只有在轻松自在的环境中，人们才不会过于紧张，紧张反而不利于工作的开展和管理。一个优秀的上司都懂得如何处理好和下属的关系，同时也会想方设法去制造融洽的气氛来调动下属的工作积极性。

一个公司有一个融洽相处的团队，便能更好地为公司服务。那么，在一个团队中，有一个懂得幽默的上司，是比一个古板的上司要好得多。因为懂得幽默可以润滑人际关系，消除紧张，减轻生存压力，把人们从各种自我封闭的境况中解脱出来，寻得益友，增强信心，在人生的道路上知难而进。由此可见，懂得幽默是多么的重要，尤其是团队领导者更应该具备这样的一种素质。

空降领导与同事拉近距离

在一次管理者的培训课堂上，培训老师曾做过一个这样的实验，他分别请了两位人士（一位内向，不善于说话；一位外向，喜欢说话）上台做5分钟的演讲，演讲的题材可以自己选择。其中内向的人先上台作即兴演讲，他的演讲没有激情，也没有什么感染力，结果演讲开始了两分钟就已经有人交头接耳了，最后他的演讲以失败告终，因为根本提不起人们听下去的兴趣。第二位演讲者则恰恰相反，他灵巧的唇舌、张口就来的幽默玩笑赢得大家的阵阵欢笑以及掌声，他得到了人们的强烈欢迎。

可想而知，幽默对于一个管理者有多重要。幽默的管理者能够让自己的乐观感染给大家，能够将豁然的气度让大家信服。

公司里炙手部门的经理出缺。部门里全是一等一的人才，大家争得头破血流。

最后，居然来了空降部队，由其他部门的小王担任新的经理。

小王上任那天，大家摩拳擦掌，准备给小王一点颜色。“凭什么让一个外行人来领导我们。”几个原来争权的主管，居然团结到了一起。

小王在就职会上致词了。他笑着深深鞠躬：“在下能到这里来，全要感谢大家。因为这里的能人太多，据说升谁当经理，都是一种不公平。所以按照历史的定则，找我这么一个有傻福的傻人来。”下面响起一阵笑声。

小王继续说：“傻人就像个蜡烛的芯，看起来最亮，又在蜡烛的最高点、最中心。其实啊，他最惨，他是被烧的，烧得焦黑焦黑的，你们看看我这么瘦，能烧几下啊?”大家又笑了。

小王再一次鞠躬：“最重要的是，蜡烛芯自己不能燃烧，全靠四周的蜡油。所以，拜托各位先生，我全靠你们了，请大家帮忙，别把我给烧焦了!”

一屋人都笑弯了腰，把要修理小王的事全忘了。

小王作为“空降领导”，由于没有跟部门里的同事取得一些相处与了解的机会，难免会引起他们的不服气。但是幽默的小王并没有因为大家在心理上的不接受而感觉恐慌，因为幽默的他懂得如何将自己有说服力的人格品质展现给大家。

因此，优秀的管理者的重要法宝是幽默。能够让大家对你笑，感受到你的真诚，他们便会折服于你的魅力，成为你的蜡油，会使你的管理更加成功。

懂幽默的上司会说服下属

在上司与下属之间，由于本身存在着管理与被管理的关系，所以他们之间会存在一种所谓的“人际落差”，即他们很容易在问题的认识上出现意见分歧，进而产生矛盾。这也是为什么很多上司与下属之间一直保持着紧张关系的原因。

但是，懂幽默的上司是不会让这种上司与下属之间关系的不协调性出现加剧的，因为他们善于运用幽默的沟通技巧与下属进行沟通，善于将上司与下属之间的认识差异减少到最小。在认识趋同于一致的时候，即使是上司对下属进行批评，幽默的语言也会让下属个人能够容易接受。换句话说，懂幽默的上司能更容易说服下属，使得下属的价值观与自己的趋同。

懂幽默的上司，能将自己的“意见”幽默地说成“建议”。面对比较着急完成的工作任务，一位聪明的部门主管曾这样幽默地要求一个着急与男朋友约会的女员工留下来加班。

主管：“我的头脑已经落伍了，顶多算是486的配置，而你们年轻人的头脑可是酷睿双核呢，既然配置升级了，速度也该升级才是，所以要把那份报告材料尽快整理出来给我。”

女员工：“嗯，好的，我会尽快完成。”

另外，懂幽默的上司不仅能够轻易地说服下属按照自己的心意来做事，还能让故意刁难于自己的人对自己钦佩。

有个员工对公司董事长颇为反感，他在一次公司职员聚会上，突然问董事长：“先生，你刚才那么得意，是不是因为当了公司的董事长?”

这位董事长立刻回答说：“是的，我得意是因为我当了董事长。这样我就可以实现从前的梦想，亲一亲董事长夫人的芳容。”

董事长敏捷地接过对方取笑自己的话题，让它对准自己，于是他获得了一片笑声，连那位发难的人也忍不住笑了。

上司的幽默，是管理者化解尴尬的最好办法，既能够体现出管理者的大气与老练，更能博得他人的好感，给自己的管理加分。

诙谐幽默，最有力的斥责

赤裸裸地批判人家的不是，必然会引起别人的怨恨。如果对方是自己的上司，自己的前途势必大受影响。可是，如果对方的表现实在有令人不吐一言则不快时，最有效、最灵验的方法就是说一句幽默式的笑话吧。

身为主管，难免有不得不斥责下属的情况。可是有许多人不会处理，却转而变成喜欢唠叨的人，斥责别人时，最大的难点是，稍有不当就会伤害到对方的自尊心。所以，既不能伤其自尊，还要设法让他们愿意自动自发。这就需要培养自己的幽默感。

当然幽默风趣的话跟笑话是不同的。一般的笑话，或许会博人一笑，可是除了引人发笑之外，在说服、辩解、反论上丝毫不会有效果。而一则幽默，在事后会让听者有如梦初醒的顿悟。

例如，在绝大多数的公司中，从业人员经常会有一些轻微的过失发生，令管理人员有说也不是，不说又不行的苦楚。其中最常见的问题，尤以下属的迟到和缺勤最令人头痛。

下属真的生病或有其他不得已的原因，那就另当别论，问题在于有的下属常喜欢寻找借口，而主管却又不能戳破其真相并加以制止。

有一个总是迟到的职员，有一天，他一进入办公室后，马上就向经理叙述迟到的原因："今天早上，在车站的阶梯上滑了一跤……"

经理一听，很惊讶地说："你上班的时间是 8 点，但现在已经是 9 点了。这么说来，难道在阶梯上跌一跤，竟然需要花一个小时的时间来爬起来？"

这位迟到的职员，他想要说的是因为跌了一跤受了伤所以无法按时赶来上班。可是经理却无视于此，而简单地就时间差距的观点作答，这不也是很耐人寻味的吗。

虽然这种话似乎有点过，但对于斥责别人有所顾虑的管理者来说，实不失为一种好方法。经理幽默地将对他迟到的不满，转嫁到对他休息的关怀中，既给职员带来了人情的安慰，能够让批评生动有力，让员工自惭形秽。后来的结果证明，这位职员再也没有迟到过。

人们往往在下决断或批判他人时，会影响到人际关系。而许多批评又是必须给予的，那么要想顺利地提出自己的批评而又能保住人际关系，这就需要求助于幽默的说话艺术。很多谈话高手在批评别人时，都会选择一种委婉的方式，而不是直言直语。高明的批评者，总是把批评和责备隐藏于嬉笑怒骂之间。这种批评方式是极为隐藏和巧妙的，因此对方较容易接受。

妙侃巧批，让他自惭形秽

在工作中，领导常常会用到批评这种手段，但有些领导批评起人来简直让人无地自容。其实，严厉的批评不能让被批评者心甘情愿地接受，认真改正，还容易引起下属的逆反，有碍于领导的人际关系发展。

学会在工作中妙侃巧批，将会使你的领导力大大提升。

在一次数学考试之后，老师发现班上的女生普遍考得比男生好，就在班会上给大家讲了个故事："昨天我做了个梦，梦见我的老师在课堂上问我，来生当男生还是当女生，我就回了一句，当女生！我的老师就问我，为什么？我说，男生与女生下棋时，要是女生赢了，她就会立刻被大伙称为才女，要是输了，人们也不会责怪她；可男生就惨了，要是他下赢了，肯定没人说他是才子，可要是下输了，人们又立刻会说他是个大草包。天，亏不亏？"

听到这个奇怪的梦，大家全都笑出了声，他仍旧从容地接着说："不过今天我不说梦，而是要表扬咱们班的女生，为什么？因为她们考得好，超过了男生！这说明，女才子特别多！因此，我既要为我们班女生们的胜利而骄傲，也要为我们班男生们的谦虚而骄傲！”哄的一声，大家又一次快活地笑了。

女生们笑，是因为老师在夸她们；男生们笑，则是因为老师的幽默是对他们的一个极巧妙的批评。虽然大家都在笑，但是笑声中暗含的道理，大家已经心知肚明。这位老师和蔼可亲的形象也被同学们牢记在心。

在生活和工作中，作为领导不可能没有批评，但要学会幽默巧妙地批评，批评最好的方式就是进行幽默暗示。

在幽默管理中消除下属对领导敌意的方法：

（1）谈话要乐观，不要过于急躁，也不要在谈话之前就对对方怀有不满和厌恶。

（2）要站在员工的角度为员工着想，当员工与你的意见相反时，不要用权力去压制下属。

（3）与部下沟通要挑对时机，如果对方情绪过分激动，其是非的判断力、意志的驱动力都会变得“模糊”，处于抑制状态。在这种情况下，任何“强攻”都难以奏效。不如暂停说服工作，告诉对方，好好休息，下次再慢慢谈。停一停再谈，这对扭转认识，稳定情绪具有很大作用。

（4）如果部下有错，批评时也要适度幽默、把握分寸。

（5）如果部下对你已经产生敌意，可以通过鼓励、安慰等幽默方式消除隔阂。

总之，一个人说话幽默，能使听者在含笑中评判是非，领悟哲理，增长智慧。风趣幽默是在说话中将人的智慧和语言技巧巧妙地结合起来，提示出事物的深刻含义，富有哲理，含不尽之意于言外。妙侃巧批，不仅使人感到轻松、愉快，而且寓意深刻，也使人在笑声中领悟到其中的哲理。

用幽默将批评转化成激励

上司对下属的批评不是任意而为的，是非常讲究技巧的，如果硬邦邦地斥责，只会让对方丧失信心，一蹶不振，伤害他人的自尊心。那么，如何让受批评的人能够心甘情愿地接受自己的意见呢？适时、适度地带有幽默元素的批评会显得温馨而易于让人接受，这不只能让下属认识到自己的问题所在，还可以对其工作产生积极的激励作用。

有一次，一位将军到部队视察，召集了大部分的军官开座谈会。会谈时，将军问在座的军官：“部队里战士的津贴是多少？”但是，问题问完之后，竟没有一个军官主动回答他的问题，看来所有的军官都不知道答案。

将军看到这种情况，气不打一处来，但是他没有直接发火，批评在座的任何一个人。而是给他们讲了一个故事，他说："民国的时候，有个军阀叫张宗昌，他有一个外号叫'三不知将军'，为什么呢？因为他虽然身为将军，但他却一不知自己到底有多少兵，二不知自己有多少枪，三不知自己有多少个小老婆。他的外号由此而来。"故事讲完了，在座的军官们都低下了头，明白了将军故事的深意。

在这则故事中，我们看到将军没有一句直接批评下属的话，而用幽默故事来启发在场的人，要他们懂得体恤下属，不要做"三不知将军"。不一样的方式，一样的效果，幽默一下，不仅不浪费气力，还收效甚好。

人无完人，金无足赤。繁重的工作任务中，下属难免会犯这样或那样的错误。身为上司，应该设身处地地为下属考虑，不能一开始就当头呵斥，张嘴就骂。这样的批评不仅让对方难以接收，还起不到激励的效果，给员工留下一个不好的印象，影响工作热情。这个时候，不妨先压制一下自己的怒气，让自己平静下来，换一种方式。试着对下属微笑，用你的机智幽默去感染他，这样一来，能够幽默轻松地让员工们认识到需要改进的地方，既改善了员工们的工作，又使上司和下属们的关系更加融洽，作为一个睿智的上司，何乐而不为呢？

麦克是某公司的职员，有一天他找了个借口说要参加祖母的葬礼，所以要请假一天。结果这件事情被上司识破了，知道他是故意编理由请假不上班的。第二天，等到他回到公司，上司就拦住了他，说："麦克，你相信人能死而复生吗？"麦克还不知道发生了什么事，便不假思索地回答："当然相信。""这就对了，"上司微笑着说，"昨天你请假刚参加完你祖母的葬礼，但她今天就到公司来看望你了。"听领导说完，麦克知道自己的借口被识破了，于是便主动承认了错误。

这个上司的幽默透露着睿智，轻松一刻的同时便让下属承认了错误。所以，在工作中，如果你要成为一个受人敬重的领导，你一定要具备幽默的技巧，这一定会在你管理下属的时候达到事半功倍的效果。有的时候，面对下属的错误，不要轻易批评，试着把下属的一些优点与幽默的方式结合在一起，则会起到更好的效果，也更容易让上下级的关系更深入一步，对工作的改进产生很好的帮助。

意外赞许，幽默是生产力

D先生掌握卓越的技术，早已闻名金融界，以下是他任职总经理时发生的事。

有两位部下到酒廊喝酒，直到打烊时间还赖着不走，酒廊老板只得请警察来处理。结果双方发生冲突，其中一位部下是柔道两段，把警察打得头破血流。第二天，其他同事到警察局来看他们，他们两人很自责，做事太冲动。同事向D先生报告实情后，D先生立刻幽默地开口说："原来我们公司也会出英雄，值得称赞！"

而那两位部下听到D先生的话，深入地进行了自我反省，以后的工作态度也完全改变了，给公司带来了更多的收益。

表面看来，这是荒谬好笑的批评方法，但从心理学的观点上看，实在十分巧妙。任何人做事失败时，或多或少都会反省，这时领导如果再批评，部下的工作士气不免会低落，也不会反省，心想："我在公司已经没有前途了……"反抗心将会更明显。

再看看D先生的部下，本以为会挨一顿臭骂，不料却获得意外的称许，而这称许仿佛一盏明灯，照亮了部下的心灵，勉励自己不再犯错。

如此看来，能确实掌握对方的反省方向，才能加强对方的反省念头。某教练接受杂志采访时，发表了以下这番发人深省的谈话。据他表示："每位选手都希望在球场上努力表现，要求自己不失误。如果那位选手虽已尽力却仍犯错。然而他能自我反省，我就不会再施加压力加以批评。"在这个时候采取一种正话反说的幽默形式对他"赞扬"一番，可以缓和紧张气氛，促其反思。

真正有影响力以及思考力的领导，就应该学习优旃的幽默口才，在出乎意料的幽默逻辑思维中，将下属说得心服口服。

借幽默提升上司领导力

领导力是上司最重要的影响力，它代表着一种增强威信、获得追随者的能力、与人交际协调沟通能力，以及激励下属不断进步的能力。优秀的领导者往往具有强大的影响力，进而调动整个公司的凝聚力，促进企业一直保持蒸蒸日上的发展势头。

领导力如此重要，提升领导力的重要方法之一就是善于运用幽默增加自己的影响力。上司的幽默能够提升自己的人格魅力，使得下属心服口服，促进领导理念以及领导方法的优化，加强下属对工作的责任心以及自信心。

智慧型的上司，总是能够看懂下属的紧张，总是会借助巧妙的智慧性的幽默来消除与下属的陌生感，在缓和的情势下赢得下属的心。

珍珠港事件之后，尼米兹元帅接任美军太平洋舰队司令的职务。他为人平易近人，遇事沉着稳定，他留着一把胡子，士兵们背后都叫他"老山羊胡"。

有一天，他乘坐的旗舰在海上遇到敌人的军舰，双方立刻展开猛烈的炮轰，尼米兹一连指挥好几个钟头，觉得有点儿疲倦，便让旁边的一个水兵替他端一杯咖啡来。水兵离开没多久，因为敌机来袭，尼米兹便下令熄灯，一下子整条旗舰立刻一片漆黑。水兵端了咖啡，在黑暗中到处找尼米兹，找了很久都没找到，便很不耐烦地说："咖啡来了，可是这个'老山羊胡'哪里去了?"不巧尼米兹就站在他旁边，便回答说："山羊胡子就在这里，不过下次要记住，最好不要加个'老'字!"

士兵听到尼米兹元帅的回答后，虽有些歉意，却对他更加敬重了。

尽管是在与敌军处在紧张交战的状态，尼米兹元帅并没有因为士兵管自己叫"老山羊胡"而气急败坏地发脾气，相反，他对士兵幽默地纠正，为自己的气度与影响力再次赢得了高分。从尼米兹元帅身上，我们不难看出有幽默感的领导总是那么有影响力。

幽默作为一种值得推崇的心理特质，有幽默感的领导往往会因此受到更多的追捧。在当今社会，做好领导工作首先应该做好沟通工作，而幽默中所体现的智慧往往使沟通更顺畅有效，使下属在幽默中得到启示，使持有反对意见的人在谈笑中败下阵来。

第十二章

演讲幽默——放大气场，折服听众

提前准备幽默素材

演讲是一门艺术，幽默是演讲艺术中最佳的出彩道具。好的幽默口才可以成为演讲中的点睛之笔，可以让人回味无穷，成为众人仰慕的人物。幽默之于演讲如此重要，正如素材之于幽默的重要性。

俗话说："巧妇难为无米之炊。"材料是构成幽默口才表达内容的基本要素，是一切口才实践的基础和前提。没有材料，再高明的幽默口才表达主体，也只能徒叹奈何！材料平淡，本身不具有社会价值，即使主体口吐莲花，也只能泛泛而谈，不可能有什么远见卓识、真知灼见。没有丰富而准确的材料，幽默口才表达内容就不可能符合客观实际。凡不符合客观实际的思想就是错误的思想，就会将人们引到岔路上去。所以，必须从占有丰富而准确的材料入手。

材料，是指幽默口才表达主体为达到某一目的，从现实生活中搜集、摄取、积累，以用于幽默口才表达、反映主体的思想认识，并从中提炼出明确主题材料系列的事实和论据。它提供幽默口才表达的具体内容，既包括客观存在的人、事、物、景，又包括主体从文献资料中摄取到的知识、理论、数据和其他信息，还包括主体自身主观的思想意识。

大量占有材料是第一步，也是至关重要的一步。幽默口才表达主体应勤于博采，锐意穷搜，力求材料广泛、全面，努力做到一个"多"字。幽默口才表达材料的占有也是如此。材料多了，才便于比较、鉴别，才有选择的余地。不妨让自己每天看一些漫画书或者喜剧小品，剪切出那些和你的生活相关的章节。将它们写在记事本上，电冰箱或是你能经常看见的地方。无数口才大师成功的实践证明：大量占有材料是第一位的基础工作，是口才表达最重要的基本功之一。然而大量占有材料还不够，要学会选取对自己有用的材料。

搜集幽默材料时，先确定表达的目的、目标，然后再围绕这个目的、目标，有意识、有计划地搜集有关的材料。同时要注意采集个性画面、情节、细节等感性材料，应尤其重视搜集能阐明道理、论证观点的抽象的理论材料，从现实实效性上去搜集材料。而且要在明确任务之后，在尽可能短的、限定的时间内，迅速采集到所需要的各种材料。讲话时选用的幽默材料，一定要有强大的吸引力，要像一块块磁铁那样吸住听众的心。一般具有较强吸引力的材料都具备4个方面的特点：新、实、趣、道。

（1）新是指：要有新人、新事、新成果、新情况，反映新面貌，讲出新“世道”。特别是听众最关心的新材料，传递给听众的情感、思想才富有感染力。要善于分析，从旧材料、一般材料中挖掘出新意与趣味。

（2）实是指：只有材料真实，主题才能站得住脚，才有说服力。如果材料虚假，或者编造材料，或者选用偶然的、个别的、表面的东西作为材料，就不能反映客观事物的本来面目，那么幽默也就失去了意义。

（3）趣是指：除依照以上原则来选择材料以外，我们还必须正确认识什么样的素材的选取才是利于谈话的，这就涉及材料的题味性。

如果你经常觉得与人幽默很困难，恐怕最主要的原因，就是你对应该讲什么话这个问题有很深的误解。一个最普遍的误解是：以为只有那些最不平凡的事件才是值得交谈的。当你想与人交谈时，你会在脑子里苦苦地搜索，想找一些怪诞的奇闻，惊心动魄的事件，或是令人神经错乱的经历，以及令人兴奋刺激的事情。当然，这一类事情，一般人会很感兴趣。能够在谈话的时候讲出如此动听的事，对听的人或是对讲的人，都是一种满足。

（4）道是指：其实，人们除了爱听一些奇闻逸事之外，也很愿意和朋友们谈一些关于日常生活中的普通经验，这些都是材料所具备的道理。幽默的本意就是将欢乐释放，将道理得出。

做一个趣味开场白

演讲是一个信息传播和反馈的过程。开头传播的不顺利，会极大影响到反馈的质量。而如果有一个精彩的开头，也就获得了先机，把传播和反馈的管道一下子打通了，其意义不言而喻。

文化大师启功先生在一次讲演中做自我介绍时这样说道：“刚才你们老师给我封了许多头衔，我实在是不敢当。我们家的祖先原来生活在东北，是满族，古代叫作胡人。所以我今天所讲都是‘胡说’，同学们不必太过认真。”这个轻松的开场幽默引得大家全部笑出声来，说者和听者的距离一下子就拉近了。

无独有偶。据说胡适先生在北大任教之时，也曾经在自我介绍时幽默自己一下，来增加“课堂情趣”。据说有一次给新生上课，他把孔子学说称作“孔说”，孟子学说称作“孟说”，他自己的学说称作“胡说”，同学们在笑声中感受到了这位大师的谦和。

第一印象给人的影响一向都非常大。一般我们对一个人的第一印象会形成心理定式，顽固地保持很长时间，所以在双方初次见面时的自我介绍十分重要。那么自我介绍应该采用什么方式呢？幽默自己一下是比较好的方式。如果能够巧而不俗地来点幽默，会立即拉近自己和听者之间的距离。

有一位年轻人最近当上了董事长。上任第一天，他召集公司职员开会。他自我介绍说：“我是刘强，是你们的董事长，”然后打趣道，“我生来就是个领导人物，因为我是公司前董事长的儿子。”参加会议的人都笑了，他自己也笑了起来。

这位年轻的董事长用幽默的口吻和“反语”的修辞手法来证明他能以公正的态度看待自己的地位，并对此有着充满人情味的理解。实际上他是采取这种方式来委婉地表示：正因为如此，我更要跟你们一起好好地干，让你们改变对我的看法。我是靠自己的努力来登上董事长的位置的。

演讲开始的时候，在自我介绍时幽默自己一下是一种能很快拉近与别人距离的说话方式，但必须用得巧才行，不然弄巧成拙就会大煞风景。

为演讲找幽默主题

大凡即兴演讲与说话，都有一个特定的主题范围，因为主题是演讲的灵魂。但主题的范围有大小，于是就有一个选题是否新颖、是否幽默的问题。只有脱颖而出的幽默主题才能让人在趣味中享受讲话的盛宴，让大家为之侧目。

在即兴说话中，如果说幽默是绿叶，那么主题就是红花，有绿叶陪衬，红花会更加醒目。即兴的说话中，幽默对于增进他人的好感有着无足轻重的意义，而有一个新颖的说话主题，可以让你的幽默口才锦上添花、如虎添翼。

因此，在参加即兴演讲的时候，应该充分发挥自己的想象力和创造力，用自己的与众不同来为演讲主题幽默的气氛增姿添彩。

幽默的主题演讲不一定是非常成功的演讲，但凡非常成功的演讲一定会是一次幽默十足的演讲，无论是从演讲的主题还是从演讲的内容、风格上来说，幽默让演讲脱颖而出，更让幽默的演讲人脱颖而出。

找准了幽默主题，才能够让幽默素材为自己的演讲服务。

郭沫若在1955年回到日本九州大学作演讲，由于九州大学是郭沫若的母校，他的演讲主题很明确，就是要描述自己在学校中的成长历程，以及表达对母校的感谢之情。在主题明确的前提下，他就能“随心所欲”地选择合适的幽默故事了。

郭沫若在演讲中幽默地说道：“在这里我要向我以前的老师表白，我作为一个医科大学生，事实上不是一个‘好学生’，福冈的景色太美了，千代松原也是非常美丽。由于天天接近这样好的自然美景，所以我在大学时代的时候没法用功，对于医学没有认真地研究下去，而跑到别的路上去了。”

郭沫若的即兴幽默带给了同学们一阵阵欢快的笑声。他对于在大学时代诙谐式的回忆，既表达了自己对学校的留恋，又展示了自己的幽默风采。

在演讲中，创新已经成为一种时尚的追求，没有创新就不会有突破，没有突破就不会有进步，在幽默的即兴说话中，给自己选准一个幽默的主题，既是对自己潜能的挖掘，也是给听众们创造出一份新鲜的说话风味。在演讲幽默中，请不要忘记主题只有一个，而幽默却可以有几个，而这几个趣味幽默故事的作用只是为了衬托主题的鲜明与趣味。

其中，幽默演讲要做到主题鲜明、统一，需要注意以下几点：

（1）要确立一个主题。幽默性的演讲与喜剧演员的独白戏不同，它们不是将不同主题的笑话串联在一起构成剧情的戏剧，而是会选择单一主题的幽默题材为演讲主题服务。

（2）要确立一个重点。幽默演讲需要有一个演讲重点，让听众能够轻而易举地把握住演讲的中心思想，而不是让大家在笑过之后却没有什么收获。

（3）要选定一个故事。幽默演讲要讲述一个经验或一个故事，无论这个故事是真实的还是纯属虚构的。

（4）幽默演讲主题也要适合听众的口味。主题的幽默素材要对听众所熟悉或认知的事情入手。

（5）最后，不要忘记给新选出的主题加一个极致的、机智的、漂亮的、能准确概括它的名字，这就是题目。题目的拟定务必要做到简洁、生动、新奇、意远，让听众“一听便知，过目不忘”。

总之，一次成功的演讲，离不开幽默的说话风格，以及独创的演说主题。

学会抓住听众的心

亚伯拉罕·林肯在总统竞选中发表过这样的演讲：“曾经有个人在电话中问我现在拥有多少金钱，我回答他们说，我就是一个穷光蛋。但是同时我也很富有，因为我有妻子也有儿子，我还有一个租来的家，里面有一张桌子、几把椅子，还有一个柜子，更重要的是柜子里的书可以让我一辈子受益。不要看我瘦骨嶙峋，满脸胡子，但是庆幸我不会发福。更重要的是，作为总统我可以依靠你们大家，你们大家也是我最大的财富。”

林肯在公众面前成功地为自己树立起了一个平易近人且极其幽默的形象。他没有正面回答他人的问题，而是巧妙地通过自己的生活情景以及对自己幽默的自述，展示出了自己的清廉诚实。林肯的演讲让他赢得了更多民众的支持与敬仰。

演讲是在非常正式的场合对众人所作的一种带有说服性、鼓动性、表演性和抒情性的讲话，但是，不能因为它非常正式，演讲人就去给演讲扣上一顶严肃的帽子，枯燥无味、气氛僵持的演讲没有人喜欢听。讲演需要通过幽默来抓住听众的心，使用各种方式制造幽默轻松的气氛，能让听众融到自己的演讲气场中来，懂幽默演讲的人更易被听众欢迎，因为他们更加懂得如何博得观众的兴趣与关注。

善于即兴表演的费尔德，有一次在表演中突然倒在地上。费尔德虽然没有预料到这样的突发状况，但是他马上幽默地解释：“老鼠!”这时观众尽情地大笑，以后费尔德的即兴妙言，在同样这类戏的表演中经常出现。

因此，在演讲开始之前，设法和观众打成一片，善用幽默提高观众的热情。几句简单的谈话就能使观众进入自己的思想和兴趣中。

用幽默风趣的语言紧紧抓住听众的注意力是许多优秀的演讲者常用的方法，在会心的笑声中让听众与他产生共鸣，从而很容易接受并牢牢记住他的观点。

不要拿滑稽当幽默

很多研究表明，在演讲中运用幽默是有益处的。最重要的一点是听众喜欢具有幽默感的演讲者，也许听众不会自动将演讲者的话视为真理，但是他们会更乐意接受演讲者所传达的信息。

将幽默巧妙地融入演讲中，能把听众的注意力吸引到主要观点上。社会学研究表明：人们对于融入笑话或者轶事中的信息的记忆时间要长于对于纯粹信息的记忆时间。许多演说家追求的理想境界是将观点融入一个笑话中，当听众记住这个笑话并将它讲给别人听时，他们会很自然地记住其中的观点。

遗憾的是有很多人把滑稽与幽默混为一谈，其实滑稽和幽默是不同的。滑稽是一些笑话或有趣的动作等，而幽默是一种更高层次的智慧积淀。那些从小生长并工作在马戏团、喜剧俱乐部或者议会的人具有滑稽的天赋。但是我们都知道，一个具有幽默感的人甚至可能不会讲笑话。他不会使你开怀大笑，但是能让你感到气氛很友好，博得你的浅浅一笑。这恰好是你在演讲中应努力达到的境界。你要学会在演讲中运用幽默感，而不是用笑话展现自己滑稽的一面。

你听说过哪一个演讲者以一个毫无意义的笑话开始他的演讲？如果演讲者在演讲开始讲一个毫无意义、毫不相关的笑话，听众会有什么反应呢？可能这个笑话很滑稽，你会开怀一笑。即使是这样，这个笑话也只是分散一下听众的注意力，因为它对演讲毫无帮助，只是在浪费时间。

另一种糟糕的情况是听众对演讲者讲的笑话没有反应，这称作笑话的炸弹效应。听众都明白演讲者的意图，试图展现滑稽的一面，但是没有人回应，这时演讲者会在一片寂静中感到很紧张，听众也会感受到这种紧张的气氛（听众甚至会看到演讲者脸上渗出的汗珠）。在这种情况下，演讲者就陷入笑话炸弹效应的尴尬境地中了，而且很难摆脱。整个演说中，没有比引起听众高兴的发笑更为困难的。幽默是一种十分微妙的事，和一个人的个性有着密切的关系，有的人生来就有这种天赋，但有的人却没有。一个没有幽默天赋的人，要想勉强变得幽默，正如一个碧眼的人想把他的眼睛改成黑色一样不可能。

要知道，一个故事的趣味，很少含在故事的本身里，之所以能够成为有趣，完全得看讲故事的人是怎样的讲法。一百个人同讲一个幽默的故事，有九十九个人是要失败的。如果你是一个具有幽默天赋的人，你就应该努力培养你的这份天赋，使你无论到什么地方，都备受欢迎。但是，如果你的天赋不在这方面，那么，你硬要去学幽默，真是“东施效颦”，愚不可及了。聪明的演说家们，从不会为了只想幽默而讲一则故事。幽默有如糕饼上的糖霜，而不是饼本身，所以只能巧妙地穿插一些在演说里面。例如，驰名美国的幽默演说家利兰，替自己定了一个戒条：在开始演说后的 3 分钟内，绝不讲述故事。这个戒条，也值得我们效法。

另外要强调的是，使用伤害性的幽默也属假作幽默之列。有的人为了表现幽默，不惜使用一些令人反感的言辞，以牺牲感情为代价，结果只会适得其反。幽默本来应该是演讲者与听众之间的桥梁，然而在此却变成了一种伤害，这不能算作是真正的幽默。

真正的幽默就应该是在淡定中彰显的灵动智慧，好笑却又不失风度。哪怕在演说中出现了突发状况，也能够应变自如。幽默的演讲不仅仅能够让听众们享受听觉的冲击，更重要的是能够让听众感染到演讲者的思想与高度。

幽默演讲中的禁忌

幽默的演讲会让听众开怀，甚至会让听众的疑问变得趣味可餐。那么，一位成功的演讲者在演讲过程中应该注意的问题以及幽默的说话技巧主要有哪些呢？

（1）应该尽量避免有关个人性别和种族的笑话，这是一个基本常识。能够起控制作用的不是演讲者的想法，而是听众的感受。可能有些人会很反感你讲的笑话，而这些人实际上并不是笑话的攻击对象。很多人认为种族和性别问题是很令人反感的，这里要提醒一下：有关艾滋病的笑话和种族的笑话同样令人反感。

假如你正在听笑话，并且你是爱尔兰籍的，笑话正是有关爱尔兰人的，你的感觉如何？专家们建议不要使用这种话题的笑话，但是有些人还是要冒险使用。请你牢记一点，你是想利用幽默交友，而不是树敌。

（2）你听过演讲者使用“男女混合公司”这个短语吗？演讲者可能是这么说的：“我知道一个笑话，但是我不能在男女混合的公司里讲。”应避免说这个短语，因为它的使用要考虑听众的性别。如果公司中只有男性职员，演讲者可以讲这个笑话，因为它只会冒犯女性而不会使男性职员反感。

很多女性都反感黄色幽默。所以将“男女混合公司”定义为具有高雅品位和低俗品位的人的混合。通常听众不全是由低俗的人组成的，如果你总是在男女混合公司里讲黄色笑话，肯定会冒犯听众的。

（3）最好不要用讽刺笑话。“讽刺”这个词起源于古希腊，在文学作品中被演化成“摧残肉体”。现在人们已经很少使用讽刺这个词了，但是这并不意味着它已经被人们完全遗忘了。那些使用大量讽刺性质笑话的演讲者的主要目的是显示他们的智慧。不幸的是，这些伤害人的话语只能表现演讲者邪恶的一面。

虽然讽刺有时可以用来有效地攻击演讲者与听众的公敌，但是这并不意味着听众可以坦然地面对讽刺。听众都知道讽刺随时会转向他们，尤其是在他们提出敏感话题的时候。面对尖刻的演讲者，听众会感觉很不自在。很多演讲者利用幽默来缓解紧张气氛，讽刺则会起到相反的作用。

其中，演讲中引人发笑的最简便的方法，是讲一些关于你本人可笑的事件，把自己说得十分可笑，而又装得好像有些发窘，那么听众的心理就好像见到一个人被果皮滑了一跤，或一个人正在拼命追赶他那被风吹去的帽子一般，觉得十分好笑。

用情感彰显感染力

说话富有感染力的人，自然会给周围的人增添快乐，也会给自己增添不少魅力的光彩，同时，他的话很容易被人听进去。幽默说话的感染力在演讲中的体现最为典型。一个幽默演讲者的感染力可以说是他演讲的生命力，如果一次毫无情感艺术和美感的演讲摆在人面前，可能大家会无趣地走开。演讲者的情感越深厚，就越能吸引人、打动人，越能拨动每一个听众的心弦。

成功的演讲者总是很善于以独特的眼光和艺术的敏感度，去发现和选取生活中那些独具浓厚感情的演讲，也很善于以幽默的艺术智慧去构思和表现，这是独特性的双重内容。

英国作家、评论家切斯特顿身材高大，穿着讲究，可谓仪表堂堂，却天生一副柔和的嗓子。不过他并未被难倒，相反，有时候，他还能因此创造特殊的效果。有一次，在他去美国旅行前，举行了一次演讲。演讲开始前，主持人用华丽的辞藻，喋喋不休地将切斯特顿介绍给听众。切斯特顿觉察到主持人的介绍太多太乱，听众似乎有厌倦之色。于是等介绍完后，他站起身对听众说："在一场旋风过后，随之而来的是一阵平静而柔和的微风。"

尽管切斯特顿是著名的评论家，却不失为一位出色的演说家。他懂得用自己的情感来调动听众的积极性。切斯特顿幽默地将主持人华丽的介绍评论成了旋风，并借机将自己接下来的演说比作柔和的微风，既引起了人们的好奇心，又调动了听众的情感好奇。

幽默演讲的技巧之一就是要对听众的情绪有十分恰当的把握。然后再根据听众的情绪来调整自己的情感，最后用自己内心的情感去挥发出对听众有感染力的幽默语言，用自己幽默的情感激发听众的热情，进而碰撞出情感的共鸣。

曾两度竞选总统均败在艾森豪威尔手下的史蒂文森，从未失去幽默。在他第一次荣获提名竞选总统时，他承认的确受宠若惊，并打趣说："我想得意扬扬会伤害任何人，也就是说，只要不吸入这空气的话。"在他竞选总统而败给艾森豪威尔的那天早晨，他以充满幽默力量的口吻，在门口欢迎记者进来："进来吧，来给烤面包验验尸。"

几年后的一天，史蒂文森应邀在一次餐会上演讲。他在路上因为阅兵行列的经过而耽搁，到达会场时已迟到了。他表示歉意，并一语双关地解释说："军队英雄老是挡我的路。"

史蒂文森在演讲中有着高明的"说笑"技巧，他擅用谈笑的口吻引起听者感情的喜悦，这大大提高了自己的人气和威信，赢得了朋友们一致的尊重和爱戴。

幽默演讲的艺术情感是演讲家创造性劳动的体现，它不是对生活感受的简单复述，而是进行巧妙地提炼和加工。只有这种独特的艺术情感，才可能是富有魅力的，才可能给人以强烈的艺术感染。演讲实践证明，一位幽默演讲者所传达的感情越是独特，对听众的影响就越大。独特的认识，宛如闪电，照亮听众的心灵；独特的情感，宛如惊雷，震撼听众的心灵；独特的演讲是激情的表达，是幽默演讲风格的表现。

摆正心态战胜怯场

善于言辞、谈吐幽默，无疑对每个人的事业与生活大有裨益；能言善辩、口若悬河的演说家，更是令人艳羡，使人崇拜。

但是，在我们的生活中毕竟不是每个人都拥有高超的幽默语言技巧，我们周围也确实不乏不善说话、沉默寡言之人。

心理学家们通过研究发现，人或多或少在说话方面有些不健康的心理，而紧张和恐惧便是这些不健康心理的突出表现形式，是影响人们进行正常说话和语言交流的障碍。可以毫不夸张地说，人人都可能在说话前后或说话过程中出现紧张、恐惧心理：性格内向、沉默寡言者如此；天性活泼、思想活跃者如此；即便演说专家、能言善辩者也不例外。

追根究底，事实上，在演讲中怯场的人们不是没有幽默的天分，而是缺少乐观的心态。乐观的人往往会感受到事情积极的一面，而悲观的人则常常想到，如果演讲中忘词了怎么办、如果听众不配合怎么办等问题，这就在无形中给自己的心理施加了压力，紧张、怯场随之而发生。因此，战胜演讲中的怯场问题，要摆正心态，让快乐的心伴随着你，将乐观的幽默传达给听众。那么你不仅拥有一次不错的口才表现机会，也不用再担心自己的演讲会冷场。

下面是马克·吐温在霍姆斯七十寿辰上发表的一次演讲，这是一个活用了幽默的例子。这篇演讲通过幽默的语言形式营造了一种愉快的气氛，用一种乐观的心态打动了在场的听众。幽默可就派上大用场了，它会在有效管理别人的时候，同时还能取悦人心。

主席先生、各位女士、先生：

为了亲临为霍姆斯博士祝寿，再远的路程我也要前来。因为我一直对他怀有特别亲切的感情。你们所有的人都会有这样的体验，一个人一生中初次接到一位大人物的信时，总是把这当成一件大事。不管你后来接到多少名人的来信，都不会使这第一封失色，也不会使你淡忘当时那种又惊又喜又感激的心情。流逝的时光也不会湮灭它在你心底的价值。

第一次给我写信的伟大人物正是我们的贵客——奥列弗·温德尔·霍姆斯。这也是第一位被我从他那里偷得了一点东西的大文学家。（笑声）这正是我给他写信以及他给我回信的原因。我的第一本书出版不久，一位朋友对我说：“你的卷首献词写得漂亮简洁。”我说：“是的，我认为是这样。”

我的朋友说：“我一直很欣赏这篇献词，甚至在你的《傻子国外旅行记》出版前，我就很欣赏这篇献词了。”我当然感到吃惊，便问：“你这话什么意思？你以前在什么地方看到这篇献词？”“哦，几年前我读霍姆斯博士《多调之歌》一书的献词时就看过了。”当然了，我一听之下，第一个念头就是要了这小子的命，（笑声）但是想了一想之后，我说可以先饶他一两分钟，给他个机会，看看他能不能拿出证据证实他的话。我们走进一间书店，他果真证实了他的话。我确确实实偷了那篇献词，几乎一字未改。我当时简直想象不出怎么会发生这种怪事；因为我知道一点，绝对毋庸置疑的一点，那就是，一个人若有一茶匙头脑，便会有一分傲气。这分傲气保护着他，使他不致有意剽窃别人的思想。那就是一茶匙头脑对一个人的作用——可有些崇拜我的人常常说我的头脑几乎有一只篮子那么大，不过他们不肯说这只篮子的尺寸罢了。（笑声）

怯场有可能发生在每一个人的任何一次与他人的交谈中，而绝非个别语言方面的缺陷。那些常因自己说话胆怯而烦恼的人，大都是一些对幽默不善于运用的人。幽默可以抵挡住紧张的进攻，让怯场在演讲中无地自容。因为幽默的人无不拥有着一种豁然、达观、沉稳的心态。克服演讲中的胆怯，请从练习幽默说话开始，幽默说话请从摆正心态出发。

摆正心态最重要的一点就是，积极地进行自我暗示。以心理暗示进行心理放松。心理的毛病用心理的方法去矫治最直接、最有效。心理卑怯现象是心理夸张性感受所致，必须让心理感受重新归位。要达到这一要求，需要采用心理暗示的方式，对对方有客观、正确的认识，对自己做准确、公正的评估，这样就能保持清醒，树立信心，厚积薄发，进行一次精彩幽默的演讲将不再是问题。

巧用肢体幽默演讲

在受欢迎的幽默演讲中，需要有肢体的配合，才能巧妙地打造有气氛的气场。在幽默演讲中主要运用到的肢体语言是手势语言。手势是人们幽默演讲态势的主要形式。借助手势说话的关键在于“助”，它既不同于烘托语，可代替讲话，又不同于演节目，可以用手势演出情节。

手势语言是运用手指、手掌和手臂的动作变化来表情达意的一种无声语言，是一种具有很强表现力的势态语言，应用广泛，使用便捷，自由灵活，变化形态多样，不仅能辅助自然有声语言，有时甚至还可以用手势代替自然有声语言。正因为如此，有人将手势语言称为“口语表达的第二语言”，也正因为如此，幽默的手势语言会为幽默的演讲者所欢迎。

手势语言主要有两大作用，一能表示形象，二能表达感情。许多幽默演讲家的手势语独显其妙。

在一次会议中，卓别林一直在用手拍着围绕他头部飞来飞去的苍蝇。后来，他找到一把苍蝇拍，拍了几次，都没有拍着。最后，一只苍蝇停留在他的面前，卓别林拿起拍子，准备狠狠地一击。突然，他不拍了，眼睛盯住那只苍蝇。

有人问他：“你为什么不打死这只苍蝇呀？”

他耸耸肩膀说：“它不是刚才侵犯我的那只苍蝇！”满座哄堂大笑。

大师终归是大师，一只令人厌恶的苍蝇，在卓别林的嘴里竟然成了令人喷饭的笑料，实在是令人敬佩。想想看，如果接下来不是有幽默成分的那句话，而是暴躁、气急败坏的举动和咒骂，卓别林在场上的“超级幽默”也就只是作秀了，人们对他的叹服也会大打折扣。当然也不要忘记卓别林的肢体幽默，如果没有他在演讲会上的拍苍蝇举动，那么他的话语只能让人莫名其妙了。

手势幽默的巧妙运用是比说话更有效的表达方式。手势幽默，通常应配合自然有声语言有选择地使用，但也有一些手势语言可单独使用，它同样表达了丰富的情感意蕴。

手势幽默运用的是否恰当自然，这直接关系到幽默口才表达主体的形象。在演讲中，手势有助于吸引听众的注意力，丰富谈话的内容，对讲话者的影响很大。幽默的手势语言可以提升观众的注意力，在大家的众目注视之下，演讲者往往能够得到极大鼓励，就会如有神助似的讲出许多精彩的语言，也更能够调动观众们的胃口。此情此景不言自明，巧用手势幽默能让演讲妙趣横生。

需要注意的是，在演讲中的手势幽默运用要与演讲内容相符合，不要造成对幽默手势的滥用现象，这样只会引起观众的反感。

笑话是演讲的调料

著名学者胡正荣说过：“我讲课或者演讲的时候，看到下面精力不集中甚至要睡着了就讲一个笑话，听众马上就精神起来了。一会儿又不行了，再讲一个笑话，又精神了。这是一个很好的办法，大家不妨都用一下。”

演讲时，如果语言过于平实，表述生硬，听众的注意力就会渐渐开始转移。听众会向屋顶、窗外望去，不停地看表，但就是不看你。甚至听众们已经睡着了，或是半昏睡状态，或是一片茫然。你需要做一些立即奏效的事情，将听众从这些状态中拉回来。这时最好的方法就是讲个笑话，幽默一下。

可以说，幽默的笑话是演讲必不可少的调料，运用了这样的方法，就可以更好地表达演讲者的观点和凝聚听众的注意力。

很多研究表明，在演讲中运用笑话是有益处的。最重要的一点是听众喜欢具有幽默感的演讲者。

将笑话巧妙地融入你的演讲中，把听众的注意力吸引到你的主要观点上，社会学研究表明，人们对于融入笑话或者轶事中的信息的记忆时间要长于对于纯粹信息的记忆时间。

在演讲中使用笑话的另一个好处是能够缓解紧张气氛。一个恰如其分的笑话能够有效地打破僵冷的气氛，营造友好的氛围。幽默能够使你的演讲定位在积极的基调上，有助于形成轻松的气氛，促进演讲过程中的思想交流。

恰当地使用笑话能够建立与听众之间的和谐关系。但是在实际情况下，很多演讲者适得其反。因为他们使用了令人反感的笑话。幽默使用会伤害感情，不仅是听众的感情，还有演讲者本人的感情。对于演讲者来说，使用带有伤害性的笑话会对你的形象造成不良影响，降低听众对你的信任度。幽默应该是演讲者与听众之间的桥梁，而不应该被你用来伤害听众的感情。

英国文学家古卜林在演讲中就非常注重气氛的调节，总不忘在自己的演讲中说点玩笑话来逗听众大笑。在一次演讲中，他说："诸位，我在年轻的时候，住在印度。我常常替一家报社采访社会新闻，这工作是非常有趣的，因为它可以使我有机会去认识一些伪造货币、盗窃、杀人以及这一类富有冒险精神的有才干的人。（听众大笑）在我采访到他们被审判的情形后，我还要到监狱里去，拜望一下我们那些正在受罪的朋友。（听众又发出笑声）我记得，有一位因为杀人而被判无期徒刑的人，是一位绝顶聪明而善于说话的青年人。他告诉我一段在他看来是他一生中最重要的话：'我觉得一个人如果一失足跌入罪恶的深渊里，他一定会从此为非作歹不止，最后他会以为只有把他人都挤到邪路上去，才能表现自己的正直。'（听众大笑）这句话真是妙不可言了！（听众的笑声和鼓掌声同时响起）"

演讲中的笑话并不是去追求一种赢得听众一时哄笑的直观效果，那种哗众取宠、无聊打诨的低级取笑是演讲的大忌。演讲中的幽默感应是演讲者或演讲主讲人情操和人格的外化，是思想、学识、智慧和灵感在语言运用中的结晶，是一瞬间闪现的光彩夺目的火花。听众听来能陶冶情操，健全人格。

第十三章

辩论幽默——唇枪舌剑中的缓冲器

巧用俗语，谐趣论辩

所谓幽默的结晶，就是那些通过智慧的打磨，被人们广泛认可，流传久远的名言、诗句、谚语、俗语等。这些语言精练、形象、生动而有美感，平时多积累并将它们运用到说话中，能为我们的语言增添不少幽默的色彩。

俗语是群众语言，就是有浓郁的地方特色，通俗易懂，人民群众熟悉的喜爱的语言，它包括谚语、歇后语等。这些语言大都来自社会实践，是人民群众创造发明的，在讲话时巧妙地运用，能够大大增强语言的感染力，容易被群众理解和接受。

俗语是通俗而广泛流行的定型的语句，简练形象。恰当地引用俗语，可以增强论辩中的幽默感和说服力。

抗战胜利后的一天，上海一幢公寓里传出阵阵欢笑。原来，画家张大千要返回四川，他的学生们为他送行，梅兰芳等名流也到场作陪。宴会开始，张大千向梅兰芳敬酒，说："梅先生，你是君子，我是小人，我先敬你一杯！"众宾客都愣住了，梅兰芳也不解其意，笑着询问："此话做何解释？"张大千笑着朗声答道："你是君子——动口；我是小人——动手！"满堂来宾，笑声不止，宴会气氛一下子活跃起来。

张大千简单的几句话取得了如此好的效果，原因就在于他灵活运用了"君子动口不动手"这一俗语。将"你是君子，我是小人"这一惊愕之语进行了出乎意外却又合乎情理的解释，让人们在吃惊之余，猛然地觉悟出这是一句绝佳的称赞俗语，给俗语加入了幽默的调味剂以后，俗语变得不再"俗"。

在论辩中巧妙地运用俗语可以调节气氛，增强语言的感染力与幽默力，从而达到明确地讲清道理、有力地反驳对方的目的。

巧用俗语形式的语言，能够将表述力柔化，将论辩力强化，不仅如此，还可以分散论辩方的注意力，找到突破口，让他们无力反驳。

理智幽默，胜过争论

一天，索罗斯敲开邻居家的门："请把您的收录机借给我用一个晚上好吗？"

"怎么，你也喜欢收听晚间特别节目吗？"

"不，我只是很想在夜里能够安安静静地睡上一觉。"

索罗斯在表达对邻居不满的时候，没有因为邻居扰乱了自己的休息时间而与其争论不休。聪明的他，只用了简短的一句幽默就让邻居深觉愧疚起来。这就是一种理智的幽默，理智的幽默不用争论，就能够得到比争论更有力的结果。

如果我们在处理棘手问题时，不能勇敢地表达自己的看法，而是用一般的方式希望对方主动妥协，这个时候需要虚心掌握幽默的表达技巧。

林肯对麦克伦将军没能很好地掌握军机深感不满，于是他写了一封信："亲爱的麦克伦：如果你不想用陆军，我想暂时借用一会儿。"

如果一些人不能把分内的工作做好，又对他人的期望值太高、要求太多时，也应该肯定地表达自己的看法，其方式当然曲折、幽默一点好，幽默的批评意见比唇枪舌剑带来的指责争论还要来得猛烈些。

正如每一位下属把自己的将来交给自己的上司一样，每一位经理和居于领导地位的人，也都把他的将来交在下属的手中。当你运用幽默的力量去帮助别人更有成就时，你会发现不仅更容易将责任托付给他人，而且能更自由地去发展有创意的进取精神。幽默的力量能改善你的将来，因为你的下属、同事会认同你，感谢你坦诚开放的态度，和你一起笑，对任何事情都持乐观态度，以轻松的心情面对自己的能力。

我们一直强调将幽默口才贯穿运用到生活的各个方面以及工作习惯中去，殊不知幽默的说法是为了引导一种积极向上的做法，进而实现健康快乐的活法。追逐幽默口才的精髓，实质上是在汲取幽默背后的处世、论辩哲学。在恰当的时候，适当幽默一下，这不仅仅是对幽默做法的实践，更是圆融辩驳的一种修炼。

引申归谬，强辩韬略

《樗斋雅谑》中说到这么一个故事：

一个人的母亲死了，服丧时偶然吃了一次红米粉，被一个迂腐的书生看到了。这位书生大为不满，指责这个人是不肖子孙。那人问他为何？他说红色是喜庆的颜色。那人反驳说："既然这样，那么大家天天吃白米饭，岂不是天天服丧吗？"

一句话，言简意赅，诙谐且不失深刻，从书生荒谬的逻辑出发进行反驳，让人看到了书生的荒唐。那反驳书生的人使用的就是引申归谬幽默法。归谬之法是以对方的论点为前提，将其推论出非常明显的荒谬结论，从而驳倒对方。

有一人自认为对佛学的研究很深，大谈轮回报应，并警告人们不要轻易杀生，凡是杀过一牛一马的人，来生便做牛做马，所以，哪怕蚂蚁之类也要仁慈对待。听众中当即有人反驳："那还是杀人好了。"

众人问为什么，他回答说："按这种说法，哪怕来生报应也还是做人呀！"

那人一下子被驳得哑口无言。

此人的论点是"不要轻易杀生"，因为"杀牛杀马就会变牛变马"。旁人依其逻辑推论："要想来世变人，就得杀人。"然而这是非常荒谬的。

鲁迅先生在《文艺的大众化》一文中，驳斥"文学作品的质量越高知音越少"的谬论时，用的就是归谬法。"倘若说，作品愈高，知音越少，那么，推论起来，谁也不懂的东西，就是世界上的绝作了。"显然，这个结果是非常荒谬的，因此"作品愈高，知音愈少"的荒谬性就充分暴露出来了。

归谬法犹如一面显示谬误原形的放大镜，能使人们对错误的论点或论据看得更清楚，因而常常为人所采用。

苏轼的《志林·汜与欧公语》一文里，记载苏轼与欧阳修的一段对话，其中引申归谬法的运用，十分精彩。

欧阳文公曾说过，有一位病人，医生问他得病原因，这人回答说，乘船时遇上大风，受惊吓而得病。医生就取多年的舵把子，上面浸透了舵工的手心汗，刮下细木屑，加上丹砂、茯神等药，为他治病，喝下去就好了。现今的《本草·别药性论》上说止汗用麻黄根节，以及旧的竹扇子刮末入药。文公因此说，中医以意用药多类似这样做法；初看很像儿戏，然而有时也很灵验，恐怕也不容易问出个所以然来。我（指苏轼）便对先生说，照这样说来，用笔墨烧灰给读书人喝下去，不是可以治昏惰病了吗？推而广之，那么喝一口伯夷（孤竹君之子，与其弟互相推让王位）的洗手水，就可以治疗贪心病了；吃一口比干（商纣王淫乱，比干谏而死）的残羹剩汁，就可以治好拍马屁的毛病；舐一舐刘邦的勇将樊哙的盾牌，可以治疗胆怯病；闻一闻古代美女西施的耳环，可以除掉严重的皮肤病。先生听了便哈哈大笑。

苏轼对于欧阳文公的观点并没有直接进行否定，也没有进行激烈的反驳，而是用他的观点将一些不能够成为事实的事情表述出来，让文公的论点不辨自"败"。

可见归谬法的意义非同一般。

引申归谬是幽默的辩驳之术，在辩论中抓住对方的谬论点，将其用类似事物来表明对方观点的不正确。引申归谬作为论辩中一种反驳的手段，但绝不是生硬的反驳，而是绕个圈子，运用幽默的睿智实现的强力辩驳。

反唇相讥，辩不可挡

反唇相讥的幽默法是在受到语言攻击的情况下，及时、巧妙地利用对方讲话内容中的漏洞、或套用对方的进攻套路来灵活反击，回击恶意的挑衅，解脱自身的窘境。

运用反唇相讥的幽默，你可以借用对方的某些语句，借助比喻、夸张、反讽等修辞手法，来给予对方致命的痛击，以揭露丑恶，戏弄无知。可以说，这是一种快速反应的智慧，是一种幽默机智。它的表现是受攻击时保持冷静，冷静中敏捷反击，反击时一剑封喉。

这种幽默战术最能体现人的机敏和语言的灵活性，是说话高手尽情点缀自己才华和风采的最佳舞台。被后人传颂千古，晏子使楚的故事，就十分典型地体现了晏子在突然遇辱的情况下迅速反击、巧言善辩的才能。

晏子为齐国出使楚国，是在楚强而齐弱的情况下成行的。

刚到楚国，楚王便命侍者让矮小的晏子从大门旁供狗出入的小门进城。

面对这种侮辱人格和国格的闹剧，晏子自然十分犀利地反击，他当即声明："出使狗国的人，才从狗洞入城。现在我出使楚国，不应当从此门进入吧。"

此语一出，对方自然自讨没趣。因为如果再让晏子钻狗门，等于是自认楚国为狗国，因而只好打开大门，让晏子昂首而入。

由此可见，及时、机敏、有效地反击，确实是舌战中坚硬的语言盾牌。

一位女作家的新作刚刚发表，受到各界好评，却引起一位男作家的嫉妒。有一次文学界举行聚会，许多人当面向女作家表示祝贺，称赞其作品的成功。女作家一一表示感谢。忽然那位男作家分开众人，挤到前面，大声向女作家说道："您这部书的确十分精彩，但不知您能否透露一下，这本书究竟是谁替您写的?"

女作家正陶醉在众人的赞扬声中，没想到他会提出这样的问题，就在她一愣的刹那，已有人在偷偷地发笑了。女作家马上镇静下来，露出谦和的笑容，对男作家说道："您能这样公正恰当地评价我的作品，我感到十分荣幸，并向您表示由衷的感激！但不知您能否告诉我，这本书是谁替您读的呢?"

男作家的问话，用意十分明显，女作家的反问，则是针锋相对，潜台词是，你从来不认真读别人的作品，所作的评论无非信口雌黄。连书都不读的人，有什么资格作评论！巧妙地反问，使男作家陷入了十分狼狈的处境。

论辩中的接过话头，反唇相讥法，多是为了批评、嘲笑、讽刺和挖苦对方。这种讥讽，一般是承接对方的讲话内容，借用其中的某些语句，反手一击，点明对方的谬误本质。

找出矛盾，幽默智辩

论辩讲究的不只是口才，比试头脑中的智慧才是最重要的。幽默论辩正是希望通过智慧的力量击破争辩对方的防线。

有人认为，在幽默辩论中应变要设法逼对方掉进你设的陷阱，使之无可自拔。如果对方一旦掉入陷阱，就要马上采取还击行动。有时当对方因退缩或招架无力，也出尽"牌"，你就亮出你的"王牌"，一举逼使对方陷入进退不得的困境。

欧布利德是古希腊一个有名的诡辩家，他在一个大公那里供职。

一天，他对同事说："你没有失掉的东西，那么你就有这件东西，对吗？"

同事回答说："对呀。"

欧布利德接着说："你没有失掉头上的角吧？那你的头上就有角了。"

大公听了他们的争吵，心生一计，决定利用这种方法来整治善于诡辩的欧布利德。他对欧布利德说："在我的城堡里，你没有失掉坐牢的权利，是吗？那么，就让你享受三天这种权利吧。"

于是，欧布利德被关了三天禁闭。他真是有苦说不出，只有自认倒霉了。

俗话说，"智者千虑，必有一失"。恃才傲物的人最容易犯这样的毛病。在开始时，容易小看对方，以为自己只要开口，来个"先发制人"，就能成功，没想到由于对方介意在心，回敬"以子之矛，攻子之盾"，反而会抢了先手。这时候，不该心慌意乱的一方看出对方不易就范，可能会乱了招数，加速败北。

回到辩场上来，我们也不难举出一系列利用对方自相矛盾进行攻击的案例。且以95国际大专辩论会上就《信息高速公路对发展中国家有利》辩题正反双方的一段辩词为例：

正方二：我方也主张发展中国家必须重点发展普及应用，就像教育必须从基础做起，我们现在不做，以后怎么跟得上呢？

反方二：对方辩友还是同意了我方的论点，首先要发展教育，首先要发展发展中国家的国力呀。

正方四：信息高速公路恰恰能够帮助教育的发展，这个我们刚才已经提到了。

反方一：信息化也是我方的立论。我们并不否认发展中国家应该缩短南北差距，应该发展信息化，但那并不代表信息高速公路啊。

反方四：那对方辩友为什么就一定认为信息高速公路是发展中国家的万能药呢？难

道你不知道药对症可以治病，不对症可是要人命的呀。（掌声）

正方二：对方同学承认信息高速公路是有利的，但又认为发展中国家没有信息高速公路。可是实际上就算是没有信息高速公路，美国的信息高速公路也是对发展中国家有利的，因为只要一样花了5万块为两位同学装个电脑，就上了国际网络了。

反方三：信息高速公路有利，这谁都知道啊！但今天的辩题是谈对发展中国家有没有利啊。

正方二：对方同学不是说信息高速公路还没做出来吗？你怎么知道它有利呀？

反方一：对呀，这不正是否认了你方的观点嘛。你怎么就知道信息高速公路就有利呢？

反方二：因为我们已经做出来了嘛，我们已经用过了，所以要分享给你们嘛。（笑声、掌声）

上例辩论中，无论是正方还是反方，都发现了各自的自相矛盾之处，也均发起了猛烈的进攻。可惜双方都仅限于抓在同一点上，形成了一种“凝固”战，最后若不是一语幽默，还不知谁要失守呢。

值得一提的是，这段辩词的“以其之矛，攻其之盾”战术在双方都运用得很隐蔽，没有大肆渲染，只是双方战术碰撞，导致辩手都有些累而已。

总之，我们是该感受到以其之矛攻其之盾的幽默战术在辩论中所显示出的威力。

两难战术，反客为主

在美国哥伦比亚大学中国文化课的课堂上，林语堂一直对中国的文化给予了较高的欣赏与赞扬。一位美国女学生却一脸不服气的样子，她对林语堂质问道：“林博士，既然你说你们中国的文化非常优秀，具有深厚的文明渊源，那么是不是就是说我们美国的东西都比不上你们中国啊？”

林语堂面不改色，很是轻松地回答说：“当然有啊，你们美国的抽水马桶就比中国的好嘛。”

林语堂一语落地，全场学生都不禁笑了起来。尽管那位美国女学生是想出个问题让林语堂左右为难，不好下台，殊不知，林语堂只用了一句小小的幽默就让气氛完全缓和，就把问题的答案巧寓其中，也让有意刁难的女学生无力回辩了。

在辩场上，由于双方均被镶上了竞争的色彩，那么，辩场也成了一个小社会，一个有圈套的社会。在辩论场合，没有圈套就很难定出谁输谁赢。只要是对手，双方都会自然地想给对方设置圈套。于是，只要是辩论，你也圈套，我也圈套，圈来圈去，就看谁先陷进去，谁要是先陷进去，谁就要有麻烦。设圈套的技巧主要为了蒙蔽对手，使对方在你所预期的某种圈子内不明不白地往里陷。一陷进去就正中你下怀了。我们常见的辩论场合中的圈套战术非两难战术莫属。

两难战术是一种神奇的雄辩绝招。其主要特点是运用两个条件命题和一个析取命题为前提进行推演的论辩方法。因此，雄辩者必须使用预先设定好的推演形式，注意所使用的条件命题必须是雄辩者本身心中有数的，析取命题必须将某方面的情况列举完全。有时候，辩手双方彼此都想用两难战术来制服对手。在此情况下，先手者则获主动，但后手者也未必就无药可治，只要你能有信心支撑，那么，当对手先用两难战术时，你未尝不可通过构成一个相反的两难选择，“以难攻难”，针锋相对地驳斥对手。

从前，有一个皇帝心血来潮，向全国宣布说：“如果有人能说出一件十分荒唐的事，并让我说出这是谎话，那我就把我的江山分给他一半。”

不久来了个农民，挟着一个斗。

农民说：“万岁欠我一斗金豆？我是来讨回金豆的。”

皇帝吃惊地问：“一斗金豆？我什么时候欠的？你分明是在撒谎。”

农民不慌不忙地说：“既然你已经说出这是谎话，那您就给我一半江山吧。”皇帝急忙改口：“不，不，这不是谎话。”农民笑笑：“不是谎话，那就还一斗金豆吧。”

故事中的这个皇帝穷极无聊，自作聪明，结果反被一个普通农民的聪明所算计。从对话中可以看到：农民很是幽默，他善于运用悬念进行引诱，想出一个让皇帝看起来简单，而实际回答起来较难的二难推理，使皇帝不知不觉地上了当。

在论战过程中，只列出两种可能性的情况，使得对手自愿地从中选择，然而无论对手选择哪一种，得出的结果都对他不利，除此以外又别无选择。这就必然使对手陷入进退维谷、左右为难的境地，完全落入“我”方的控制之中，这种论辩方法称之为两难战术。

掌握好这些幽默说话的技巧，你就能在针锋相对的辩论台前巧舌如簧，雄辩如虹；你就能在难以测定的情场中挥洒自如，胜券在握；你就能在尴尬的境地中突围而出，反客为主；你就能在日常交往中轻松相处，成为受人欢迎的人。

法庭论辩，偷换概念

有句话说得好：“法律不承认良心，良心也不承认法律。”在法庭辩论中，为应付对对方极为有利的局面，可采用“偷换概念应变术”，这样，由偷换概念而引起法官和对方陷入思维怪圈，使自己处于有利的位置。

普罗塔哥拉是古希腊智者学派的著名人物，相传，他与爱瓦特尔进行过一场著名的辩论。事情是这样的：

爱瓦特尔是普罗塔哥拉的学生。他跟老师学习诉讼，条件是：先付一半学费，其余一半等爱瓦特尔结业后第一次打赢官司时付清。爱瓦特尔结业后，长时间待在家里，一直没替人打官司，自然，也就没有支付欠普罗塔哥拉的另一半学费。普罗塔哥拉终于禁不住向法庭起诉，要求支付另一半学费。他向爱瓦特尔说：

“如果我的官司打赢，那么根据法庭判决，你就应该付给我另一半学费；如果我败诉，换言之，你胜诉，那么根据我们订的契约，你也应该付给我另一半学费，因为这是你第一次打官司，而且赢了。无论法庭如何判决，总之你都该付我那另一半学费。”

普罗塔哥拉的论证可归结为一个二难推理：

如果我胜诉，则你应付另一半学费，如果我败诉，则你应付另一半学费，或者我胜诉，或者我败诉，总之，你都该付那另一半学费。

普罗塔哥拉以为稳操胜券，非常得意。

不料，“名师出高徒”，爱瓦特尔也不甘示弱，他告诉他的老师：

“我根本用不着付给你那另一半学费，因为，如果我的官司打赢了，那么根据法庭判决当然就不必再给你学费。如果法庭判我败诉，那么，我就用不着给你学费。因为这是我打的第一场官司，而且打输了，不合原先契约的要求，总之，无论法庭如何判决，我都不必付给你那另一半学费。”

爱瓦特尔的论证，恰恰也是一个与老师针锋相对的二难推理：

如果我败诉，则不必再付另一半学费。

如果我胜诉，则不必再付另一半学费。

或者我胜诉，或者我败诉。

总之，我不必再付另一半学费。

学生的二难推理，它的前提与老师的相同，结论却正好相反。而且，看来也非常“有理”。这就是历史上著名的“半费之讼”。据说，这个案子当时就难倒了法官，无从做出判决。

从这个诉讼案例中，我们看到了爱瓦特尔偷换了“官司”这个概念，使本来对自己不利的诉讼，变成了法官无法判决。

日常生活的小辩论，如果能掌握偷换概念的技巧，也能够获得很大的幽默效果。

两位农民在给玉米施肥时，以马粪离庄稼远近为题争执起来。

甲：“马粪离庄稼近，便于庄稼吸收，庄稼肯定爱长！”

乙：“让你这么一说，应该把庄稼种到马圈里，一定更爱长！”

甲：“你这是不讲理！”

乙：“怎么不讲理？你不是说离粪近庄稼爱长吗？”

这时，一位老农民凑过去说："我看你们俩谁说得也不对，马尾巴离马粪最近，没见到马尾巴长得多长……"

在场的人哈哈大笑。老农民用偷换概念法，轻而易举地平息了争执，又逗笑了大家。从辩论性质来看，论辩是一种文明的语言交流。具有说服力的论辩依靠的是理和据，讲究的是说话技巧。偷换概念巧钻了词语的空子，讲道理说得无懈可击，让人不得不闭口折服。偷换概念的语言技巧在本质上属于幽默的口才——机智、诙谐不失娴雅。

妙用谐音，机智论辩

清代学者纪晓岚与和珅同朝为官，纪晓岚为侍郎，和珅为尚书。一次同饮之际，恰好一条狗从旁跑过，和珅指着狗问："是狼是狗?"此话问得蹊跷，纪晓岚立即听出了弦外之音，答道："垂尾是狼，上竖是狗。"

原来和珅说的是一句运用谐音双关法骂人的话，"是狼"是指"侍郎"，即纪晓岚，连起来便骂他是狗。哪知纪晓岚敏慧过人，一听就觉察了其中的奥妙，但是他不动声色，仍然顺着他问话的表面意思，同样运用谐音双关法进行反唇相讥。"上竖"表面上指尾巴翘起，与和珅问话的表面意思联结得天衣无缝，其实却是谐音"尚书"，即和珅，连起来便回敬他是狗。

李白去蜀远游，应诏入京，在皇帝面前展露了才能，却遭到当朝宰相杨国忠的嫉妒。有一天他想了个办法，约李白去对三步句，意即由杨国忠出题（上联），李白要在三步之内对出下联。李白如约而至，刚一进门，只听见杨国忠道："两猿截木山中，问猴儿为何对锯?"上联出得很刁，运用谐音双关法，"锯"谐音为"句"，直接骂李白是来对句的"猴儿"。哪知来者不善，李白毫不犹豫地说："请宰相起步，三步之内对不上来，愿受罚。"当杨国忠跨出步去，李白立即指着杨国忠的脚喊道："匹马陷身泥里，看畜生怎样出蹄!"

李白同样运用谐音双关法，"蹄"谐音为"题"，直接骂杨国忠是出题的"畜生"。杨国忠出题出得古怪而且刻薄，李白对句对得巧妙而且辛辣，幽默机智从这样巧妙而辛辣的对句中来。

谐音双关的别解法，要求辩者有丰富的想象力和发散思维的能力，能透过某一语句表现的含义洞察出其隐含着的特殊或深层的语意，然后选择符合我们观点的某一种相关的意义，做出巧妙的别解。

运用谐音别解，可使辩者变守为攻，变被动为主动；可以帮助摆脱困境；还可以嘲讽对手，调侃戏谑，顺势发表议论。辩论中运用此幽默战术，可增强辩者的语言表达效果，使自己的辩论雄健有力。辩论中，有意违反常规、常理、常识，利用语言、语汇、语法等手段，临时赋予一个词语原来没有的新意而做出奇特新颖但是毫不利于对方的解释手法，让自己的观点无可辩驳。

软化辩语，增强辩力

和别人说话、辩论是非曲直，如果面红耳赤，唇枪舌剑，虽然可以达到不打不相识的效果，但那毕竟是不得已的事情，并且容易出现彼此都难免动气的话，这就很可能成为人际关系破裂、矛盾激化的兆头。

人与人之间还是以和为贵，如果好话当作恶话说，即便不至于导致事业失败，至少落得不会说话和人言极差。假如你面对的听话对象是你的顶头上司，或是与你的事业兴衰成败密切相关的对手，那怎么与他们说话就更应该讲究了。

其中，在辩论中软化辩解的幽默语言是增强辩力的重要因素，幽默语言中的最佳妙法是绵里藏针和辨人于无形的釜底抽薪法。绵里藏针幽默法，是外表柔和，内含刚健使人有刺痛之感且不露痕迹。

英国首相丘吉尔是一位能言善辩、风趣幽默的政治家。

有一次，在丘吉尔脱离保守党，加入自由党时，一位媚态十足的年轻妇人对他说："丘吉尔先生，你有两点我不喜欢。"

"哪两点？"

"你执行的新政策和你嘴上的胡须。"

"哎呀，真的，夫人，"丘吉尔彬彬有礼地回答道，"请不要在意，您没有机会接触到其中任何一点。"

在这里，丘吉尔便巧妙地运用幽默的语言艺术来摆脱尴尬的场面。尽管其外在形式是温和的，但这种温和之中蕴含着批判，使用了"绵里藏针"的幽默技巧，让对方虽然恼怒，却又不便发作，具有特殊的力量。

"绵里藏针法"的运用常常与喂小孩子吃苦药的道理一样，要用糖衣包着药片，或者就着糖水送服，招数因人而异，窍门却一通百通。"抽薪止沸，斩草除根"的原理，运用在语言交流中，可以成为一种充满智慧的语言技巧。无论在谈判桌上还是在辩论台前，都会碰到咄咄逼人或是气势汹汹的对手，其语言攻势如同锅中热水，往往达到了沸沸扬扬的程度。

面对这种情况，舌战的当务之急是抑制对方逐渐高涨的气势，而抑制的最佳方法就是抽去"锅下的柴火"，从根本上运用幽默的智慧解决问题。

这种为许多人所熟悉的釜底抽薪法其关键就在于找出"薪"的存在，然后断然"抽"之。论点全部来自论据，是建立在论据基础之上的，论据属实，则论点正确；论据虚假，则论点谬误。所以只要你善于从对方的论点中分析出其虚假论据之所在，那就如同釜底抽薪，刨根倒树，所有论点就会被你驳倒。

正如古人所云："故扬汤止沸，沸乃不止；诚知其本，则去火而已矣。"

仿效幽默，让他哑口

在仿效幽默这种妙不可言的语言智慧面前，任你胸中有多少兵甲，都难以抵挡它的攻击。逻辑学常识告诉我们，用他人的矛去攻击他人的盾，才能让别人不战而败。

这种仿效逻辑的思维法，很有效力，一是增加了幽默感，从而使他的论辩更具有了感染力。二是让论辩取得了无懈可击的战略优势，让他人无法在舍弃自尊的前提下做出反击自己的无奈。

在中国福建的民间传说中，有一则关于巧媳妇的故事。

一位知县老爷为了霸占史老汉的财产，故意给他出了一道难题，要他在三天内送来三头怀孕的公牛，如果做不到，就要把史老汉的财产"全部充公"。

史老汉急得不知所措，唉声叹气地回到了家，把事情告诉家人，他的儿媳妇听后，安慰公公不要担心，她自有办法对付。

第三天，知县坐轿来到史家，进门就问："史老汉在家吗？"

巧媳妇回答说："在是在，就是不便走出来。"

知县不高兴了，厉声喝问："我是知县大老爷，他怎么敢不出来见我？"

巧媳妇不慌不忙地回答："你小点声，公公他正在房里生小孩呢！"

知县听了，哈哈大笑说："胡说！我从来没听说过，男人也会生小孩！"

巧媳妇对知县说："怎么没听说，公牛不是也会怀胎吗？"

一句话把知县老爷说得目瞪口呆，哑口无言。这里，巧媳妇巧就巧在效仿知县老爷的逻辑思维，巧妙地导演了："公公生小孩"这"荒唐"的一幕。

知县若要否认，那么按照充分条件推理的否定式，他等于否定了自己夺财产的理由；如果他不否认，那么史老汉就有理由不来见他，他的阴谋同样不能得逞。这种自打耳光的结果，对知县老爷来说，是哑巴吃黄连，有苦说不出。

上述仿效思维的幽默语言技巧，其直接效果就是让对手当场认输，因为击败他的武器是由他自己提供的。犹如你正和敌人作生死决斗，一不小心将自己的一柄利剑撒手丢落在地，反而让敌人拾起来利用一样。

欧伦斯庇格走进一家饭店想吃饭，因为等了许久肉还未烤熟，只好吃了一些面包后就躺在烤炉旁的长凳上打盹。当烤肉端上桌时，店主请他就餐，他却睡眼惺忪地说："你在烤肉时我都闻饱了。”店主便端着托盘要收他的肉钱，理由是他说已闻饱了肉味，所以也应该付同吃肉一样多的钱，于是欧伦斯庇格掏出一枚银币，扔到长凳上，对店主说：“你听到了钱的声音了吗？”店主回答说：“听到了。”他马上抓起银币，放回钱袋，对店主说：“你听到了我的银币发出的响声，正好够付我闻你的肉味的钱。”店主哑口无言。

这段对话中，欧伦斯庇格一句夸张性的气话被店主掠之而去，当作一种合理的强盗的逻辑，有仿拟的意味。店主以为通过这样的仿拟，该贪点便宜了。殊不知“道高一尺，魔高一丈”，欧伦斯庇格既能导谬，又能制谬，其后一句对店主的回答，可谓以谬制谬，“谬顶绝伦”的仿效幽默之至高境界。

以谬制谬的仿效幽默法在论辩中如果运用得好，就能发挥一锤定音的功效。运用时关键在于大脑反应快，能迅速明确对方话中的原理，并由此推出一个符合这个原理的荒谬的事例。仿效逻辑的幽默思维方法，可有助于推动以谬制谬论辩战术的开展，仿效逻辑，让你在论辩中实现令他人百口莫能与之辩的强势。

诡辩幽默，不胜亦胜

幽默语言不仅能够减轻辩驳过程中的压力与紧张形势，而且能够调节辩论的气氛，增强语言的穿透力，强化自己辩论的观点。诡辩，似乎有些狡辩的嫌疑，但值得学习的是，诡辩是辩论幽默中最善于运用幽默技巧来促成反败为胜的方法。

诡辩幽默，不胜亦胜的绝佳妙法。

古希腊时，一个人非常善于利用诡辩幽默去买东西，往往能够把“买东西不付钱”的把戏玩弄得恰到好处。

一天他又想去弄点酒喝，他径直来到一家酒铺，向卖家要了一瓶红酒，等他煞有介事地看了看红酒的说明后，还给了卖家，说道：“还是给我换一瓶白酒吧。”

卖家说：“好嘞。”不一会儿就递给他了一瓶白酒。令卖家费解的是，他居然在接过白酒后，钱还没付就要走。

卖家忙说：“先生你还没有付钱呢？没付钱可不能走。”

那人忙说：“我为什么要付钱？”

卖家：“当然是你买的白酒的钱啊。”

那人辩解说：“我不能付钱，这瓶白酒是我用红酒换的。”

卖家：“可是红酒你也没有付钱啊”

那人诡辩道：“那就你付钱喽，反正这瓶白酒是我用红酒换来的。”

卖家顿时糊涂了，不知道说什么好，只能无奈地看着那人把酒白白地带走。

这就是典型的诡辩幽默。诡辩幽默的实质是一种欺骗，只不过这种欺骗被赋予了幽默的智慧与艺术。当然在现实的生活与工作中，我们并不主张时刻与人诡辩，占他人的便宜，介绍诡辩幽默是为了帮助一个人在面对无赖时候，应该学会以返还诡辩的幽默技巧。

比如说著名的英国首相丘吉尔，他能够巧妙地利用诡辩之法自圆其说，维护好自身的公众形象。

有人曾经问丘吉尔："作为一个政治家必须具备的才能是什么？"

丘吉尔回答说："想要成为一位出色的政治家，就应该具备预知明天将会发生什么事情的才能。"

那人继续问道："可是如果预知的事情并没有发生呢？"

丘吉尔幽默回答说："如果真的没有发生，就需要这位政治家有自圆其说的本事喽。"

丘吉尔口中的自圆其说，即主要是指"诡辩"的艺术。如果幽默的诡辩术运用得当，就能够通过自己的口才力量达到改变对世界的看法以及说法。

诡辩幽默作为一种变形的幽默口才，意在通过违背逻辑规律的方法，混淆是非，最后实现对他人的说服。

第十四章

赞美幽默——情感投资有笑道

赢得欢心，为赞美添笑果

近代电磁学的奠基人法拉第有一次被邀请去做电磁应用理论演讲。在演讲过程中，一位贵妇人故意挑衅地对法拉第质问道："教授先生，你能解释一下，你给我们大家讲这些鬼东西到底有什么用吗？"

法拉第被这位不懂电磁应用却又蛮横的无礼给激怒了，他克制住了自己的愤怒，幽默地回答说："这位夫人，你难道就能够预料到刚刚出生的孩子会有什么用处吗？"

这位夫人自觉没有道理再争辩下去，故而悻悻地离开了。

事实上这位贵妇人对于电磁理论一窍不通，因为不懂，所以不会由衷地祝贺和赞美法拉第的成就。在该赞美的场合却找不到赞美的方式与方向是一件多么苦恼的事情。

幽默能够使赞美生动活泼，让人耳目一新。在和睦与宽松的气氛中打动对方的心，提升对方的自我满足感以及被认可的价值。

一对刚刚结婚不久的甜蜜夫妇，他们对于新生活的激情以及热情很高，妻子总是每天用尽心思地把饭菜做好。

一次，妻子照旧兴高采烈地把饭菜摆上了桌，老公表现出对妻子的崇拜状，幽默赞美道："老婆真是很会做饭啊，照这样下去，估计我们附近的餐馆该关门大吉了。"

即使这位新婚妻子并没有多好的手艺，但是做老公的从来没有埋怨过说不好吃，还天天给予幽默的赞扬，这是对妻子没有功劳也有苦劳的认可和鼓励。

老公的幽默称赞让妻子更加乐不可支，他的赞赏让妻子欣慰于自己的劳动成果得到了肯定，同时也让妻子对自己的好感倍增。守在一个懂幽默的老公身旁，能时时刻刻享受幽默带来的喜悦，有哪一位妻子不喜欢呢？

在日常的生活与工作中，幽默赞美是一项受人追捧的口才技巧。幽默作为赞美口才中最大的闪光点，不仅仅能够给人带来轻松的感觉，更重要的是能够给自己带来更多的机遇。

总之，幽默是一个人能力的反映，懂幽默的人赞美水平也会很高。当然在生活中并不是人人都有幽默的口才，他们的赞美因此往往只会赞而不会“美”。要学会在人际交往中给予他人幽默的赞美，赢得他人的欢心，那就学会旁征博引，从生活中认真学习并发现幽默的存在形式，练习并掌握这些幽默形式，做到幽默赞美将会是手到擒来的事情了。

理解赞美，做到真正幽默

如果说赞美是一窗春日的天空，那么适当的幽默则是空中飘飞的纸鸢，增添了生机；如果说赞美是一股清净的泉水，那么适当的幽默则是水中嬉戏的游鱼，增添了灵动；如果说赞美是一份真诚的礼物，那么适当的幽默则是外包装上美丽的蝴蝶结，翩跹起舞。

学习了什么是幽默的赞美，如何彰显出赞美的实质效用，才能够将幽默灵活并恰到好处地融入赞美的队伍当中。

那么，什么是幽默的赞美？此时，爱因斯坦与卓别林的赞美则值得我们大家来领会幽默为“赞”带来的“美”。

爱因斯坦一直就很欣赏幽默大师查理·卓别林的表演以及喜剧作品。为了表示自己的喜爱与赞美，爱因斯坦在给卓别林的信中写道：“你表演的电影《摩登时代》，一定会让你成为一个伟人的，因为你的表演让世界上的每一个人都能看懂。”

卓别林回信道：“你才是更加令人敬佩的人，因为你已经成为一个伟人了，当世界上还没有人能读懂你的相对论的时候。”

爱因斯坦虽是个科学家，却也是个懂得幽默生活情趣的人，他通过人们对《摩登时代》的感受来委婉地称赞了卓别林的幽默表演天赋，也暗含了自己对卓别林由衷的钦佩之情。

查理·卓别林不愧是位幽默大师，面对爱因斯坦的称赞他心知肚明，面对爱因斯坦的幽默更是投之以桃，报之以李，以同样的角度幽默夸赞了爱因斯坦在相对论上的建树。

这就是幽默的赞美，幽默的赞美就像是春风吹过了一串铜铃，留给人们的是悦耳的动听与清新。

面对女人，男人这样赞美

人人都渴望被别人赞美，但男人和女人的需要是不同的，因此，面对男人与女人不同的心理需求，在给他们奉上幽默的赞美时，不要忘记区别对待。

从心理学上讲，男人要面子、好虚荣，多表现在追逐功名、显示能力、展示个性以显潇洒，而女人则表现在对容貌、衣着的刻意追求或身边伴个白马王子以示魅力；男人要面子、好虚荣，他们对此毫不遮掩，有时甚至坦率得令人吃惊，而女子则总是遮遮掩掩、羞羞答答；女性对于面子、虚荣还有几分保留，而男子则是全力以赴去追求面子，好像他的人生目的就是追求面子一样；男人为了面子可以大动干戈，有权力的甚至可以轻则杀一儆百，重则发动战争，女人为了面子则会大喊大叫。男人的面子千万不要去伤害、破坏，否则便万事皆休一切都了——友谊中断、恋爱告吹、生意不成、升官无望、职称泡汤。

首先，作为男人更要会赞美女人，能够做到张口也赞，闭口也赞。这样，你才能在女人面前受欢迎，使你魅力无穷。

一次，小蒙去银行取钱，人很多，年轻漂亮的女职员忙个不停，有点不耐烦，看起来她心情不是很好。小蒙很想跟她交谈，怎么开口呢？

观察了一会儿，小蒙发现了女孩的优点。轮到他填取款单时，他边看她写字边称赞说：“你的字写得真漂亮，真是人见人爱，花见花开。”

女职员吃惊地抬起头，听到顾客幽默的称赞，她心情一下子好了很多，但又不好意思地说：“哪里哪里，还差得远呢。”

小蒙认真地说：“真的很好，看上去你像练过书法，我说得对吗？”

“是的。”

“我的字写得一塌糊涂，能把你用过的字帖借给我练练字吗，相信你的字帖上的灵气会让我大有长进的。”

女职员爽快地答应了，并约好了下午到办公室来取。一来二往，两人有了感情，并最终结成了良缘。

小蒙是个聪明的男人，欲夸其人先赞其字，一句“人见人爱，花见花开”就已经让女职员心里偷着美了。

男人赞美女人是对女人价值的肯定，更是对女人魅力的一种欣赏。在男人眼里，女人身上总有美丽动人之处，或者是皮肤细腻，或者是身材苗条，或者是眉目含情，或者是穿着得体。所以作为男人要善于去发现、去捕捉她的美。许多女人都会对自己的缺憾有所了解，但她们也十分了解自己的最动人之处，只要你慧眼独具，赞美得体，你一定会博得她的赏识与青睐。

尤其是现在的女性更加注重个性，夸赞一个女人有个性已成为一种时尚。固执的性格可当此人有个性来赞，孤傲的性格也可以用有个性来赞，有些泼辣的女性也能用有个性来赞。只要是稍稍区别于大众的性格，你用“个性”二字的幽默来赞她，无论是哪种女性，她都会觉得你这个人很有品位。

除此之外，生活中女人的能力也值得你一赞。日常家务，如烧饭做菜、收拾房间、照顾孩子等，这些虽是一些细小的事情，但却能表现出女人的动手能力、审美能力和教育能力。只要你在日常生活中也不忘记对女性的赞美，你定会得到女性们一致的好评。

毕竟女人大多数是用耳朵来生活的，幽默赞美是女人生命中的阳光。然而，男人也一样，他们一样喜欢听到他人对自己的肯定和赞美，因为这会让他们有一种价值感，并由此充满自信。可以说，恰到好处的幽默赞美是打在男人身上的一剂强心剂。

人际需求，给想要的赞美

口才界流行一个比较出色的赞美定律是——赫洛定律，即给他最想要的一种赞美。

所谓赫洛定律，是一种人际关系的需求理论，它强调满足对方的渴求，以此获得他人的认可与信任。就说话而言，我们与人交谈，从某种意义而言，就是一种探求对方需求的过程，通过这种过程，我们知晓对方的心理活动，由此制定下一步的谈话内容。根据赫洛定律，我们可以探求各种人对不同幽默的喜好，随之在谈话中多多运用令对方喜欢的幽默段子，那么和谐而欢娱的气氛油然而生。

在人的一生中，有无数让他们引以为自豪的事情，这些都是每个人人生的闪光点。这些东西又会不经意地在他们的言谈中流露出来。对于一些引以为荣的事情，他们不仅常常挂在嘴边，而且深深地渴望能够得到别人由衷的肯定与赞美。

对于一位老师而言，引以为荣的往往是他教过的学生在社会上很有出息，你为了表达对他的赞美，不妨说：“你的学生×××真不愧是你的得意门生啊。”对于一位一生都默默无闻的母亲，引以为荣的往往是她那几个有出息的孩子，你可以对她说：“你有福气啊，两个儿子都已经扬眉吐气了。”她一定会高兴不已。对于老年人来说，他们引以为荣的往往是他们年轻时的那些血与火的经历。

真诚地赞美一个人引以为荣的事情，并幽默地将这种赞美表达出来，可以更好地与他人相处。

王君几个中学时候的好朋友来他家玩，王妈妈非常热情地招待了他们，与这些当年的“小毛头”欢快地交谈了起来。

王妈妈说：“时间过得可真快啊，转眼你们一个个都大学毕业了，听说找的工作也不错，呵呵。看着你们一个个都成才了，真是令人羡慕啊。”

接着，王妈妈又说：“一个个有出息不说，说出来的话也是那么招人喜欢，真是到哪里都会受大家的欢迎啊。再转过头来看看我们家的孩子，不会说话，也不会来事，这不，工作还没有着落呢。”

王妈妈的一番话，把同学们说得哈哈大笑起来。

王妈妈对王君的同学给予了平实而幽默的赞美，表达了自己的真诚，因为王妈妈给了同学们想要的赞美。

他人最想要的赞美一定是真诚的，不是那种公式般的赞美，千篇一律的赞美最让人反感。幽默而真诚的赞美则需要言之有物。言之有物是说一切话所必具的条件，与其泛说久仰大名、如雷贯耳，不如说“您上次主持的讨论会成绩之佳，真是出人意料”等话，直接提及对方较有成绩的工作。若恭维别人生意兴隆，不如赞美他推销产品的努力，或赞美他的商业手腕；泛泛地请人指教是不行的，你应该择其所长，集中某一点请他指教，如此他一定高兴得多。

恭维赞美的话要切合实际，到别人家里，与其乱捧一场，不如赞美房子布置得别出心裁，或欣赏墙上的一幅好画，或惊叹一个盆栽的精巧。若要讨主人喜欢，你要注意投其所好，主人爱狗，你应该赞美他养的狗，主人养了许多金鱼，你应该谈那些鱼的美丽。赞美别人最近的工作成绩，最心爱的宠物，最费心血的设计，这比说上许多无谓的虚泛的客套话要好得多。

适度称赞，沟通的催化剂

用适度的幽默的赞美语言与人沟通，可以尽快促成他人与自己关系的升温。适度的幽默赞美是成功沟通的催化剂，只要细心观察，你可以把对方的外表、穿着、服饰、品位、谈吐、内在的修为、学识、工作的态度、精神、毅力等作为重点。还可以就当时所处的周遭环境，包括办公室摆设，有纪念性的物品，对方的收藏、喜好、最近得奖或您无意中得知的事迹；甚至相约在其他场合如餐厅等，都可以就对方的选择，找出特色，予以幽默赞美。

幽默赞美需要发自内心，而非表达于口中及眼眸，我们随时可以找出特色赞美一个人，然而，若非发自内心，你的眼中呈现的“不真”，马上会被识破；如果你不是真正认同，宁可不说半句，只以点头微笑，反而更为得体。幽默赞美是“过犹不及”的，在一次的沟通交谈中，频频灌迷汤固然令人感到肉麻，但如果每次见到一个人，老盯着同一件事猛献殷勤，也会叫人受不了。

于明明曾有一位女性下属，性格比较外向，而且嘴巴很甜，而于明明爱漂亮，又会搭配衣服，稍一动手，就变出很多看似一套套的新衣服。而那位下属，却是于明明的苦恼之一，因为，每天早上她一到公司，对方的眼睛就盯着她转：“哇噻，经理，又买了一套新衣服，对不对？颜色好漂亮，穿在您身上就是不一样。”隔天一见面，又来了：“看看，又一套了，很贵吧？还有项链、耳环，也是新的吧？我就缺这个本事，不会搭，像您……”她会对着客户“恭维”她的经理，说辞几乎都是：“在我们经理英明的带领之下，我才有今天的成绩，好多人都问我跟我们经理多久了？其实也没多久，但是她大人大量，肯教我，对不对？”

于明明被她的过分“恭维”及不诚的眼神弄烦了，只好告诉她：“不是你没见过的就是新衣服，我的衣服有的五六年了，只是保养得好，配来配去就不一样了，你一嚷嚷，人家以为我多浪费，怎么天天买新衣，以后请别再说我的衣服了。”而当她得知这位下属在她面前说得甜如蜜，背后却对客户中伤她时，她一点也不惊奇，因为她早已从她的“过度恭维”中观出“玄机”了。

张艺谋做人很随和，做导演却极富个性，说话也富有幽默。对其同班同学另一位名导演陈凯歌，他的评价如下：“凯歌是个很出色的导演，我跟凯歌的特点在于：我们都保持自己的个性，这个个性你可以不喜欢、不欣赏，但凯歌从不妥协，他保持他的个性。而中国这样的导演很少。不能因为凯歌的作品没有得奖，就说这说那的，我觉得这是一种短视。”

赞美可以让人心情愉悦，让人充满自信与乐观的生活态度。适度的幽默赞美就像香水一样，让人容易接受并乐享其中。

真诚赞美，幽默是必要元素

有一次，一群朋友在一起聚会，吃饭的时候，大家交换名片，其中有一位来自报社，另一位试图对其进行称赞，一看是报社的，便稀里糊涂地说：“哇，您是有名的大作家。”人家问：“我怎么有名？”他说：“我每次都看见你写的文章。”人家说：“我的文章都在哪里？”他说：“每次都是头版头条啊。”然后人家告诉他：“真的吗？我是专门写讣告的。”

讣告能在头版头条吗？显然是虚假的赞扬引起了别人的反感。

不真诚的赞扬，给人一种虚情假意的印象，或者会被认为怀有某种不良目的，被赞扬者不但不感谢，反而会讨厌。言过其实的赞扬，不能实事求是，会使受赞扬者感到窘迫，也会降低赞扬者的水准。虚情假意的奉承对人对己都是有害而无益的。幽默代表着一种真诚，幽默的赞美需要有真诚的底气。

根据心理学和组织行为学的研究，赞扬他人是一种能力，它不等于溜须拍马，溜须拍马可以说虚假的，但幽默赞扬应该是真诚的发自于内心的实话。有人说：真实的赞扬是拂面清风，凉爽怡人；虚假的赞扬像给人吃大块的肥猪肉，让人烦腻不堪。

所以说，真诚的幽默赞美和“拍马屁”最大的区别在于是否发自内心。真诚的幽默赞美起源于内心深处的一种“美感”，一种冲动，它反映了一个人对另一个人的认可：外表漂亮，言谈合自己的口味，行动敏捷，品格高尚……即在两个人之中，其中一个人在另一个人身上发现了符合自己理想和价值标准的可贵之处。我们认识这个人、了解这个人的时候，已经有一种无形的力量促使自己要去赞美他的一些优点。

但是“拍马屁”却不同，它不是发自内心地对另一个人的认可和钦佩，而是基于内心世界早已存在的一种目的，一种对眼前或日后能够收到“回报”的投资。“拍马屁”者在“赞美”他人的时候，脸上虽眉飞色舞，但却有几分不自在；他的词语是热情的，但他的内心却是一片冰冷。他在赞美一个人的时候，心里想着的只是如何顺利办完对自己利益攸关的事，如何获得自我满足。

因此，真诚成了幽默赞美与拍马屁的区分线，它是幽默赞美的必要组成元素。

同时，真诚的幽默赞美应该是合乎时宜的，在合适的氛围里发出的赞美会让人内心明亮，灿烂无比。当别人感觉到你的赞美是由衷的，那赞美的话就很容易被接受。

大音乐家勃拉姆斯出身农家，生于汉堡的贫民窟，没有受教育的机会，更无从系统地学习音乐，所以，对自己未来能否在音乐事业上取得成功缺乏信心。然而，在他第一次敲开舒曼家大门的时候，他一生的命运就在这一刻决定了。当他取出他最早创作的一首C大调钢琴奏鸣曲草稿，手指无比灵巧地在琴键上滑动，弹完一曲站起来时，舒曼热情地张开双臂抱了他，兴奋地幽默喊道：“天才啊，年轻人，天才才能够创作出这种无与伦比的上帝般的声音……”

正是这出自内心的由衷赞美，使勃拉姆斯的自卑消失得无影无踪，也赋予了他从事音乐的坚定信心。在那以后，他便如同换了一个人，不断地把心底里的才智和激情流泻到五线谱上，成为音乐史上一位卓越的艺术家。

幽默的赞美，需要真诚的表达。任凭你对一个人的赞美有多趣味、有多口吐莲花，只要是脱离实际，只要让别人明显地听出这是浮夸之词，那么幽默的赞美将转化为毫无内在所言的滑稽的赞美了。

出乎意料，让人喜出望外

赞美既然是幽默的，那么赞美的话语就应该是出乎意料的，出乎意料不仅仅是辩论幽默、处世幽默等交流场合的必杀技，也是幽默赞美的特质之一。

一些人在公共场合赞美别人时，自己想不出怎样赞美，只能跟着别人说重话，附和别人的赞美。常言道，别人嚼过的肉不香。朱温手下就有一批鹦鹉学舌拍马的人。

一次，朱温与众宾客在大柳树下小憩，独自说了句：“柳树好大。”宾客为了讨好他，纷纷起来互相赞叹：“柳树好大。”朱温听了觉得好笑，又道：“柳树好大，可做车头。”实际上柳木是不能做车头的，但还是有五六个人互相赞叹：“可做车头。”朱温对这些鹦鹉学舌的人烦透了，厉声说：“柳树岂可做车头？”于是把说“可做车头”的人抓起来杀了。

在整日聚首的人际关系中，一家人之间或一个科室的同事之间，有些赞美很可能多次重复，已经形成某种公式和习惯，这就没什么意义和作用了，比如，某个处长每次开会总结工作的时候，都像例行公事一样对大家赞扬几句，其内容和说法总是笼统的那么几句话，就像是同一张唱片或同一盘录音带只是在不同的时间播放一样，让人感觉乏味。

为赞美加一点新意，鼓励作用会更大。

正如有人所说：“一点新意，一片天空。”这样幽默赞美之术会更趋完美。赞扬要有新意，当然要独具慧眼，善于发现一般人很少发现的“闪光点”和“兴趣点”，即使你一时还没有发现更新的东西，也可以在表达的角度上有所变化和创新。

对于公司经理，你最好不要称赞他如何经营有方，因为这种话他听得多了，已经成了毫无新意的客套了，倘若你称赞他目光炯炯有神，潇洒大方，他反而会被感动。

幽默赞美是所有声音中最甜蜜的一种，它应该给人一种美的感受。新颖的语言，趣味的表达，是有魅力和吸引力的。即使简单的赞扬也能振奋人心，但是一种本来不错的赞扬如果多次单调重复也会显得平淡无味，甚至令人厌烦。一个女人就曾说过，她对别人反复说她长得很漂亮，已经感到很厌烦，但是当有人告诉她，像她这样气质不凡的女人应该去演电影，她笑了。

幽默赞美的新意很重要，但更需要我们综合各方面的因素来恰当表达“新”意，否则便会弄巧成拙、适得其反。马克·吐温曾经说过：“一句幽默的赞美能当我十天的口粮。”我们每天都让新鲜的赞美流淌入他人的生活中，那么彼此的生活食欲就会增强。

幽默意境，使人愉快接近

幽默是一种最智慧的艺术之一，千百年来，一直颇受人们的青睐。人们之所以青睐于幽默艺术，是因为人们喜爱笑，传统意义上的笑就意味着快乐和高兴。那么在人际交往中，如何使用接近语言，利用幽默法来获得好的沟通呢？

1. 用富于情趣的语言接近

当你将一种语体的表达改变为另一种完全不同的语体风格会让人忍俊不禁。用这样一种方式来赞美别人，会使对方在轻松愉悦之中欣然接受。

有一个男孩就是用这种新颖的赞美方式，赢得女孩的芳心，并且娶其为妻。妻子幸福地诉说他们的浪漫爱情："当我在一家银行做兼职出纳员时，一个漂亮的小伙子几乎每天都要到我的窗口来。他不是存款就是取钱。直到他把一张字条连同银行存折一起交给我时，我才明白他是为了我才这样做的。

"'亲爱的吉：我一直想通过储蓄这个想法，期望能得到利息。如果周五有空，你能把自己存在电影院里我旁边的那个座位上吗？我把你可能已另有约会的猜测记在账上了。如果真是这样，我将取出我的要求，把它安排在星期六。无论贴现率如何，做你的陪伴始终是十分愉快的。我想你不会认为这个要求太过分吧，以后来同你核对。真诚的杰。'我无法抵制这诱人、新颖的求爱方式。"

小伙子没有俗套地说"你好漂亮"，而是颇为高明地说："不论贴现率如何，做你的陪伴始终是十分愉快的。"他将对方的行业词汇运用于谈情说爱中，绝妙生动地表达了他的赞意和爱恋。在交往中巧妙地运用这种富有情趣的幽默语言接近对方，会使你的沟通取得意想不到的效果。

2. 用善意的仿拟语言接近

在人际交往中，恰当地运用仿拟语言可以更好地帮助你沟通与交际对象的情感；可以把原本很生硬、很单调的赞美化为生动活泼、诙谐幽默的话语。

在朋友聚会中，每个人都要自我介绍。一次，有个叫"秦国生"的高个小男孩也介绍了一下自己。他介绍完之后，是另一个女孩的自我介绍。女孩说："本人自觉渺小，姓肖，名晓，只好拜托诸位多加关照，特别是秦国生老兄，他堪称元老级人物，因为他的年纪是最大的。刚才仔细一算，他已经2000多岁了。他是秦始皇并吞六国时出生的呀！"

她将秦国生仿拟成了"秦始皇并吞六国时出生"，也就是将现成的字词及语句格式创造成新的字词及语句格式；出人意料地把毫不相干的事扯在一起，内容风马牛不相及，这就具有了幽默性，从而使双方的沟通变得轻松，愉快。

3. 用尊敬的类比语言接近

用类比幽默赞美他人，就是把两种或两种以上互不相干的，彼此之间没有历史的或约定俗成的联系的事物放在一起对照比较，虽然显得不伦不类，却含有赞美之意。

据说，拿破仑在歌剧院里看歌剧，见另一个包厢里坐着著名的作曲家罗西尼，就叫侍从请他过来。罗西尼赶紧来到拿破仑的包厢，跪下请罪道："皇帝陛下，我没有穿晚礼服来见您，请恕我大不敬。"拿破仑语出惊人："我的朋友，在皇帝与皇帝之间，礼仪是不存在的!”

拿破仑将罗西尼也称之为“皇帝”，并说：“在皇帝与皇帝之间是不存在礼仪的”。这句幽默之语，是对罗西尼极高的赞赏，以至于他有了“音乐皇帝”的尊称。

这种类比幽默，双方差异性越大，不协调性越强，越容易造成耐人寻味的幽默意境。

赞人独特，让你印象深刻

当一个人处在众口一词的赞美中时，往往不再把这种同一内容的赞美当回事，这时，如果你能找到别人都忽视了的优点来进行幽默赞美，就必然能引起这个人的注意。因为人总是希望别人能尽可能多地发现自己的优点。

为了突出与众不同，给人留下深刻的印象，说话讨人喜欢的人往往是独特的。比如对一个健美冠军，他不会去赞美其长得真健壮、真美，因为可能电视、广播、报纸都已介绍过了，而且电台、广播、报纸的赞美不比我们的赞美更让人激动吗？此时，他会挖掘对方的不明显的优点去加以赞美，比如赞美其烹调手艺等。爱因斯坦就这样说过，别人赞美他思维能力强，有创新精神，他一点都不激动，他作为大科学家，听这类话都已听腻了，但如果谁赞美他小提琴拉得真棒，他一定就会兴高采烈。

说话讨人喜欢者的赞美，从来不跟在别人后面，人云亦云，而是竭力去挖掘别人一些不为人知的优点，表现其幽默赞美的独特性，让人得到一些新的刺激，这样的效果反而更好。

小杜是学校里出了名的“歌星”，每次晚会或其他娱乐活动都少不了他。

在一次元旦晚会上，他又成功地演唱了一首歌，表演结束后，台下一片喝彩声。回到观众席，大家对他的歌声还在赞不绝口。这时一个师弟对他说：

“师兄，你的舞也和你的歌一样棒啊，刚才看你在台上如蝴蝶翩翩的舞姿，觉得你跳舞肯定也很厉害。”

听惯了别人称赞自己会唱歌的小杜头一回听人如此关注并称赞他的舞蹈，自然非常开心，就故作谦虚地说自己不太会跳舞，长项还是唱歌。这时，师弟马上接上他的话：“对呀，师兄的歌喉真是没得说。有空教教我吧。”小杜在愉快的心情中欣然应允。瞧，这位师弟没有把小杜被公认的唱歌水平拿来赞美，而是夸他舞一定也跳得不错，一下子吊起了他的胃口，让他心里十分舒服，很爽快地答应了师弟的要求。

学会寻找和发现别人与众不同的成绩和长处，你的赞美也要巧妙地与众不同；经常既恰到好处又实事求是地赞美别人，别人就喜欢你，你就容易得人心，同时也是你对自己的认可。

真正会说话的人善于发现被赞美者别人发现不到的优点和长处。

比如，某将军屡战屡胜，有人称赞他："你真是个了不起的军事家。"他无动于衷，因为他认为打胜仗是理所当然的事。而当别人指着他的鬓须说："将军，你的鬓须真可与美髯公相媲美。"听到这话，将军笑了。

幽默赞美的角度很重要，新颖的角度将起到事半功倍的效果。

赞美是所有声音中最甜蜜的一种，赞美应该给人一种美的感受。独特的赞美语言，是有魅力的，有吸引力的。

富兰克林用一种不露痕迹的幽默赞美方式，赞美新议员，恰如润物细无声。

表达赞美的方式有很多，要针对不同人、不同场合、不同时间选择最为恰当的方式。选择赞美方式时，既要考虑表达方式的新意，又要考虑对方的感受及最后的效果，综合去思考，将会找到最适宜的表达方式。

适时赞美，让办事更容易

幽默的赞美应当符合时间的要求，在合适的时间说出了不合适的赞美，即使幽默也不会带给大家真正的欢娱，反而会引起人们的厌恶。

另外，恭维和赞美绝不同于巴结讨好、阿谀奉承。恭维和赞美是为了协调人际关系，表达自己对别人的尊重，以增进了解和友谊，更重要的是交上朋友好办事。幽默的恭维与赞美对公关的沟通工作至关重要，幽默的谈吐会提升公关的气质与内涵，提升公司的形象。

每个人都希望得到别人的赞美，每个人都对别人有一份期待，希望得到尊重，希望自己的地位和荣誉得到肯定和巩固，这就需要得到别人恰如其分的幽默恭维和赞美。

（1）初次见面，适当地幽默恭维是有礼貌、有教养的表现。幽默不仅可以获得他人的好感，而且还可以和对方在心理上、情感上靠拢，缩短彼此之间的距离。

1987 年 4 月底，欧阳奋强到香港参加电视剧《红楼梦》首映式，他是饰演贾宝玉的演员。欧阳奋强一踏进机场休息室，亚洲电视台著名演员方国姗就挤到他身边，热情地说："你是欧阳奋强吗？我叫方国姗。他们都说我长得像你。""方小姐比我长得漂亮多了。"欧阳奋强说。亚视艺员领班高先生风趣地说："方小姐可是香港的贾宝玉呀。"

这番相互赞美的话自然贴切，使迎接的气氛热情而和谐。言辞会反映一个人的心理，轻率的说话态度，会让对方产生不快的感觉。因此，幽默赞美也不要太离谱，以免别人会觉得你太虚伪。

（2）把对方美化成道德上的"完人"。幽默赞美可以是多方面的，通常你把对方说成是道德上的完人比称赞他的衣饰得体更有效果。

有一位母亲在和别人聊天的时候，谈起自己的儿子。儿子想让母亲为他买一条牛仔裤，但儿子怕遭到母亲的拒绝，因为他已经有一条牛仔裤了。于是儿子采用了一种独特的幽默方式，他没有像其他孩子那样苦苦哀求或耍赖，而是一本正经地对母亲说："妈妈，你是世界上最好的妈妈，你见没见过一个孩子，他只有一条牛仔裤?"

这颇为天真而略带计谋的问话，一下子打动了母亲。此时，这位母亲谈起这事，说出了自己当时的感受："儿子的话让我觉得若不答应他的要求，简直有点对不起他，哪怕在自己身上少花点，也不能太委屈了孩子。"

一个小孩子，以一句反问就说服了母亲，满足了自己的需要，他从母子道义上刺激母亲，让母亲觉得儿子的要求是合情合理的，而不是过分的，何况儿子在提要求之前已经以赞美之词笼络了妈妈的欢心。因此，在说服自己的亲人时，可以适时撒娇、适时夸赞，取得说服的最佳效果。

求人办事，要幽默赞美对方的能力和权威，如果他帮你办不了事，他就会在自尊心上受不了，脸上无光。只要你的赞美得当，抓住了对方的弱点，那就没有办不成的事。

恰当赞美，让你深受其爱

赞美是人人都乐意领受的礼物。赞美如同冬日的阳光，总是能在寒冷中给人带去一丝暖意。而如果能在赞美的时候加入幽默调味，便能让我们的赞美更加的自然流露，更能让对方感觉沁人心脾的诚意，平淡的生活也便平添些许甜美滋味了。

在一个小镇上，一个贫穷的小伙子爱上了一位富贵人家的小姐，那位小姐的美貌完全把他给迷住了。于是他迫不及待地跑去向姑娘表白："我的姑娘啊，你是如此的美丽，我愿意为了你，把我所有的财产都置于你的足下。"

姑娘不客气道："你本身就没有多少财产啊。"小伙子听姑娘这样一说，并没有泄气，反而灵机一动，说："你说得太对了。可与你娇小的玉足比起来，它们就显得很多了。"小伙子如是说完之后，姑娘便深深地被他的话打动了，接受了他的告白。

这位小伙子的机智浪漫——让赞美的话语直达姑娘的心田，最终赢得了姑娘的芳心。他对姑娘的夸赞不仅有文采，还有着幽默的风趣。他能把赞美的技巧发挥到如此地步，可算是个高手了。

巧妙赞美可以让恋爱中的两个人的感情更加亲密，同样，在和朋友之间的相处中，幽默的赞美更能让对方满心欢喜，心中受用。

爱听赞美的话是人的天性。当我们赞美别人时，对方会发自内心地感到开心并对我们产生好感。赞美要有一个度，赞美不是虚伪的浮夸，更不是溜须拍马的花言巧语，而是要真正地去发现他人身上的闪光点，并不是一味地说他人好话，而不说真话。只有那种移情入理的带有情感的赞美才能体现人际交往中的互动关系，对方才能够感受你对他真诚的关怀。

拿破仑虽然身居高位，但他特别讨厌那种溜须拍马的奉承之语，所以很多人因为不知道这一点，而招致拿破仑的厌恶，但有一位士兵聪明地说了一句话，而让拿破仑欣然接受了他的赞美。他当时是这样说的："将军，您居功至伟却最不喜欢他人的阿谀奉承，您真是正义之士，我们都应该向您学习啊。"这句简单的话没有加入任何的修饰，士兵只是了解了拿破仑的喜好和脾气秉性，抓住了拿破仑的优点——不喜奉承，加以赞美，就博得了拿破仑的喜欢，从而受到了拿破仑的赞赏。

作曲家海顿早期的弦乐四重奏相当著名，他的一位法国朋友曾经这样夸赞道：

第一，小提琴就像一个善于言谈的中年人，不断更新话题来维持着整个"集体"的谈话。第二，小提琴就如第一小提琴的好朋友一样，他总是夸赞第一小提琴话中蕴藏的机智，而很会表达自己；在"集体"的谈话中，他就是那个默默聆听，对别人的意见表示赞同，而从不提出自己的意见。

大提琴则像是一位庄重的老者，很有学问，且能说会道，他的话简短但中肯，也支持第一小提琴的意见。至于中提琴则像一个善良而有些啰唆的妇人，她的话没有半点重要意见，还经常嚷嚷着插嘴。

不得不说这位法国朋友的想象力和语言天赋是何等的了得，他的夸赞不是简单的形容弦乐四重奏有多么的动人、多么的好听，而是幽默地把每一种乐器拟人化，赋予人格，而弦乐四重奏被形象地比喻为四个人的谈话过程，由此便让人明白了四重奏的特点，同时也用优美的语言夸赞了海顿的音乐才能。他的这种赞美的方式好比赠送别人礼物时附带的包装，虽然不是礼物本身，却能先让接收礼物的人心情更加愉悦。

第十五章

拒绝幽默——诙谐中保全你我情面

下令逐客，幽默的圆融

生活中我们经常会遇到这样的情况：

（1）常遇到说起话来没完没了的朋友，让你感到很厌烦。

（2）被人扰得心烦意乱时，而不知道如何拒绝。

（3）朋友越说越带劲，你勉强敷衍，极想对其下逐客令但又怕伤了感情，因而难以启齿。

有朋来访，促膝长谈，交流思想，增进友情是生活中的一大乐事，也是人生道路上的一大益事。宋朝著名词人张孝祥在跟友人夜谈后，忍不住发出了“谁知对床语，胜读十年书”的感叹。然而，现实中也会有与此截然相反的情形。下班后吃过饭，你希望静下心来读点书或做点事，那些不请自来的“好聊”分子又要扰得你心烦意乱了。他唠唠叨叨，没完没了，一再重复你毫无兴趣的话题，还越说越来劲。这个时候，就需要巧用幽默之法实现逐客的目的了。

> 一天晚上，一对夫妇到朋友家去串门。天色很晚了，他们还不走，主人只好耐着性子奉陪。他们继续东拉西扯，一看表，已经凌晨一点了。可是这对夫妇仍然没有离开的意思。这时，男主人故意打了一个哈欠，装出一副想睡的样子对妻子说：“走，咱们睡觉去吧。咱们不睡觉，总找客人说话，客人怎么好意思回去呢？走，快睡去吧。”

丈夫的幽默表达意思明显，就是在暗示时间已经很晚了，客人该回去了。他故意把责任推托到自己的身上，避免了来客的尴尬，换得来客的自明。

但是，如果你“舍命陪君子”，就将一事无成，因为你最宝贵的时间，正在白白地被别人占有着。鲁迅先生说：“无端地空耗别人的时间，无异于谋财害命。”任何一个珍惜时间的人都不甘任人“谋财害命”。

那要怎样对付这种说起来没完没了的常客呢？最好的对付办法是：运用高超的幽默语言技巧，把“逐客令”说得美妙动听，做到两全其美。要将“逐客令”下得有人情味，既不挫伤来客的自尊心，又使其变得知趣。

例如，暗示滔滔不绝的客人：主人并没有多余的时间跟他闲聊胡扯时，与冷酷无情的逐客令相比，下面的幽默说法就更容易被对方接受。

1. 以热代冷的幽默逐客法

用热情的语言、周到的招待代替冷若冰霜的表情，使好闲聊者在“非常热情”的主人面前感到今后不好意思多登门。爱闲聊者一到，你就笑脸相迎，沏好香茗一杯，捧出瓜子、糖果、水果，很有可能把他吓得下次不敢贸然再来。

过度的热情，往往会冲淡以“贵客”自居的光临热情，因为过分热情的实质无异于冷待，这就是生活辩证法。但以热代冷，既不失礼貌，又能达到“逐客”的目的，效果之佳，不言自明，这是幽默所在。

2. 以攻代守的幽默逐客法

用主动出击的姿态堵住好闲聊者登门来访之路。先了解对方一般每天几点到你家，然后你不妨在他来访前的一刻钟先“杀”上他家门去。于是，你由主人变成了客人，他则由客人变成了主人。用同样的方式在他家赖着不走的话，会让他的无奈转化成对你的同情，以后也就不会总是赖在别人家闲聊了。

巧言妙语，智慧的拒绝

自尊心，是每一个人应该具有的东西。因此在拒绝别人时，要顾及对方的尊严。毕竟在社交场合中的每一个人，他们无一例外地都关心外界对自己的评价。由于来自外界评价的性质、强度和方式不同，人们会相应地作出不同反应，并对交际过程及其结果产生积极或消极的影响。通常的规律是：尊之则悦，不尊则哀。

如果能在拒绝他人的过程中将对方逗笑，那对方的难堪一定能减到最低程度，甚至让人在笑声中忘掉被拒绝带来的不快。因此，拒绝他人，不妨采取幽默拒绝的方法技巧，这样，就可以把拒绝带来的遗憾最小化，既不伤害对方的自尊与感情，又取得了对方的谅解和支持。

有时对方提出的要求有一定的合理性，但因条件的限制又无法予以满足。在这种情况下，拒绝的言辞可采用“先肯定后否定”的形式，使其精神上得到一些满足，以减少因拒绝而产生的不快和失望。例如，一家公司的经理对一家工厂的厂长说：“我们两家搞联营，你看怎么样？”厂长回答：“这个设想很不错，只是目前条件还没有成熟。”这样既拒绝了对方，又给自己留了后路。

故事给我们的启迪在于：任何拒绝，一般都不会令人愉快，为此，我们就要想方设法使用幽默诙谐的手法，将对方这种不悦的心情降低到最小值。

某市要举办一次歌手比赛，一个社会声誉不太好又根本不懂艺术的民营企业家找到赛会主持人说："我赞助1万元，你安排我当个评委怎样?"

赛会主持人拍一拍对方的肩膀说："老兄，你钱多得没处花了吗? 这1万元扔在这个比赛上，不如扔到河里，还能看到个水漂儿。"

这是在对方提出要求后，机智地以诙谐幽默、玩笑打诨的话语作为遮掩，避开对实质性问题的回答，巧妙地拒绝了对方提出的要求。

在拒绝别人时，采用幽默的方式往往能使对方对我方的委婉回绝心领神会，从而避免了尴尬。

诙谐言语，婉言的拒绝

凡有大成就者，向来都是舌吐方圆的专家，他们不仅仅专长于自己的一份事业，而且在待人接物上有着独到的迂回之术，他们能够在让人发笑的过程中不知不觉加入自己的观点。

有些事直接发表自己的见解不太合适，容易让人误解或不愉快，婉言曲说是很好的方法，而且这种婉言曲说不同于委婉的修辞方法，它是形成幽默的一种语言艺术。

婉言的幽默拒绝方法主要有下面几种：

1. 一语双关的委婉拒绝法

一语双关是幽默技法中很常用的一种说话方式，无论是在化解尴尬、缓和气氛，还是在对他人的拒绝中，都能够起到扭转乾坤的作用。其中，一语双关的拒绝说话方法，可以让拒绝变得钝感且有力。

有个极爱占小便宜的人，常常在别人家白吃白喝，吃完了上顿等下顿，住了两天住三天。一次，他在朋友家里吃了三天后，问主人："今天弄什么好吃的呀?"

主人想了想，说："今天我们弄麻雀肉吃吧!"

"哪来那么多麻雀肉呢?"

主人说："先撒些稻谷在晒场上，趁麻雀来吃时，就用牛拉上石磨一碾，不就得了吗?"

这个爱占便宜的人连连摇手说："这个办法不行，还不等石磨过来，麻雀早就飞跑了。"

主人一语双关地说："麻雀是占惯了便宜的，只要有了好吃的，怎么碾（撵）也碾（撵）不走。"

聪明的主人在这里通过委婉的一语双关法，巧妙地借助麻雀贪吃的习性讽刺了客人的品行。虽表面上在说麻雀，实质上是在委婉地向其下逐客令。

2. 婉言曲说的幽默法

现在我们谈论的"婉言曲说"的幽默法，可以说是"婉曲"的变革，它使说话人故意把所要表达的本意绕个圈子曲折地说出来，利用婉言来获得幽默效果。

克诺先生来到一个陌生的城市，走进一家小旅馆准备在那儿过夜。

"一个单间带供应早餐要多少钱？"他问旅馆老板。

"不同的房间有不同的价格，2楼房间15马克一天，3楼房间12马克一天，4楼10马克，5楼只要7马克。"

克诺先生考虑了几分钟，然后提起箱子准备要走。

"您觉得价格太高了吗？"老板问。

"不，"克诺回答，"是您的楼层还不够高。"

从克诺先生的表达中明显看出克诺对房间的价格并不满意，一句"还不够高"既指出了房子按照高度定价的荒谬，又表示了自己不会接受的看法，幽默却含义深刻。

一般说来，幽默应避免敌意和冲突，否则，幽默就会被减弱或者消亡。从这个意义上讲，婉言曲说最适合构成幽默。

一个法国出版商想得到著名作家的赞扬，借以抬高自己的身价。他想，要得到一个大人物的好感，必须先赞扬赞扬他。

这天，他去拜访一位知名作家。他看到作家的书桌上，正摊着一篇评论巴尔扎克小说的文章，便说："啊，先生，您又在评论巴尔扎克了。的确，多少年来，真正懂得巴尔扎克作品的人太少了，算来算去，也只有两个。"

作家一听就明白了出版商的意图，便让他继续说下去。"这两个人，其中一个是您了。可是还有一个呢？您说，他应当是谁？"

作家说："那当然是巴尔扎克自己了。"

出版商顿时像泄了气的气球，悻悻地走了。

出版商想求得知名作家的赞扬，故意登门拜访。作家呢，不好直接拒绝，就来了个婉言曲说。出版商把世间懂巴尔扎克作品的人确定为两个，一个，他自然要送给作家了；另一个，他是给自己预备的。但自己说出来，那太没涵养了，况且自己认可的东西并不一定能得到作家的赞同，还是启发作家说出来吧。由此，出版商一直沿着自己设计的思路，准备着一种情感——他期待着作家的赞扬，让作家指出他是懂巴尔扎克作品的人。

作家并不回绝对方的话，因为那太扫人兴了。但是他有意漠视对方的“话外音”，一句答话，让对方的期待栽了个大跟头，作家回答的是，另一个懂巴尔扎克的人是巴尔扎克自己。于是双方没戏唱了，只好散场。

幽默是一种高超的语言艺术，这种艺术是在婉言曲说中产生的。说话直接的人不可能创造出幽默来。按部就班，一是一，二是二，没有任何的发挥就不可能碰撞出幽默的火花。

慢点说“是”，笑点说“不”

比林定律是美国幽默作家比林提出的，指的是，人的一生几乎有一半的麻烦是由于太快说“是”，太慢说“不”造成的。幽默的拒绝同样遵循此法，将幽默引入拒绝的口才技巧之中，不是为了让拒绝在委婉中漫步，而是为了让拒绝在幽默的掩护下说得更快一些。

著名的法国钢琴家乌尔蒙在他年轻的时候，有一天他弹奏拉威尔的名曲《悼念公主的孔雀舞曲》，节奏太慢，正在听他弹奏的拉威尔忍不住对他说：“孩子，你要注意，死的是公主，而不是孔雀。”

在这里，拉威尔将公主与孔雀这两种原来互不相干的事物出人意料地联系起来，使人们产生惊奇，并在笑声中意会到拉威尔话语的真正含义。

拉威尔对乌尔蒙的演奏“节奏太慢”，并不是采取直接批评的方式，而是采用婉转的暗示：“死的是公主，而不是孔雀。”这样，使演奏者首先得回味一下，拉威尔的话到底是什么意思？弄清楚了，便意识到自己处理作品中的失误。应该加快速度，快到什么程度呢？拉威尔的话给了提示，是孔雀舞曲。演奏者的脑海中定会浮现出美丽的孔雀翩翩起舞的英姿。拉威尔幽默的旁敲侧击，使乌尔蒙明白了自己的毛病所在。

在与人交往中，要懂得拒绝的艺术，考虑问题不能急躁，也不能怠慢。觉得自己无法做到的事情，就要明确而快速地告诉对方、以免给自己造成不必要的麻烦。

一个男孩天天追着一位可爱的女孩，尽管这位女孩并不喜欢这位男孩，可是每每看到男孩真切的眼神，女孩不忍心直接拒绝男孩的好意。

女孩：“你知道吗？我特别喜欢吃冰淇淋，尤其是香草味道的。”

男孩：“好啊，以后我天天买给你吃。”

女孩：“男人就像各种口味的冰淇淋，口味多是因为每个人钟爱的口味不同，在我眼中你是草莓味的冰淇淋。”

男孩：“哦。”

从此以后，男孩不再纠缠女孩了。

女孩很聪明也很幽默，为了不打击男孩的自尊心，巧妙地将自己的拒绝放在了冰淇淋的口味中，把拒绝轻松地说出了口，避免了不必要的情感纠葛。

一般人都不太好意思拒绝别人，但在很多情况下，我们为了避免多余的困扰，对一些不合理或不合自己心意的事有必要拒绝，但怎样才能既不伤害对方的自尊心又能达到拒绝的目的呢？慢点说“是”，笑点说“不”，将会是屡试不爽的好方法。

通过暗示，善于说“不”

很多时候，我们不得不拒绝别人，但是怎样将这个难说的“不”说出口呢？幽默性的暗示，是一种不错的选择。

美国出版家赫斯脱在旧金山办第一张报纸时，著名漫画大师纳斯特为该报创作了一幅漫画，内容是唤起公众来迫使电车公司在电车前面装上保险栏杆，防止意外伤人。然而，纳斯特的这幅漫画完全是失败之作，发表这幅漫画，有损报纸质量，但不刊登这幅画，怎么向纳斯特开口呢？

当天晚上，赫斯脱邀请纳斯特共进晚餐，先对这幅漫画大加赞赏，然后一边喝酒，一边不停地自言自语：“唉，这里的电车已经伤了好多孩子，多可怜的孩子，这些电车，这些司机简直不像话……这些司机真像魔鬼，瞪着大眼睛，专门搜索着在街上玩的孩子，一见到孩子们就不顾一切地冲上去……”听到这里，纳斯特从座椅上弹跳起来，大声喊道：“我的上帝，赫斯脱先生，这才是一幅出色的漫画，我原来寄给你的那幅漫画，请扔入纸篓。”随后两人在笑声中完满结束了愉快的晚餐。

赫斯脱就是通过自言自语的方式，幽默性地暗示纳斯特的漫画不能发表，让纳斯特欣然地接受了意见。

另外，通过身体动作也可以把自己拒绝的意图传递给对方。当一个人想拒绝对方继续交谈时，可以机灵、幽默地做转动脖子、用手帕拭眼睛、按太阳穴以及按眉毛下部等漫不经心的小动作。这些动作意味着一种信号：我较为疲劳、身体不适，希望早一点停止谈话。显然，这是一种暗示拒绝的方法。此外，微笑的中断、较长时间的沉默、目光旁视等也可表示对谈话不感兴趣、内心为难等心理。

一天，为了配合下午的访问行程，小王想把甲公司的访问在中午以前结束，然后依计划，下午第一个目标要到乙公司拜访。但是，甲公司的科长提出了邀请：“你看到中午了，一起吃中饭吧？”

小王与甲公司这位科长平常交情不错，又是非常重要的客户。不能轻易地拒绝。但是，和这位爱聊天的科长一起吃中饭，最快也要磨蹭到下午一点才能走。小王怎样才能不伤和气地拒绝呢？

答案就是在对方表示“要不要一起吃饭”之前，小王就不经意地用身体语言表示出匆忙的样子，可以自然地抬起手看看手表，幽默地解释道：“多希望手表上的时间是归我所有啊，否则也就能够分身了。”

巧妙地学会用暗示的方法拒绝别人，让对方明白你在说“不”，不仅能把事情办妥，而且不伤和气。

留足情面，让领导舒心

拒绝的艺术性是对幽默口才的较量，尤其是面对领导请求的时候，如果自己不情愿去做，如何拒绝才能既不会伤到和气，又能实现自己的心愿呢？

领导委托你做某事时，你要善加考虑，这件事自己是否能胜任？是否不违背自己的良心？然后再作决定。如果只是为了一时的情面，即使是无法做到的事也接下来，这种人的心似乎太软。纵使是很照顾自己的领导，但自觉实在是做不到，你就应该很明确地表明态度，说：“对不起！我不能接受。”这才是真正有勇气的人。否则，你就会误大事。

如果你认为这是领导拜托你的事不便拒绝，或因拒绝了领导会使其不悦而接受下来，那么，此后你的处境就会很艰难。因畏惧领导报复而勉强答应，答应后又感到懊悔时，就太迟了。

即使领导所说的话有违道理，你也不要断然地驳斥，最好能够间接地表达出领导的不是，这才是保护自己的方法。假使领导欲强迫你接受无理的难题，这种领导便不可靠，你更不能接受。

王凡在讽刺他人的时候从来很讲究方法，相反，他的话总是让人想笑。一天，王凡带着他7岁的儿子，拿着一份报告去找科长。

科长接过报告，不禁哈哈大笑：“王凡啊王凡，别人都说你聪明，你怎么糊涂起来了？你才40多岁，你儿子才7岁，怎么打起退休离职报告来了？”

王凡不紧不慢地说：“科长，按照你的工作效率，当你把这份报告批下来时，我和儿子的年龄就都够了。”

从40多岁到60岁，中间有10多年的时间，王凡在拐弯抹角的夸张中反驳了科长的嘲笑，制造了笑料，让领导在保留面子的同时会感觉到很舒心。面子对于领导来说很重要，无论是想要表达自己的不满，还是在拒绝领导的要求时，都应该注重说话的分寸，保住领导的面子，也是在保全自己的退路。

尽管部下是隶属于领导，但部下也有他独立的人格，不能什么事不分善恶是非都服从。倘若你的领导以往曾帮过你很多忙，如今他要委托你做无理或不恰当的事，你更应该毅然地拒绝，这对领导来说是好的，对自己也是负责的。

当然，拒绝领导的要求不是一件容易的事，谁都不敢因此而得罪领导。如果你知道一些拒绝领导的幽默技巧，就能两全其美，既不得罪领导，又可以表明拒绝之意。不过要强调的是，这些技巧仅限于那些领导的非合理要求。当领导提出一件让你难以做到的事时，如果你直言答复做不到时，可能会让领导有损颜面，这时，你不妨幽默说出一件与此类似的事情，让领导自觉问题的难度而自动放弃这个要求。

通常情况下，人们对自己提出的要求，总是念念不忘。但如果长时间得不到回音，就会认为对方不重视自己的问题，反感、不满由此而生。相反，即使不能满足领导的要求，只要能做出样子，对方就不会抱怨，甚至会对你心存感激，主动撤回让你为难的要求。

逻辑拒绝，巧踢回传球

在交际过程中，当自己处于不利态势，为了寻找转机，加强自己的立场，也需要找借口拒绝对方。这时，如果你能灵活机智地用对方的话来拒绝对方，就能使对方不再坚持，从而达到自己拒绝对方的目的。这就是运用逻辑幽默进行拒绝的巧妙方法。

有一次，萧伯纳的脊椎骨出了毛病，就去医院做手术。手术做完后，医生想多捞一点手术费，便说：

“萧伯纳先生，这是我们从来没有做过的新手术啊！”

萧伯纳当然听出了医生的言外之意，想向病人收取额外的手术费，萧伯纳不愿意再给医生“红包”，但又不便明确拒绝，便装傻卖愚地顺着另一层意思说下去：

“这好极了！请问你们打算支付我多少试验费呢？”

医生顿时窘住了，只好讪讪离开。

萧伯纳的逻辑是：既然你要强调这是从来没有做过的新手术，那我的身体便变成试验品了！萧伯纳合理地从对方的话里引出了一个合乎逻辑的相反结论，巧踢“回传球”，让对方哑巴吃黄连——有苦说不出。萧伯纳正是在拒绝中绝妙地应用到了幽默的逻辑。

有很多的问题，我们还可以巧妙地把对方设置在同样的情景，以此来引诱对方做出他的判断，从而让对方明白自己的处境或意思，巧妙地拒绝对方的要求。

小李从一个朋友那里借了一架照相机，他一边走一边摆弄着，这时刚好小赵迎面走来了。他知道小赵有个毛病：见了熟人有好玩的东西，非得借去玩几天不可。这次看见了他手中的照相机又非借不可了。尽管小李百般说明情况，小赵依然不肯放过。小李灵机一动，故作姿态地说："好吧，我可以借给你，不过我要你不要借给别人，你做得到吗?"小赵一听，正合自己的意思。他连忙说："当然，当然。我一定做到。""绝不失信?"小李还追加一句说。"绝不失信，失信还能叫作人?"小李斩钉截铁地说："我也不能失信，因为我也答应过别人，这个照相机绝不外借。"听到这，小赵也是目瞪口呆了，这件事也只有这样算了。

通过设问，抛砖引玉，以对方的回答来作为拒绝的依据，使对方就此作罢。因为人不可以出尔反尔，自我推翻。小李幽默的逻辑思维加上机智的口才辩解，把小赵绕进了他自己的言辞陷阱中，让自己的拒绝变得笑中带刀。

在寻求拒绝的技巧过程中，要知道，拒绝对方的最有力武器，往往是对方自身。我们应该懂得引导对方的谈话，从对方口中拿到自己拒绝对方的理由。

幽默拒绝，化解尴尬

有一位"妻管严"，被老婆命令周末大扫除。正好几个同事约他去钓鱼，他只好回答："其实我是个钓鱼迷，很想去的。可成家以后，周末几乎被没收了。"同事们哈哈大笑，也就不再勉强他了。

用幽默的方式拒绝别人，有时可以故作神秘、深沉，然后突然点破，让对方在毫无准备的大笑中失望。

有时候，拒绝的话不便开口，如果用幽默的方式表达出来，也就在起到拒绝目的同时，让别人很愉快地接受了。

洛克菲勒一生中至少赚了10亿美元。但他深知过多的财富会给子孙带来麻烦，所以一生中捐出的金钱竟高达7.5亿美元。

然而，在捐钱之前，他都一定要搞清款项的用途，从不随便乱捐。

一天，洛克菲勒在下班的途中被一个懒人拦住，向他诉说自己的不幸，然后恭维他说："洛克菲勒先生，我从20里外步行到这里找您，路上碰到的每一个人都说你是纽约最慷慨的大人物。"

洛克菲勒知道拦路人是在向他讨钱，可他非常不喜欢这种捐款方式，但又不愿意使对方太难堪。怎么办呢? 洛克菲勒想了一下，便对这个懒人说："请问，过一会儿你是否还要按原路回去?"

懒人立即回答："是的。"

洛克菲勒就对懒人说："那再好不过了，请您帮我一个忙，告诉刚刚碰到的每个人，他们说的都是谣传。"

听到洛克菲勒这样的拒绝，几乎每个人都有笑的冲动，因为洛克菲勒太过玄妙地将自己的拒绝同幽默的方式表达了出来。甚至我们都能够想象得出，当懒人听到这句话的尴尬反应。洛克菲勒虽然没有说出一个"不"，但却给予了懒人最肯定的拒绝。

事实上，对于任何人来说，拒绝别人的话总是不好出口的，但拒绝的话经常又不得不出口。这时不妨用幽默方式说出拒绝的话，把对方遭到拒绝时的不愉快感擦掉。

绕圈拒绝，优化交际圈

在人际交往中，我们总有被人拒绝或拒绝别人的时候。拒绝表述总难离一个"不"字，而这个"不"字又往往最不好意思说出口。当然，坦白直率地拒绝或严词拒绝也未尝不可，但这样往往使对方产生不快，认为你不近人情。既要把"不"字说出口，又能赢得人家的宽容和体谅，和他人保持良好的人际关系，绝非易事。敢于说"不"，诚然不易，而善于说"不"，则更加难得。所以给"拒绝"找一个适当的方式，幽默是拒绝的最好借口。

断然拒绝别人可以显得一个人不拖泥带水，但对遭到拒绝的人来说，却是很不近人情的。聪明人这时会幽默地绕个圈子，不直接说出拒绝的话，而让对方明白其中的意思。

1799 年，年轻的拿破仑·波拿巴将军在意大利战场取得全胜凯旋。从此，他在巴黎社交界身价倍增。也成为众多贵妇追逐青睐的对象。

然而，拿破仑对此却并不热衷。可是，总有一些人硬是紧追不放，纠缠不休。当时的才女、文学家斯达尔夫人，一直在给拿破仑写信，想结识这位风云人物。

在一次舞会上，斯达尔夫人头上缠着宽大的包头布，手上拿着桂枝，穿过人群向拿破仑走来。拿破仑躲避不及，于是，斯达尔夫人把一束桂枝送给拿破仑，拿破仑说道："应该把桂枝留给缪斯。"

然而，斯达尔夫人认为这只是一句俏皮语，并不感到尴尬。她继续有话没话地与拿破仑纠缠，拿破仑出于礼貌也不好生硬地中断谈话。

"将军，您最喜欢的女人是谁呢？"

"是我的妻子。"

"这太简单了，您最器重的女人是谁呢？"

"是最会料理家务的女人。"

"这我想到了，那么，您认为谁是女中豪杰呢？"

“是孩子生得最多的女人，夫人。”

他们这样一问一答，拿破仑在幽默的回答中也达到了拒绝的目的。斯达尔夫人也知道了拿破仑并不喜欢自己，于是作罢。

小王毕业以后分到一个小地方打杂，开始时很失意，成天和一帮哥们喝酒、打牌。后来逐渐醒悟过来，开始报名参加等级考试。

有一天晚上，他正在埋头苦读，突然一个电话叫他去某哥们家集合，一问才知道他们“三缺一”。小王不好意思讲大道理来拒绝他们的要求，也不想再像以前没日没夜地玩了，便回答说：“哎呀，哥们儿，我的手艺你们还不清楚啊，你们成心让我‘进贡’嘛，我这个月的工资已经见光了。”一阵哄笑后，对方也不好食言，后来他们都知道小王已经另有他事，也就不再打扰了。

小王面对自己不愿意参与的交际，先诚恳地表示了自己的“笨拙”，即自己不擅长打扑克，并幽默地说那是自己的酸手艺，言外之意自己去了的话怕会是影响大家玩牌的兴致。小王的拒绝艺术在于，懂得将自己的语言绕弯子。

绕着圈子拒绝别人，是讨人喜欢的一种幽默说话方式。但绕圈子必须做到不讨人厌，也就是说必须巧妙、生动趣味，三言两语能够把拒绝的意见表达出来。如果绕了半天，对方还是一头雾水，那就弄巧成拙了。

委婉的幽默拒绝口才修炼：

（1）装聋作哑。对于你不想回答的问题，或者无论怎么回答都对你不利的问题，你可以佯装没听见，糊涂带过。

（2）答非所问。故意曲解问题的方向，说一些无关重要的话，甚至可以把话题转移到无关轻重的问题上。

（3）在对方还没有说出口，或者还没有说完某个意思的时候，即作出错答，也是一种很好的拒绝技巧。这样，如果等对方把问话全说出来，就会表达出某种特别的意思，难以收拾。因此，在别人把话说完以前，先考虑到对方要问什么，在他的问话未说完时，就迅速按另外的思路作回答，一是可以转移其他听众的注意力，二是可以使问者领悟，改谈别的话题免于因说破造成尴尬局面和一些不愉快的后果。

巧妙拒绝，让他知难而退

约会是男女开始真正意义上的恋爱的标志，所以，接受别人的约会请求也意味着接受别人的求爱。对于不愿意接受的示爱者，我们应该拒绝与其约会，不能因为一时心软而使对方误会，导致真正明确两人关系时牵扯不清，给对方造成更大的伤害。拒绝约会应该有“快刀斩乱麻”的魄力，因为这不仅仅代表对一次约会的推搪，而且暗示着自己对对方的爱情的谢绝，这就要求我们一方面要把握说话的分寸，不损害对方的感情，另一方面要表明心意，断绝对方再次邀请的念头。

找各种各样的幽默借口来推搪约会，使对方体会到拒绝之意。

上课、加班、身体欠安、天气不好……这些都可以成为拒绝约会的好借口。在搬出这些借口的同时，可以有意地露出破绽，让对方从借口的不严密性中明白是在有意敷衍。此外，也可以以幽默的方式暗示自己确实不愿意与对方交往。总之，借口不能找得太严密、太合乎情理，不要让对方误认为是客观原因导致不能赴约，从而把约会的时间推至以后，令自己再次处于被动局面。

有一位热情的小伙子向一位美丽的姑娘表达了自己的爱慕之情，但是这位美丽的姑娘并不喜欢这位小伙子。

在小伙子真情告白完之后，姑娘问道：“你真的很喜欢我吗?”

小伙子说：“当然了，我保证自己是真的喜欢你，我对天发誓……”

姑娘问：“那你有什么证据可以证明你爱我呢?”

小伙子热切地说：“我的心，我用我这颗真诚的心可以证明。”

姑娘笑笑，说道：“呵呵，真的很对不起，你是唯‘心’主义者，而我是典型的唯‘物’主义者啊。唯心主义者和唯物主义者怎么能够在一起呢?”

小姑娘明明知道小伙子说的“真诚的心”是和哲学名词不同的，但是小姑娘知错犯错，机智地将小伙子的那颗“真诚的心”说成了是唯心主义，然后通过自己的唯物主义思想立场，将拒绝巧妙委婉、幽默地表达了出来。

在这则恋爱拒绝案例中，我们可以发现拒绝言谈在一种因素的加入下会更容易让人接纳，那就是幽默。无论是义正词严地拒绝还是委婉的拒绝，拒绝者都是巧妙地从对方的话语里找到拒绝的理由来源。拒绝者的聪明之处就在于这里，即使我拒绝了你，那也是因为你的表现不够充分。

能够得到别人的爱是一种魅力，能够巧妙地拒绝一份自己不情愿的爱更是一种魅力。在拒绝时，如果加入了幽默的推辞，就会使自己的拒绝更加容易被对方接受。

第十六章

恋爱幽默——幽默是恋爱的必杀技

接近异性，幽默是许可证

茫茫人海中，每个人都希望能碰上自己梦寐以求的“梦中情人”。如果在无意中碰到了自己心目中的另一半，我们该如何更好的去靠近他（她）呢？毕竟，太过冒昧的打招呼会惊吓到（她），但是不说话又不忍心就此放弃。在这个两难时刻，幽默搭讪是最可行的办法，因为幽默能够帮助你找到可进可退的说话余地。

有很多人，特别是男孩子不敢尝试接近自己喜欢的女孩，因为他们害怕会遭到女孩的拒绝。其实，几乎每一个女孩都会以被众多男孩追求而感到自豪和骄傲。因此，鼓起勇气，以一颗幽默的平常心走向你心目中的那个漂亮女孩，勇敢地与她攀谈，你将收获意想不到的惊喜。

男生：“同学，你应该要赔偿我吧？”

那位女生一惊，面露愠色道：“赔偿什么啊？”

男生说：“刚才我在那边的时候，被你的眼睛电到了，你应该要赔偿啊，作为一个有责任的大学生，尤其是一个成年人，应该为自己的行为负责任吧。”

于是女生笑了。

后来的结果表明，这样的男孩以幽默俏皮的语言轻而易举地获得了少女的芳心。其实，与异性进行幽默沟通并不难。幽默沟通遵循的原则关键有两条：一是采取肯定和亲切的态度，不要轻易向异性说“不”，因为这样较容易伤害对方的自尊心；二是要显得有自信，不要一接触异性就显得紧张而不能坦然相处。当然，与异性幽默沟通时的相互尊重是必不可少的，否则将会带来不必要的误解。

曾担任过美国国务卿的五星上将卡特利特·马歇尔在他驻地的一次酒会上，请求一位小姐答应他送她回家。这位小姐的家就住在附近，可是马歇尔开了一个多小时的车才把她送到家门口。“你来这儿不很久吧?”她问，“你好像不太认识路似的。”“我不敢那样说，如果我对这个地方不太熟悉，我怎么能够开一个多小时的车，而一次也没经过你家门口呢?”马歇尔回答说。

马歇尔对那位小姐的巧妙回答隐含了“我想和你多待一会儿”的意思，幽默的趣味尽在其中。在制造好感之前应该要有充分的心理准备，让大脑处于活跃状态，以便于随时发挥。如果在与女士的接近中，心理活动不够稳定，总是一副局促不安的状态，难免会产生不必要的窘态，幽默也就无从谈起。

在生活中，如果一个普通人遇上自己心仪的人，该怎么具体运用幽默呢?

首先，必须要有勇气，不能被漂亮女孩的傲气弄得手足无措；其次，要保持一颗平常心，无论她的脾气怎样，要让自己做好接受的准备，大胆走近她与她搭话；再次，尽可能地利用一切可以捕捉到的线索、可见的情景幽默一下，跟她开个小玩笑。但应该注意，异性之间开玩笑不可过分，尤其是不能在异性面前说黄色笑话，这会降低自己的人格，也会让异性认为你思想不健康。

幽默表白，恋爱“必杀技”

甜蜜而浪漫的爱情是每个人都向往的，但是想要得到对方的爱却并不是每个人都能够做到的。有人把爱情看作一次冒险，因为往往要经历很多的挑战和挫折，才能赢得对方的爱情，才能为自己和心爱的人经营一方幸福的空间。那么，如何才能巧妙而委婉地向心仪的人表达自己的感情?又如何才能让自己的爱情之路充满浪漫和温馨呢?答案是幽默的表白。这无疑需要智慧和能力的巧妙结合。

一个小伙和一个姑娘从小就在一起长大，可谓青梅竹马。等到情窦初开的年龄，小伙子一直想寻找机会对姑娘表达自己的爱慕之心。但是，心里总是忐忑不安，不知道害羞的姑娘会做何反应?一天，他终于灵机一动，想出了一个表明自己心意的方式。

他约自己心仪的姑娘出来，故作深沉地对她说：“我心里一直有个秘密，你愿不愿意知道呢?”姑娘好奇地说：“当然想知道了。”

小伙子说：“我爱上了一个姑娘，她是我见过的最美丽的姑娘，我已经爱她很久很久了。”

姑娘一听，心里不免有些紧张，着急着追问道：“是哪个姑娘?我认识吗?”

小伙子说：“你肯定认识的。我一直把她的照片视为珍宝，你也来看看吧。”

说完，小伙子就从口袋里拿出一个做工考究的小盒子，说：“她的笑容已经深深地扎根在我的心里。”

姑娘赶紧拿过来，急忙打开，却发现里面根本不是照片，而是一个小镜子。姑娘正在纳闷儿呢，发现自己的脸就在镜子里，回过头来再看看小伙子，顿时明白了，害羞地笑了。

这个故事中的主人公就是马克思和她的夫人燕妮。马克思巧妙而幽默的示爱方式不仅向燕妮表明了自己的心迹，而且给心爱的人带来了出其不意的惊喜和幸福，为自己的爱情旅途增添了莫大的幸福感，开启了一生相依相偎的幸福旅程。

幽默的表白让你更轻易地打动异性的心窗。当然，世界上不存在固定的表白方式，适合自己的方式才是最好的。一些人豁达、直率，他们的表达方式就简洁明了；一些人内心谨慎，他们的表达方式就含蓄内敛；还有人对自己信心不足，因此不敢轻易向对方表白，担心遭到对方的拒绝。其实，如果在这种场合，能够用幽默的语言表明自己的心迹，不仅能够为你的感情增添很多浪漫，也能够避免有可能遭遇到的尴尬，何乐而不为呢?

一位知名的影星一直苦于难以表达自己对心上人的爱慕而感到苦闷。一天，他绞尽脑汁，终于想出了用巧妙和幽默来表达的方式。他约姑娘到公园里散步，周围不时有满头银发的老年夫妇相互扶持着走过，他指着他们问姑娘：“你愿不愿和我一起成为他们呢?”姑娘看着那些恩爱的老年夫妇，会意地笑了，羞涩地点了点头。

巧妙而幽默的示爱方式对于那些性格内向的人来说，无疑是一支感情的试探棒，能够含蓄地向对方袒露自己的爱意，而且舒缓了自己紧张的情绪，同时也为自己的感情营造了浪漫而温馨的氛围。

这里所谓的幽默，并非是一些低级趣味的笑话，也不是故作夸张的表演，而是运用一个人的智慧与情趣来恰如其分地表达自己的真情实感。当你用幽默的元素来经营自己的爱情生活时，你会发现两个人的感情世界充满了惊喜和浪漫，对方会被你的风趣和聪明才智深深地打动，最终被你俘获。而且幽默还能够化解万一遭到拒绝的尴尬，即使有可能令人难堪的境况也会很轻易地被改变。因此，学会用幽默来调整恋人间的感情生活，也是一门耐人寻味的学问。

自然幽默，滋生爱情火花

爱情是心与心的吸引，是情与感的碰撞。爱情是生命中最为温暖的一缕阳光，是人生旅途上最为迷人的花朵。爱情的芬芳，让人浮想、惹人追求。茫茫的人海中，不经意的回眸，或者不小心的擦肩而过，或许都会引起缘分的萌动。开始一种缘分，赢得一份真情，需要真诚，更需要一份自然的幽默感。

爱情需要将感情作为基础，但这并不说明爱情与说话能力毫无关系。谈情说爱着重于“谈、说”二字。尽管幽默的力量不可能让别人对自己一见钟情，但是它却对感情的默契起到了升华的作用。无数的事实证明，男女之间从互相怀有好感，到长出感情的幼芽，到能否使它健康地生长，再到它开出花朵、结出果实的过程，浇灌幽默语言之水是其中一个重要的因素。

小伙子：“我很害怕你。”

姑娘一听，非常纳闷儿地问：“我有那么可怕吗？”

小伙子：“因为我一见到你就魂不守舍，你不在我身边的时候，就好比把我的灵魂都带走了，让我每分每秒都在想念你。”

姑娘听到小伙子这样说，一下子脸红了，并对小伙子滋生了说不出的好感。小伙子用这种幽默的方式，巧妙表达了对姑娘的热烈爱意。

良好的幽默素养有利于感情的表达和交流，有利于帮助人们更好地掌握爱情几个阶段的“火候”。如果我们能充分发挥幽默力量的作用，我们的爱情世界将会妙趣横生。无论是在情感进展顺利时的甜言蜜语，还是在磕磕碰碰时开出的玩笑，幽默总能逗醒情感世界里的乐趣，化干戈为玉帛。假如幽默素养低下，有“情”不能谈，有“爱”不能表，久而久之，已萌发幼芽的爱情也会枯萎。

小青交上了一位胆怯、寡言的男朋友。他常去找她，很想接近她，但又没有勇气向她表白。小青喜欢他的诚实，但又清楚地知道他的弱点。一个皓月当空的夜晚，万籁俱寂，他和她在小河边的柳树下坐着。为了打破僵局，小青想法子要给他一个亲近的机会。

小青：“有人说，男子手臂的长度等于女子的腰围，你相信不？”

男朋友：“你要不要找根绳子来比比看？”

“谁要你找绳子！”小青生气地责怪。

“你不是要量腰围吗？”男朋友突然冒出一句幽默地问话。

谁料想，正是男朋友这句冷不防的幽默让小青一下子不生气了。

幽默的口才能够赢得一份真挚的爱情，而拙劣的语言表达与理解思维，会断送一份难得的爱情。爱情需要幽默的调节，拥有幽默的人是聪明的，拥有幽默浇灌的爱情是亮丽而美好的。

投石问路，含蓄传达爱意

生活中有不少青年朋友，当爱情叩响心扉之时，虽然不乏兴趣和激动，但更多的却是不知所措，想让心中的他（她）知道，却又害怕让他（她）知道后致使与“美好姻缘”失之交臂。学会投石问路，让幽默为自己开口，勇敢追求才能得到真爱。

狄更斯的《大卫·科波菲尔》中有个故事：大卫爱上了朵萝，却不敢表白，朵萝的好友密尔小姐看出了他的意思，对他说：“泉水不能掩住，要让它喷射；土壤不能闲着，必须耕耘；春天的花得及时攀折。”

聪明的青年朋友或许已经领悟了其中的奥秘：爱就要行动。也就是说，当你爱上了一个人，就应该不失时机地向对方表明自己的爱。其实表达爱意是每个人的权利，如果不能大胆地说出自己的心意，那就投石问路吧，否则我们不可能拥有属于自己的爱情。

梁实秋垂暮之年花开二度，爱上了比他小 30 岁的韩菁清。一天，他们在台北梅园餐厅共餐。梁实秋点了“当归蒸鳗鱼”，韩小姐关切地说：“当归味苦啊。”梁先生若有所思地说：“我这是自讨苦吃。”韩小姐笑道：“那我就是自投罗网。”两人相视哈哈大笑，心有灵犀一点通。

梁实秋通过“自讨苦吃”暗示自己已经陷入了爱情的泥淖，韩菁清一句“自投罗网”幽默地回答了梁实秋的试探性问题。两人之间的心灵默契，让他们在内心的相互呵护中感受了幸福。

陀思妥耶夫斯基也不愧是幽默的痴情种子，他擅长使用实话虚说的投石问路法，借机抒情，于风趣中巧妙向心仪的人表白了爱意。

1866 年，对陀思妥耶夫斯基来说是不寻常的一年。妻子玛丽亚和他的哥哥相继病逝。为了还债，他为出版商赶写小说《赌徒》而请了一位速记员，她叫安娜·格利戈里耶夫娜，一个年仅 20 岁，性情异常善良和聪明活泼的少女。

安娜非常崇拜陀思妥耶夫斯基对工作认真，一丝不苟。书稿《赌徒》完成后，作家已经爱上了他的速记员，但不知道安娜是否愿意做他的妻子，便把安娜请到他的工作室，对安娜说：“我又在构思一部小说。”“是一部有趣的小说吗？”她问。“是的。只是小说的结尾部分还没有安排好，一个年轻姑娘的心理活动我把握不住，现在只有求助于你了。”他见安娜在谛听，继续说：“小说的主人公是个艺术家，已经不年轻了……”

安娜忍不住打断他的话：“你干什么折磨你的主人公呢？”“看来你好像很同情他？”作家问安娜。

“我非常同情他，他有一颗善良、充满爱的心。他遭受不幸，依然渴望爱情，热切期望获得幸福。”安娜有些激动。陀思妥耶夫斯基接着说：“用作者的话说，主人公遇到的姑娘，温柔、聪明、善良，通达人情，算不上美人，但也相当不错。我很喜欢她。”“但很难结合，因为两人性格、年龄悬殊。年轻的姑娘会爱上艺术家吗？这是不是心理上的失真？我请你帮忙，听听你的意见。”作家征求安娜的意见。

“怎么不可能？如果两人情投意合，她为什么不能爱艺术家？难道只有相貌和财富才值得去爱吗？只要她真正爱他，她就是幸福的人，而且永远不会后悔。”“你真的相信，她会爱他？而且爱一辈子？”作家有些激动，又有点犹豫不决，声音颤抖着，显得既窘迫又痛苦。

安娜怔住了，终于明白他们不仅仅是在谈文学，而且是在构思一个爱情绝唱的序曲。

安娜小姐的真实心理正如她自己所言，她非常同情主人公即作家陀思妥耶夫斯基的遭遇，何况在这之前她已经从内心里深深爱慕着这位伟大的作家。面对陀思妥耶夫斯基步步逼近的表白“陷阱”，安娜最终被打动了。后来，作家同安娜结为伉俪。

像陀思妥耶夫斯基那样，在不敢肯定对方是否也有意于自己时，可以实话虚说，既能摸清楚对方的心理，又能避免在遭受拒绝时的尴尬。当我们有了喜爱的人，一定要抓住时机，间接不失幽默地表白你的爱意，否则很有可能会与心爱的人失之交臂。

礼貌幽默，距离成就美感

女士大多善于表达，谈话的需要比男性强，但这种需要大多出于感情的满足，所以女性交谈时容易忘记正事、正题，这就需要男性及时将话题转到要谈的事情上。男士要充当“谈话”的引导者，否则会使交谈变得漫无边际。

女性的观察力很强，但她们对具有逻辑推理的幽默语言有时反应要慢一些，她们得慢慢地理解、消化。所以第一次同她讲话，尽量不要用一些夸张的语言和说一些俏皮话，否则容易产生误解。“你今天的发式真漂亮，连白云见了都会躲起来。”这样的话让女士听起来马上会敏感地同“白发”“乱发”联想，而不会联想到“秀发如云”。

女士大都喜欢听赞扬的话，但赞扬不可太露骨，要含蓄一些。对于那些年轻貌美、性格开朗的女性，可以赞扬她容貌的靓丽：“你长得真漂亮，很清纯。”对那些内向性格的女性，不可直言赞扬，而应委婉地说：“你很文静，也很漂亮。”否则你会被认为“不正经”、轻佻。对相貌平平的女士，则可以称赞：“你很有气质，一看便知是一名知识女性。”“一看你就是一个善良纯朴的女性。”这样说对方会感到非常高兴。

所以，男士若要博得女士的好感，在交谈中一定要对她们的心理有一定的了解，注意男女有别，一定要保持应有的距离，而不能把男人圈里的东西随便搬过来。否则，女士或许会因为某些不恰当的话题而被男士的幽默机智搞得很尴尬。

作为女子不要轻易拒绝别人，而往往用沉默、注意力转移或假装没听见来表示婉转推辞。遇到这种情况，我们应立即结束交谈，或者转到其他话题。

另外，在某些场合，总有一些男士说一些“荤”笑话，然后问女士：“你一定能了解吧？”或者说：“你自己会如何做呢？”以看笑话的心态期待女士露出听不懂或满脸尴尬羞红的表情说：“好下流！”然后暧昧地嘲笑女士：“假装不懂吧？”几个男人聚在一起总免不了提到黄色笑话，此时最好不要有女士在场，否则他们的眼光可能全注视那位女士，然后心领神会地暧昧大笑。

其实，在一些场面开黄腔实在是不明智的做法。大多数的人说黄色笑话往往成了下流不堪的话，造成对方的尴尬，弄不好还惹上“性骚扰”的罪名，得不偿失。

因此在与女士交谈，尤其是与自己心爱的女孩子在一起交谈的时候，幽默话语应该要有礼有节，这样才能给对方留下好的印象。

恋爱绝技，避免说话无趣

成功的爱情应该具备两个基本要素：一个是有缘能够相见，另一个则在于恋爱说话技巧的应用。爱情需要适当的喜庆，喜庆有一种神奇的魔力，它能调剂心情，愉悦关系。没有喜庆，拥有再多，也往往会有空虚和失落的感觉。

一心扑在工作上的爱迪生，每天在实验室中忙碌，很少注意到生活上的琐事。就在他母亲去世两年后，朋友们见他的生活实在是太贫乏无味了，除了工作还是工作，于是就提醒他该给家里找个女主人了。

爱迪生将这句话记在脑袋里，其实他并非没有意中人，助理玛丽不但聪明、勤劳，而且人也长得很漂亮，个性又很温柔，并且善解人意。可是，因为是工作上的伙伴关系，接触太频繁了，他反而不知该如何表达。

有一天，爱迪生的心情似乎很好，在实验室里和同事们有说有笑，他忽然对玛丽说：“我要娶你。”

玛丽听了，以为他又在开玩笑，于是回答：“哦，那当然好啊。”

玛丽说完了根本就没当回事，谁知爱迪生第二天就带来了戒指套在玛丽的手上。

玛丽呆了，没有想到爱迪生是认真的。她思考了一下，其实自己对爱迪生也是有爱意的，只是他从不表达罢了。

玛丽接受了爱迪生的求婚，两个星期之后，两人就步入了婚姻的殿堂。

在婚礼的宴会上，爱迪生幽默地对朋友说：“这次的实验完全没有准备，虽然违反了实验程序，但竟然成功了。”

如果爱迪生把求婚的一招一式都解说出来，朋友会听得很肉麻。但是，事实却如此幽默有趣，让大家避免了一场乏味沟通的劫难。再比如：女友带你上了趟她家，见到了她的父亲，她也许会问：“你喜欢我爸爸吗?”你如果千篇一律地回答：“喜欢，他老人家很慈祥。”那就索然无味了。但你要是换一种方式，幽默地说：“这就要看他是否同意我早点娶你了。”这句话不但别具趣味，而且不失时机地表达了对女友的爱，女友肯定爱从心来。

对心仪的人说出内心的爱慕，有时情况变化复杂，这时候则需要一点小技巧来增添情趣。大文豪托尔斯泰深谙此中道理。

托尔斯泰年轻的时候喜欢上了一位名医的女儿，可是一直都不敢对她表白，他时常到名医家中做客，这和善的一家人都对他印象很好。这家人都以为托尔斯泰对他们的大女儿有好感，所以就尽量地撮合他们，但谁也没有想到，他其实是喜欢上他们家的小女儿苏索亚。

有一天，托尔斯泰参加苏索亚家举办的一个派对，当其他人忙着跳舞、谈天时，他将苏索亚拉到一个角落里，说要和她玩猜谜，他用粉笔在小桌子上写了一些字。

他指着每个字的第一个字母对苏索亚说："请你将每个字的第一个字母拼起来。"

当所有的字母组合起来，这句话是："我爱的是你，不是你姐姐。"

苏索亚羞红了脸，点头接受了他的爱意。

在表达爱意的时候并不一定要很直接，有时用一些有趣的方法间接地表达出来，反而能够触人心弦，营造出别致的气氛。用点儿心思，不管是含蓄也好，轰轰烈烈也好，生动的表达绝对会有加倍的效果。不仅如此，多年之后彼此回想起来，也是别有一番滋味呢。

控制心理，幽默应心而生

人们都清楚，微妙的男女关系里，有不少玄妙的心理因素支配着，要是你能巧妙地掌握和运用这些因素为自己服务，你将战无不胜，攻无不克。而这里所说的技巧就是幽默。

街上一位十分漂亮的姑娘紧紧地吸引住了一个年轻小伙子的眼球。于是，姑娘到哪儿，他就跟到哪儿。姑娘发现后，停住脚问："你老跟着我干什么？"

"你太漂亮了，我喜欢你。"小伙子羞涩地答道。

"我有什么可吸引你的？"姑娘问。

"你就像一朵盛开的鲜花。"小伙子说。

"瞧你这个丑样，像个甲壳虫，我不会看上你的。"姑娘说。

"不，你说错了，我像只蜜蜂。"小伙子平静而幽默地说。

姑娘被小伙子的一句幽默逗得哈哈大笑，对小伙子的好感顿时倍增。小伙子也因为自己的幽默而具有了接近女孩的机会，女孩答应了他的约会请求。

在感情的追逐中，风趣的回击往往比横眉怒目要技高一筹。

另外，由于男人有保护、支配女人的愿望，同时对于容易获得的常漠然视之，而对不易到手的却有着憧憬的倾向。女性若能巧妙控制这一心理，在情侣相处中借助实用效果极佳的类比幽默术是再好不过的了，因为这样可以吊足男人的胃口。

女朋友："我得告诉你，今天我接吻了5次。"

男朋友："什么？你说你今天是第五次接吻了？"

女朋友："是"

男朋友："还有4个，是谁？"

女朋友（故意停顿一下）："苹果、橘子、蔷薇、姐姐的孩子。"

这里的幽默就出在那不相称的排列上，女朋友一时把男朋友的心搞得七上八下，会让他永远记住这一次的爱情之吻。

恋爱中，操作类比幽默术时，要注意将智慧和超脱精神结合起来，因为我们的智慧能帮我们选择多种类比对象，而我们的超脱精神则能保证我们不受一些不合理或常规思想的束缚。当我们使用幽默术时，不妨参考一下前人在这方面所留下的经典范例，从中可以得到不少经验。

应用幽默，增强恋爱美感

恋爱能够使人的生命焕发出甜蜜的光芒，恋人的微笑就是游荡在甜蜜中的芬芳。如果说爱情是生命中的一股春风，那么幽默的言语就是不断向空气中散发香气的玫瑰花。

幽默的语言增进爱人间的感情，能让爱情的营养保鲜。

男孩和女孩在同一座城市的两个学校读书。这次正碰上期末考试，两人都在紧张地准备。一天，女孩给男孩打电话说道："我的《大学英语考试指南》要急用，你送过来好吗？"狡猾的男孩装作病恹恹地说："我也想给你送过去，可是我生病了，还病得不轻啊。"女孩一听就紧张起来："你怎么了？要不要紧？"

"唉，我得了一种很严重的病，叫相思病。"

女孩的眼泪在眼眶里打起了转，有一点点生气，但更多的是激动。从此，两人的感情更好了。

男孩借助相思病的诙谐式撒娇，让女孩深刻体会到了他的深情厚谊。幽默不仅可以是恋人之间的情趣，也可以是一种感动。

在爱人、夫妻之间，一句表情严肃的"我爱你"固然不可少，用幽默方式表达爱意也是个好方式。喜欢幽默似乎是人天生的，如果爱能时不时地用幽默表达出来，对方感受到的不仅是逗乐，更是一片真情。在李国文的小说《月食》中有这样一段对话：

她甜甜地一笑……"你知道那种花叫什么名字吗？啊？还是个记者呐！连那都不明白，我从大辞典上把它找到了，你猜猜叫什么？一个恰好的名字。"

伊汝望着她那恬静的脸等待着。

“勿望（忘）我！”她轻轻地吐出了这三个字。

“勿望我”即“勿忘我”也！这样的幽默多么高雅，多么令人心醉啊！

有位小伙子抄了一首诗赠送女友：“生命诚可贵，自由价更高；若为爱情故，两者皆可抛。”

女友说：“这诗抄错了。”

小伙子说：“没错，就要这个意思。”

女友问：“什么意思？”

小伙子：“你若不爱我，我就不要命了——自杀；你若爱我，我就不要自由了——随你管制。”

这样的“曲解”很幽默，表达的爱情也够强烈，女友听了能不心花怒放吗？

沐浴在爱河中的恋人，没有老套的字眼，更不会惧怕幽默的洗礼。幽默在爱情的故事中，是一种剧情需要，这种剧情的需要让爱情更加的缤纷绚烂、多姿多彩。

莎士比亚说过：“你有舌头吗？如果你不能用舌头博取女人的心，你就不配称为男人！”示爱很有可能决定你一生的爱情归宿，是一件十分严肃而又颇为困难的事，因此，你有必要费一番心思和口舌来把这件事做得漂亮成功。

不过需要明确的一点是，莎士比亚也说过：“爱情不是轻软的眼泪，更不是死硬的强迫，爱情是建立在共同的基础上的。”可见真正要使“我爱你”三个字得到预期的回应，必须先要找对对象。

获取芳心，一句幽默搞定

男人吸引女人的往往不是外表，最主要的是智慧。拥有智慧的男人可以增加求爱的成功率，因为幽默是一个男人拥有智慧的展现。

在近年的调查研究中，越来越多的女孩子已经把幽默作为择偶的条件之一。幽默，意味着我们和另一半拥有着同一个世界，并且能共同对付生活的纷扰。求爱中，适当讲一些幽默的话语，或用一些幽默的小笑话，能消除两个人之间的紧张、拘束，使双方实现自然、愉快地相处。

电影《人到中年》有一段描写恋爱的傅家杰和陆文婷的对话：

“你喜欢诗吗？”傅家杰问陆文婷。

“我？我不懂诗，也很少念诗。”

陆文婷略带嘲讽地说：“我们眼科是手术，一针一线都严格得很，不能有半点儿幻想的……”

“不，你的工作就是一首最美的诗，”傅家杰打断她的话，热切地说，“你使千千万万的人重见光明……”

开始时，傅家杰以“诗”为话题问姑娘，没想到产生了揭短之嫌。姑娘用嘲讽的口吻反击对方，眼看交际就要受阻；傅家杰立即抛开她不懂诗的问题，转而对她的工作进行赞美，沟通了两人的情感，获得了心爱姑娘的爱。语言的幽默能够获得女性的原谅，让你再次获取女性的芳心。

有一对青年男女在别人的介绍下互相认识了。只是在初次见面的时候，姑娘对小伙子很是不满，因为小伙子要比姑娘还矮半个头。于是姑娘就很不耐烦地对小伙子说道：“难道看到自己老婆比自己高就不会脸红吗?”

小伙子没有生气，反而不温不火地回答说：“长颈鹿倒是很高，可是那又有什么用呢？何况结婚过日子重在两颗心之间没有落差啊。”

小伙子轻松地一句幽默话，就把姑娘完全逗乐了。姑娘对他的身高变得不再那么计较，因为她看到了这位小伙子背后的东西——智慧。恰恰因为小伙子智慧性的幽默将两个人的交往继续了下去。

有智慧的男人总是会将自己的优点放大超过自己的缺点，将女孩的喜好心理甚是了解。

常言说得好：“女人的心，天上的云。”确实，女人的心变化多，让人捉摸不透，使大多数男性追求者无从下手、坐失良机，或半途而废、功亏一篑。作为恋爱期间的男人，应多懂一点女人的心理，运用高超的技巧，抓住女人的芳心，巧用一句幽默话就可以摘到诱人的爱情之花。

爱有阴晴，幽默是和事老

男女初次接触时，都是花前月下、卿卿我我，互相看到对方的优点。然而爱也有阴晴圆缺，天长日久，恋爱双方相互开始对对方有所抱怨，甚至出现争吵、冷战。这个时候，我们就应该学习运用幽默化解不愉快的情况。

彤与舟是大学同班同学。在一次大学生辩论会上，舟敏锐的思维、犀利的语言、雄辩的话语俘获了彤的芳心。大学毕业后，他们又被分配在同一座城市工作。

正当彤怀着迫不及待的心情准备与舟共筑爱巢时，彤的同学却告诉她，最近，她经常看到舟与一个很摩登靓丽的女孩子在一起。为此，彤指责舟对爱情不忠贞，见异思迁。舟解释说，那是他表妹，她来到这个城市让我帮她找一份工作的。可彤根本不信，还说舟在欺骗她，并闹着要与他分手。深爱着彤的舟当然不愿失去心上人呀。于是，舟找到彤说："人们都说你是才貌双全的美女，你怎么不想一想呀，除你之外，我真想不出有第二个愿意与我恋爱的。你瞧，我老气横秋，长相有损市容，写尽了人生的沧桑和苦难；再瞧我这条件，一下子就容易让人们联想到是刚经过洪水洗礼的困难户、重灾户，我现在最向往的是如何尽快脱贫致富，以报小姐的知遇之恩，哪敢花心哟。"

一席话说得彤转怒为喜，忍俊不禁。

舟的这番爱情表白，可谓妙语连珠，谐趣横生。究其原因，其用词的"错误"起着极大作用。两个人发生争执时，男士最好采用这种贬损自己的幽默方法来达到取悦女士的目的，这样她的怨气会立刻消散。

何况女人对于男人用这些形容词来巧妙道歉，永远都不会觉得烦。就像男人听到：谢谢你，很有道理，好主意，感谢你的耐心这些句子，也永远不嫌烦一样。作为男人，在与自己心爱的女孩交往中，该道歉时就要及时道歉，开启尊口，智解危机。适当的时候要学会采用幽默的方式来解围。

雅倩非常喜欢跳舞，男友小张正好是个好静的人，正参加自学考试，常被她拉去"看"舞。雅倩有个很不好的习惯，不跳到舞厅关门不尽兴，久而久之，小张就受不了了。有一次，他们从舞厅出来已是夜里12点多了，小张说："你的慢四跳得很棒，我还没看够。你一路跳回宿舍怎么样?"雅倩撒娇说："你想累死我啊?"小张一副认真的样子："不要紧，我用快三陪你跳。"雅倩扑哧一乐："亏你想得出，丢下我一个人也不怕我碰上流氓。"小张这时言归正传："那你在舞厅丢下我一个人也不怕我打瞌睡被人掏了包。"雅倩这时才知道男友压根儿没有兴趣跳舞，以后就有所收敛了。

当我们无意中让恋人生气了，不妨像小张一样运用幽默的战术，可以比较轻松地将对方生气的战线缩短，让他（她）怨气全消。毕竟很少有人不喜欢接受真诚、诙谐、轻松的道歉方式。

人有悲欢离合，月有阴晴圆缺。在爱情的世界中，并不是一切都是那么的和美、甜蜜，当两个人之间出现了小矛盾的时候，巧用幽默可以让你们和好如初不说，能升华你们的爱情温度。

幽默情话，帮助爱情保鲜

情话或许在别人看来是一种矫情，但是，幽默的情话便是一种情趣。幽默无处不在，谈恋爱也同样如此。情人间时不时地来点小幽默，不仅能加深彼此之间的感情，还能让二人世界更加五彩斑斓。

小伙子："认识你是我这一生最大的幸福，你简直是我黑夜中的电灯泡……"

姑娘把小伙子推开，说：“去，你给我离远点。”

“你这是干吗呢？”小伙子有点摸不着头脑。

姑娘：“既然我是电灯泡，那你小心触电。”

一句“当心触电”，在打趣之余，更有一种撒娇的意味。恋人之间，总会发生一些不愉快的小插曲，如何巧妙地化解这些“意外事故”，取得对方的原谅呢？

谈恋爱，偶尔来点幽默就像变魔术一样，总是那么令人心驰神往，令人迷醉。散发着机智的甜言蜜语，令你在恋人面前充满了难得的魅力。女友听说最近男友状态不是很好，做什么事情都心不在焉，所以就想安慰一下他。

女：“亲爱的，听说你最近工作不是很顺利，没什么效率，是不是没用什么心思，心跑哪里去了呢？”

男：“问我的心跑到哪里去了，你还真是健忘，你忘了上回我们约会的时候，你已经叫我把心交给你了吗。”

男孩话锋一转，便转到了另一个话题，不仅表达了对爱人的那份在乎，让对方觉得自己的重要，同时也巧妙地回答了她的问题。我们知道，幽默的言谈是爱情中最丰富的话语，在无形中便自然而然地增进了彼此之间的感情。

女：“你在看什么呢？老盯着我。”

男：“你的眼睛。”

女：“你这样盯着我看已经不止一次了吧？”

男：“你知道这是为什么吗？”

女：“不知道，为什么啊？”

男：“因为你眼睛里有我。”

这样的甜言蜜语，能不让女孩子更加动心吗？我们总说，恋爱使人的生命焕发出甜美的光芒，而恋人的笑则是恋爱中甜蜜的芬芳。令恋人如沐春风的不仅仅是玫瑰花，还有你幽默睿智的情话。

恋爱幽默，因熟悉度而定

尽管幽默是谈恋爱的制胜法宝，不过对初次相识的情人来说则要慎用幽默，因为幽默也要看双方熟悉的程度。如果双方关系足够密切后，再适当地使用幽默来增强美感，才能取得较好的效果。

有一次，一对恋人一同看话剧，第二幕还未开幕，男孩便一本正经地对女友说：

“别看了，咱们哪有时间等这么久。”女友感到很疑惑地说：“精彩的还在后面，咱们又没有什么急事啊。”男的指着字幕说：“你看，那不是说第二幕在一年之后才演？”女友笑得前仰后合，轻轻捶打男孩。

男孩子明明知道字幕上的数字是为了配合剧情的需要才写上去的，但借机对女朋友开了个小玩笑，让女朋友乐在其中。

如果男女相识不久，在第一次约会看戏的时候，也来这么一个幽默，对方一定以为男孩没有耐心，或者认为他太幼稚做作了。

一对情人去买兔皮大衣，女友很喜欢那件黑色的兔皮大衣，但担心它不能适应雨雪，就问男友：“它怕雨雪吗？”男友幽默地回答：“当然不怕，你看过哪个兔子下雨打伞？”一下子就把女友和售货员都逗笑了。售货员夸她的男朋友聪明风趣，女孩感觉很有面子，对男孩的感情更深了。

可是，若男孩刚认识女方，这样随意的幽默，会让女孩误以为男友不够稳重、成熟，即使售货员一直夸奖男孩，她也会在内心里更加慎重考虑了。

处于热恋中的情人，不要忘了时常利用幽默来给爱情加温。只要我们能挑动神经中的幽默这根弦，即可与自己的恋人奏出一曲和谐的恋曲。

一次，一个小伙子从背后捂住了正在公园长椅上等他的恋人的眼睛，说道：“只允许你猜三次，若猜不中我是谁，我就吻你一下。”

她张口喊道：“你是——张学友？梁朝伟？金城武？”

当然，在这方面的幽默故事还有很多。

数学家同女友在公园散步。女友问他：“我满脸雀斑，你真的不介意？”数学家温柔地说：“绝不！我生来最爱和小数点打交道。”

然而，生活中风云难测，爱情也不会一帆风顺。恋人情侣间也难免会有磕磕绊绊的时候，此时达观一些，干戈便可化为玉帛。

这种技巧型的机智幽默耐人寻味。在洞房花烛的时候，也不妨幽默一下，这样可以给爱情生活做一个愉快的总结，给婚姻生活来一个意味深长的开头，给幸福的生活留下永不磨灭的记忆。

特色幽默，尽显人情魅力

现实生活中，高层次的魅力品质是更多人的人格追求，无论我们从事哪一个行业，幽默总是会使一个男人或者一个女人在魅力的光环之下受到关注。原因很简单，评价一个人是否具有魅力的重要标准是他或者她有没有男人或者女人的味道。当一个男人充满了敢作敢当、智慧沉稳的男人味，一个女人充满了温婉含蓄、美丽大方的女人味的时候，也就意味着他们已经具备了足够吸引异性的魅力。幽默则让男人与女人在各自的角色中上演着独特的魅力。

女人味与男人味是一种魅力，也是一种发自内心的真挚爱情。但是在魅力的品位和修养中，幽默风趣所占的比重并不小。幽默的谈吐体现的正是一个现代男人或者现代女人的深度和风度。也就是说男性的幽默会让一个男人更加富有男人的味道与魅力，女人的风趣更加体现出一个知性女人的美丽与达观。

一位漂亮的女孩子在约会中总是迟到，他的男朋友总是一次次地忍受长期地等待。这一天，当女孩姗姗来迟的时候，男朋友从背后拿出一束塑料花作为礼物送给了女孩子。

女孩子很惊讶地说："咦？你以前不是送我鲜花的吗？今天为什么要送塑料花，塑料花的寓意不好吧？"

男孩子笑笑说："因为鲜花在我等你的过程中就已经谢了，没办法就换成了塑料花啊。"

女孩子听到男朋友的回答，脸慢慢地羞红，她深表歉意地对男孩子说，不要介意她的迟到，下次一定准时到。

男孩子运用善意的幽默，适度巧妙地表达了自己的不满，并让女孩子轻松接受。而且女孩子对男朋友的幽默提醒深感敬佩，对男朋友的感情又加深了很多。

特色幽默，不仅仅代表性格上的特色，更具有一些专业的特色。毕竟每个人的性格不同，所中意的幽默风格会有所不同；所从事的工作不同，说出来的幽默也会有所不同。

一位地理老师在给自己心仪的女孩子表白时，这样说道："如果你是东半球，那么我就是西半球，我们需要在一起，因为那样就能够组成一个地球了。"

女孩子却更加幽默地回复说："那就孤单了，因为地球上就只有我们这一对了。"

数学老师在告白时候这样说："我美丽的小姐，你知道吗？你是正数，我是负数，既然我们都是有理数，就应该组合在一起呢。"

女孩子幽默回复说："可是结婚后，如果我们中有谁做出了非常无理的事情，那还叫有理吗？"

可想而知，拥有特色性的幽默就是根据自身的处境或者是自己的喜好或者是自己所从事的专业而延伸出的一系列幽默。特色性的幽默来源于自身的特点，是个人魅力的充分展示。

第十七章

亲子幽默——家长与孩子笑着说话

幽默教育，触动活泼的天性

家庭教育的方式多种多样，但总体说来，不外乎疾言厉色、心平气和、风趣幽默三种。家庭教育的本质在教育二字，无论哪一种教育方式，都离不开生活理念的灌输，但是不同的灌输形式产生的效果大不相同。疾言厉色的教育可以威慑孩子，但它容易让孩子产生对抗心理，是一种不得要领的教育方式；心平气和式的教育能使孩子体会到自己与父母在人格上的平等。但由于语言平淡，不疼不痒，无法产生持久的效果。风趣幽默的教育触动的是孩子活泼的天性，因而更能在他们的心灵中留下不灭的印迹，使他们时刻以此警示自己。

当一家人正在吃饭的时候，儿子突然对爸爸妈妈发牢骚说："人家外国人要比我们中国人强得多了，你看，我们吃饭总是要用两根筷子，而外国人都是用金属刀叉来吃饭，单单从分量上来说，外国人用的餐具比我们中国的重多了。"

父亲听到儿子这样说感到非常生气，小小年纪就长他人的志气灭自己的威风。但是父亲忍住了，他故作幽默地对自己的儿子说："想要用分量重的餐具吃饭太简单了，来用这个吃吧，这个分量足够重了。"父亲边说边把一个夹炭用的火钳塞给了儿子。儿子顿时红起了小脸。

这位父亲对儿子的崇洋媚外思想没有进行直接地批评，而是通过幽默的曲意批评，让儿子领悟到了自己的错误。

在中国的传统家庭教育观念中，教育一般倾向于严肃与严厉。在父母的眼中，棍棒底下更容易出孝子。于是好多的父母与孩子之间并不会建立良好的沟通，殊不知，最好的家教应该是略带一些幽默。幽默是父母与孩子沟通的最有效方式。与孩子之间的沟通交流如果是在妙趣横生的前提下进行，那么孩子会更容易接受父母的意见。否则，硬要让孩子接受父母的观点，只会激发孩子的逆反心理，造成亲子之间的关系不和。

一个5岁的小男孩对武侠电视剧非常痴迷，甚至一个人在家整天搞一些打打杀杀的情形，他母亲对此非常担心。这天，小男孩在商店里看到了一支新式玩具步枪，于是缠着妈妈要买下来，妈妈不想纵容他，却又不能严厉批评，怕影响孩子的兴趣。于是妈妈心平气和地对孩子说："乖儿子，难道你忘记了现在是和平时期，和平时代是不能够轻易储存军火的，否则会让大家对你很生气的，也不会有人再喜欢你了。"

孩子若有所思地思考着妈妈的话，然后对妈妈说："那我要乖，我不买手枪了，我要让大家都喜欢我。"

面对孩子的需求，这位妈妈没有反对儿子有自己的兴趣，也没有因为孩子的任性而发怒，她通过幽默的教导，得到了儿子的认同与支持。

孩子具有纯真的心灵，作为长辈，不要用成人的思想和理念去束缚自己的孩子。在与孩子的沟通与相处中，多站在孩子的角度，多运用一些孩子喜欢的沟通方式，才会真正做到寓教于乐。那么再顽皮、再固执的孩子也会转变的。

幽默风趣的教育触动的是孩子活泼的天性，所以，更能在他们的心灵中留下不可磨灭的印迹，让他们时刻警示自己。幽默表面上只是一种教育手段，实际上它贯穿的是一种乐观精神，一种坚信明天会更好的执着。

友善尊重，幽默是联结的桥梁

若要成为一个让孩子喜欢的父母，应该学会幽默风趣的教育风格，这样对孩子心理健康地成长非常有好处。作为孩子，在父母的耳濡目染之下，也应该懂得用幽默对待父母的关爱。在亲子关系中，幽默的沟通方式不仅仅体现一种深爱，更是一种平等的尊重。

有这样一位父亲，他是个画家，由于对绘画艺术的崇尚与热爱，他把自己的绘画梦想寄予在了自己的孩子身上，希望儿子将来能够将自己的事业发扬光大。因为父亲在没有得到孩子同意的前提下，就让他学习绘画。所以长时间以来，父子之间的关系一直处在紧张的状态中。直到儿子16岁的时候，在儿子幽默的辩解下，父亲遵从了儿子不再学习画画的意愿。

那天，父亲让儿子上交一份作业，不一会儿，儿子交给父亲的竟然是一张白纸。父亲非常不解地问："你画的画呢?"

"画在纸上了。"儿子淡定地回答。在父亲惊异的眼光下，儿子继续解释说："难道你没有看到有一匹马在吃草吗?"

"没有看见草啊。"

"草已经被马吃掉了。"

"那么马呢?"

“吃完草就走了呗。”

儿子本来以为父亲会因为自己没有很好地完成任务而受到责罚的，没想到父亲竟然会心地笑了起来。面对幽默的儿子，面对儿子无声的反抗，父亲明白了孩子的用意。鲁迅曾经说过：不在沉默中爆发，就在沉默中死亡。如果儿子再不将自己的想法表达出来，一味地强忍着父亲的操纵，只会让父子之间的误会越来越深。

儿子幽默的声讨，换来的是父亲的尊重。晚辈对长辈适度的幽默能够帮助双方的互相理解和沟通。

长辈与晚辈由于认识存在差异，在知识结构上、年龄大小也存在差异，对事物的看法不太一致，有时候长辈的想法可能也的确跟不上时代的变化。晚辈看待长辈，不能认为他们啰哩啰唆、迂腐可笑、思想僵化。如果晚辈不理解长辈的想法，不同意长辈的观点时，要运用幽默的方式善于表达不同的意见。但无论如何，如果想要处理好与长辈之间的关系，首先就要有一颗尊敬长辈的心。

总之，亲子幽默的运用关键是要以平等的态度和观念为前提。平等的幽默能成功地达到寓教于乐的目的，因为一个人在笑的时候是无法同时憎恨或者发怒的。聪明的父母能够在管束孩子的同时传递出爱的温暖。

幽默夸赞，让孩子变“争气”

孩子的教育很重要，因为小时候的教育经历会严重影响孩子的性格、心志，进而影响到孩子的成长。教育孩子，与孩子沟通要讲究语言技巧，要顾虑到孩子的心理感受。因此，从孩子单纯、善良、自尊的心理出发，应对孩子经常说一些赞美之词，帮助孩子建立起乐观、幽默、自信的心态，方能成就孩子美好的未来。

作为父母，经常会碰到孩子不听话的时候。这时应该怎么样，横眉怒对吗？这只会增加他的叛逆心理。比较好的办法是幽默地告诉他：你很优秀。大多数情况下需要的是激励，而不是责骂。

纽约布鲁克林的一位四年级老师鲁丝·霍普斯金太太，在新学期开学的第一天，看过班上的学生名册时，她对本该兴奋和快乐的新学期却心怀忧虑：今年，在她班上有一个全校最顽皮的“坏孩子”——汤姆。他不只是爱搞恶作剧，还跟男生打架、逗女生、对老师无礼、在班上扰乱秩序，而且愈来愈糟。他唯一的优点是：他很快就能学会学校的功课。

霍普斯金太太决定立刻面对汤姆的问题。当她见到她的新学生时，她说：“罗丝，你穿的衣服很漂亮。爱丽西亚，我听说你画画很不错。”当她念到汤姆的名字时，她直视着汤姆，对他幽默地说：“汤姆，我听说你是个天生的领导人才，今年我要靠你帮我把这个班变成四年级最好的一个班。”在头几天，她一直强调这点，夸奖汤姆所做的一切，并评论他的行为表明他是一位很好的学生。

令人惊奇的结果出现了，在霍普斯金太太幽默的夸赞之下，汤姆真的变了，他渐渐地约束了自己的行为，变成了一个好学生。

再看一下美国纽约州第一位黑人州长罗杰·罗尔斯的故事。

罗杰·罗尔斯是美国纽约州历史上第一位黑人州长。他出生在纽约声名狼藉的大沙头贫民窟，这里环境肮脏，充满暴力，是偷渡者和流浪汉的聚集地。在这儿出生的孩子，他们从小逃学、打架、偷东西甚至吸毒，长大后很少有人从事体面的职业。然而，罗杰·罗尔斯是个例外，他不仅考入了大学，而且成了州长。

在就职的记者招待会上，一位记者向他提问：是什么把你推向州长宝座的？面对300多名记者，罗尔斯对自己的奋斗史只字未提，只谈到了他上小学时的校长——皮尔·保罗。

1961年，皮尔·保罗被聘为诺必塔小学的董事兼校长。当时正值美国嬉皮士流行的时代，他走进大沙头诺必塔小学的时候，发现这儿的穷孩子比“迷惘的一代”还要无所事事。他们不与老师合作，旷课、斗殴，甚至砸烂教室的黑板。皮尔·保罗想了很多办法来引导他们，可是没有一个是奏效的。后来他发现这些孩子都很迷信，于是在他上课的时候就多了一项内容——给学生看手相，他用这个办法来鼓励学生。

当罗尔斯从窗台上跳下，伸着小手走向讲台时，皮尔·保罗幽默而一本正经地说：“我一看你修长的小拇指就知道，将来你是纽约州的州长。”

当时，罗尔斯大吃一惊，因为长这么大，只有他奶奶让他振奋过一次，说他可以成为5吨重的小船的船长。这一次，皮尔·保罗先生竟说他可以当纽约州的州长，着实出乎他的预料。他记下了这句话，并相信了它。从那天起，“纽约州州长”就像一面旗帜，罗尔斯的衣服不再沾满泥土，说话时也不再夹杂污言秽语。他开始挺直腰杆走路，在以后的40多年间，他没有一天不按州长的身份要求自己。51岁那年，他终于成了州长。

孩子的心灵是脆弱的，却更是充满潜能的，简简单单的一句话可以毁掉一个孩子的人生，也可以成全一个孩子的未来。无论自己的孩子有多淘气、有多不听话，请不要总是给予严厉的批评，以免引起孩子的逆反心理。相反，在与孩子的沟通中，多给孩子说一些正面、积极、幽默的激励，会让自己的孩子充满信心，而主动地加强自我约束。

锁定欲望，用幽默激将行动

每个人都有欲望，但有强弱之分。欲望的强弱，是决定行动积极与否的最大因素。所以，在劝说中竭尽全力满足对方的欲望，是提高成功率的方法之一。对于孩子的劝导，利用其对欲望的追求，能更快地引导孩子走上正确的路。

而人类究竟有多少欲望？有些欲望若有似无、含糊不清，但它的确是存在的。因此，在努力成为说服高手之前，必须清楚了解对方有什么样的欲望，在从事具体的劝说行为前，锁定他心中的欲望，再对症下药，进行幽默劝说。

杰里斯有一天下班回家，看见最小的儿子提姆躺在客厅的地板上又哭又闹。原来提姆第二天就要上幼儿园了，而他说什么也不愿意去。杰里斯的本能反应是把孩子赶到房里，警告他最好乖乖上学去，别无选择。但是，他想，这并不是让儿子主动上学的方法。

杰里斯想："假如我是提姆，什么会吸引我到学校去呢？"于是他和太太列出许多提姆喜欢做的事，如画画、唱歌、结交新朋友等，然后付诸行动。于是，他们都到厨房的大桌上画画，大家画得兴高采烈。果然没多久，提姆走过来看热闹了，并且要求加入行列。杰里斯风趣地说："啊，不可以，你得先到幼儿园去学怎么画才行啊，否则你画的画会埋怨你把它们画得太丑了呢。"为了激起他更大的兴趣，杰里斯把刚才列在纸上的项目，逐一用他能够了解的话表达出来去打动他——当然最后告诉他，这些东西幼儿园里都有。第二天，杰里斯起了个大早，一下楼发现提姆坐在客厅椅子上。"你在这里做什么？"杰里斯问。"我等着上学去啊，我不希望迟到，我还要画出家里最好的作品。"全家人的努力，终于激起了提姆上学的欲望。

另一位父亲一直为自己的小儿子操心。他的小儿子体重过轻，而且不肯好好吃东西。这对父母用的是大家最常用的方法——责备和唠叨。"妈妈要你吃这个和那个。""爸爸要你以后长得高大强壮。"这个小男孩怎么也听不进去。

这位父亲后来也发现了问题所在，便问自己："我的儿子想要什么？我如何能把自己的需要和他的需要联系起来？"

小男孩有一部三轮车，他最喜欢在自家门口附近骑着到处跑。街的另一头住了一个喜欢欺负小男孩的大男孩，常常把小男孩从车上拉下来，然后把车子骑走。自然，小男孩会哭叫着跑回家去，然后妈妈便会跑出来，先把大男孩从三轮车上赶走，再让小男孩骑着车子回家。这事几乎每天都会发生。

所以小男孩想要什么，这并不需要名侦探福尔摩斯来回答。小男孩的自尊、愤怒和渴望都促使他要采取报复行动，最好能一拳把那大男孩的鼻子打扁。这时，这位父亲就趁机幽默地向小男孩解释，假如他能把妈妈所给的食物吃下去，终有一天能足够强壮得把那个大男孩痛揍一顿。

此幽默激将法果然奏效，小男孩从此不再有饮食方面的问题了。他肯吃菠菜、牛肉——凡是可以让他快快长大的食物都吃。因为他实在太渴望早日把那个大男孩狠揍一顿，好一解长久以来所受的怨气。

哈利·欧佛垂在极具启发性的《影响人类行为》一书中写道："行为乃发自我们的

基本欲望……无论在商场、家庭、学校或政治上。对那些自认为是‘说客’的人，有句话可以算是最好的箴言：要首先激起别人的欲望。凡能这么做的人，世人必与他在一起，这种人永不寂寞。”

也许有一天，你会要求某人做某件事，记住，在你开口之前，先停一下问你自己：“我怎么样才能通过幽默的妙法让这个人想去做这件事？”

美化言辞，孩子才能够听话

家，永远是我们温暖的港湾；家人，永远是我们最值得依赖的亲人。然而，在长时间的相处中不免会产生这样那样的矛盾，如果不认真处理将会引发更大的不和甚至家庭的破裂。怎样教育孩子，才会让他们乖乖听话？怎样与父母沟通，才能有效地让他们接受你的想法？怎样在争吵后，使双方尽快和好？

有一种苦味的药丸，外面裹着糖衣，使人先感到甜味，容易一口吞下肚子去。于是，药物进入胃肠，药性发生效用，疾病也就好了。同样的道理，父母要对孩子说规劝的话，在未说之前，先给他一番幽默的赞誉，使孩子尝一些甜头，然后你再说那些规劝的话，孩子也就更容易接受了。

因此，教育孩子的过程中，作为家长不能够总是过分地责怪孩子的错误，而很少赞扬他的进步，因为这会引起孩子的反感，从而引发他们的逆反心而越来越不听话。明智的家长，懂得“裹着糖衣”教育孩子，对孩子多说一些“甜言蜜语”。

古语云：“数子十过，不如奖子一长。”跟孩子讲道理，应充分肯定孩子的长处，在此基础上再对孩子的过错予以纠正，这样孩子就容易接受。如果一味地数落孩子，只会让孩子产生自卑心理和逆反心理。

恰到好处的幽默赞美是父母与孩子沟通的润滑剂。家长对孩子每时每刻的欣赏、赞美、鼓励会增强孩子的自尊、自信。我们要记住：赞美鼓励使孩子进步，批评指责使孩子落后。

南京某厂技术员周宏巧用幽默赞美的方法，经常为自己的女儿营造轻松、乐观、自信的学习环境，把女儿婷婷，教育成了高材生。周宏第一次看小婷婷做应用题，十道题只做对了一道，按说该发火了，可他没有。他在对的地方打了一个大大的红钩，并机智地赞扬她：“你太了不起了，第一次做应用题十道就对了一道，爸爸像你这么大的时候，碰都不敢碰呢。”8 岁的小婷婷听了这些话，自豪极了。

在父母的鼓励下，10 岁那年，婷婷就写作出版了 6 万字的科幻童话。消息见报后，不少孩子被送到周宏门下，都在周宏的“赏识教育法”下得到了很大进步。他说：“哪怕天下所有人都看不起你的孩子，你都应该眼含热泪地欣赏他、拥抱他、赞美他。”

周宏巧妙地把赞美运用到了孩子的教育问题上。赞美开发了孩子内在的潜力，激起了他们学习上的热情，唤起了他们强烈的进取心，使得孩子变“要我学”为“我要学”，从而在心理上彻底解放了孩子。

每个人都爱听好话，喜欢受到表扬的。美国著名心理学家威廉·詹姆斯研究发现：“人类本性在最深刻的渴望就是受到赞美。”孩子更是如此。因为孩子好奇心强但自信心不足，他们对自己的每一点小小的进步都非常在乎，渴望得到大人的肯定。所以，恰当而不失风趣的赞美往往能够帮助孩子更好地成长。

但是需要注意的是，在对孩子的赞美中，不要表现出应付的表情，要让孩子看到你由衷的微笑，同时对孩子说话的时候，要尽量让他们感受到你的快乐与风趣，这对孩子的成长会有很重要的影响，因为你幽默妙趣的语言，将会帮助他们尽早地培养幽默感。具有幽默感的孩子，往往是一个机巧伶俐的好孩子。

幽默说教，切忌说的 8 种话

父母与孩子的关系虽然亲密，但和孩子说话也不能随随便便。因为，父母是孩子的第一任老师，父母的言行无时无刻不在潜移默化地影响着孩子。如果对孩子说一些不该说的话，势必不利于孩子的健康成长。因此，父母在与孩子交谈时应注意自己的措辞。

措辞灵活，说话幽默，则更利于被孩子接受。同时幽默的语言经常刺激孩子的视觉、听觉以及脑部神经的话，会加深孩子对幽默说话形式的印象，有利于培养孩子的幽默口才。

另外，孩子是天真的，且最具备好奇的心思。在和孩子的沟通以及教导方面要有耐心，并保持一颗童心。

为了培养儿子的艺术修养，爸爸带他到音乐厅欣赏小提琴演奏会。一小时、两小时过去了，台上的演奏者依然在不停地演奏……

最后，儿子实在是忍无可忍了，他大声地问：“爸爸，他要到什么时候才能把那个木盒子锯开?”

在这种情况下，作为爸爸应该耐地给予说明，而不是指责孩子有多笨。作为爸爸可以这样幽默地回答：“儿子，那个木盒子叫小提琴，小提琴和据它的人是朋友啊，朋友就是要在一起合作的，锯开了不就成敌人了?”这位爸爸真是聪明，在向孩子说明了小提琴之后，还能风趣地提出一些人生的道理。这样的讲话会指引孩子在成长中，能通过一件事物去联想到一些哲理。

概括起来，父母与孩子在幽默对话的忌讳主要有以下几点：

1. 幽默不说损伤话

有些性格急躁的父母，恨铁不成钢，动辄就挖苦孩子，孩子耳濡目染，身心定会受到创伤。幽默的讽刺，无疑会把孩子的自尊心破坏殆尽。因为孩子往往会觉得：第一，觉得自己遭到了贬黜，一无是处甚至没有希望；第二，想要摆脱人见人爱的姐姐；第三，为没人喜欢自己而愤愤不平。

2. 幽默不说吓唬孩子的话

幽默是为了给孩子营造一种轻松的沟通氛围，为了让孩子愉快接受自己的批评与见解。幽默的说教，同时也是为了给孩子建立一种健康的心态。如果把幽默用错了地方，只是用幽默来吓唬孩子，那么幽默就失去了它本身的教育意义。

3. 幽默不说命令话

有些父母爱在孩子面前要威风，说话也往往是在下禁令。可是长时间处在命令中的孩子往往就会变得迟钝，缺乏创造力。

4. 幽默不说气话

有些缺乏修养的父母，稍不顺心就拿孩子撒气。孩子不敢接近，又躲避不了。如：孩子有时问点事情，也没好气地说："我是先知啊，不知道，问别人去。"这些使孩子横遭冷落的气话，是父母应该忌讳的。

5. 幽默不说宠爱话

有些不清醒的父母，溺爱子女。常常听到什么"你是妈妈的心肝儿""命根子"。有时孩子撒娇，要什么父母就给什么。这些容易使孩子养成各种各样的坏毛病，幽默与孩子沟通需要建立在理性的基础之上，理性就应该远离溺爱的话语。

6. 幽默不说侮辱话

有些不理解孩子心理的父母，当发现孩子有什么"不端"，则凭主观臆断，认为孩子大逆不道，甚至口不择言地说什么"你这个不要脸的小畜生""小流氓"……还有的父母虽然不会正面指责，但也往往旁敲侧击、指桑骂槐，弄得孩子反驳也不是，解释也不是，只好委屈地忍受着。

7. 幽默不说埋怨话

当孩子犯错误之后，他会感到很无助，会后悔当初没听从父母的话。就在这时，妈妈最好不要说一些埋怨的话语。否则，孩子会为了反抗母亲轻蔑的语气，摆脱自视蠢笨的自卑，他开始辩解。要么在绝望中屈服，要么在愤怒中反叛。这两样都不利于孩子的成长。

8. 幽默不说欺骗话

有些言行不一的父母，言不信，行不果。欺骗孩子的话一般有："听妈妈话，明天领你去太空赏月。"这些话若无法落实，久而久之，孩子就再也不信了。这种话造成的后果，比不说还要坏。

接受差异，赢得孩子的服气

孩子是你的开心果——同时也叫你头痛。你常常无法了解他们，也许还会抱怨满腹："我愈看现在的年轻人，就愈相信我从没有经历过他们这个年龄。"

"无怪乎要跟孩子沟通很难。因为现在发生的事情中有半数是前所未闻的，另半数是说不出口的。""现在的孩子真叫人难以了解。不吃菠菜的孩子长得那么大，排着队在买营养药。""我花了一笔钱在孩子的教育上，另外一笔钱在他们的牙齿上。两者唯一的差别是他们到现在还在用牙齿。""我那十几岁大的女儿告诉我们说：'我已经长大了，可以过我自己的日子，住自己的公寓。现在，我唯一需要的是多一些零用钱。'"

实际上，这些抱怨与怒气是没有用的，它甚至造成两代人心理上更大的沟壑。你要做的是承认这个事实：你和他们的确在种种方面有些有趣的差异，她们就像另一个人类。

一位母亲想让她16岁的女儿高兴高兴，便对她说："明天我想给你买几张唱片，不过我不知道你喜欢什么样的。"

女孩回答说："这很容易，你到唱片商店，叫他们把最新的拿出来试放一下，您把您觉得最难听的买下来就行了。"

看看，孩子比大人更能理所当然地接受彼此的不同，这就比大人要高明了许多。因为，大人常常在看到他们的奇异服装，听到他们的怪异歌曲时大呼小叫、怒气冲冲、风度尽失。

成功和培育好下一代应该是一个社会的责任，特别是为人父母者的责任。而要完成这个教育过程，首先要与孩子做好沟通，了解他们的心理与身体状况、需求，帮助他们成长。这种沟通不是简单就能达到的，但运用幽默的手段来和下一代进行交往，往往更易于让他们在思想上接受。这是为什么呢?

原因之一：幽默的沟通更易让他们感到坦诚与平等

有个男孩吵着要爸爸给他买把火炬，爸爸没有马上生硬地训斥孩子，而是温和地说："不行啊，这个月你的军费开支已经超过预算了，再买火炬，你妈妈就要发火了。"

这个回答可比严阵以待的否定、批驳高明多了。煞有介事的比喻，让孩子觉得大人们是将他的事情作为一项重要事务讨论、协商过的，与其他家庭事务一样有预算地位，多么值得自豪！父母以这样的态度与孩子交往，孩子也会以较成熟的姿态代替吵闹。

原因之二：幽默的沟通充满了趣味，丰富和涵养了孩子的心灵

某女士有4个儿女，来与她同住了一个月。

她告诉朋友说："孩子们来，带给我双重的快乐！"

"怎么说呢？"

"他们来了，我很快乐；他们走了，我也很快乐。"

真是一位疲惫又快乐的妈妈。

原因之三：幽默的沟通总附带启智的爱意，无形地和对方心灵相融

美国第二十七任总统塔夫脱生性豁达，在政界、家庭中都颇得爱戴。

有一天晚上，他儿子在餐桌上顶了他一句，场面顿时很尴尬，全家人都鸦雀无声。塔夫脱也不说话。

他太太问："您不惩罚他吗？"

塔夫脱幽默地说："他对我说的话，如果是对父亲说的，当然要受罚；如果是对美国总统说的，那是他的公民权利。"

包含着爱意的谅解最能促使孩子反躬自身。惩罚难道会比幽默的爱意更有力度吗？

无论是有意或无心，孩子发现了如何将幽默的力量用于迎合父母的兴趣，从而达到他的目的。我们有什么理由不回赠他一份爱呢？

当孩子从认为父母无所不知、无所不能，到他能以幽默的方式与父母交流，这是一个可喜的变化，这说明他们成长了。这时，幽默的语言就成了父母和子女之间一种新的共同语言。

幽默引导，亲子沟通更通畅

父母要让孩子敞开心扉和自己说话，首先就要懂得孩子内心的秘密。而孩子内心最大的秘密是情感，或情感的焦虑。因此，父母必须要掌握情感交流的秘方，多给予孩子思想的引导，用幽默的方式走进孩子的内心世界，增强彼此之间的信任和感情。

作为孩子，如果遭遇了问题或烦恼，首先求助的是父母。如果做父母的不善于与孩子进行幽默交流，从一开始就可能阻断了与孩子之间的融洽关系。

一个五六岁的孩子因为父母吵架，独自撑着一把雨伞蹲在墙角，父母哄来哄去，孩子就是不理不睬。两天过去了，孩子体力极度衰竭。最后，他们请来著名的心理治疗大师狄克森先生。狄克森也拿了一把雨伞在孩子的旁边蹲下了，他注视着孩子的双眼，向孩子投去关切的目光。终于，孩子从恍惚中震了一下，像沉睡中被闪电惊醒的人，狄克森继续与孩子对视。

孩子突然问："你是什么？"

狄克森反问："你是什么？"

孩子："蘑菇好，刮风下雨听不到。"

狄克森："是的，蘑菇好，蘑菇听不到爸爸、妈妈的吵闹声。"这时，孩子流泪了。狄克森："做蘑菇好是好，但是蹲久了又饿又累，我要吃巧克力。"他掏出块巧克力，送到孩子鼻子前让他闻了闻，然后放进自己嘴里大嚼起来。

孩子："我也要吃巧克力。"狄克森给了孩子一块巧克力，孩子吃了一半。

狄克森："吃了巧克力太渴，我要去喝水。"说着，他丢掉了雨伞，站了起来，孩子也跟着站了起来。

为什么会出现这种结果呢？原因就在于，孩子对于友情、亲情的渴望。他们很在意自己的感情需求。然而，成人的世故与冷漠，往往对孩子的这种情感需求很不在乎。这样，就会忽视孩子的感觉，对孩子细小的情感波动表现冷酷。这样一种对待孩子的情感的反应方式显然不利于父母与孩子之间的情感交流。

事实上，孩子们最需要的，就是父母对他的重视，哪怕是当时的实际情况一点也不严重，父母也不能掉以轻心。或许在故事中的父母看来，孩子不应该因为他们的吵架而如此伤心，但是他们的反应却不应该没有同情。当父母看到自己的孩子有这样的表现，应该高兴孩子已经懂事了，应该给予同情的说导，让孩子不要担心，这种反应使父母与孩子之间产生亲密的感觉。孩子的内心感受一旦被父母了解了，他的寂寞和情感创伤就会消失。父母对于孩子的了解是情感的绷带，可以治愈孩子受伤的内心。因此，要实现和谐美满的亲子交流，做父母的必须要学会情感交流的技巧，给予子女正确的思想引导。

父亲："拉莎，为什么还不结婚呢？"

拉莎："爸爸，找了好几个男朋友，都不满意，等我再挑选一下。"

父亲："你年纪不小了，可要抓紧时间啊。"

拉莎："放心吧，爸爸，在人生的大海里，鱼多得很。"

父亲："孩子，钓饵放久了，就没味了。"

父亲没有对拉莎的观点进行正面的评论，而是通过一句"钓饵放久了，就没味了"引导了拉莎的交友思想，让拉莎获益匪浅。

幽默的父母与孩子之间的关系是属于"双连关系"，一旦"话不投机"，关系就会弄僵。而用幽默沟通的方法则是一种至趣、至情、至理、至智的高级手段，双方都能接受。尽可能多地用幽默的方式来代替僵化、直接、乏味的沟通，让爱接近孩子的心灵，呵护着他们渐渐地成长。

和孩子沟通就应该把话语权留给孩子，而家长则需要以一颗童心，幽默地引导孩子的情感需求。孩童时期是一个需要关怀、需要鼓励、需要快乐的时代，幽默的引导，让孩子在快乐与释然中学习到生活的美好。

亲情挚爱，幽默感是传送带

要营造两代人之间融洽和谐的关系，首先需要加强彼此之间情感的沟通和交流。有些父母想要在子女面前保持威严的形象，在生活中他们总是不苟言笑，更不用说向子女表达自己的爱了，事实上，父母应该常常利用诙谐的方式来表达对子女的爱。

苏联著名诗人米哈伊尔·斯维特洛夫是一个善于用幽默的方法来教育孩子的高手。

有一次，斯维特洛夫刚进家门，就发现家人慌作一团，斯维特洛夫的母亲正在打电话给医院请求急救。原来，斯维特洛夫的小儿子舒拉别出心裁地喝了半瓶墨水。斯维特洛夫明白，墨水是不至于使人中毒的，所以用不着慌张，而这会儿正是教育舒拉的大好时机。于是，他轻松地问："你真的喝了墨水?"舒拉得意地坐在那里，伸出带墨水的舌头，做了个鬼脸。诗人并没有发火，他从屋里拿出一些吸墨纸来，对儿子说："现在没有别的办法了，你只有把这些吸墨纸使劲地嚼碎吞下去了。"一场虚惊就这样被斯维特洛夫的一句幽默给冲淡了。舒拉原想以此成为家人的中心，但是未能如愿。此后，他再也没有犯过类似出风头的错误了。

长辈对晚辈除了运用平和的幽默方式，还能够运用一种"打是亲、骂是爱"的幽默方式，这里的"打是亲、骂是爱"并不是真打也不是真骂，而是在笑骂中向孩子传达出的自己的满足。

美国企业家艾科卡在里海大学读书时，他在800多个毕业生中的名次是第十一名，凭借优异的成绩，他在毕业后就被保送攻读了硕士，在硕士毕业后又成功地进入了福特公司。艾科卡的学业以及事业之路可谓一路绿灯。他的父亲尽管已经对他非常自豪了，但是每每在见到他时，还总是会打趣地说："瞧，当初念书总考不上第一名的小笨蛋，现在感觉如何啊?"

父亲幽默的一句"小笨蛋"，体现了父亲对他深深的父子情。父母对子女运用幽默的方式很多，运用幽默体现的感情色彩也很多。但无论是出于赞美还是出于批评，幽默的本质还是为了凸显对子女的爱。

应该说，懂得用幽默来管束孩子的父母才堪称成功的教育家，才能以这种幽默轻松的口气对孩子讲话，多创造一些其乐融融的气氛，使孩子从学校的那种刻板的生活中解放出来。当然，无论通过什么样的方式，长辈对晚辈的幽默都能表达出他们深切的爱。

第十八章

婚姻幽默——笑到白头，婚姻长青

幽默良剂，升华夫妻感情

在柴米油盐酱醋茶的平凡生活中，婚姻生活如果没有了幽默的乐趣，那是家庭中可怕的“冷暴力”，让人觉察不到家庭的温暖。

在许多幸福的家庭中，幽默是感情伤害的止痛剂，因为夫妻双方懂得让幽默成为一种调剂对方心理的有效工具。

一天，当妻子帕蒂听到丈夫乔尔的痛苦时，她脱口而出：“上帝，应该有人颁给你一项奥斯卡金像奖，‘最好的受难主角奖’。”

“为什么你不颁给我？”乔尔问她。

帕蒂很喜欢这个主意，她跑到一家纪念品商店，买了一个奥斯卡金像奖的复制品来。一次，当乔尔又闷闷不乐、唉声叹气的时候，她开心地对他一笑，鼓起掌来，并把“奥斯卡金像奖”颁给了他。“太棒了，”帕蒂对乔尔说，“我尤其喜欢末尾的一声短叹。”

这样的对话让事情一下子变得非常荒谬，两个人都忽然大笑起来。从此以后，乔尔再也没像从前那么难受过。

俗话说得好，平平淡淡才是真，婚后的生活就像是一杯白开水，你放点盐它就咸，放点糖它就甜，放点幽默它就是温暖的。当看到你的另一半悲伤的时候，要适当地给他补充一下幽默的笑料，这将会是最好的心情安慰剂。

约翰先生下班回家，发现妻子正在收拾行李。“你在干什么？”他问。“我再也待不下去了”，她喊道，“一年到头，老是争吵不休，我要离开这个家！”约翰困惑地站在那儿，望着他的妻子提着皮箱走出家门。忽然，他冲出房间，从架子上抓起一只皮箱，也冲向门外，对着正在远去的妻子喊道：“等一等，亲爱的，我也待不下去了，我和你一起走！”怒气冲天的妻子听到丈夫这句既可笑又充满对自己爱心和歉意的话，像泄气的皮球，很快气就消了。

当约翰的妻子抓起皮箱，冲出门外时，我们不难想象，约翰是多么难堪、焦急！但他既没有苦劝妻子留下，也没有做任何解释、开导，更没有抱怨和责怪，而是说：“等一等，亲爱的，我也待不下去了，我和你一起走！”

这哪像夫妻吵架，倒像一对恩爱夫妻携手出游。约翰这番话，以诙谐的方式息怒了妻子的怒火，不但会让妻子感到好笑，而且还让妻子体会和理解丈夫是在含蓄地表达自己对妻子的爱心和歉意，以及两人不可分离的关系。听到这番话，妻子怎能不回心转意呢？

婚姻生活中的幽默，就好像是春雨洗礼后的青青荷叶，可心又让人心情舒畅。没有了幽默感的生活，就像是一朵美丽的鲜花失去了它原有的香气，虽然有花的形体在，却已经失去了花朵动人的神气。

巧设“圈套”，达到目的

夫妻之间吵吵闹闹是常有的事，有的小打小闹就过去了，可有的闹得比较厉害，这种时候，只要你能把对方逗笑，僵局自然就被打破了。

家庭有时候不是讲理的地方，也是个讲理讲不清楚的地方，夫妻之间不应该对生活中的摩擦过分较真，因此，幽默自然就成了缓解夫妻矛盾、加深感情的功臣。

妻子拿出一个一直放在衣橱上面的旧呼啦圈对弗兰克说：“请你拿着这个呼啦圈，我从中间跳过去。”

“这是干吗？”他问。

“哦，亲爱的，”她说，“我似乎注意到你是多么愿意让我跳进你设的圈套以证明我爱你。你觉得我们可以谈谈这个问题吗？”

“你在说什么呢？我没那么做过，”弗兰克说，“我相信你没有意识到你那么做了。我知道你爱我，但是这一切感觉就像一系列没完没了的考验。”

“圈套，嗯？”他说，“好吧，我们谈谈。”

然后弗兰克一笑，那是她最喜欢的笑容。弗兰克说：“在我们谈正事之前，你觉得你能先跳过这个呼啦圈吗？”

这句话一下子冲淡了家庭中的紧张气氛。从此之后，两人的关系不再那么紧张。看来妻子是多么明智且富有生活的情趣啊，面对夫妻之间的紧张关系不是想着去抱怨，也没有装作视而不见，而是借助幽默的方式，让紧张的气氛变得充满了喜剧效果。

妻子在厨房做饭，忙得满头大汗。丈夫却坐在餐桌边悠闲他说："讲到吃，我最有研究。譬如吃猪脑补头脑，吃猪脚补脚筋，吃……"

这时，妻子端来一盘炒猪心，放在餐桌上，丈夫夹一块放进嘴里，边吃边问妻子："你知道这猪肝、猪心补的是什么？"

"是补那些没心肝的人。"妻子不耐烦地答道。

从妻子的表达中，我们可以发现她的丈夫是个很自私，不愿意为家庭、为爱人分担的人。他只管自己一个人的舒服而看不到妻子的忙碌，妻子则巧妙地通过对吃的看法，借机委婉表达了自己的意见，让丈夫能够听出言外之意。

虽说夫妻之间应该真诚与坦诚，但是给对方巧设圈套实际上是经营婚姻的智慧之法。通过圈套，让另一半了解自己的想法，委婉表达出自己的不满，这样可以避免双方因为意见不合而大动肝火。

会说嘲语，拨动伴侣心弦

自嘲运用得好，可以使交谈平添许多风采，如果用不好，会使对方反感，造成交谈障碍。自嘲要审时度势，相机而用，不宜到处乱用，比如对话、辩论、座谈讨论、调查访问等就不宜使用自嘲。此外，自嘲要避免采取玩世不恭的态度。具有积极意义的自嘲，包含着自嘲者强烈的自尊、自爱。自嘲不过是当事者采取的一种貌似消极，实为积极的促使交谈向好的方向转化的手段。

恰当的自嘲，在夫妻生活中同样具有十分重要的调节意义。

丈夫要出国深造，妻子半开玩笑地对他说："你到那个花花世界，说不定会看上别的女人呢。"

丈夫笑了，调皮地说："问题是谁看得上我呀。你瞧瞧我这副尊容，瓦刀脸，罗圈腿，大眼泡，招风耳，站在大街上怕是人家看都不看呢。"说得妻子开怀一笑。

丈夫的自嘲，隐含让妻子放心的意思。这比一本正经地发誓，更富有诗意和情趣。敢于自嘲的人往往不失大家风范，这是幽默的最高境界。自嘲运用得当，能够增添夫妻交往的情趣，促进夫妻之间和谐相处。但是运用自嘲，绝不能消极沉落，更不能玩世不恭。

有一对老夫妻吵架后，彼此都不愿意先开口说话。在冷战了几天之后，先生已经忘记了两个人之间的不愉快，想找机会与妻子说上几句话，可妻子的记性还不差，对老头子的不是依然记得清楚，依旧不愿意搭理他。

丈夫正在不知道如何是好的时候，就在屋里到处乱翻了起来，看到丈夫那种晕头转向的翻找，妻子终于忍受不住了，她对丈夫喊道："你找什么呢？至于把家里翻成这样吗？"

丈夫这才一拍脑门，说道："我已经是老糊涂了吗？没有你的记性好，要是没有你在身边督促着我，我就是这样一个没头没脑的样子了，什么东西都找不到。"

妻子听到自己的丈夫这么夸赞自己，着实高兴了一番。既然丈夫已经道歉了，自己也就没有理由一直摆谱下去。最后，妻子与丈夫重新和好。在整个和好的过程中，丈夫对自己的幽默嘲讽，以及对妻子的巧妙奉迎起到了无可厚非的作用。

对于已经结婚的人，都应当学会用幽默来保护自己的家庭。只要不是涉及原则性问题的重大分歧，善用幽默来豁达应对另一半的喜怒哀乐，才能使家庭生活在最佳状态中一直运行下去。

会说笑语，找回爱的热情

有人说"婚姻是爱情的坟墓"，夫妻之间有可能因为每日按部就班的生活而失去新鲜感。这时创造一点恰当的幽默，能够拨动伴侣的心弦，在笑声中找回已淡化的热情。

已经是深夜一点多了，马主任的妻子还没有睡着，失眠的痛苦令她无可奈何。

这时，她忽然想起白天的事，连忙推醒丈夫问："你昨天开会的讲话稿还在吗？"

"在啊。"丈夫迷迷糊糊地问，"你要它干啥？"

"你快拿来给我念念，"妻子兴奋地说，"昨天开会时，我发现你念稿的时候大家在下面都睡着了。现在你也念给我试试嘛。"

丈夫听到妻子这番幽默的笑语，睡意竟然失去了一大半，陪着妻子笑了起来。随后他充满温情地说，不要管白天的事情了，早点休息吧。拥有笑语的婚姻，会让爱情的热度在冷却中回升。

丈夫整天捧着书在读，妻子对此非常不满。

妻子：我看以后我还是变做一本书。

丈夫：（不解地）干吗？

妻子：这样你就可以整天把我捧在手上。

丈夫：（哈哈一乐）呀，那可不行。我看书看完了可就得换新的。

这一下，妻子急了，连忙说："那我做本大字典。"

紧接着发生的事是，夫妻双方哈哈大笑，笑声使一切都和解了。

聪明的妻子幽默、含蓄地表达了对丈夫的爱。妻子的幽默及时准确，寓意含蓄，不仅幽默，而且艺术。恰当得体的幽默最能够俘虏对方的心，让夫妻之间增添更多的默契。

从幽默的角度来说，夫妻之间没有说不开的事，无论是对方提意见还是对对方的某些缺点不认同，请不要憋在心里，幽默地提出来，不仅能够释放自己压抑的心理，同时还能够拯救婚姻生活中的危机。

一个叫罗伯特的美国渔民，他把捕到的最大的几条鱼做成标本挂在自己房间的墙上。每条鱼的下面都挂上一个牌子，上写："大鲤鱼。罗伯特·雷捕于银湖。""鲇鱼。罗伯特·雷捕于埃赛斯河。"

妻子看到后，把罗伯特的大照片挂到墙上，下面也挂上了一个小牌子，写着："罗伯特·雷。马丽·阿利丝·罗伯特捕于夫林特城。"

这条"鱼"也真够大的，丈夫看这样的牌子，可能会说他心甘情愿被捕，成为爱情的"猎物"。婚姻有了这样的幽默，增加甜蜜的成分，只会越来越甜蜜。

两个人相处的时间长了，新鲜感就会逐渐减弱，这时就需要一些"催化剂"来让感情再次发酵。而幽默这种人人喜欢的方式，正好可以充当这个光荣的角色。一句看似不经意的幽默语言，却能触动爱人的心弦，反过来又影响到你的心情，相互间的感情自然可以得到增进。

谐趣甜言，爱你爱到入骨

夫妻相处的时候，有时甜言蜜语非常受用，尽管两个人已经很熟悉了，但是感情的经营需要甜言蜜语，于是不妨大胆些，在言语间多放点"蜜"。沐浴在爱河中的爱人不会经常用到客套的字眼。任何海誓山盟，"爱你爱到入骨"的话也可以说，不必怕肉麻，除非你并不爱他，除非你会对婚姻生活的冷淡视而不见。

甜言蜜语，不能够一味是大话、空话的幻想，要在符合实际的情况下说出来才足够分量。另外，甜言蜜语需要有情趣作为衬托，幽默情话才能让爱意无限、让婚姻保鲜。

情人节那天，丈夫和妻子商量："送你什么礼物呢？你现在正在减肥，出去吃一顿不合适，送一大块巧克力更不合适！"妻子说："那就送花！"他挠了挠头："好吧，那就送你玫瑰，你要9朵？19朵？还是39朵？"

妻子想了想，决定给他出个难题："咱都老夫老妻了，玫瑰就免了，你能不能有点儿创意，送一种能给我带来惊奇的花呢？"老公眼巴巴地望着妻子，若有所思……

那天晚上，妻子早早打扮了一下，在家里等着他。门开了，老公两眼含笑，双手捧着一个盒子站在那儿，那是——妻子喜欢吃的麻花！说："老婆，你最爱的花，我已经买到了，我爱你！"

妻子看到自己最爱的麻花，听到老公说的贴心话，幸福的眼泪掉了下来，扑到了老公的怀里。

当爱情归于平淡之后，实在的浪漫往往才是最能让人感到幸福的东西。但是切不可因为爱情的平淡，就不把甜言蜜语放在心上，平淡的婚姻更需要用心经营。如果因为平淡就懒得再说好听的话语给自己的伴侣，那么你绝对是一个不称职的老公或者妻子。

在日常的生活中，不要感到羞怯，对自己的爱人说甜言蜜语是一种很光荣的事情，不要以为甜言蜜语说出来就是为了一时的气氛，仅仅是为了逗对方开心而已。事实上，甜言蜜语对整个爱情的加固都起着重大作用，它是爱情运转的润滑剂。

从心理上讲，男人与女人对甜言蜜语有不同的理解。对女性来讲，语言比行动更为重要。因为女性要求承认的欲望很强，恋爱中的女性更不用说了，就是在结婚后，女人也爱问："亲爱的，你爱我吗?"她时常要求确认"爱"，而对此感到退却的大多是丈夫。在男人看来，不管如何爱她，"我爱你"这三个字只要讲过，就不想说第二次了。男人总是这样认为，我是否爱你，可以在实际行动中表现出来。

所以，做丈夫的要把你的爱通过趣味十足的甜言蜜语幽默自然地表现出来，让她时刻体会到你深爱着她，并时时创造一种美妙的生活环境取悦于她，那样夫妻的感情会一天比一天深厚，妻子对丈夫的爱也会一天比一天深。

女人之幸，家有幽默老公

两个人走到一起，相爱并结为夫妻，只是万里长征刚刚走完的一小段。

幸福的婚姻更需要两个人精心呵护，每对夫妻都应当使幽默趣味在自己创造的形式里流动，让家庭的土壤开出趣味之花，这才拥有让人更加羡慕的幸福生活。

在一次宴会上，林肯和他的夫人面对面坐着。林肯的一只手在桌上来回移动，两个手指头向着他夫人的方向弯曲。

旁人对此十分好奇，就问林肯夫人："您丈夫为何这样若有所思地看着您？他弯曲的手指，来回移动又是什么意思呢?"

"那很明显，"林肯夫人答道，"离家前我俩发生了小小的争吵，现在他正在向我承认他的过错，那两个弯曲的手指表示他正跪着双膝向我道歉呢。"

人们常说，一个成功男人的背后一定有一个能干的女人。伟人之所以能取得很大的成就，很多时候都是因为有和睦的家庭作为坚实的后盾。做一对幽默的夫妻，家要惊得起狂风暴雨的袭击。在充满幽默气氛的家庭里，家庭成员之间一般不会出现关系紧张的情况。

一对夫妻结婚多年，但从未发生过冲突，原来是因为这位丈夫的豁达与风趣。

有一天，妻子问丈夫："你为什么总对我这么好？"

丈夫答道："和你结婚之前，我请教过一位牧师，问他对妻子为什么那样好，他说：'不要批评你妻子的缺点或怪她做错事。要知道，就是因为她有缺点，有时会做错事，才没有找到更理想的丈夫。'我牢记住了这句话。"

婚姻生活中，真正幸福的女人就是能够拥有一位体贴、幽默的好老公，他既能给自己的生活带来无微不至的关怀，也能够经常给自己带来一份好心情。

试着做一对幽默夫妻，家庭里就会少一些不愉快，家庭生活将会变得富有乐趣。

中和醋意，幽默是秘密武器

爱情是自私的，爱情一般要求对方的眼睛里只有自己。因此，在爱情的世界里常常会出现闹情绪的状况，闹情绪的大多数原因是吃醋。不管是男人还是女人，"醋意"是人之常情。毕竟一个男人不会乐意自己的女朋友或者妻子跟别的男人亲密地走在一起，一个女人更是反感自己的另一半与别的女人有什么眉目传情。

一对新婚不久的夫妇在街上手牵手走着，突然迎面过来一位时尚的漂亮女孩，做老公的或许只是下意识地多看了那女孩几眼，结果被老婆发现了。老婆的脸色顿时变得难看了起来，质问道："整天就知道看美女，也不怕把眼睛看歪了。"

老公看到老婆生气了，连忙解释说："老婆不要生气啊，我可不是在看美女，我是在帮你打探时尚流行风。看看你今年穿什么衣服最漂亮。"

尽管老婆还在生气，但是听着老公这么幽默的解释，也就不再追究。

在婚姻世界里，两个人难免出现吃醋与生气的时候。这个时候不要当作什么都没有发生，也不要一味地放纵对方，要将自己的意见幽默地表达出来。双方的沟通和爱情的甜蜜与幸福具有重要的意义。

这里还有一对闹情绪的夫妻，他们本来是高高兴兴地去参观一家美术展览，可是当他们走到一幅半裸女像油画边的时候，丈夫却久久不愿意离开，甚至对着油画发呆。妻子看到丈夫的"魂不守舍"，已经气得不得了。

但是这位妻子比较聪慧，她怕直接发脾气会给老公带来自尊上的伤害，于是打趣地对老公说道："嗨，亲爱的，难道你要站在这里等着秋天掉落叶吗？"

妻子的幽默提醒让丈夫马上从看画的思绪中走了出来，并对妻子抱有歉意地笑了笑。

因此，幽默不仅仅可以用来中和对方醋意，也可以用来表达自己的醋意。如果一方醋意萌生，却又装作坐视不管，只会加重自己的苦闷与烦恼。所以，聪明的幽默者总是能够运用幽默的智慧周旋于吃醋与被吃醋之间。

有一位妻子对自己的老公非常不满，因为她总感觉自己的老公没有正形，见到漂亮的女孩总是啰唆个没完。终于有一次，妻子忍不住了，她对老公抱怨道："你怎么这么没有责任心，明明知道自己结婚了，还对漂亮女孩那么恋恋不舍啊？"老公却幽默地回答说："你说的正好相反，因为我每次见到漂亮女孩的时候，时刻谨记的就是我已经结婚了。"

妻子听到老公的辩解后也没有再说什么，但是心里已经安慰了许多。

总之，在夫妻生活中，对待喜欢吃醋的一方，应该学会借用幽默的口才来避其锋芒，巧妙退步，将对方的醋意消解，维护双方的感情。

改善气氛，幽默不是软弱

恋爱的时候人们需要的往往是感觉，婚姻则需要经受得住平淡的蹉跎，也就是说婚姻更需要用心经营。多数夫妻在成家之后，整天忙于一日三餐，日日奏响着锅碗瓢盆交响曲，不和谐与烦躁代替了享受生活的浪漫情怀。家庭虽然是一个可以让自己自由放松甚至是放纵的世界，但更是一个可以享受宁静与和谐的地方。如果处理不好夫妻之间的关系，只会让家庭失去了原本的意义。

王总在单位里具有大老板的气派，而在家却是有名的"妻管严"。但是他从来不认为自己的服软是一种懦弱，因为他的退步换来了整个家庭的温馨与和平。

有一次，王总与文书李平闲聊：

王总："在这里我是'皇上'"。

李平："在家里呢？"

王总："我当然也是'皇上'"。

王总的女儿在一旁大概听见了，就回去告诉了妈妈。

王总回家后，妻子脸色阴阴地问他："你是家里的'皇上'？"

"你就是皇后。"王总讪讪地说。

"你是什么意思？"妻子问。

王总又嘿嘿一笑："老婆，你是'垂帘听政'的皇后呀。"

妻子的脸上这才有了喜色："这还差不多。"

王总在回答妻子的质问时，既转弯抹角地说明了自己在家中的家长地位，又抬高了妻子的权威。避免了一场"舌战"不说，更增添了家庭的欢乐气氛。

如果双方互不相让，针尖对麦芒，那么距离家庭破裂的日子就为时不远了。为了避免这种家庭悲剧的发生，我们平时就要想方设法地使家里充满更多的笑声，营造家庭的欢乐气氛。

有一对夫妻，妻子很胖，穿上新买的衣服，来到丈夫跟前："怎么样?"

丈夫说："虽说是紧了点，但充分突出了线条之美。"

妻子很敏感："这么说是不合适?"

丈夫："哪里的话，有弹性的衣服就这样，只要自己不觉得难受就行。"

妻子："那你看着难受吗?"

丈夫："就是看着难受也得怪裁缝，这水平也太低了点。"

话虽委婉，丈夫却真实说出了妻子很胖这一令人不快的事实，如果丈夫不注意表达方式，会很容易引发矛盾。但是由于他灵活运用了幽默的表达，令妻子忽略了胖的尴尬，使家庭环境向欢乐的方向发生了转变。

家庭生活本来就是平淡的，但平淡不是错，因为我们每个人都可以让平淡的生活变得充满色彩与愉悦。

笑出婚姻，幽默赢得幸福

李芊要结婚了，一向交友广阔的她，在身边众多男子中选择了王旭作为交换婚戒的对象。得知这个消息后，她的几个死党大感诧异，因为王旭既不是最帅的，也不是最有钱的男友。

"为什么是他?"

李芊的嘴角向上扬起："简单，因为他最能让我笑。"

那些在女人面前很"吃得开"的男人，不管长相如何，但都有一套逗人发笑的本领。只要和这类人接近，就可以立即感受到一股快乐的气息，使人喜欢与他为友。一个整天板着面孔，不苟言笑的"老古板"，是绝对不会受到女孩子们欢迎的。不少情感心理学研究者认为，男人由于平时比女人话少，所以，男人的语言的分量就更被女人所注意。不少男人正是利用幽默的手段来填补自己语言的匮乏，所以，他的魅力便永驻于人们对他的幽默的回味之中。

夫妻争吵是一种普遍现象，不论是伟人还是普通人莫不如此，怨怒之中如果即兴来一两句幽默，往往会使形势急转而下。人们常说"夫妻没有隔夜的仇"，更多的时候都是这种豁达的幽默消除了隔阂。

夫妻朝夕相处，天天锅碗瓢盆，始终举案齐眉、相敬如宾反而是一种不正常的现象，有人戏称之为“冷暴力”。小吵小闹有时反而会拉近夫妻间的距离，同时也使内心的不满得以宣泄，如果再佐之以幽默、机智的调侃，无疑使夫妻双方得到一次心灵的净化，保证了家庭生活的正常运行。

驾车外出途中，一对夫妻吵了一架，谁都不愿意先开口说话。最后丈夫指着远处农庄中的一头驴说：“你和它有亲属关系吗?”

妻子答道：“是的，夫妻关系。”

妻子：“每次我唱歌的时候，你为什么总要到阳台上去?”

丈夫：“我是想让大家都知道，不是我在打你。”

新婚之夜，新郎问道：“亲爱的，告诉我，在我之前，你有几个男朋友?”沉默。“生气了?”新郎想，过了片刻又问，“你还在生气?”“没有，我还在数呢!”

结婚多年，丈夫却时时需要提醒才能记起某些特殊的日子。在结婚35周年纪念日早上，坐在桌前吃早餐的妻子暗示：“亲爱的，你意识到我们每天坐的这两把椅子已经用了35年了吗?”丈夫放下报纸盯着妻子说：“哦，你想换一把椅子吗?”

亨利的妻子临睡前絮絮叨叨的谈话令他十分不快。一天夜里，妻子又絮叨了一阵后，吻别亨利说：“家里的窗门都关上了吗?”

亨利回答：“亲爱的，除了你的话匣子外，该关的都关了。”

上面故事中的夫妻幽默均恰到好处地表达了自己怨而不怒的情绪。有丈夫对妻子缺点的抗议，也有妻子对丈夫多疑的抗议，但其幽默的答辩均不至于使对方恼羞成怒，妻子用夫妻关系回敬丈夫也是一头驴，用数不完的情人来指责新郎的无端猜忌，丈夫用巧言指责妻子的絮叨，这幽默的话语听上去自然天成，又诙谐动听。这些矛盾同样有可能发生在我们每一个家庭之中，有时却往往因为两三句出言不逊的气话而使矛盾激化。许多夫妻都有过类似的经历，无谓的争吵随时都会发生，一旦发生又会因愤怒而失去理智，直至闹得不可开交，甚至拳脚相加。

生活中，我们常看到这种情景，在公共场合彬彬有礼的男子或女士，在家人面前同样也会为一些小事而大动肝火，有时即使是恩爱夫妻也不可避免，双方似乎都失去了理智，哪壶不开偏提哪壶，专揭对方的痛处、短处解气，唇枪舌剑，互不相让；及至冷静下来，才发觉争吵的内容原是那样愚蠢、无聊。殊不知，忍一时风平浪静，退一步海阔天空，多用幽默少动气不是一样也可占尽心理上的优势吗？作为男人应该以幽默博大的胸怀包容妻子的一切不满。

总的来说，在两个人的世界里，幽默可以发挥令人意想不到的效果，它可以增进恋人之间的感情，调节气氛，制造亲切感，它还可以消除疲劳和紧张感，使两个人都能够轻松、快乐地面对生活。

下面是判断一件事是否真正有趣的几个原则：

（1）如果你确定它不是一件令对方敏感的事；

（2）如果你不是在取笑对方的弱点；

（3）如果不至于令对方感到痛苦；

（4）如果你不是在泄露一件对方告诉你的秘密；

（5）如果不至于侮辱对方。

婚姻经营，互相幽对方一默

婚姻是两个人的事，无论双方对生活的看法如何不同，美好的婚姻还是需要夫妻双方用心经营，幽默则自然而然地成为经营婚姻的得力资本。

夫妻双方在结合之前都各自保有自己的习性和特点，然而婚姻却要让截然不同的两个人生活在同一个屋檐下，夫妻俩需要各司其职，互相理解和支持，彼此给予情趣的调节。毕竟婚姻生活已经渐渐在熟悉中失去了恋爱的甜蜜。

懂得幽默的人在回到家以后，能够轻松自如、自由自在地与家人相处。

妻子："在生活中，虽然说女人需要把男人当作依靠，但事实上男人更加离不开女人。"

丈夫："为什么是男人更加需要女人呢？"

妻子："道理很简单的嘛，如果没有女人，男人的衣服就没有人帮助钉纽扣了。"

丈夫："如果世界上真的没有了女人，还有哪个男人会去穿衣服呢？"

妻子一听，捶打着丈夫大笑不已。

夫妻之间并不能够因为熟悉就忽略了日常生活中的情趣与快乐。尽管现实会让夫妻俩为一些生活琐事而吵闹，甚至会让他们中的许多人对婚姻失去信心。但是，请不要苛求平静的幸福，在很多时候，幽默的言谈会使我们增强对婚姻和家庭的信心。

丈夫："亲爱的，你既然这样爱我，为什么我第一次向你求婚的时候，你没有马上答应呢？"

妻子："因为我要看拒绝后，你的反应是怎样啊。"

丈夫："哦，可是如果当时我掉头就走了，那你怎么办？"

妻子："放心，你走不出去的，因为我早就把大门锁上了。"

经验表明，婚姻关系愈亲密，夫妻俩幽默的言谈似乎也就愈尖刻，因为关系密切的人之间，会包容对方而不计较。

夫妻争吵，需要适度地幽默

俗话说："谁家的烟囱都冒烟。"即使最恩爱的夫妻，也难免发生争吵。一般口角，吵过之后也就完了，但是，如果争吵起来不加以控制就可能激化矛盾，引发意想不到的结果。所以，夫妻争吵有必要控制好"度"，最好是要掌握一点技巧性的幽默度。

有的夫妻争吵时，喜欢把过去的事情扯出来、翻旧账，历数对方的"不是"和"罪过"，这种方式很愚蠢。如果大家都翻出对自己有利的那一页，不但无助于解决眼下的矛盾，而且还容易把问题复杂化，让新账、旧账纠缠在一起，加深怨恨。夫妻争吵最好"打破盆说盆，打破罐说罐"，就事论事，不前挂后连，这样处理问题，才容易化解眼前的矛盾。

如果在夫妻双方争吵到一定程度的时候，一方能投之以幽默，则另一方也会还之以幽默，这样才能够将矛盾化解，让争吵平息。

一次，丈夫陪妻子上街买衣服，从早上逛到了晚上也没有买到合适的衣服。因为无论妻子试穿哪一件衣服，丈夫总显出一副心不在焉的样子，附和着说："好看。"疲惫不堪的妻子，最后质问道："你这个人怎么能这么随随便便?"

丈夫看到妻子发火了，赶忙补救说："当初我也是这么随随便便就把你选上了，可是你挑中我却是经过精挑细选的啊。"

妻子听到这话，一下子笑出声来，怨气消退了一大截。

丈夫巧妙地把自己的"随随便便"说成是妻子的"精挑细选"的结果。不仅指出了挑中自己对妻子来说是件不容易的事情，也将妻子"精挑细选"的结果幽默了一把。

如果夫妻在争吵时，由于激烈程度过高，确实没有时间幽默的话，也要注意吵架时的语言尺度，不能对另一半的缺陷进行恶语攻击。俗话说小吵宜勤，适当的争吵可以让婚姻别具风味，没有争吵的家庭则是因为缺乏个性的拼合。但是，夫妻争吵应该建立在适度的幽默基础上，应该建立在相互尊重的层面上，如果让争吵演化成了人身攻击，只会让婚姻逐渐走向崩溃的边缘。一般说来，夫妻双方十分清楚对方的毛病和短处。在平时，彼此顾及对方的面子而不轻易指出。可是一旦发生争吵，当自己理屈词穷、处于不利态势时，就可能把矛头对准对方的短处，挖苦揭短，以期制服对方。有道是"打人莫打脸，骂人不揭短"，任何人最讨厌别人恶意揭短，这样做只会激怒对方，扩大矛盾，伤及夫妻感情。

幽默贤妻，让婚姻长久温馨

萝丝在下班回家的路上遇到了一个许久未见的闺蜜，两人相谈甚欢。临时决定与闺蜜一同去吃饭，想好好与她聊聊。结果直到午夜，方才心满意足地回家。进了家门她才发现，老公准备了满满一桌的丰盛饭菜，等着她一同庆祝两人的结婚纪念日。

这样一个重要的日子还会来得那么晚，老公自然怒不可遏。一番唇枪舌剑，谁都认为自己有理，一时之间闹成了僵局。

萝丝突然觉得，这样只会让夫妻关系变得恶化，而对已经发生的事情来说毫无解决的余地。于是她率先做出了让步，小声道歉："对不起，是我错了，因为我觉得我跟你相处的每一天都是快乐的，以至于把今天给忽略了。"

听到妻子说出了这种话，老公愣了一下，满腔怒火顿时烟消云散，一把将萝丝揽进怀里："亲爱的，我做的也不对，不该冲你发火。这不过是一时的情绪而已，并没什么大不了。"

一场剑拔弩张的家庭纷争，就这样完美地化作了云烟。

在这件事上，萝丝不一定就认为自己做错了。但是她很快便认识到，夫妻间日常的拌嘴没有谁对谁错，就像是一场辩论，公说公有理，婆说婆有理，谁也没有办法说服对方。只有一方先找个台阶，在口头上做出让步，才能在不伤害感情的情况下化干戈为玉帛，才能让夫妻关系变得更加和美。

一个聪明的妻子，懂得如何解决夫妻间的矛盾，懂得如何珍惜前世的缘分。她明白，在夫妻之间争一口气并不会获得什么利益，女强人的形象应该表现在工作中而不是在家庭里。一个小小的幽默，对于老公来说，要远比连篇累牍的大道理具有力量。女性的温柔是一块糖，每个男人都喜欢，但不能总是给老公吃糖。而幽默则是一味调料，他能在家里调出别样的温馨，赋予家庭生活以与众不同的滋味。

《诗经·郑风·褰裳》中，一位女子轻轻吟唱："子不我思，岂无他人。"这就是古代女子含蓄的幽默：你不想着我，还有别人惦记着我呢。潜台词就是：你要是再不赶紧回来，我可就跟别人走了。多少亲切熟悉的牢骚和嗔怒蕴含其中。而今天，有多少的性情女性发过如此的牢骚和詈骂，对不守时、甚至有些变心的男士发出这样的警告。可惜，现在的我们往往只是把潜台词说了出去，效果自然差得很远。不回家的男人还是"三过家门而不入"。如果换成这句含蓄而又不失幽默的话，女子的丈夫听到之后，恐怕会扔下一切，快马加鞭地往她的身边飞奔吧。

心怀意见，用幽默委婉表达

生活中，我们对亲人会有各种各样的看法，有时候是好的看法，有时候则是不好的。当我们对亲人有不好的看法时，如果直言不讳、言辞激烈，则难免伤害对方。如果能将话语制成“糖衣炮弹”，对有缺点的一方进行善意的揶揄和有节制的讽劝，以幽默的方式送给对方，那么，既达到了批评对方的目的，又增加了趣味的成分，即使对方心甘情愿地改正错误，也不会伤害感情。可以想象，其收效肯定要比直言不讳强得多。

妻子对丈夫说：“我生了女孩，你妈妈说什么了吗？”

丈夫回答：“没有，她还夸你呢。”

妻子认真地问：“真的，夸我什么？”

丈夫一字一句地说：“夸你有福气，将来用不着担心看儿媳妇的脸色行事了。”

这位丈夫没有直接表达对妻子不孝顺母亲的不满，而是以幽默的方式，通过这种温和的批评方式，让妻子从一个母亲的角度来看这件事情，使她在回味之余，更容易接受批评并加以改正。

日常生活中许多生活琐事往往会引发大的干戈，其原因之一是双方的话语中都缺少一种幽默的成分。如果在批评亲人的过错时能采用幽默的方式，那么你的批评就已经成功一半了。

妻子已经有两个礼拜没有打扫房间的卫生了。丈夫对妻子的懒惰和邋遢十分不满，就对妻子说：“亲爱的，上星期你工作很忙，没有时间做家务，如果这个星期你仍然忙的话，我还可以替你再做一周家务。”

这样，就比严厉地指责她的懒惰与疏忽大意来得轻松一些，也更容易被对方接受。当然，懒惰的不仅仅是妻子。结婚后，家务事变得多了，有些丈夫很懒惰，即使工作不太忙，也不肯帮妻子动动手。对此，妻子可运用幽默讽刺丈夫。

妻子在厨房忙完以后，对久坐不动专等着吃饭的丈夫说：“今晚的菜，你可以选择。”

“是吗？都有些什么菜？”

“炒土豆。”

“还有呢？”

“没有了。”

“那你让我选择什么啊？”

“吃还是不吃？”

妻子对丈夫的懒散很反感，却又不好直接对他进行批评。一句“吃还是不吃”，让丈夫自惭形秽。

幽默是一种灵活的表达方式，他可以明确而又温和地表达出我们对亲人的看法。让亲人平和地了解到我们的想法，重新审视他们自身，改正他们的错误，弥补他们的不足。

理性互补，幽默婚姻才和谐

现实生活中，不少人把分手和离婚的理由归结为“性格不合”。其实所谓的“性格不合”完全可以巧妙地转化为配合默契的“互补式爱情（婚姻）”。正如人们常说的：“该相似的地方相似，该互补的地方互补。”

通常，互补可分为两种情况，一种是交往中的一方能满足另一方的某种需要，或者弥补某种短处，那么前者就会对后者产生吸引力。比如，依赖性强的人愿意和独立的人在一起生活等。另一种是因为别人的某一特点满足了你的理想，而增加了你对他（她）的喜欢程度。比如，一个看重学历的人，自己又没有拿高学历的机会，往往希望对方能拿到高学历。

英国著名作家梅瑞狄斯曾经说过：“虽然接吻是不能永久持续下去的，可饭却是要天天吃的。”进入夫妻生活以后，油盐酱醋的细琐已经取代花前月下的浪漫，实现性格上的磨合需要幽默的加入。

丈夫下班回到家后，发现妻子还没有回家，但是这个时候的他已经很饿了。当妻子进门还没有喝口水休息一下，丈夫就急切地催促说：“快点做饭啊，我的肚子都已经扁了好几个轮回了。”

妻子：“好啊，你来帮我一起做吧，这样还能早点吃饭。”

丈夫沉下脸来说：“我已经饿得连走路的力气都没有了，如果再不做饭，我可要去饭馆吃了。”

妻子：“好吧，等我 10 分钟。”

丈夫以为妻子已经向自己妥协了，正要高兴呢，妻子突然说：“10 分钟的时间容我打扮打扮，下馆子去吧。”

丈夫无奈，只好帮助下厨。但是在下厨的过程中，夫妻俩依旧有说有笑，他们在锅碗瓢盆的平实中，感受到了快乐的情趣，就连丈夫也忘记了自己当初的推脱。

正是因为妻子的幽默，让丈夫的“不情愿”发生了转变。幽默能够让夫妻一方扭转形势，能够给对方一个不得不去转变的理由。

妻子很想出去购物，便向丈夫暗示说："今年春天，不知又流行些什么时装，好想出去逛逛。"

丈夫幽默地回答说："还不是和往常一样，只有两种衣服，一种是你不满意的，另一种是我买不起的。"

妻子听到丈夫这么说，笑了起来，原来改变一个人的看法，只需要幽默的提示就可以轻松地让对方认同自己的观点。

因为我们每个人都与生俱来地有一些缺点，所以为了弥补自己的不足，我们在寻求生活伴侣的时候，往往注意寻找能弥补自己缺点的人，从而实现所谓的"强强联合"。

幽默则是达到这种夫妻性格互补的重要因素。幽默可以帮助夫妻化解双方不相符的性格冲突，让两个人在互相欣赏中体会婚姻的降服与家庭的温馨。

琐碎幽默，让夫妻生活幸福

对于一个家庭，一对夫妻来说，生活已经充满了琐碎，我们所要做的是不要被这些琐碎的事情困扰，是要懂得给平淡的生活放点幽默的调味料，既可以抚平因繁琐的家务带来的烦恼，还可以平添一些意想不到的情趣，而这样的生活，是不是更加有韵味？

李琪与王松结婚一年了，小两口生活得挺有意思，时不时地会用幽默的方式来调侃一下乏味的生活。

一天，李琪上演了这么一出请君入瓮的现代喜剧，最后让王松不得不欣然答应她的要求。

李琪对王松撒娇："亲爱的，这次的衣服可不可以由你来洗？"

王松头也不抬地继续玩电脑："不能，我还有事情要做呢。"

李琪哈哈大笑起来："我不过就这样一说，想试探一下你，其实衣服我早都洗好了。"

王松听到她这么一说，猛地抬头盯着她，脸上堆满笑容："我就只是和你开开玩笑嘛，我其实是很乐意效劳的。"

这时，只见李琪脸色由晴转阴："我也在和你开玩笑，既然你愿意洗，那现在就赶快去做吧。"

王松便一下子哑口无言了，瞠目结舌地看着李琪，没想到最后还是把自己给绕进去了，既然话已出口，也只能认了。

想到这样的情景你不禁会莞尔一笑，这位妻子的幽默机智不得不让人佩服。有时候，家务事带来的不是烦恼，而是夫妻两个人的欢乐。幽默让平凡琐碎的夫妻生活充满情趣，某些信手拈来的生活幽默，也让我们的生活充满快乐。

早上吃完午餐，妻子与丈夫坐着聊天。这时，丈夫听妻子叹了口气，说："我觉得做男人真好，我要是个男人就好了。"

丈夫听到她发这样的感叹，不禁满腹狐疑："老婆，你为什么这样说呢？"

妻子听到丈夫问自己，顿时来劲了，高兴地说："我今天看到一个手镯，特别好看。当时我就想："我要是男人，一定会买回去送给自己的老婆，她带上一定会非常好看，一定很适合她。"丈夫听妻子这么说，顿时明白了妻子的话中话，这不是妻子在提醒他给她买东西嘛。他被老婆的俏皮惹笑了，最终妻子也如愿以偿地得到了她梦寐以求的礼物。

故事中的妻子可谓是良苦用心，用一种迂回方式向老公提出自己的要求和愿望。这比起直截了当的方式，要好得多。智慧的妻子巧换自己的角度，轻而易举地便让丈夫明白自己的想法，这种幽默，是其他语言所不能达到的。向别人提出要求的时候，如果我们能换一种说话的方式，或是调整一下词序，或是换几个词，或许对方就更容易接受你的意见了。

老钱夫妇和老王夫妇是多年来的老朋友。有一天，他们两对老夫妻在一块闲聊。

这时，钱太太剥开一个橘子，发现橘瓣没什么汁水，质量不是很好，便对丈夫说："这个橘子太干，你帮我吃一半吧。"而钱老头儿不高兴了："你觉得不好了，才分给我吃啊？"

不一会儿，王太太剥开一个橘子，结果发现和钱太太的一样，吃了一半之后，便把另一半给了给老王："这个橘子干干的，可是我已经替你吃了一半，剩下的一半你就自己吃了吧。"老王听她这么一说，便把橘子接了过去，爽快地吃了。

同样的一件事情，不同的说话方式却让对方产生了两种不同的感受，做出了两种不一样的举动。因此，懂得了幽默便掌握了一门生活哲学，可以避免不少烦恼事，要不怎么说幽默的夫妻更幸福呢。

平凡的生活可以有不平凡的人生，琐碎的家事可以有不琐碎的快乐，普通的夫妻也可以有不普通的幸福，幽默可以让普通的生活更丰富。

面对讥讽，用幽默进行反击

爱人之间经常会在不经意间互相调侃，调侃本来是一件很有意思的事情，却又经常被人们将有趣的问题扩大化，因为调侃不当会引起不必要的冷嘲热讽。那么，面对爱人的冷嘲热讽，我们该如何应对呢？

李德是某市的市长，有一次和妻子卓丹去一个建筑工地视察。这时迎面向他们走来一个建筑工人，就对着卓丹打招呼："这不是老同学卓丹吗？我是张达，你还认识我吗？高中时，我们还常常约会呢。"

离开建筑工地后，李德就嘲弄卓丹道："如果你当时嫁给了张达，现在你还是个建筑工人的妻子。"卓丹听他这么一说，知道这是有意激自己，便不甘示弱反驳他："应该庆幸的人是你，要不然现在的市长就不会是你了。"

家庭生活里有很多这样的斗嘴和相互"嘲讽"的现象，如果你要刺激你的爱人，那可要注意分寸了，因为刺激一旦过火，他（她）也会适时对你的进攻发起"反击"。这个时候，如果用幽默的方式进行调侃，火药味就会变得不再浓重。

男孩和女孩逛街，累了就坐在广场的椅子上休息。这时，女孩看到对面有一个很漂亮的女孩坐在对面的长椅上东张西望。

女孩就对男孩叫道："快看，那个漂亮女孩正在看你呢。"

男孩没有理会她，继续闭目养神。

"难道你真的不想看看吗？"女孩对男孩的表现充满了疑惑。

"她要是真那么漂亮，首先你就不会让我看的。"男孩若无其事地回答。

男孩并没有用直接的方式回敬女孩的嘲讽，而只是幽默一答。这样一来，既批评了女孩爱吃醋的心理，又表达了自己对她的浓浓爱意。在幽默的修饰下，别人的嘲讽已经变得非常渺小。

有一位小气的妻子总是把家里的财物管得太严，丈夫会觉得很不方便，一致想要声讨，却没有等到合适的机会。

这天，丈夫回家时，装作气喘如牛的样子，却又得意扬扬地对妻子说："我一路跟在公共汽车后面跑回来，"他喘着气说，"这样我省了1元钱，没办法身上钱不多只能省着过呢。"

没想到妻子笑着说："你何不跟在计程车后面跑，这样可以省下5元钱。"

在这个幽默故事中，丈夫所说的明显是假的，他要表达的是妻子对他管得太紧了，他不得不省钱跑回家。面对丈夫有意的讥讽，妻子表示理解，在莞尔一笑的同时，以幽默的话回避了丈夫的话题。

下篇

幽默的提升

——掌握技巧，成为幽默大师

第一章

幽默形式——多元幽默开胃大杂烩

传统幽默与现代幽默

从本质上来说，传统幽默是在美丑对照中，美具有压倒丑的优势，听过之后，让人感到轻松、欢快，并且对其深刻的内涵能够发出会心的微笑。

传统幽默来自民间，是劳动人民智慧的结晶。无论是古代的田间地头还是现今的街头巷陌，也无论是阳春白雪还是下里巴人，无论在哪里，都能听见让人开怀大笑的幽默和风趣。

集我国传统幽默于大成者，当属清代的笑话集《笑林广记》。该书对芸芸众生里常见的贪淫、鄙吝、虚伪、昏昧、失言、惧内等现象嘲讽得入木三分，颇能反映世情，振聋发聩，值得玩味。如这则《比职》：

甲乙两同年初中。甲选馆职，乙授县令。甲一日乃骄语之曰："吾位列清华，身依宸禁，与年兄做有司者，资格悬殊。他不具论，即选拜客用大字帖，身份体面，何啻天渊。"乙曰："你帖上能用几字，岂如我告示中的字，不更大许多？晓谕通衢，百姓无不凛遵恪守，年兄却无用处。"甲曰："然则金瓜黄盖，显赫炫耀，兄可有否？"乙曰："弟牌棍清道，列满街衢，何止多兄数倍？"甲曰："太史图章，名标上苑，年兄能无羡慕乎？"乙曰："弟有朝廷印信，生杀之权，惟吾操纵，视年兄身居冷曹，图章私刻，谁来怕你？"甲不觉词遁，乃曰："总之，翰林声价值千金。"乙笑曰："吾坐堂时，百姓口称青天爷爷，岂仅千金而已耶？"

不足300字的篇幅，便将封建官场中的骄奢淫逸表现得淋漓尽致，更让人在笑过之后感到一种深思与回味。

与传统幽默相对应的则是现代幽默。在现代人眼中，幽默是一种人类的共性，是面对困难而演绎出来的文明和文化。人与人之间的距离在真诚和大方面前缩短，人与人之间的沟壑在心灵的善良面前被填平。从这种意义上来说，现代幽默已经不再具备传统幽默那种针砭时弊的讽刺效果，而是成了人际交往过程中的一种润滑剂。在英、美国家，一个男人宁愿承认自己触犯了各种各样的罪名，宁愿承认自己的头上戴的是假发，嘴里装的是假牙，也不愿承认自己缺乏幽默感。原因很明显，没有幽默感的人无法在人际交往中得到理想的收获。

狮子和 9 条狼商量合作捕猎。一天过去之后，共有 10 只羚羊成了它们的猎物。狮子说："你们看怎么分配这顿美餐最为公平？"

"每人一只是最公平不过的了。"一条狼不假思索地说出了它的看法。

狮子顿时发起怒来，一巴掌将它拍倒在地，然后环视了一下其余的 8 条狼，问："谁还有更好的分配方案？"

狮子的淫威把其他的狼都吓坏了，半天不敢吭声。最后，有一条狼壮着胆子对狮子说："对不起，我那个兄弟说错了。如果您拿走 9 头羚羊，那您和羚羊加起来就是 10 只，而我们加上一只羚羊也是 10 只，这样我们双方就都是 10 只了。"

狮子对这个分配方案十分满意，说道："你是怎么想出这个分配妙法的？"

狼回答说："当你把我的兄弟打倒时，我变得聪明一点了。"

这就是一个典型的西方现代幽默。如果我们把这则幽默里的动物们换成人类，那么这就是很出色的一个社交幽默的例子。在这里，我们看不到美压倒丑的讽刺，但却看到了人际关系中的复杂与机智。这也是现代幽默的一个显著特点。

西方人对幽默的重视人尽皆知，而一向以内敛为传统的中国人，在现代幽默上也当仁不让，林语堂、钱锺书等人，都是现代幽默的大家。他们在社交上、在社会地位上的成就，与其幽默的态度息息相关。

在幽默口才的运用中，传统幽默能够给人以深思、回味，现代幽默则能让人在社交中游刃有余。将这两种幽默形式有机地结合起来，行走在人际江湖中，也就没有什么障碍了。

健康幽默与不健康幽默

健康幽默和不健康幽默是针对幽默的思想内容而区分。一般来说，只要是幽默的内容积极向上，思想健康就可以称之为健康幽默；相反，那些比较低俗的幽默则可以统归于不健康幽默中去。

在生活、学习、工作、社交等正式、公开场合，我们所运用到的基本上都是健康幽默，因为在这种环境里，只有健康幽默才能产生活跃气氛、避免尴尬的作用。若是不健康的幽默脱口而出，那么只会贻笑大方。

健康的幽默形式

用幽默轻松表达人类征服忧愁的能力，令人如沐春风，神清气爽，困顿全消，忘却于现实中的不快，这就是健康幽默带来的积极作用。

伏尔泰曾有一个仆人，有些懒惰。一天，伏尔泰请他把鞋子拿过来。鞋子拿来了，但鞋子上布满泥污。于是伏尔泰问道："你早晨起来怎么不把它擦干净呢？""用不着，先生。路上尽是泥污，两个小时以后，您的鞋子又和现在一样脏了。"

伏尔泰没有讲话，微笑着走出门去。仆人赶忙追上说："先生慢走！钥匙呢？食厨上的钥匙，我还要吃午饭呢。""我的朋友，还吃什么午饭。反正两小时以后你又和现在一样饿嘛。"伏尔泰巧用幽默的话语，批评了仆人的懒惰。

批评别人的时候往往气氛会比较紧张，如果能使用富有哲理的故事、双关语、形象的比喻等幽默的话语，则可以缓解对方被批评时紧张的情绪，启发被批评者的思考，从而增进相互间的感情交流。这样的批评方法，不但能达到教育对方的目的，同时还会创造出轻松愉快的气氛。

其中，健康幽默感的培养途径主要有以下几个方面：

（1）注意丰富自己的幽默资料。看得多了，听得多了，占有的幽默资料多了，运用幽默语言的能力自然会得到提高。

（2）注意从别人的幽默语言中体会幽默的要领。仅仅从抽象的概念中学习幽默的要领，往往是不深刻的，只有结合大量的幽默语言实例进行深入体验，才能深刻理解幽默的要领，从而对幽默语言运用自如。

（3）注意从别人的大量幽默语言实例中启发思路。运用幽默语言，要有独特的思维方式，要有借题发挥、创造幽默语境的技巧，而且要求反应敏捷、思路明快，这些从幽默语言实例中都能体验出来。

（4）多找机会应用。实践出真知，幽默语言的培养也是这样。从书上学来的幽默语言知识，只有经过自己在实践中练习和运用，才能变成自己的东西。而且，在实践中练习和运用幽默语言，也能加深对幽默的理解，丰富幽默知识，这本身也是一种学习，是书本学习的继续和深化。只有多练习、多运用，才能有效提高使用幽默语言的水平。

（5）幽默是一种最终的目的。不能为了幽默而幽默，一定要根据具体的语境，选用恰当的幽默话语。另外，人是有区别的，有的会幽默，有的不会幽默，不会幽默的，则不必强求。否则，故作幽默，反而会弄巧成拙。

不健康的幽默形式

并不是说不健康的幽默就没有任何能起到活跃气氛的作用。在私下、非正式场合中，不健康的幽默有时候反而能起到健康幽默所达不到的效果。

非健康幽默主要有下面两种形式。

(1) 首先是成人幽默。

成人幽默俗称黄色幽默，在民间又被称为“荤笑话”。多指带有色情意味、与性相关的幽默，过分强烈的性暗示、更进一步带有性挑逗意味的幽默也属于此类幽默的范畴。例如关于生殖器官或第二性征的笑话、对性生活细节夸张表现的言语、容易引起听者产生性关系联想的趣话、调戏甚至是侮辱异性的谈吐、对不正常的性心理的展现的笑料，等等，都属于成人幽默的范畴。

至于现代的成人幽默，则有些赤裸裸地情色意味了。有些幽默在表面上来看并非是荤段子，但带有双关语，换个角度去看，味道就大不一样了。当然，有一些表面上看起来有种打擦边球意味的段子，把握好尺度，也是一种不错的幽默口才。

一般来说，成人幽默难登大雅之堂。但也并非是一无是处。在某些特定的环境和特殊的场合中，成人幽默所起到的效果反而会更有趣味性。比如夫妻之间，适当地运用此类幽默，对增进夫妻感情颇有益处；另外，在同性好友（更多为男性）的酒桌上，适当、适度的成人幽默也会使酒桌气氛更加活跃，进而增进朋友之间的感情。

(2) 病态幽默。

病态幽默与健康幽默的区别在于，它不像健康幽默把欢笑与快乐带给他人，而是将生活中痛苦、丑陋的一面展现在世人面前，多是以暴死、严重事故悲剧情节为依据，把幽默主角对生活的绝望心境昭示天下。

有声幽默与无声幽默

有声幽默与无声幽默的区别就在于幽默是否使用声音来表达的。前者是幽默的主要形式，后者则是把幽默通过表情、肢体语言等无声的方式表达。

有声幽默是我们常见的一些可以用语言表达出来的幽默，除了在社交场合见到的幽默说话之外，还有一些艺术类的幽默形式，如相声、小品之类的幽默表演。无声幽默作为我们生活中不常见的表达形式，则更加受到人们的关注。这里重点介绍一下无声幽默的表达形式。

世界上著名的无声幽默大师，当属卓别林。

瘦小的上衣、肥大的裤子，一双左右脚反着穿的大皮鞋，一顶破破烂烂的礼帽，外加一根手杖，走着鸭子步的卓别林无须发一言，就能让人忍俊不禁，这就是他无声幽默的魅力。

卓别林的无声幽默技巧主要具备以下6种：

（1）他尽量把自己置于一个尴尬的境地，并让人注意到自己。比如说：帽子被风吹跑了，这种情景很常见，没有值得可笑的地方。但如果帽子的主人紧紧追赶被吹走的帽子，而他的头发却在风中飘舞，破烂的衣服也翩翩欲飞，那喜剧效果便出来了。因此，若想产生喜剧效果，就要把此人放到一个异于寻常的场景中去。

（2）当某人身处在一个让人发笑的状态，他自己又拒绝承认事实，而是拼了老命想要自己的尊严得以保持，那么这种可笑程度就更加深入了。

（3）让一个动作产生两次喜剧效果，比两个动作达到同样的效果更加具有价值。在卓别林所主演的《夏尔洛越狱》中，卓别林和一个少女吃着冰淇淋坐在楼上的阳台上，楼下的阳台则坐着一位衣着华丽的胖太太。这时，卓别林手中的冰激凌掉到了裤子上，又沿着破破烂烂的裤子往下流，一直流到胖太太的脖子里，卓别林的笨手笨脚引起了第一阵笑声；紧接着，胖太太高声叫嚷起来，又出现了第二次喜剧效果。这种一个举动两次致笑的方式很明显使得喜剧效果更加突出。

（4）卓别林颇擅长使用为观众所喜爱的对比形式。让善者与恶人、贫者与富人、幸运者和倒霉蛋在同一时间里又哭又笑。喜剧效果便出现了。

（5）卓别林不让观众猜出他的下一步行动，他总是出乎意料。比如说观众以为他要继续步行下去，结果他以超乎寻常的敏捷窜上了一辆汽车。在影片《移民》中，卓别林斜倚在船舷上，只把背部和不断抽搐着的肩膀留给了观众。看到这一场景，人们都会以为他晕船，结果他从水中拉起一条鱼来。

（6）不能让观众笑得过分，要让观众一直处于持续的欢乐中，而不是无休止地傻笑。因此，卓别林尽量做到不去夸张、夸大某一个细节，这样最容易把笑声扼杀。而是让观众自己从心底笑出来，这才是最重要的一点。

卓别林时代，电影还处于默片时期，因此产生了这位喜剧大师。到了今天，默片早已成为过去式，但美国好莱坞的演员憨豆先生和知名演员金·凯瑞的无声幽默同样继承了卓别林的风采。他们那夸张而又丰富的表情与动作，为其赢得了当代喜剧大师的称号。

灰色幽默与黑色幽默

灰色幽默指的是一种表达人内心郁闷、消极的幽默，又称为灰段子。尤其是在那种社会动荡的岁月，灰色幽默被人们用来抒发或者发泄心中的不满情绪，有一种自我解嘲、自我安慰的味道。它一般是以事物的阴暗面或者不健康的现象作为题材编排的笑话，以艺术化的方式来反映民风民情民意，以无奈的嘲讽、抨击针砭时弊，让人在一笑之后引起思考。

女：有公寓吗？有雅阁吗？

男：没有。

女：不好意思，我还有点儿事，先走了。

男：我有别墅，住什么小公寓啊？我开着德国奔驰，干吗要换成日本车？

女人回眸一笑，相亲继续。

女："你的别墅在哪啊？车子怎么没看到你开过来？"

男："为了创业，我把别墅、车子全都抵押给银行了。"

女："抱歉，我先走了。"

男："不过拿到了股份，公司上市了。"

女："你坏死了！老是逗人家……"

这时，穿白大褂的医生走过来，呵斥那男的："250号，快回去吃药！"

这是一则相亲的灰色幽默，很无奈地表现了当今社会的拜金主义、唯"物质"论，对于时弊的针砭一针见血，让人笑过之后，深思的东西太多。这就是灰色幽默所起到的作用。

与灰色幽默相类似的是黑色幽默。黑色幽默是一种让人哭笑不得的幽默，它以悲观主义为思想基础，面对的是死亡与荒诞，却用一种长歌当哭的方式来化痛为笑，用一种不以为然的态度把痛苦化为玩笑，把悲剧的内涵用喜剧的方式来演绎，让人听完之后，从内心发出的是一种苦涩的笑。

黑色幽默的概念最先诞生于西方社会，在明朝时期，我国就已经出现了黑色幽默的典型例子。比如明代文学家冯梦龙所编撰的《三言二拍》中，便有一则"寡妇扇坟"的黑色幽默。

一日，庄生出游山下，见荒冢累累，叹道："'老少俱无辨，贤愚同所归。'人归冢中，冢中岂能复为人乎？"嗟咨了一回。再行几步，忽见一新坟，封土未干。一年少妇人，浑身缟素，坐于此冢之傍，手运齐纨素扇，向冢连扇不已，庄生怪而问之："娘子，冢中所葬何人？为何举扇扇土？必有其故。"那妇人并不起身，运扇如故，口中莺啼燕语，说出几句不通道理的话来。正是："听时笑破千人口，说出加添一段羞。"那妇人道："冢中乃妾之拙夫，不幸身亡，埋骨于此。生时与妾相爱，死不能舍。遗言教妾如要改适他人，直待丧失毕后，坟土干了，方才可嫁。妾思新筑之土，如何得就干，因此举扇扇之。"庄生含笑，想道："这妇人好性急！亏他还说生前相爱。若不相爱的，还要怎么？"乃问道："娘子，要这新土干燥极易。因娘子手腕娇软，举扇无力。不才愿替娘子代一臂之劳。"那妇人方才起身，深深道个万福："多谢官人！"双手将素白纨扇，递与庄生。庄生行起道法，举手照冢顶连扇数扇，水气都尽，其土顿干。妇人笑容可掬，谢道："有劳官人用力。"将纤手向鬓傍拔下一股银钗，连那纨扇送庄生，权为相谢。庄生却其银钗，受其纨扇，妇人欣然而去。

显然，听完这个故事的人脸上展露出来的都是一种苦涩的笑。这就是黑色幽默所具有的力量。严格地说，黑色幽默是一种将传统幽默与现代派手法相结合的幽默。它产生的绝不是愉悦感，而是引导人们去思考社会现实的冷酷。

红色幽默和暖色幽默

在我国，红色幽默最先出现在手机短信段子上，是通过互联网，在电脑、手机等现代媒介、网络平台上进行传播的一种内容积极健康向上的信息。在“成人笑话”、“黑色笑话”满天飞的形势下，出现这样一种正面、积极的语言及思想，以健康向上的思想为内容，可达到提高思想水平、宣扬社会美德、激发生活激情、启迪美好人生、催人奋进的效果。

袜子决定离开相恋多年的裤子，转投鞋子的怀抱。裤子哭问：“鞋有什么好?”袜子答道：“你整天晃来晃去，吊儿郎当的，哪有鞋那般脚踏实地，和鞋（和谐）才好。”

做人要脚踏实地，社会发展更需要脚踏实地。简单风趣的话道出了和谐社会的真谛。用幽默的形式来讲出这个意义，更使人过目难忘，印象深刻。

因此，无论是从红色幽默正面引导舆论、消费导向的出发点，还是从其本身积极性、健康性的内容，或其所具有的交流情感、传递信息等，我们都应该肯定这种幽默形式。

有的红色幽默言简意赅、发人深省，有的则以诙谐幽默、引人发笑取胜，更有的深情款款，反思之下令人寻味，让人不禁拍手叫好。

在幽默口才的运用中，红色幽默特别适用于正式的场合。试想，如果发言人用红色幽默的方式将所要阐述的思想表达出来，那么带来的将是深入人心的效果，这远比干巴巴地照本宣科强得多。

在色系里，红色属于暖色色调，有红色幽默，相应的也就有了暖色幽默。

如果做一个比喻，灰色幽默、黑色幽默是一个方方正正、棱角分明的金属块，那么暖色幽默就是一枚被削去了棱角的鹅卵石。那种恶搞式的幽默，虽然当时能让人开怀大笑，但笑过之后让人无从回味，转身就忘。而暖色幽默则是一种无声的微笑，但给人留下的印象却是极为深刻的。

冷幽默与热幽默

冷幽默指的是一种让人初读时并不觉得可笑，但回味之余却让人大笑不止的幽默。平平淡淡的叙述，结局却出人意料，从而带来一种喜感。它的起源就是那则著名的“北极熊拔毛”的幽默，大多数哲理性的幽默也属于这一类。另一种观点则认为，冷幽默其实跟说笑话的人有关。表达幽默的人一本正经，表情严肃，仿佛在说一件很严肃的事情，但让别人忍俊不禁、捧腹大笑。其实这个意义上的冷幽默属于冷面幽默，与当今时代意义上的冷幽默不尽相同，是一种高级的喜剧艺术，常常运用于搞笑的影视剧作品中。

一个人正在崎岖的乡间公路上开着车，突然看到一个年轻人在拼命地奔跑，后面三只凶猛的狗叫着紧追不舍。

于是那人来了个急刹车，向年轻人喊道：“快上来！快上来！”

年轻人喘着粗气说：“谢谢！谢谢！您太好了，别人看我带了三只狗，都不愿意让我搭车……”

在读到最后一句话之前，这则幽默给人留下的感觉是一个可怜的小伙子被三条恶犬追得狼狈不堪，命悬一线。待到结尾，笔锋一转，幽默效果呼之欲出。这种与人们思想逻辑相违背，情理之中意料之外的笑话，正是冷幽默所能起到的效果。如果仅仅剔除内容思想，那么欧·亨利式的结尾，便是最典型的冷幽默。

有冷就有热，与冷幽默相对应的自然便是热幽默。这个词我们在日常生活中很少提及，是因为它所包含的十分广泛，而人们往往愿意把它划分得更细更准确些。

热幽默是指一种可以不用庸俗恶搞的方式而能产生让人捧腹大笑，还能余音绕梁的幽默。从这个意义上来说，灰色幽默、黑色幽默都属于这个范畴。

某老外苦学汉语18年，信心满满地到中国参加汉语等级考试，结果遇到了让人无语的考试题目。试题如下：

请解释下文中每个“意思”的意思。

员工给领导送红包时，两人的对话颇有意思。

领导：“你这是什么意思？”

员工：“没什么意思，意思意思。”

领导：“你这就不够意思了。”

员工：“小意思，小意思。”

领导：“你这人真有意思。”

员工："其实也没有别的意思。"

领导："那我就不好意思了。"

员工："是我不好意思。"

老外泪流满面，交了白卷打道回府。

这则幽默的笑点在于老外对汉语言文字博大精深的不熟稔，但其反映出来的社会现实却让人深思。"意思意思"，到底是什么意思？只有亲身经历过的人才能感悟，才能由此引发出"笑果"。回味之后，令人感慨万千。这种热幽默的艺术，特别适用于公开、正式的场合，既让听者开怀大笑，起到活跃气氛的作用，又能引起笑过之后的思考，比说教式的语言，要强很多了。

禅式幽默与孩式幽默

禅式幽默的重点在于一个"悟"字。这是一种充满了智慧的幽默，需要听者仔细回味才能领悟到笑点的所在。因此，这就要求运用禅式幽默的人具有出色的智慧，而听者也需有超强的领悟能力，否则就是对牛弹琴。

西班牙的斗牛运动非常出名，而一个优秀的斗牛士不仅可以名利双收，更能成为世人的偶像。因此，每一名斗牛士都会把斗牛场上所产生的荣耀看得格外重要。

不过斗牛运动也不是总以人的胜利而告终。有一名斗牛士在表演的过程中不幸败于凶猛的公牛，被牛角挑伤的他强忍着疼痛，当着全场观众的面发誓：一定要给牛一个好看，一定要有一个畅快淋漓的报复。说完，便离开了斗牛场。

现场观众十分好奇，纷纷尾随他而去，都想要知道他是如何对牛展开报复的。但见这位怒气冲天的斗牛士拖着受伤的身子走进一餐厅坐了下来，点了一份牛排，并狠狠地对餐厅侍者说："我要烤得最焦的那种！"

这则幽默峰回路转，初读之下有种不知所云的云山雾罩，但经过思考之后。"笑果"便跃然纸上：一个胆怯的斗牛士只能用一种阿Q精神去实施他的报复。

一般来说，禅式幽默适于应用在高层次的人群聚会中。因为只有富有一定学识、一定阅历的人，方能在最短的时间内领悟到禅式幽默所具备的那种味道。试想，若是施展幽默口才的人说过一个幽默之后无人回应，那么将是何其尴尬的一种局面？

禅式幽默的适用范围有限，但另一种幽默的适用范围相对来说就广泛得多，这就是孩式幽默。

孩式幽默具备纯真、真诚、出奇、创新，不隐瞒、不掩饰、不做作等特点，对事物解释富有独特的创意。而这些，都是出于小孩子的本能，所以被称之为孩式幽默。脑筋急转弯就是这种幽默的典型代表。

问："在一条河上有一座独木桥。小明刚走到桥的中间，突然看见前面有一只老虎拦住了去路。他刚想往回走，发现后面又有一条狼。请问，小明是怎样过去的?"

答案很丰富，"带上伪装过去的"、"从桥下面溜过去的"、"游过去的"，等等，结果都不是正确答案。正确的答案是："昏过去的。"

如果这个问题由成年人来回答，那么他们的思想一般都局限在"过桥"方面，总是去考虑小明是如何过桥的。但孩子的思想没那么复杂，他们只会考虑到一个"过"字，在汉语中，这个过字的含义很丰富，孩子也只会选择最简单的那种。于是，正确答案便新鲜出炉了。

孩式幽默体现了一种纯真。在讲给孩子听的时候，能够帮助他们放开思维，纵情于想象的天空；讲给成年人听，也会让人重新回味那个无忧无虑的年龄，激发出埋藏在心底深处的那份纯真，给人以轻松、愉悦的心情。

其他形式的幽默

除了以上介绍的几种幽默的形式外，生活中还存在很多其他的幽默类型。比如说以下几种：

1. 透明幽默

当幽默的表达没有伪装、没有包袱、没有伏笔，完全呈表面化状态的时候，就叫作透明幽默。这种幽默不需要听者去费心琢磨，亦不会给听者带来消极、低沉的心境。听过、笑过即忘，没有任何负担。是社交中最常应用的一种幽默形式。

某部门主管近来有着良好的"表现"，在企业高层会议中大力维护下属的利益，替下属争取各种福利。而下属们也知恩图报，在当天需要上交的工作报告中，夹上一张打印出来的"奖状"，并且注明："近来主任表现良好，部门全体同仁为其记嘉奖一次，以资鼓励。"

这就是透明幽默的力量，把心底的话用幽默的方式直截了当地摆在台面上，不去伪装，不搞云山雾罩，即使话说得不恰当，但仍可以以一句"玩笑话"掩饰过去，相信谁也不会介意的。

2. 麻辣幽默

麻辣幽默之名源自四川，即四川食物特有的那种麻辣口味，一种带有强烈讽刺意味的幽默，让人产生一种吃过麻辣火锅后的痛快淋漓之感觉。

3. 地方特色的幽默

地方特色的幽默是指带有浓郁地域色彩的幽默。最有名的当属赵本山的东北式幽默和周立波的海派清口式幽默。其特点是此类幽默源于富有当地特色的生活，纯真、朴实，让熟悉当地生活的人无论在哪里听到，都能产生浓郁的归属感。

4. 方言形式的幽默

方言形式的幽默指的是用地方语言与普通话之间的差异制造笑果的幽默。我国地域宽广，各地方的语言发音各有不同，当两种差异很大的方言相遇的时候，很容易产生误会，这种误会便形成了幽默的源头。即使是善意的玩笑也罢，这种幽默在内心敏感的人的心中也容易产生地域歧视，导致适得其反。所以在运用此类幽默的时候，要以不过度、不过分为基础。

第二章

幽默技巧——三分靠天生，七分靠培养

基础准备——知识是幽默前提

曾任哈佛大学校长的叶洛特博士，说过这么一句话："我仅承认一件事，受过教育的男女们，在知识上所应得的收获，就是能够正确地、优美地使用本民族语言。"而能够运用好本民族的语言，正是拥有幽默口才的前提条件。因此，我们在培养自己的幽默感时，需要先增进自己的知识。

要增进自己的知识，书就是真正的秘诀所在，多阅读书籍，不断地充实你的内涵。英国的约翰·伯莱特说，他觉得每逢走进图书馆，就愤恨人生太短促了，使他不能够将心爱而珍贵的书去遍览一次。

对讲话者来说，知识是多方面的。不同的人，有不同的知识要求；不同的人，对知识的把握程度也不尽相同。但作为讲话者，应当掌握的最基本的知识有以下几方面：

1. 处世知识

处世就是指处理人情世故、社会活动、与人交往。每个人与社会都有千丝万缕的联系，作为人类社会的一分子，没有基本的为人处世之道，是无法在社会立足的。要想使自己的言语达到彼此交流沟通的目的，要想让自己的幽默口才发挥得恰如其分，就必须掌握交际应酬的基本知识，这样，才能说出与当时的情境相适宜的言辞。如果不懂得这些知识，在讲话过程中，就会因讲错话而造成不良的后果，导致讲话失败，甚至闹出笑话。

2. 世事知识

世事知识指的是社会生活中方方面面的常识、经验、教训、风土、人情、习俗，等等。这种知识是一种客观存在，一般无须潜心去学；只要不脱离社会生活，在实践中都能逐步体会、感悟得到。人们要想丰富自己的语言修养，锻炼出恰如其分的幽默口才，实现沟通的目的，必须具备这类知识。有人说："世事洞明皆学问，人情练达即文章。"一个不谙世事的人，所发言辞要么造成笑话，要么酿成苦果。

3. 文化知识

文化是指大文化，是人类在社会历史发展过程中所制造的物质财富和精神财富的总和。诸如天文、地理、历史、文学、艺术、哲学、经济、法律，等等。这些知识往往以成语、典故、佳作、名言、警句为载体，最能陶冶情操、提高修养、开阔视野，从而使表达者的幽默言辞更具感染力、说服力和吸引力。这种知识不能从实践中获得，需要孜孜不倦地学习。在人生道路上，通过不断积累学习，说话才会充满活力，如滔滔江水连绵不断。

4. 专业知识

所谓"术业有专攻"，人一生精力有限，不能做一个博学家，就要精于本职工作，熟练掌握专业知识。

专业知识的获得，一是靠学习，二是靠实践。当今社会是信息社会，知识更新迅速，一个好的专业人员不关注本领域的最新进展，就无法发现自身的知识盲点，既不利于工作，更不利于说话水平的提高。

某君以口齿伶俐而见长，有人向他求教有什么诀窍，他说："很简单，看他是什么人，就跟他说什么话。例如同屠夫就谈猪肉，对厨师就谈菜肴。"那位求教的人又问："如果屠夫和厨师都在座，你谈些什么呢？"他说："我就谈红烧肉。"

由上面的故事中可以看出，要应付社会上形形色色的人，就是要具备多方面的知识。如果能做到这一点，那么运用幽默口才应付各种人物自然就得心应手了。虽然不一定要样样精通，但如何运用全在自己。

知识是事业的根本，你要使谈吐能赢得别人的兴趣，更要丰富自己的知识储备，把天地间的知识储存在自己的脑海中，一旦应用的时候，就可以有选择地与人对答如流了。

其中，丰富知识的主要途径有：

（1）读书看报是充实自己的有效方法。随着社会的进步，每月所出的各类图书越来越多，经常阅读是最低限度的准备工作。如果想在幽默口才的表达上出人头地，就要关注国际和国内的动向、一般的经济发展趋势、科学上的新发明和新发现、世界所关注的事件和新闻人物，以及艺术名作、电影戏剧等内容。

（2）图书馆和网络是一个巨大的信息宝库，要善于利用它。

几乎每个图书馆都有定期文献、读者指南。这个来源列出了杂志文章的作者、题目和主题供我们学习查阅。

（3）网络是目前发展迅速的电子产物，只要你仔细浏览网页，就可以获得大量资料；也可以随意进入世界著名的图书馆浏览。利用互联网能够更快、更迅速、更便利地获取材料。

厚积薄发——欢笑中呈现理智

幽默口才反映一个人的道德修养、学识水平、思辨能力。要想使自己的语言具有艺术魅力，光靠技巧是不够的，一味地追求技巧而忽略自身的素质培养只能是舍本逐末。因此，我们在学习语言技巧的同时，还应全面提高自身的学识修养，将这种修养展现于我们的说话当中，从而体现出话语中蕴藏的智慧。

“才”是智慧型幽默口才的核心，有这种口才的人不仅掌握了口语表达的技巧，而且更具有记忆才能、观察才能、思维才能、想象才能、创新才能和应变才能等综合才能。

再者，“学”是智慧型幽默口才的基础。人的才能是由知识转化而来的，是建立在知识的基础之上的。才，是知识的产物，是知识的结晶。一个人才能的大小，首先取决于他自身知识的多寡、深浅和完善程度。同样，一个人智慧型幽默口才的好坏，也与其学识是否广博有着密切的联系。

古今中外的政治家、大学者无不以其智慧型幽默和渊博的知识而著称。

要想让自己与别人交谈起来言之有物，不显得空泛，就要多加注意知识的积累。否则，智慧型幽默口才技巧就是空谈。

所谓“厚积薄发”是有一定道理的。因为言语是以生活为内容的，有生活、有实践经验，才有谈话的内容；有丰富的生活、有丰富的实践经验，谈话的内容才能丰富起来。因此，对于自己的家事、国事，都要经常关注，以吸取对我们有用的东西。对于自己的所见所闻，要加以思考、研究一番，尽量去了解其发生的过程、意义，从中悟出一些道理。这些都是值得学习和积累知识的绝好机会。我们要随时计划、安排、改进生活，不能太随意，让机会白白流掉。

我们若不想做一只井底之蛙，就应静下心来努力学习，拓展自己的视野；我们若不想说话空洞无物，就应下决心积累大量的、雄厚的、扎实的本钱，武装自己的头脑，让自己说话的内容丰富起来。

总之，想要练就一身幽默的口才，主要应该做到以下几点：

（1）反应要敏捷。幽默不是天生的，平时要多加练习，通过网络、媒体、平面等各种途径汲取知识的滋养，更重要的是学到知识后多多独立思考，思考会让反应越来越敏捷。

（2）进行逆向思维的发散练习，挖掘自己的创造力。创造力是幽默口才的潜力来源。

（3）多加练习。幽默感是在实践中得来的，日常的交流中记得多给他人带来点笑料，而笑料的来源就源于你平时的学习和积累。

多听后练——用心去体会幽默

没有人天生就有一副幽默的口才，而想要自己有这样的能力，首先多听别人的幽默，从中接收到我们所需的信息，了解很多幽默的方式，而这些信息正是我们幽默口才所需的材料。比如说，在听演讲时、听别人的谈话时，随时都可以听到表现人类智慧的那些智慧妙语。把这些抄在纸上，记在心里，久而久之，谈话的题材和素材就越来越丰富，口才也就越来越纯熟，甚至可以语惊三座，随便说什么都是有条有理且生动活泼，成为广受大家喜爱的幽默者。

这些幽默、精辟的言辞不胜枚举，只要用心听、善收集，在发表意见的时候就可以顺手拈来，使运用幽默口才的技巧事半功倍。

不过，这只是一个非常直接的获取和运用，对于别人谈话中所表达出的幽默效果，一方面要懂得去吸收，另一方面要懂得灵活应用。懂得如何去应用，一句普通的话，也往往会得到惊人的效果。

有一个发明家想发明一件东西，他和他的助手们已经进行了1642次试验，依旧没有成功。他的助手说："你看，试验了1642次，一点儿用也没有。"

这个发明家说："怎么没有用呢？这使我们知道了这1642次的方法是不能成功的，要成功就必须在这1642个方法以外去找。"

在一千多次的失败面前，发明家并没有心灰意冷，更没有垂头丧气、一蹶不振。而是用幽默的方式表达出了继续努力下去的决心。就是这样简简单单的一句话，让一颗积极向上的乐观心态呈现于世人眼前。

在美国，有两个邻居为了一条狗通了两封信。

艾德先生写出的信：

亲爱的约翰：

在过去整整四个或五个星期里，我记忆犹新。你的狗普林斯非常了不起。你可能会问为什么。哦，是这样的，它几乎天天在读我的《纽约时报》。遗憾的是，这几天它索性把我的《纽约时报》拿到池塘边阅读了。

我不知道你能否为普林斯准备一个日历，我和它商量一下，每天夜晚我在外面给他留张旧报纸。我希望它拿走的报纸是昨天的，而不是今天的。这样，它所获取的新闻也只是晚了一天，它仍比别人家的狗博学多闻。

你忠诚的艾德

约翰先生的回信：

亲爱的艾德先生：

自从我把你的信拿给主人看后，他再也不让我早晨在你家附近转悠了。你应感到欣慰，长耳朵的狗不再喜欢看《纽约时报》了，因为上面所有的新闻都没提到普林斯！

你最好的朋友普林斯

从这个例子中我们可以看出，每天所听到的各种信息都可以作为幽默口才的材料，每一件事、每一句话，都在向人们说明着什么，都向我们提供了一些对人和事物的看法，都在影响着我们对人生的观点和态度。不过，我们在吸收它们的时候，不能毫无主见地去吸收；在应用它们的时候，也不能毫无目的地去应用。

在吸收它们的时候，我们要用自己的观点和态度去衡量一番。耳朵听到一句话，脑子里立刻对它表示了态度：喜欢它，或是不喜欢它；同意它，或是不同意它。

同样，在应用幽默的过程中，也必须带着自己的看法。所以说出一句话的时候，我们并不是像背书一样，把记得的话像鹦鹉学舌一样重述一遍，而是利用这句话说明对人和事物的看法、观点，支持别人，或证明认为对的道理，赞美认为美的事物，或是驳斥认为错误的观点，攻击认为坏的人物。

这才是“耳朵是嘴巴的师傅”的全部解释。听到谈话，学到了技巧，才是幽默口才的完全修炼过程。

克服紧张——幽默需要淡定

真正懂得幽默的人是一个可以轻松驾驭紧张情绪的人。紧张会让一个人的淡定与智慧在瞬间荡然无存。幽默说话的本事需要雄厚的前提积淀，需要用心学习、认真练习，有了足够强的内存，才会坦然应对多种场合中的各种事情。

然而，懂得幽默说话的人不仅能够克服自己的紧张，还能控制住场面的紧张情势。

在一次董事会上，众位董事对美国电报电话公司的负责人卡普尔的领导方式提出质疑，会议充满了紧张的气氛。人们似乎都已无法控制自己的情绪了。

一位女董事发难：“公司去年的福利你支出了多少？”

“900 万。”

“哦，你疯了，我真受不了，我要发昏了。”

听到如此尖刻的发难，卡普尔轻松地回了一句：“我看那样倒好。”

就在他说出了“我看那样倒好”之后，会场爆发了一阵笑声，就连那位发难的女董事也情不自禁地笑了起来，使得随后的会议进程在一种比较平和的氛围中开展。

卡普尔就是一个从容面对紧张的人。

其实，我们每个人都难免会遇到令自己非常重视的场合，这个时候或许会出现紧张的状况，那么为了保持好自己的风度与气质，这里将介绍以下几种方法帮我们克服紧张与恐惧：面对紧张，不退缩，反而会让自己兴奋起来，利用对这种情绪的把握，可以使自己达到最完美的状态。

克服紧张的练习法：

（1）要树立足够的自信心。美国诗人爱默生说：“自信是成功的第一秘诀。”一个人事业成就的大小往往与自信心的强弱有直接的关系。要想成为一名优秀的幽默者，必须具备良好的心理素质，克服自卑，树立坚定的自信心。

有位演讲家曾这样告诫讲话怯场者：上台时，要“目中无人”，“老子天下第一”，“全场只有我一人对这讲题最有研究，最有发言权，最能讲成功”；下台时，要“目中有人”，虚怀若谷，谦虚地听取意见，不断改进。

（2）追蝴蝶练习法。在讲话前最后一刻做，效果最好。把双脚开立，与肩相齐，膝微屈，挺背，双臂放松垂于身体两侧；不必刻意呼吸，边叫“呜”边做蹦跳，一共10次，尽量用力，“呜”声要短、急、用力。每次做完“呜”，双拳向下猛砸；放松闭嘴，缓慢深呼吸，嘶嘶吸气，微张嘴，弯腰至膝，蹲于地，重复3遍，做缓慢深呼吸。紧张感会减轻很多。

（3）劈柴动作练习法。两腿分开约40～45厘米，脚尖向前，两膝轻松放直，攥紧双手；吸气，摆动紧握着的手，高抬过头；把举起的手摆下来，猛向前屈，吐气。手下来时，大叫一声“哈”（屈膝）；吸气，再举手；重复上述动作，做上10次或20次。

（4）蒸汽机练习法。双脚与肩齐，站在那里，屈膝，将头抬起，闭嘴，右臂后拉，左臂前伸，尽量用力。同时深呼吸；左右臂换个方向，节奏要平稳；开始要慢，随后要越来越快，持续做3～5分钟。记住：闭着嘴。

（5）心怀世界练习法。吸气，感觉像是在扩张，张开双臂，拥抱整个世界。伸展四肢，感觉心脏是世界的扩充与展开，个人不再是单纯的一个生命体；至少坚持1分钟以上，让世界置于怀抱中，手放胸前，双手轻抵；如此做上4次，把消极的意念都去除掉。努力去喜欢它，把它容纳进来，把它放在心上，化恨为爱。

（6）减压练习法。站在门槛上，手掌挤着两边门框，鼓气用力。面部、头部、脖子会有热血上涌，尽量多坚持一会；突然完全放松，深呼吸，重复3遍。

长期坚持做这样的练习，会让我们在运用幽默口才时，日渐减少紧张的心情，最终达到轻松驾驭情绪的目的。

即席演讲——幽默“7要”

即席演讲要取得较好的效果是一件很难的事。因为即席演讲不容演讲者深思熟虑、字斟句酌，这就需要演讲者具有敏捷的思维、丰富的经验、渊博的知识、较强的记忆、严密的逻辑和高超的临场发挥才能，以及幽默的随机应变能力。从这个意义上来讲，即席演讲要做到“7要”：

1. 发言要扣题

演讲者要根据自己参加会议的内容、场合及自己的身份，选择确立自己发言的题目。当题目确立后，要围绕主题进行构思。表达幽默口才时也要紧紧围绕主题，离题万里、海阔天空会降低演讲效果，引起听众的反感。

2. 内容要新颖

即席演讲要有见地，别具一格，使听众能感受到“听君一席话，胜读十年书”，使演讲具有较强的感染力。

演讲内容要力求创新，论理要深入浅出，启迪听众心灵，幽默更要推陈出新，不能用大家熟知且已经失去了笑点的幽默来反复提及。尤其是多人演讲，切忌重复别人已讲过的话，如果没有更新的话题就不要重复论述。

3. 构思要敏捷

要使即席演讲围绕主题的主旋律分层次展开，要围绕主题确定从几个方面剖析；要讲几个问题，每个问题要说明几件事；说明一件事要引用什么例子，运用什么样的幽默口才使演讲能够引人入胜。经过构思后，要打好“腹稿”，做到心中有数，临场不乱。

4. 语言要简练

即席演讲要做到言简意赅。对渲染主题有用的话就说，与主题无关的话就坚决不说，哪怕再有幽默效果的话也要憋在肚子里，切忌画蛇添足。

5. 表达要准确

即席演讲中，幽默口才的表达一定要准确。如果表达不准确，或者说错了话，就会引起与会者的反感或嘲笑。所以，即席演讲的观点要准确，讲话要有政策观念和法律依据，不能不负责任地信口开河。这就要求即席演讲前要在自己脑子里反复酝酿一下，哪些该讲，哪些不该讲。不能把不扣主题的所谓“真谛”，在不适当的场合讲出来。

6. 对象要分清

即席演讲要根据听众的身份确定演讲的语言表达方式。如果演讲对象是工人或农民，幽默口才的运用方式要热情奔放、淳朴豪迈，甚至要通俗一些；如果演讲对象是知识分子，幽默口才的运用方式要流畅入理，而且绝不能低俗；如果演讲对象是干部，语言表达要准确认真，尽量少开玩笑，更要把握好幽默的度。针对不同的对象采取不同的幽默口才的运用方式，即席演讲才会收到较好的效果。

7. 心绪要平静

即席演讲时，演讲者如果是面对数以千计的听众或面对高层时，未免有些紧张。如果精神紧张，即席演讲思路就会被打乱，讲起话来就会语无伦次。为此，即席演讲时，演讲者要稳定自己的情绪，树立即席发言要驾驭听众的信心。当出现口误引起会场骚动时，也不要紧张，要采取订正或补充说明的方法，缓和会场气氛，消除即席演讲的尴尬局面。

另外，即席演讲的关键在于讲什么，即如何组织讲话的材料。即席讲话的结构一般比较短小、简明，因此，其材料的组织也应简洁、明了。如何在极短的时间将谈资组织得有思路、有章法、有趣味，则需要人们用心在实践当中去体会与运用。

建立自信——幽默演讲的技巧

恐惧是许多人不能更好地进行幽默演讲的主要心理障碍，那么，如何搬掉这块“绊脚石”，充满自信地走上讲台，使我们精彩的演讲才能充分显示出来呢？这就是建立自信的技巧问题，我们不妨试用以下方法：

1. 自我鼓励法

演讲者首先要对自己的演讲充满信心，在精神上鼓励自己成功。演讲者可以暗自鼓励自己，比如，“我的演讲题材很有吸引力，听众一定会喜欢”、“我的幽默感很强，口才也很好，我一定会成功”、“我准备得很充分了”，等等。

演讲者在演讲前不应过多考虑演讲失败的后果，如“我演讲的差了怎么办？”“听众乱起哄怎么办？”这种负面的自我暗示往往会影响演讲的效果。应努力做到“放下包袱，轻装上阵”。

现代心理学实验表明，若由自我鼓励、暗示产生了学习及工作的动机，那么即使这动机是强装的，也是学习、工作取得良好成绩的有效措施。自信心能够帮助我们在演讲的时候消除紧张，即兴地发挥幽默口才。

2. 要点记忆法

初学演讲者往往把能够背诵演讲稿认为是充分的准备。熟读记忆，对于初学演讲者来说可能是一种必要的准备手段，但如果只是机械记忆，那么不仅会耗费演讲者大量的时间，而且容易形成演讲者的心理疏忽。实际演讲时，如果因怯场、听众情绪波动、设备故障等突发事故打断演讲者的思路，机械记忆的链条就会被截断。于是演讲者便会处于记忆的空白状态，或者思维短路，导致演讲无法继续下去。此外，单纯的背诵，还极易形成机械的“背书”节奏，并且不能灵活运用恰当的手势语，不能根据观众情绪适时调整自己的节奏、情绪，使演讲呆板、乏味，而丧失了演讲应该具有的战斗性和幽默味。

在演讲中，以采用提纲要点记忆法为宜。首先，就有关演讲的主题、论点、事例和数据整理成翻阅方便的卡片，然后针对演讲稿进行比较和适当的补充，整理出一份简略的提纲，并在提纲里注明各段的小标题，最后在各段的小标题下按序补充重要的概念、定义、人名、地名、数据和关键性词语。

至此，一份演讲提纲就算基本完成。在整理和编排的过程中，演讲者应反复思考和熟悉自己的演讲内容，而演讲时仅仅需要将该演讲提纲作为提示记忆的依据即可。

3. 试讲练习法

试讲练习可纠正语音，矫正口型，锻炼遣词造句能力，又可训练形体语言。演讲者可以自选一个演讲题，或模仿名家的演讲，在静僻处独自练习。著名演讲家，美国第十六任总统林肯，年轻时代经常独自一人对着森林或空旷的原野模仿律师、传教士演讲，并反复练习。

在参加正式的演讲或规格较高的会议上发表讲话之前，也有必要进行试讲。这种试讲最好请一些朋友同事充当听众，一是可以增加现场气氛，二来可以听取接受一些好的意见和建议。

试讲练习可以帮助演讲者拥有充分的自信心，避免因准备不充分或不适应演讲环境而引起的惊慌失措。

4. 情绪调节法

适度的深呼吸有助于调节紧张、烦闷、焦躁等情绪。当演讲者在临场时出现怯场反应，可以运用深呼吸法进行调节。即：使全身放松，两眼望着远方，做绵长的腹式深呼吸，同时，随着呼吸节奏心中默数 1、2、3……

5. 目光回避法

刚学演讲的人往往害怕与听众进行眼神交流。因为一看到听众的眼神于自己不利，就会心慌意乱，而无法继续演讲下去。于是出现了侧身、仰望、低头等影响演讲效果的不正确姿势。因为，演讲要求演讲者正视听众，这既是出于一种礼貌，又是演讲者与听众全方位交流的需要。拉近演讲者与听众的距离，是演讲成功的必备条件。刚学演讲的人不妨采用虚视方式处理自己的目光，将视线移至演讲场后排上方，以回避听众的目光，让目光在会场上方缓缓流动。这种方式既能避免演讲者与听众目光对视所产生的局促和窘迫，又能给听众留下演讲者稳重大方的印象，使演讲获得成功。

练智增智——提高沟通的智慧

幽默的才能不是天生，而是需要后天的练习。当一个人意识到幽默的可贵之处的时候，就会不自觉地在现实的学习、生活与工作中进行有意识地运用与练习。练习幽默并不是一件很难的事情，只要有心，只要拥有不错的修养，只要敢于开口，那么幽默的魅力指数就会越来越高。更重要的是，幽默的开口练习还能够提高智商与情商。在生活中适当地幽默一把，又何乐而不为呢？

有一个总经理脾气非常暴躁，对部属要求十分严苛。有一天，部属拿了一份公文进去，只听见总经理大发雷霆，骂道："你写的是什么东西，我看只有初中文化程度！"

不久，那位部属快步出来，居然还面带笑容。他对一脸错愕的同事解释："你们看我进步多快，昨天总经理骂我只有小学文化程度，今天我就有初中文化程度了。"

这是一位懂得隐忍的部属，更是一位懂得宽心与快乐的下属，他不会因为批评而怀疑自己的能力，而抱怨上司的严厉，相反，他坦然接受批评，甚至能在批评中找出令人开心的调料。这就是一位懂得幽默的人，懂得幽默可以让自己摆脱不顺心，珍惜幽默带给自己不断提升的智力与能力。在学习和生活中应时不时地来点幽默作为调剂，淡化消极情绪，消除沮丧和痛苦，让我们的身心在沉重的压力下得到松弛和休息。

但是我们仍然不可否认，沟通的环境是错综复杂的，交际对象是多种多样的，交际内容是千变万化的。想要在大大小小的交际场合中应对自如，还是要努力提高自己幽默的沟通智慧。

（1）要对沟通中的信息有敏锐的感知能力，绝不能"慢半拍"。

一个人看见一位女士在哄一个小男孩，又温柔又亲昵，他脱口而出："您的孩子真可爱！"那位女士立刻面带愠色——那不是她的孩子，她还没有结婚。幸亏这个人的同伴很会说话："对不起，他不知道……不过您不必生气，这也说明以后您一定是一位出色的妈妈，要不他怎么会误会呢？"一席话说得女士转怒为喜。

这个事例中说的是对他人"情绪"的感知。转化情绪的机会是转瞬即逝的，不及时处理会造成更大的尴尬。所以，对沟通信息的感知要敏锐、迅速，这样，才能抓住消除危机的契机。

（2）要能找到沟通的切入点，破除最关键的沟通障碍。

有一次，一个外国旅游团刚到达目的地，便遇上了滂沱大雨，客人们感到十分扫兴。我国接待人员立即满面春风地向客人问好，说："中国有句古语：'有朋自远方来，不亦乐乎！'你们看，连老天也来为各位'洗尘'。"听了这话，客人们不快的心情立刻烟消云散了。

看，接待人员随机应变，妙用"洗尘"，真是耐人寻味。他并没有转移大家的注意力。既然关注雨，那就从这个点谈起。不过，要以完全不同的心态、角度去阐述遭遇大雨这件事情的意义。经他这么一说，非但不是扫兴，反而是助兴。这个切入点找得颇有智慧，既体现出言者心思的敏捷，又展示了他对文化、心理诸因素的驾驭能力。

对沟通中要练的"智"进行条分缕析，实在是一件愈说愈不像、挂一漏万的事。因为，这是一种由综合素质、能力形成的智慧，很难进行物理式分解。

所以，要想达到幽默沟通的最高境界，除了敏锐的感知、准确地切入这两个现场反应的基本原则之外，我们还需要苦练内功，学习各种文化知识。

练在当下——不放过任何机会

幽默口才不是与生俱来，也不会从天而降，就像庄稼需要施肥、道路需要整修，口才同样需要培养。有人曾对丘吉尔的口才进行各种分析，他的儿子却一语中的："我的父亲把自己一生中最宝贵的年华都用在写演讲稿和背诵演讲稿上了。"

世界上没有天生的演说家。毫无疑问，丘吉尔被誉为"世纪的演说家"是当之无愧的，但人们可能忘了，丘吉尔是自学成才的演说家。他原先讲话结巴，口齿不清，根本就不是当演说家的材料。他本人身高约 1.65 米，没有堂堂的仪表和风度，那难听的叫喊声又不像道格拉斯·麦克阿瑟或是马丁·路德·金那样洪亮。丘吉尔没有受过大学教育，他曾经在下院最初的一次演讲中，讲了一半便垮下来了……然而，就是这个丘吉尔，却成了举世皆知的雄辩的演说家。

先天不足后天补，完全是做得到的。丘吉尔的成功，除了刻苦、勤奋、坚持不懈的努力，别无他法。发明大王爱迪生说过，天才是百分之一的灵感和百分之九十九的汗水结晶。先天的天赋固然重要，但后天刻苦的锻炼更为关键。在实践中磨炼幽默口才，以坚强的意志作为通向成功的基石，用汗水浇灌成功的花朵，勤奋的苦练加上技巧，一定会成功。

有的人想练习幽默口才，但苦于找不到机会，其实路就在脚下。练习幽默口才的机会处处都有，不仅很多，而且方便省事。我们每天都要见人，都要说话，所以到处都是练习的机会。我们千万不要以为日常的说话不需要什么幽默口才。其实，练习幽默口才的人应该把每一次对话都加入幽默的味道，幽默口才好的人一开口就能说上一句让人忍俊不禁的话。这恰如练习书法的人一样，必须首先练好每一个字。一个书法好的人，一动笔就能把一个字写好。所以，我们绝不能轻视那些日常生活对话。就是这些极简单抽象的日常对话，幽默口才好的人和不好的人，说起来都是截然不同的，即使是"哼"一声也迥然有异。

1. 家庭是练习幽默口才的第一个场所

在家的时候，能够用幽默的语言给自己的孩子讲清楚一个让他听得进去的寓言故事吗？如果不能，就得去找一本儿童文学看看，再来训练，并夹杂一些有用的趣味知识讲给孩子听，使其觉得有趣味。这样便会渐渐了解孩子的语言，懂得如何并敢于与他们交谈了。另外，家庭不免会有些经济收支问题、子女教育问题、卫生保健问题、饮食起居问题，平时能就这些问题用幽默而不伤和气的方式与配偶好好谈一谈吗？如果时常能提出一些有益的意见或帮助他（她）解决一些或大或小的困难，那说明幽默口才练习有了明显进步。男女间的交往、夫妻间的良好相处，都是练习幽默口才的极好途径，而且最方便训练说话胆量。

2. 广结良友

与朋友频繁往来，是练习幽默口才的又一途径。无疑，我们每个人都多少会有一些朋友，这些朋友可能来自不同的地方，处于不同的年龄，属于不同的阶层，从事不同的工作，因而与他们相处时会遇到各种不同的问题。小张近日要结婚；老李的儿子考取了大学；小王的小商店近几个月没什么起色；赵某最近被查出有经济问题；某某家中昨晚被盗……每个人都有各自的快乐和苦恼、失败与成功。我们为了练习好自己的幽默口才，训练自己的说话胆量，最好去了解他们的各种情况，好好找他们谈谈，尽量想出如何帮助、开导、启发他们的谈话内容来。这样，无形之中，我们拥有的朋友，了解的谈话内容，都会渐渐地增多起来，说话的胆量也会渐渐大起来。

3. 多让自己开口

想让自己能够流利地表达意见，最好的方法就是让自己习惯开口。做任何事情通过练习才会进步，说话也是如此。通常我们无法自在地与陌生人交谈，假如能鼓起勇气和陌生人说声“你好”，多让自己开口，时间一长自然就有所提高的。所以在任何场合，都要积极把握和别人交谈的机会，试着与他人闲聊、寒暄，从中学习说话技巧，建立自信。

有时陌生的场合反而是练习的最好机会。每个人都免不了要参加一些社交活动，如果我们参加的社交活动是陌生者的聚会，又要我们尽量去寻找与人说话的机会，这是训练说话胆量的绝好机会。

4. 把握主持会议的机会练习

主持会议或在会议上发言也是练习幽默口才的绝好机会。会议语言是一种很好的磨炼形式，能迅速提高你的口才。

5. 多参加社会组织

说话的机会处处皆是，如果有可能，不妨参加一个社会组织，志愿从事需要讲话的职务。在公众聚会里，要勇敢地站起身来，让自己勇敢地站出来，哪怕是附议也好。在参加各种会议时，千万别去敬陪末座，而要洒脱一些。

6. 多参加相应的团体活动和各种聚会

我们只要多留心我们周围的事情便会发现，没有哪种商业、社交、政治、副业甚至邻里间的活动是不能举步向前、开口说话的。如果我们不去主动地开口说话，我们永远不会有进步，也永远不知道自己会有怎样的进步。

成功的推销员、演说家并非一开始就非常出色。一名成功的推销员很可能在历经数次失败之后不断明白说话的技巧，著名的演说家也是从无数次演说经验中不断掌握演讲的技巧，从而赢得满堂彩。第一次的尝试总是比较艰难，但是一回生、二回熟，熟悉之后就能生巧。只要不断尝试，谁都可以成为幽默的健谈者。

心理共鸣——演讲与听众对味

精彩的演讲往往能符合听众的口味，因此明智的演讲者会在演讲之前就已经了解到自己的听众对象是什么类型的，欣赏什么样的演讲风格，进而可以选择相对应的幽默语言。

从参加演讲会的目的来看，听众大致可分为以下几种类型：

1. 慕名而来

一般群众对各类名人都怀有一种敬仰、钦慕之心。因此，当著名政治家、科学家、演讲家、体育明星、影视明星等发表演讲时，往往有大批听众慕名前往。此类听众的主要目的大多是为了一睹名人风采，他们一般不太计较演讲水平的高低、演讲口才的幽默与否。同时，潜在的崇拜心理，往往使名人们的演讲在听众中激起异乎寻常的热烈反响。

2. 求知而来

为了获取新的知识和能力，听众会自觉选择那些满足自己求知欲的演讲。学术讲座、技术辅导、国外见闻等演讲，能够吸引大批听众的原因正是因为这些演讲满足了听众的求知欲望。此类演讲只要内容充实，条理清晰，听众一般不会过于挑剔演讲技巧。

3. 存疑而来

听众对自己渴望了解的演讲话题总是抱有极大的兴趣。例如，调整工资、保健回答、产品介绍等演讲，如果关系到听众的切身利益，听众会十分主动地参与演讲交流过程。此类听众只要求演讲者把演讲内容交代清楚，他们对演讲者的身份、地位和演讲水平不会有太苛刻的要求。

4. 捧场而来

有某些演讲、特别是命题演讲比赛中，往往有一些演讲者的同学、同事和亲属前来助威和捧场。这类听众的人数虽少，但在渲染演讲会场气氛、调动其他听众情绪方面却能起到极其重要的作用。演讲比赛和体育比赛一样，东道主往往因“地利、人和”而占据优势地位，其主要原因是拥有自己的捧场者。

5. 娱乐而来

青年人喜欢演讲比赛，是因为演讲场上充满了激烈的竞争和热烈的气氛，具有一定的娱乐性。仅仅“看热闹”这一条理由就已经能够吸引许多热心的听众。不过，在为娱乐而来的听众的潜意识中，隐藏着他们对高水平演讲者的崇拜和学习演讲的欲望。这是一批公正的听众。

6. 不得不来

工作报告、经验交流、各类庆典的会场上，有相当一部分听众是由于纪律约束或出于礼貌而不得不来的。这类听众对演讲内容不甚关心，演讲过程中心不在焉，反应冷漠。要征服这类听众，演讲者必须具有高超的演讲技巧，更要具备出色的幽默口才，方能够抓住听众的心。一般来说，只需将主旨说透，略显生动即可。

针对不同类型的听众，采用有特色的形象化语言。因此在说话时，要注意使用形象性的语言，因为形象性的语言听众更容易理解和接受。

要让听众“看见”你的话，还有一项极为重要的技巧，这就是景象描绘。景象描绘就是使用能造成图画般景象的字眼。让人感到轻松愉快的演讲者，都是能塑造景象于你眼前的高手。

卡耐基在总结他的成功之道时说：“景象！景象！景象！它们如同呼吸空气一般，是免费的呀！把它们撒在演讲里，你就更能欢娱别人，也会更具影响力。”

一个知道怎么把话说到位的人，会使他说的景象浮现在听众的眼前，而那些不会讲话的人，只是笨拙地使用平淡无味的语言，结果让听众昏昏欲睡。因此，我们应该把景象幽默地描述在演说中，这样，就更能感染听众，让听众接受自己的观点了。

换句话说，我们应该多用具有视觉效果的语句。具有视觉效果的语句最能唤起人们脑海中的景象，甚至可以牵引出观众的想象，达到一种互动的作用。

法国哲学家艾兰说：“抽象的风格总是差的，在你的句子里应该充满了石头、金属、椅子、桌子、动物、男人和女人。”

因此，只有使自己的语言生动形象幽默，与听众的口味吻合，在登台演讲时才能取得更好的效果。

欲此说彼——含蓄迂回的表达

“劳驾，请问去派出所的路怎么走?”一个行人停步问路人。

“很简单，你用石头把对面商店的橱窗给砸烂，10 分钟后你就到了。”

路人似乎是答非所问，他没有具体回答去派出所的路线，却提示了去派出所的一种可行的办法：你只要制造事端，自然有人送你去派出所。这就是声东击西法的幽默。

同样是曲意嘲讽主人的吝啬，下面这个幽默似乎技高一筹。

客人见主人招待他的菜肴里连根肉丝也没有，便自称视力不好，跟主人要来副眼镜。带上眼镜后大谢主人，连称主人太破费，弄这么多菜。主人道：“没什么菜呀，怎么说太破费?”客人说:“满桌都是,为何还说没有?”主人问:“菜在哪里?”客人指着盘子说:“这不是菜,难道是肉不成?”

这则笑话一语双关,客人嘲讽主人手段之高明令人叫绝:既把不满说出了口,又能将自己置身事外,正是欲此说彼的典型运用。

欲此说彼是声东击西幽默法的一种,也就是明骂桑而实骂槐。巧妙运用此法既可达到己方目的,又不授人以柄,避免了正面冲突,可谓是一箭三雕。此法的运用技巧主要表现在应对的选择上,要让“槐”听明白是骂“槐”,但又抓不住把柄,叫对方“哑巴吃黄连,有苦说不出”。

欲此说彼是人类的语言的精妙体现。语言功能变化万千,同样一个词语,只要换一种语言环境,意思和味道就大不相同。不懂得这个门道的人,是很难利用语言这种灵活性来开拓它的幽默途径的。指着槐树骂槐树,不可能幽默;指着桑树而实际上骂了槐树,才有幽默的可能。指桑骂槐法就是利用一种特殊的语言环境,把词语的针对性转向谈话对方,从而产生幽默的效果。

欲此说彼的特点就在于巧妙地利用词语的多义性或双关性等特点来做文章。说话者说出的话语,从字面意思看似乎并不是直接针对对方,但话语中却暗含了攻击对方的深意,使对方虽有觉察却又抓不住把柄,只好自认倒霉。

从前,有个瞎子被无辜地牵涉到一场官司中了,开堂审判时,他对县太爷说:“我是一个瞎子。”县官一听,立刻厉声责问:“混账!看你好好的一双清白眼,怎么说没有眼睛?”瞎子接过县官的话说:“我虽然有眼睛,老爷看小人是清白,小人看老爷却是糊涂的。”

这里,盲人采用的就是欲此说彼法。他所说的“清白”和“糊涂”,实际上是利用一词多义的现象而造成的一语双关的修辞效果,从而达了“指桑骂槐”的目的。

表面上看,他说的“清白”是指盲人的眼睛是清白眼,而实际上却是暗指人自身是清白无辜的。“糊涂”一语,貌似指盲人因眼睛看不清县官,但实际上却是说县官说话做事糊涂,是个糊涂昏官。所以,整句话的表面意思是“小人看不清老爷”,而实际上却是“我看老爷是个糊涂官”。

这两句话从形式上看是“指桑”,即回答老爷的回话,从内容看却是“骂槐”,即暗中讥骂昏官。盲人巧妙利用指桑骂槐法,痛快淋漓地嘲讽了昏官,又使县官抓不住什么把柄。

装傻充愣——迂回之中显理智

装傻充愣的幽默法有两种,一种是装聋作哑,沉默不语;另一种则是答非所问,模糊应对。这两种方式都是一种大智若愚的体现。

对一些不合理的要求，无法做到的要求，或自己不愿意允诺的要求，本来是应该拒绝的，只是由于人情关系、利害关系等，很难说出一个“不”字。这时就需要我们装聋作哑。

这个时候我们可以用沉默来表示拒绝。狭义的沉默就是徐庶进曹营——一言不发，即缄口不语。广义的沉默则是不通过言语，而是综合运用目光、神态、表情、动作等各种因素，或明或暗地表达自己的思想感情，这是拒绝艺术中一种最常见的手段。

在处理问题时，沉默具有丰富的内涵，作用也十分明显。

其一，沉默可以用来避免冲突升级。当人们被拒绝时难免会产生不良的情绪，甚至会与拒绝的人产生激烈冲突。当一方怒火冲天，严厉责备时，另一方应保持沉默，即使有理也暂时不争，以免火上浇油，使冲突进一步升级。这样既维护了对方的颜面，又避免了矛盾的激化，还为进一步向对方陈述自己的观点留了余地。保持沉默，不仅可以避免矛盾的激化，保全对方面子，同时也可以显示出你的豁达大度和良好修养。有时，面对一些难处理的问题，如果保持沉默，并伴以严厉的目光、严肃的神情，就可能会产生一种威慑作用，使对方迅速警醒，从而很快明白自己的要求不够合理。

其二，沉默可以用来做暗示性表态。沉默有时候是模糊语言，不置可否，但在特定的背景下，其实就是明确表态。如果对方提出一种意见或处理办法，而你却不敢苟同，但出于全面平衡关系的考虑，你又不能明示反对，这时的沉默看似不偏不倚，但聪明人却可意会神通，知道自己的要求令你为难，十有八九办不成，其实沉默就是不同意、不支持。此时彼此心照不宣，也不用固执己见，伤了和气。

在某些场合，对对方的提问不管做出怎样的回答，都于己不利，这时不妨佯装没有听见、没有看到，不做任何表示，也是一种行之有效的方法。

装聋作哑式的幽默口才虽然在某些时候颇有良效，但也容易被人所轻视；有的时候采取一种答非所问、话不投机的做法，比纯粹的沉默来得更有效。

一位名叫宫一郎的青年去拜访广源先生，想将一块地卖给他。

广源听完宫一郎的陈述后，并没有作出“买”或者“不买”的直接回答，而是在桌子上拿起一些类似纤维的东西给宫一郎看，并说：“你知道这是什么东西吗？”

“不知道。”宫一郎回答。

“这是一种新发明的材料，我想用它来做一种汽车的外壳。”广源详细地向宫一郎讲述了一遍。谈论了这种新型汽车制造材料的来历和好处，又诚恳地讲了他明年的汽车生产计划。广源谈的这些内容宫一郎一点儿也听不懂，摸不着头脑，但广源的情绪感染了宫一郎，他感到十分愉快。在广源送宫一郎出门时，他顺便说了一句：“我不想买那块地。”

广源的高明之处在于他没有一开始就回拒宫一郎。如果那样，宫一郎就一定会滔滔不绝地劝说他买那块地。而广源采取了答非所问的做法，装作没有听见宫一郎的话，把话题引到其他地方，没有给他劝说的时间，在结束谈话时才拒绝，这不失为拒绝他人的好方法。广源的说话看似是一种糊涂的幽默，但正是愚中蕴藏着大智慧。

另外，还有一种更为高明的答非所问的方式。它是采用一些与问题有关但非实质性的答案来应付对方，巧妙避开问者的话锋。

使用答非所问的方法能轻松搞定一切，因此我们常会用上它。然而，虽然它用法简单，但如果仔细想想，这招实在不值得推荐。这招容易使对方不悦，甚至会被人认为是一个“随随便便、马马虎虎”的人。其次，别人会请你帮忙做的事，多半都是非做不可的事，因此在他对你死心，转而去找其他人帮忙之前，要“一直”忘记，似乎也不太容易。不过，不管是真忘还是假忘，在社交场合里，像这种“忘记委托”的人，其实还真不少。

总的来说，装傻充愣是最常见的拒绝办法之一。“傻”所掩盖下的是一种圆融大智、迂回之道，我们在社交中所需要的正是这样一种幽默口才之术。

第三章

幽默修辞——手法精妙，信“口”拈来

生动比喻——借题发挥，妙吐心声

人总有难言之隐，不便说道，然而偏偏有人要苦苦相逼。在这种时候，巧用幽默的比喻来道明心机，就能轻松化解尴尬的局面。有些比喻通俗易懂而又思想深刻，表情达意，恰到好处。

在我们的日常生活中，经常需要处理一些人与人之间的关系。

巧妙地利用比喻，使用含沙射影的方法，给造成尴尬的人提个醒，既保留了他人的面子，又达到了自己的目的，维护了自己的权益。

幽默的比喻除了在社交口才中具有很强的用武之地外，在生活中也具有出色的趣味性。

品牌鞋是郎才女貌的婚姻。高贵、典雅、舒适、大方，但价格昂贵，没法走泥泞坎坷的路，唯有精心保养、时时珍惜，才能让鞋子的寿命长久。

布鞋是青梅竹马的婚姻。一眼看去简单朴素，穿在脚上经济实惠，放起来无牵挂，感觉上很快捷，但登堂入室的时候，总感觉有些不合时宜。

旅游鞋是患难与共的婚姻。看着奇特，穿上轻灵。最重要的是哪怕走过风雨泥泞的地方也不会脱帮掉底，并且只要穿上，就与脚紧紧相抱。穿着这样的鞋走人生路，越是坎坷，就越能显出其耐用合脚的特征。

舞鞋是浪漫型的婚姻。轻便、灵活、高雅，但一旦离开浪漫的舞台，就再无用武之地。

跑鞋是事业型的婚姻。合脚的跑鞋能跟脚互相帮衬，相互提携，然而一旦离开事业的跑道，两者之间的适应能力就要差得远了。派出所

高跟鞋是老夫少妻的婚姻。样子别致，看起来很美，但甭想穿着它长途跋涉。

凉鞋是开放型的婚姻。它的优点在于在人情感上升的夏季能够很容易地穿上它；弱点在于，一旦情感的季节开始降温，脱下它也方便至极，除非不怕冷，否则别抱着穿很久的打算。

拖鞋是红杏出墙的婚姻。穿起来很容易，适应性也很强，但别想穿着它出大门、走正路，只能在很小的范围内穿着舒服舒服，想穿着它走远路，基本上没有可能。

小号的紧口绣花鞋是建立在金钱基础上的婚姻，看上去很美，但舒不舒服只有脚知道：那滋味恐怕不太好受。

一种轻松的幽默，生动地用比喻的方式把各类婚姻的特点阐述得淋漓尽致。鞋舒不舒服只有脚知道，把婚姻比喻成鞋，婚姻是不是合适只有当事人才了解。

比喻式幽默的优势就在于生动鲜明，让听者在轻松愉悦中获得真谛，而且更能显示出幽默口才表达者的深刻内涵，时常用之，定会成为广受欢迎的幽默口才大师。

反问手法——只问不答，反诘进攻

反问是一种用问号做武器的修辞方法，就是用疑问的形式表达某种确定的意思，只问不答，因为答案很明显不需要回答。它能够把确定的意思表达得更鲜明、更强烈。

反诘进攻，往往能比正面提问更有力量，更能表达爱憎之情，更具有强烈的批判和讽刺的作用。很多时候，还可以用反诘转守为攻，造成心理上的优势和咄咄逼人的气势，置对方于被动的地位。

反诘进攻的具体表现形式很多，下面从不同角度介绍几种：

1. 肯定式反诘

在一次亚洲大专学生辩论会决赛时，正方发言中有这样一段话：“如果发展旅游业是弊大于利的话，那么，为什么许多国家和地区，包括参加这次辩论赛的中国、新加坡、香港地区和澳门地区都在发展旅游业呢？难道这些国家和地区那么多的领导人都是愚不可及的吗？”最后一句话就是反问，肯定了正方“发展旅游业是利大于弊”的观点。

2. 否定式反诘

否定式反诘即用反问的形式，否定对方的观点。

刚才是从内容上进行的分类，我们还可以从方式上将其分为步步逼问式和诱发反问式。

3. 步步逼问式

步步逼问式不仅要求能说，而且要求会听，能够抓住机会提出各种问题向对手进行连环式反击，令对方无招架之力而步步败退，从而一举赢得胜利。在西方法庭上，律师与对方被告人或证人置辩时，这种方式是很常见的。

4. 诱发反问式

诱发式提问是有意识地通过提问来使对方落入自己设计的圈套，从而迫使对方承认或否认某种言行，达到己方目。这是西方法庭上的律师经常运用到的一种手段，为肯定自己的观点，诱导性地提问，让对方紧紧围绕自己的论题思考，再以反问的形式肯定自己的观点，也可以迫使对方不得不接受。

比拟修辞——幽默将讽刺进行到底

比拟是把物拟作人或把人拟作物的一种修辞方法。运用比拟可以使事物色彩鲜明，表意丰富，应用到说话中，可以起到幽默讽刺的效果。

1. 比拟的分类

（1）形象物拟人式。

形象物拟人式就是把物比作人。即为了论点的需要，选用较形象的物体，将其赋予人的动作、行为或思想感情。在说话中恰当地运用以物拟人的方式，可以表现出强烈的爱憎感情，取得幽默的效果。

一次，意大利诗人但丁出席威尼斯执政官举行的宴会。席间，听差们捧给意大利各城邦使节的是一条条肥大的煎鱼，而给但丁的却是几条很小的鱼。

面对这种公然的歧视行为，但丁深为气愤，但没有因此而发作。他若有所思后，用手把盘里的小鱼逐条拿起，靠近耳朵，然后又一一放回盘中，循环往复多次。执政官见状，甚感莫名其妙，便走上前来和他搭话。

执政官："先生，您好像是听鱼说话？"

但丁："几年前，我的一位挚友在海上旅行时不幸逝世，举行了海葬。从那以后，我一直不知道他的遗体是否已黯然葬入海底。因此，我就挨个问这些小鱼儿，也许它们多少知道一些情况。"

执政官："那么，它们对你都说了些什么呢？"

但丁："它们对我说，它们都很幼小，对过去的事情了解很少，不过，如果我向同桌的大鱼们打听一下，肯定会了解到想要知道的情况。"

这位执政官听了但丁的话，很快明白了他的言外之意，连忙向但丁道歉并命人马上端上来一条又肥又大的煎鱼。

（2）形象人拟物式。

形象人拟物实质上就是物拟人的翻版，亦即将原来有生命、有人性的类拟成无生命、无人性的。形象人拟物平常很少被人使用，即使在针锋相对时，能找到以人拟物者也是凤毛麟角。不过，人拟物确实不失为一种很有风趣意味的修辞，能起到很好的渲染效果。尤其是在驳论中，可以达到一语而制敌的效果。

（3）形象物物相拟式。

形象比拟还有一种方法，就是物物相拟式。这种方法通常也叫类比。在说话交谈中，物与物的类比经常被人使用，由此物比及彼物。用形象的类比取代抽象的说理，喻义深远，能让人产生联想，同样也可以将对手逼入困境。

形象比拟离不开幽默。幽默感的物物相拟，可以调节气氛，同时又能使对手因此而气馁并失去战斗力。在不同场合中巧妙地运用比拟法，可以鲜明地表达说话者的观点和立场，使交谈有一种令人荡气回肠的感觉。

2. 比拟应用

比拟的妙用，往往在人们轻松的掌声、愉快的笑声中显示出其难以匹敌的魅力。用这种方法不但可以起到良好的雄辩效果，同时也大大增强了说话者的信心。

运用比拟法进行辩论应注意如下三个要点：

第一，拟物与被拟物之间要有相关的逻辑联系，这样才能让听者由此产生联想。

第二，要注意适度，不能出格，以免造成人身攻击的不良后果。

第三，要扣紧说话的目的，不要只凭想当然去刻意渲染气氛或卖弄自己的幽默。

比拟幽默法不仅可以给人带来愉悦，而且可以用来下逐客令。

阿登纳刚走出办公室，在花园的小道上小憩，这时为丈夫说情的科隆博塔夫人来了。阿登纳真不愿见但她喋喋不休地要总理回办公室去谈。

“有什么说的，坦率地讲吧。”阿登纳有些不快。

这时不知从哪里飞来一只苍蝇，嗡嗡乱飞，夫人叫道：“总理阁下，这里有苍蝇。”

“没关系，它老是在我身边。”

“它老是在我身边”。明指苍蝇，暗拟喋喋不休的夫人，幽默而又巧妙。

有不受欢迎的客人造访或有事急于脱身的时候直接下逐客令是一件令人为难的事。阿登纳比较聪明，巧借“苍蝇”将自己的意思表达出来。

比拟法也可以用来抨击时事。

以语言犀利、锋芒毕露见长的英国生物学家赫胥黎，在讲演中，用比拟法抨击了当时的社会对科学的不公正的态度。他说：“科学这位‘灰姑娘’天天生起火来，打扫房间，而到头来，人们给她的报酬，则是把她叫作贱货，说她只关心低级物质的利益。”他60岁那年，辞去了英国皇家学会会长的职务。他在辞职仪式上说道：“理智和良心向我指出，我已经无法完成这个会长职位的重大任务，所以我1分钟也不能干下去了。”说完上述话后，他又不无诙谐地对他的朋友们说：“我宣读完了我去世的官方讣告。”

赫胥黎以拟人化的幽默，将教会排挤科学研究的丑恶面目揭示得淋漓尽致，因而具有震撼人心的力量。

拟人运用——别具特色，幽默动人

小王的家里有一只鹦鹉，非常聪明，说起话来特别流利，惹人喜爱。

谁知时隔不久，小王的好友小张发现小王家的鹦鹉不见了，很是奇怪，便问道："你家那只鹦鹉哪去了？"

小王长叹一声，无限惆怅地说："别提了，死了。"

小张大吃一惊："那么聪明的鹦鹉你还怎么把它给养死了？"

小王无奈地说："还不是我太太？她无聊的时候就跟鹦鹉比说话，结果把鹦鹉给活活累死了。"

鹦鹉只是学舌，这则笑话则把鹦鹉当作一个喋喋不休的"人"来看待。虽然表面上是在说鹦鹉如何如何，其实讽刺的是王太太过于啰唆。这就是拟人手法在幽默口才实际应用中的典型例子。

在幽默口才的表达中，拟人这种手段具有非常广阔的使用空间，也是一种被广泛运用的修辞手法。把拟人运用于幽默中的时候，与在一般情况下的运用也有了非常大的差别。在平时的生活中，我们为了让语言显得更为生动活泼，就特意把没有人类特征的植物和动物当作人来看待，赋予它们人类才有的感情和思想，来更好地表达我们所要说的意思。

某地动物园的长颈鹿园总是发生长颈鹿"越狱"事件，饲养员经常看到第二天早上有几只长颈鹿在笼子外面的草地上悠闲地散步。园领导很是诧异，经过开会研究，认为是笼子的栅栏过低所导致的，于是一致决定把栅栏由两米加高到 5 米。

次日清早，饲养员又发现长颈鹿们漫步在栅栏之外，于是动物园决定加到 10 米高。

第三天，动物园把栅栏加到了 15 米……

栅栏外散步的长颈鹿们看到工人们忙得不亦乐乎，便问一头年长的长颈鹿："您说，什么时候他们才不会继续增高栅栏呢？"

老长颈鹿不紧不慢地说："那就要看什么时候他们不会忘了把门锁上了。"

人类的自以为是，认为自己是世界主宰的沙文主义总是会被当作笑话来进行讽刺。上面一则笑话使用了拟人的手法，让人类的大意从动物口中说出来，更使得这种讽刺入木三分。

在文学创作中，作家们常用拟人的修辞手法把事物人格化，在他们的生花妙笔下，世间万物都具有灵性、拥有智慧，让人读过之后，仿佛可悟到那份大自然本身就具有的亲切、和谐之感，童趣与幽默跃然而出。

著名作家欧·亨利在《警察与赞美诗》这篇小说中写有这样一段话：“枯叶是杰克·弗洛斯特（霜冻的意思）的名片，杰克对麦迪广场的老住户非常客气，总要在每年光临之前，先打个招呼，在十字街头把名片递给住在‘露天公寓’的门公佬——北风，好让房客们有所准备。”

如果用一般的手法来对冬天的景色进行描写，恐怕就是“寒风刺骨”“霜降雪飞”之类的词了。不能说这种描写是错误的，但总是缺少一种灵性，而且是被人们惯用的，读之似曾相识，产生不了浓厚的兴趣。而欧·亨利运用拟人的手法写作之后，既显得格外生动、贴切，又产生了一份幽默感。

灵活运用好拟人这种修辞手段，对于幽默口才的艺术来说是一个更重要的环节。掌握了这门技巧，相信能够让我们拥有一种别具特色的幽默感，从而为自己的社交之路开拓出更平坦的道路。

双关运用——明里说一，暗里说二

双关是指在一定的语言环境中，利用词的意义或同音条件，有意识地使语句具有双重意义，起到言在此而意在彼的效果。它分为谐音双关和语音双关。

在针锋相对、气氛热烈甚至略带一点火药味的情况下，面对对方凌厉的语言攻势，可以采用“明里说一，暗里说二”的方法，把深刻的道理寓于发人深省的比喻，回味无穷的幽默当中。这样发挥既能保持风度，又可以置对方于无可挽回的败地。

从前，有个县官带着随员骑马到王庄处理公务。走到一个岔道口，不知道朝哪个方向走才对。正巧一个老农扛着锄头走来，县官骑在马上大声地问老农：“喂，老头儿，到王庄怎么走？”

那老农头也不回，只顾赶路。

县官大声吼道：“喂！”

老农停下来说：“我没有时间回答你，我要去李庄看稀奇事。”

“什么稀奇事？”县官问。

“李庄有头牛下了匹马。”

“真的？牛怎么会下马呢？”县官百思不解。

老农认真答道：“世上的稀奇事多着哩，我怎么知道那畜生不下马呢？”

老农借字面的“畜生”，斥责连做人常礼都不懂的县官。这是一种明言此、暗言彼，指桑骂槐的双关讽刺手法。

双关技巧的应用是很普遍的，历来就为人们所重视。比如在《红楼梦》里中双关技巧就有很多例子。

第四十六回中，鸳鸯与她嫂子之间有段对话：

鸳鸯道："什么话，你说吧。"

她嫂子笑道："你跟我来，到那里我告诉你，横竖有好话儿。"

鸳鸯明知她是为给贾赦说亲这件"喜事"而来，于是，使用双关手法骂道：

"什么好话，宋徽宗的鹰，赵子昂的马都是好画。什么'喜事'！状元痘儿灌的浆儿又满是喜事。"

这是一种谐音双关的技巧，显出言语的犀利，锋芒毕露，锐不可当。

以上都是双关技巧的运用。有的是谐音双关，有的是语意双关。无论是哪一种，只要运用得当，不但能够增加言语谈话的力度，使语言这一武器更具威力，而且能够有效地控制住谈话或辩论的气氛，要紧就紧，要松则松，牢牢把握主动权。

双关的运用具有模仿性、类比性、幽默性，故而在实践中运用这一手法时，要注意以下几个问题：

1. 高雅纯正

在使用这一手法时，要坚持文明表达，以理服人的原则。格调高尚文雅，内容纯净正派，切忌粗俗低级。虽然丑陋不堪也有可能凭一时的口舌之快占到上风，但泼妇骂街式的所谓"双关"令人不齿。

2. 隐藏幽默

这是双关技巧的要点。含而不露，幽默横生，是运用这种手法的基本要求，如果忽视这一点，就会失去风趣、讥讽和辩论的力量。幽默好比软鞭子，抽在身上，皮肤不留痕迹，但可以伤及人骨，刺入对方心里。使其言辞混乱，穷于应付，甚至还有可能使对方陷入自相矛盾而不能自拔的尴尬境地。所以，寓幽默于双关，寓驳于笑，是双关成功的秘诀之一。

3. 切中要害

我们不仅要善于捕捉对方的隐衷、企图，更要善于发现对方的破绽、矛盾，切中要害，置之于乱处，使之张口结舌，无言以对。同时要充分发挥联想、模拟的作用，加大发挥力度。

4. 沉着冷静

以静制动，对于对方挑衅性的言辞或咄咄逼人的气势既不能被其吓倒，也不可以同样气势摆出一副与之对骂的架势来。"不要同疯子争吵，否则人们会分不清谁是疯子"，始终保持良好的举止修养，彬彬有礼却寸步不让，和风细雨却伤人于无形。所以在使用这一技巧时，也要巧妙地把自己的道理寓在其中，才能更有说服力，更富战斗性。

夸张技巧——夸大的幽默真给力

夸张是为了达到某种表达需要，对事物的形象、特征、作用、程度等方面有意夸大或缩小的修辞结构。

“霜皮溜雨四十围，黛色参天二千尺。”这是唐代大诗人杜甫《古柏行》里形容古柏高大的诗句。这两句诗曾引起一场笔墨官司。《梦溪笔谈》的作者沈括说：“四十围直径只有七尺，此树高达二千尺，不是显得太细长了吗?”《沼溪渔隐丛话》的作者说：“古制圆周与直径的关系式三比一，四十围就是一百二十尺，直径即四十尺，此树虽然高达二千尺，也不算细长了。”

这两个人说的似乎都很有道理，但是这样计算似乎过于拘泥了。杜甫是在进行文学创作，是运用夸张手法写古柏的气势。“四十围”“二千尺”都是虚数，并非实指。

夸张是为了表情达意的需要，故意言过其实，对客观的人、事、物做夸大或缩小的描述。它的内核是表情达意，它的外貌是言过其实。只要内核把握好了，外貌不必斤斤计较。和比喻一样，一般的夸张说法已为人们普遍接受，逐渐化入人们的日常言谈之中，再也没有最初的刺激力了。

我们平时说的“烦死人了”就是典型的夸张。是程度上的夸张，因为烦人要到“死”的地步，岂不是夸张地形容烦得厉害？再如“忙了一天”“干了一辈子”“笑得喘不过气来”“尾巴翘到天上去了”，以及“天翻地覆”“绕梁三日”等，都运用了夸张的手法。可正由于用得多了，人们便不觉得那是夸张了。

又正如比喻要求创新，夸张也要求创新。比喻创新的路子是拉大本体与喻体的距离，夸张，尤其是作为幽默机智的夸张，就是推向极度。所以这里称为极度夸张。

一群人围住一个小男孩，只见他蜷缩在地，痛苦地呻吟着。原来他吞了一枚10英镑的金币到肚子里。围观的人眼看孩子痛得不行了，都急得不知如何处置。这时，从人群中走出一位先生，来到小孩的身边，抓住小孩的腿，把他倒提起来，猛力地摇晃几下，只听“呼”的一声，那枚金币从孩子的嘴里吐了出来，围观的人舒了一口气。

一位旁观者问那位先生：“你是医生吗?”

“不!”那人回答，“我在税务局工作。”

此幽默令人捧腹，把税务局抠钱的本领夸张得无以复加。夸张不仅应用于较和平的场合，在剑拔弩张的场合同样不可缺少。比如那些毫无根据，又极具挑衅的提问总是会激起人们的反感，这个时候我们就应该善用夸大的幽默来回驳他人的挑衅。

夸张运用到说话中往往起到讽刺的效果。正因为其有夸大的成分也就制造了幽默。

所以应用夸张手法往往能起到一般语言起不到的作用。

类比幽默——违法常规，耐人寻味

生活是和谐统一的，但在内容与形式、愿望与结果、理论与实际等方面会产生强烈的不协调，于是形成了不和谐的对比，这种强烈的反差必然产生幽默、可笑的情趣。类比是根据两种事物在某些属性上的相同，而且已知其中一种事物还有其他属性，从而推知另一种事物也可能具有相同的其他属性。在口语表达中恰当运用类比，可以起到扭转逆境、轻巧取胜且不失幽默感的效果。

类比幽默法是指把两种或两种以上互不相干甚至是完全相反的彼此之间没有历史的或约定俗成的联系的事物放在一起对照比较，显得不伦不类，以揭示其差异之处，即不协调因素。

在类比幽默中，对比双方的差异越明显，对比的时机和媒介选择越恰当，所造成的不协调程度就越强烈，对方对类比双方差异性的领会就越深刻，所造成的幽默意境也就越耐人寻味。

人们的日常生活和科学研究一样，凡分类都是约定俗成，得用同一标准，否则，必然造成概念的混乱，导致思维无法深入进行。人们从小就训练掌握这种最起码的思维技巧。如：猪、牛、羊、桃就不能并列在一起，人们会把桃删去，这是科学道理，但并不幽默。

在类比分类时要产生幽默的趣味恰恰要破坏这种科学的逻辑规律，对事物加以不伦不类的并列。

赵阿婆的女儿吵着要买嫁妆，赵阿婆气恼地说："死丫头，你的婚事也不和我商量，东西我不买。"

母女俩大吵起来，引得许多邻居来看。

邻居陈伯站出来说："你不能怪她没和你商量啊！"

赵阿婆问："为什么？"

"你当年成亲时不是也没和女儿商量吗？"陈伯反问道。

赵阿婆一时语塞。女儿却高兴起来，陈伯又转身对姑娘说："你妈不给你买是不对，可你妈出嫁时，你给她买了吗？人要彼此一样才好呀。"

母亲成亲和女儿商量与母亲成亲女儿买嫁妆并列在一起，都是不可能的事，意思完全相反，差异巨大，但说明了母女二人争吵的理由是，都没有为对方着想，因此，经陈伯如此点化，母女二人不得不心服口服。

类比幽默法是个反常规的坏孩子，它是借着一丝灵气，将事物不伦不类地加以归类。因其具有简便的特征，常为人们所使用。

星期六，一位年轻人照例进城卖鸡蛋。他问城里常打交道的中间商：“今天鸡蛋你们给多少钱一个?”

中间商简单地回答：“两美分。”

“一个才两美分！这真是太便宜了！”

“是啊，我们中间商昨天开了个会，决定一个鸡蛋的价格不能高于两美分。”年轻人艰难地摇摇头，很无奈，但也只好将鸡蛋给卖掉。

第二个星期六，这个年轻人照例进城，见的还是上次那个中间商。中间商看了看鸡蛋，说：“这个星期你的鸡蛋太小了。”

“是啊，”年轻人说，“我的母鸡们昨天开了一个大会，它们做出决定，因为两美分实在太少，所以不能使劲下大蛋了。”

一个是“人会”，一个是“鸡会”，并列一比，绝妙横生。

类比幽默的幽默感是“比”出来的，其情趣也是“比”出来的。这样就有利于对方心理接受。

类比幽默是把风马牛不相及的一些概念，或彼此之间没有联系的事物放在一起对照比较，它能使人在会心的微笑或难堪的境况中开启心智，受到教育。

巧用重复——异曲中谱写同工之妙

100 多年前，伯格森就提出“重复也是一种幽默手段”的说法。我们这里说的重复，指的主要是语言的重复，而不存在于思想和行动中。重复可以有文字的重复，语音的重复和句型、句式的重复。这种重复方式在幽默中的运用，能够让我们的幽默锦上添花。

一次，郑板桥在山中游览，看到一座寺庙，便想到里面歇歇脚。远远的，住持见他走来，看他穿着朴素，不知道他就是大名鼎鼎的郑板桥，于是随便指着一个木凳说：“坐!”同时对小和尚说：“茶!”老和尚和来人简单地聊了几句之后，发现他谈吐不凡，不像是一个一般人。于是便客气地把他请到了上房说：“请坐!”又吩咐小和尚：“敬茶!”最后当得知来人就是郑板桥的时候，老和尚觉得自己有所怠慢，便慌忙地把郑板桥领进客厅，作揖道：“请上坐!”唤来小和尚，告知他：“敬香茶!”郑板桥要道别的时候，住持请他做联留作纪念。郑板桥莞尔一笑，挥笔写下下面对联：

坐，请坐，请上坐；

茶，敬茶，敬香茶。

主持看到他写的这副对联，明白了其中的讽刺，一时羞愧难当。

郑板桥只是把主持说的话对仗起来，精炼地便将前后不同的待遇对比刻画出来，简单地便让老和尚因为自己以貌取人的做法而惭愧不已。此对联体现出了郑板桥的幽默所在，上句出现三个“坐”，下句出现三个“茶”，巧妙地运用文字重复，在上、下联的对仗中，通过递进式的方式，“坐”和“茶”的三种变化，讽刺了以貌取人的可笑。

一个大学生到某单位应聘，单位主管让他作自我介绍，于是他不假思索地就开始说开了：“大一的时候，我差一点儿就考了第一名。大二的时候，我差一点儿当选学生会主席。大三的时候，我差一点儿提前毕业……”“不要说了，不要说了，”主管打断了他，“大四的时候，我差一点儿就录用了你。”

这个幽默一共重复了四次“差一点儿”，尤其是最后主管借用了大学生重复说的“差一点儿”，便以相似的措辞委婉地拒绝了这个没头没脑的应聘者。

传统相声名段《卖布头》有这样几句吆喝词：

（这白布）买到您家里就做被里去吧，它是经洗又经晒，经铺又经盖，经拉又经拽，经蹬又经踹。

听完这个吆喝，不禁让人拍手叫绝，不得不叹服老北京人的那种幽默风趣的创造能力。这则吆喝，有句型上的重复，有文字上的重复，有语音上的重复。正是有了这三种意义上的重复，读起来顺口，通俗还能让人们轻松地就记住了。

纯粹的重复不足以制造幽默，只有多重技巧的共同运用，才可以构造幽默。重复意味着“同”，不同意味着“异”；重复之所以能构造幽默，根本原因是这“同”、“异”的不一致。它之所以能构成幽默，其原因在于它的重复是多重的；而这多重本身，其实就是一种“不同”。

转换幽默——由此转彼，趣味调节

转换是打破特定语言情境的一致性，故意将不同语境中的词语转移套用，由此转彼，造成语言表达上的严重不谐调，从而产生诙谐的幽默感。

总之，口语表达中所构成幽默的表现手法很多。幽默表现手法的技巧和智慧直接体现着口语表达水平的高低。越富有幽默感，口语表达的效果也就越理想。无论用哪种形式和方法都要注意自然，注意幽默产生的客观效果。

一味地说俏皮话，无限制的幽默，其结果反而会不幽默。譬如，把一个笑话反复地讲了三遍、五遍，起初人家还以为你很风趣，到后来听厌了之后，便不会感到有什么兴趣了。说笑也要注意，有时也会使人不高兴，理由是说得不是恰得其时其地。譬如大家聚精会神在研究一个问题，某人忽然在这里插进一句全无关系的笑话进去，人们不但不会发笑，也许还会遭到白眼。

最危险的幽默是取笑他人的幽默，如果幽默含着批评意味、带着恶意的攻击，挖苦别人丑陋的事情，这些话还是不说为妙。

幽默是生活的调料，是人类智慧的火花，是属于艺术性的口语。它能用生动形象、鲜明活泼，委婉、含蓄、风趣、机敏、确切的口头语言，每个人都可以友善地提出自己对现实问题的见解，让人们在愉快的情境中，欢乐的笑声中接受表达者的观点。

转换幽默的调节方法主要包括以下几种方法：

1. 幽默语言调节法

幽默语言对情绪有重要的影响，当你悲伤、愤怒、焦虑不安时，可以朗读幽默的诗句或颇有哲理性的格言，如“留得青山在，不怕没柴烧”“比上不足，比下有余”“难得糊涂”，或用“制怒”“忍”“冷静”等字句来自我提醒、自我安慰、自我解脱，以调节自己的情绪。

2. 变通思维转换

医学专家把焦虑、抑郁、愤怒、恐惧、沮丧、悲伤、痛苦、紧张等不良情绪叫作负面情绪。负面情绪若超过人体生理活动所能调节的范围，就可能与其他内外因素交织在一起，引发多种疾病。

明朝开国皇帝朱元璋喜爱钓鱼。一天，他命才子解缙和自己一起到御花园钓鱼，解缙一连钓了好几条，而朱元璋的渔竿毫无动静，他不禁面带怒色。

解缙眉头一皱，笑着对皇上说：“启奏万岁，那小小的鱼儿是个非常机灵、识礼的小东西。”朱元璋一时不解其意，解缙稍加思索，吟道：“数尺丝纶落水中，金钩抛去永无踪。凡鱼不敢朝天子，万岁君王只钓龙。”一听此诗，朱元璋转怒为喜了。

若想消除负面情绪，最根本的方法就是思维方式的调整，即变通思维方式，也就是我们平时所说的换一个角度看问题。正所谓，“塞翁失马，焉知祸福”。人世间的好事与坏事都不是绝对的，在一定的条件下，坏事可以引出好的结果，好事也可能会引出坏的结果。

巧用反语——将错就错，以讹反讹

无论是在日常生活还是在工作中，我们都离不开幽默的谈吐，它在人际交往中可以发挥很大的作用。

幽默的语言可以借机反讽，可以用作半智的有力武器。幽默地用反语温和地讥讽对方的蠢话，其中蕴含着说话者善良的气度和高超的语言艺术。

反语是指所说的道理或所举的事例全是和真理明显相违背的。这种手法贵在故意送明显的悖谬给对方，使对方在明显的悖谬中省悟，因此改变主意。

清朝的康熙是一个颇有文化素养的皇帝。据说他在一次出游中，因一翰林学士把路旁一尊名曰“翁仲”的石人像，说成“仲翁”，回宫之后，就此写了一首反语打油诗：“翁仲如何读仲翁，想必当年少夫功。从今不得为林翰，贬尔江南做判通。”

此诗妙在将错就错，以讹反讹。翰林学士把“翁仲”读做“仲翁”，他就在诗中故意把“功夫”“翰林”“通判”三词统统来个颠倒，用这一连串的反语冷嘲热讽，奚落戏弄，十分辛辣，而且机智俏皮、幽默风趣，读来可笑而又感到有一种含蓄之美。

除此之外，幽默还具有批评、教益的作用。

反语批评在特殊的场合或特殊的人物面前若运用得好，常常能收到意想不到的效果。这种手法无论对什么样性格的人都适用，就连残虐无比的秦始皇，也能被优旃的反语批评所说服。

无独有偶，古代君王都好玩乐，而他们身边总是有那些懂得以“赞”促“改”的贤臣才子对其加以劝谏。

景公爱喝酒，连喝七天七夜不停止。

大臣弦章上谏说：“君王已经连喝七天七夜了，请您以国事为重，赶快戒酒，否则就请先赐我死。”

晏子后来觐见齐景公，齐景公便向他诉苦说：“弦章劝我戒酒，要不然就赐死他；我如果听他的话，以后恐怕就尝不到喝酒的乐趣了；不听的话，他又不想活，这可怎么办才好？”

晏子听了便说：“弦章遇到您这样宽厚的国君，真是幸运啊！如果遇到夏桀、殷纣王，不是早就没命了吗？”

于是齐景公果真戒酒了。

吃喝玩乐似乎乃君王的天性，倘若直言劝谏，告诉他那是大错特错，有多少的坏处，恐怕他很难听进去，反而会大发雷霆。把话的角度调转 180 度，效果也会相应调整 180 度。

对于一些有自知之明的人来说，根本用不着太严厉的批评，采用这种正话反说的批评方式是最好不过了。

反语的幽默修辞主要在以下几种情况下运用：

（1）遭遇尴尬，用反语可以为他人解围，达到气氛的和谐。

（2）遭遇刁难与讽刺的时候，反语可以顺势而为，将错就错，将对方的讥讽给予粉碎性的反击。

（3）当想要顺利实现劝谏的时候，直言或许会有损于对方的面子，反语则以最有力的说服给予对方深刻的批评与教益。

其他修辞——制造幽默妙招点点通

在幽默口才的运用过程中，除了以上几种常见的修辞方法外，还有很多其他的修辞方式。灵活运用这些幽默口才的表达手段，对于提高自我能力是一个巨大的帮助。

1. 错综修辞

严格来说，错综指故意颠倒词序以避免形成对偶的一种修辞手法。但在幽默口才的概念里，则是指一种用不同的方式对相同（或基本相同）内容的重复表达。错综式表达巧妙、自然，对所要表达的内容能起到强调、渲染、深化的作用，很容易带动起听者的注意力和联想，创造出一个耐人寻味而又充满情趣的幽默氛围。

2. 移植修辞

移植是指把特定环境中所能自然和谐体现得场景或语言转移到另一个完全相反的环境中去。

一天，学生赵新明因感冒而请假。按照班主任的要求，班级干部们在下课后前往赵新明家进行探望。次日，教室里的黑板报上多了一篇《本班新闻》：

本班讯：

昨天下午放学后，阳光明媚，百花争艳。赵新明同学的家里人头攒动，欢声笑语。某班班长刘方亮、副班长张小可一行，在体育委员高大壮、文娱委员郑可娇等人的陪同下，不远千米，深入到身患感冒发烧的班级成员赵新明家中，为他带去学校的问候和良好的祝愿。

慰问期间，刘班长与张副班长兴致勃勃地参观了赵新明的小房间，并本着与普通同学同乐的心情颇有兴趣地玩了四盘电子游戏。接着，班级领导与赵新明同学的父母亲切地拉起了家常。刘班长还愉快地回忆起去年和赵新明一起作弊的往事。

接着，班级领导一行又在赵新明家门口兴致勃勃地踢起了毽子。

晚上，赵父买来熟食和饮料，宴请班级领导一行。席间，宾主就小学生连吃两根冰棍是否会闹肚子等问题进行了深入愉快的双边会谈。

这是一则很明显移植幽默，将主流媒体中常见的新闻报道转移到小学生的身上，用这种明显的矛盾对比表现出了深刻的幽默效果。

3. 拈连修辞

拈连是一种以不谐调为前提的幽默技巧。它是利用上下文之间的联系，把适用于叙述一事物的词语巧妙地用来叙述另一事物，使用拈连的词语在新的语言环境里造成“文不对题”的矛盾，突出一种格格不入的新奇效果。

4. 仿拟修辞

仿拟本是英语语言学分支修辞学的重要修辞手法，是一种巧妙、机智、而有趣的修辞格。它有意仿照人们熟知的语言材料，根据表达的需要临时创造出新的语法、句式、篇章来，造成一种有悖正常逻辑的矛盾，以使语言生动活泼，或讽刺嘲弄，或幽默诙谐、妙趣昂然，制造出一种强烈的幽默效果来。

5. 飞白修辞

飞白是一种明知故错的修辞格式，一般是利用歧义和错误来制造幽默，常常被用来讽刺那些不学无术而又夜郎自大者。

有个不学无术的人花钱买了个县官，但对官场术语是一窍不通。上任后的某天，知府前来视察，问："贵地风土人情如何？"

答："并无大风，更少尘土。"

又问："绅粮如何？"

答曰："卑职身量三尺七。"

又问："百姓如何？"

答曰："白杏只有两棵，但红杏有很多。"

知府不耐烦地说："我是问你黎庶。"

答曰："梨树很多，但结的果子不大。"

知府生气地怒道："我是问你小民！"

县官连忙站起来说："卑职小名'狗剩'。"

这就是用来讽刺那些毫无学问可言，而又惯于装腔作势者的幽默。所答非所问，飞白作用下的修辞模式使得"笑果非凡。"

6. 颠倒修辞

颠倒是以反常识的手法创造出耐人寻味的幽默意境的一种修辞方式。它是在特定条件下将人物本末、先后、大小、尊卑等人际关系进行改换，从而形成一种独特而又浓郁的幽默效果

7. 交叉修辞

同一件事物在不同人眼中会产生不同的理解和认识，这种差异性的对比所产生的矛盾，就是交叉这种修辞方法所起到的作用。交叉可细分为语言交叉和情节交叉。语言交叉利用如谐音双关、语义双关、词义引申、借喻、反语等具有双重或多重意义的词句，让两种毫无瓜葛的概念在听者的意识中产生交叉，制造出幽默的意境。情节交叉在构成幽默的情节方面起着主体框架的作用，一般以"误会""矛盾"等形式出现。

除了以上 7 种修辞方法外，还有很多需要人们在日常生活、交际中去灵活运用的修辞方法。这就需要我们在平时多加注意观察与总结了。

第四章

幽默分寸——把握幽默的“投放量”

幽默应学会在适当的地方转角

想要得到别人的帮助、尊重和接纳，就需要做到在交往的过程中有分寸，办事时讲究策略，掌握好幽默的尺度，一举一动都要有所节制，这样的话才有可能达到自己的目的。虽说忠言逆耳利于行，但不是每个人都有容纳逆耳忠言的胸襟。所以在试图对他人进行劝诫和说服之时，一句幽默的逆耳忠言或许能赢得尊敬，但也有让建言者受到强烈反击的可能。

因此，在试图表达自己想法或者劝诫他人的时候，幽默的技巧和策略重之又重，没有必要直来直去，曲意表达、点到即止才是正途。

林肯在未成为总统之前，曾在斯普林从事律师职业。有一天，他要从乡下赶到城里去参加一场庭审，由于没有钱，所以只能步行前往。这时，他的身后开来一辆汽车，他拦住车，对司机说：“您能不能帮我把身上穿的这件大衣捎进城里呢？”

司机很惊讶：“那我怎么才能把大衣还给你呢？”

林肯微微一笑：“哦，不用你还，大衣里面裹着我。”

林肯的本意只是要搭便车。但如果直截了当地说出自己的想法来，恐怕成功率并不高。当他用一种委婉的方式、幽默的语言来表达出真实想法时，可能就没有几个司机能狠心拒绝他了。

在求人办事之时，如果不直接表达自己的真实想法，而是含蓄、委婉、幽默地说出来，更容易为听者接受，这就是曲意表达的作用。

小张是某合资公司的设计员，他曾经接到一份起草公司资料的任务，但完成之后过了很久也没见上司有所反应。他以为这份资料公司不再需要，便在清理电脑时随手将之删掉。谁知道有一天上司突然提起了这件事，向他索要资料。由于过了很长时间，一时之间也想不起来资料的去处，便借口说“放在家里”，随后他加班重新做了一份。

同事小李一向对小张的才能非常嫉妒，早就想找个机会给小张使绊，当他得知这个事件后，急忙向上司打小报告。上司很恼火，批评小张说：“资料丢了就说丢了，大不了重做，为什么还要欺骗我说放家了呢？”小张很冷静，坦率地向上司承认了错误。下班后，小张明知是小李在其中搞的鬼，但并没有兴师问罪，反而幽默地说：“看来，我寻找资料的速度，还是赶不上老总的两只耳朵快啊。”

小张借“老总的耳朵”来讥刺小李，实际上也暗示了自己知道是谁告的密，给了对方一个小小的警告。小李虽然听得明白，但也无可奈何。恐怕以后他再也不敢搞鬼了。

在日常生活中，我们经常会遇到类似的问题，在发觉他人出现了极为明显的错误，但又不好面斥其过时，就需要我们运用幽默的语言技巧将错误委婉地指出来。这样做既容易使他接受批评，又实现了最初的目的。

把握幽默分寸，打造活力社交

想要把幽默表达得合理，便要分清场合，把握好幽默的“度”。一个乐观自信者往往具有很高的品位，同时胸怀坦荡，那他的幽默感便具有足够的活力与吸引力。反之，若是崇尚低级趣味的人，除了惹人憎恶，也就没有其他的特点。因此，在表现幽默口才时，若没有把握好幽默的尺度，单纯为幽默而说笑，那就必将对自己的形象和自己在别人心目中的分量产生不利的影响，甚至对两人之间的关系也有直接的影响。因此，幽默口才，把握住分寸极为关键。

需要我们特别注意的是：讲述幽默切不可挖苦和嘲笑对方，也不能用模仿别人的动作和说话语气来取笑；幽默的语言应该是很精练的，唠唠叨叨，啰唆个没完同样惹人反感。而那种一味地滑稽、没有营养的幽默，只会让表达者得到“小丑”的名声，对个人形象来说绝无益处。没完没了的幽默，只会失去幽默本身应具有的魅力。同时，在表达幽默口才时还要加强对时机的把握，一旦发现自己所讲的幽默能够引起听者的兴趣，或者可以把气氛调动得愉悦欢快，那就应该毫不犹豫地继续下去。反之，马上闭嘴是正道。

表现幽默口才时还应注意到听者的特征。要根据不同的性别、身份、地位、阅历、文化素养和性格表现出不同的具有针对性的幽默口才。要知道，并不是所有人都对幽默有好感。一般来说，那些关系比较密切的熟人、朋友之间可以开玩笑，哪怕有些过火也无碍大局。但如果你所面对的是那些半生不熟或者是领导、性格内向的女性，那么随便开玩笑就是很不适宜的了。

生活中如此，在工作中幽默也同样有所禁忌，尤其是在无风还起三尺浪的办公室，就更要注意开玩笑的尺度，即使是最轻松、最简单的幽默，都要把握住分寸。当然，这并不是说办公室就是一个不苟言笑、死气沉沉的地方，在某些时候，办公室里的玩笑可以起到调节紧张工作，减轻工作压力的作用。但切记这个时候的玩笑绝不能过分，最重要的是绝不能在异性面前说那些低级趣味的笑话。否则，必将为人所不齿。

在办公室的幽默口才一定要注意到以下几方面：

（1）人们很少像他们自己认为的那样大度宽容。

（2）玩笑是主观和伤人的，没有大家都喜欢的笑话，几乎每个笑话都会有一个受害者。在制造任何恶作剧之前，应该问问自己：我的受害者能否承受得住？

（3）玩笑完全在于时机的选择。开玩笑的对象不是太忙的时候，可能认为这个玩笑有趣；当他或她正在赶工时，玩笑可能就变得没那么有趣了。如果你开玩笑的次数多过去卫生间的次数，那么你就有问题了：你是个麻烦制造者。

（4）制造一个影响整个公司或一个大部门的恶作剧不是件好事。每个人的幽默感不同，总有一部分人认为做这种事的人是愚蠢的。

（5）记住玩笑对象的忌讳，不要触犯他们心中的伤疤。

（6）记住你的职业。在医药行业，在某人抽屉里放一只人手不算可笑，而在法律行业，在其屁股底下放一个吱吱作响的坐垫，就已经是开玩笑的极限了。

总之，把握分寸、学会察言观色，才是使用幽默口才最重要的环节。

注意幽默尺度，避免踏入雷区

在人际交往的过程中，幽默是一种润滑剂。它对我们处理人际关系有着巨大的促进作用，幽默是两颗甚至更多心灵之间的碰撞，是拥有爱和友谊的催化剂。幽默的人所到之处，都会给沉闷的气氛增添了一分欢笑和融洽。所以说，如果把生活比作菜肴，那么幽默就是一味给菜肴增加色香味的调料。

但要知道，即使再有味道的调料也不能任意使用，就如同菜里放盐，适当地调入会让菜肴美味可口，但要是放得太多，便会成为一种苦涩。同理，适度的幽默会让生活变得多姿多彩，但要用得过滥过度，同样会对别人造成伤害，不仅使要达到的目的实现不了，反而会让事情的发展进一步恶化。

某公司有个年轻的女孩，心肠不错，没有坏心眼，唯一的缺点就是说话不经过大脑，嘴边没个把门的。稍有不慎，就把别人得罪了。

一天午餐过后，公司的同事坐在一起聊天，其中有一位比较丰满的同事谈到自己刚看过的一本杂志上的内容说：“人之所以会发胖其实是没有管住自己的嘴，我们每天摄入的营养要比身体所需要的多得多呢。”那位年轻的女孩听到后马上接口道：“没错，这篇文章的标题是不是叫作《活该你胖》呢？你吃那么多，才那么胖，都是自找的。”这一句话立刻得罪了那位同事。

从中我们可以看出来，如果单纯地为幽默而幽默，就会显得很不合时宜。这样的幽默不但成为不了沟通中的“润滑剂”，甚至还有增加沟通“摩擦系数”的可能。

虽然聊天中开玩笑的人大多数都没有恶意，但若不把握好尺度和分寸，也会产生非常不好的后果，正所谓“言者无心、听者有意”。有时候，即便是称赞他人，也有可能不小心冲撞了对方，引起对方的反感，甚至有时可能还会招来怨恨。所以，社交幽默中掌握一些分寸还是非常有必要的。

律师这个职业是最需要口才表达能力的。只要有一副好口才的律师，方能在其岗位上做出一番业绩。虽然我们不能要求律师像一台毫无感情的机器人，也不能说律师口中的幽默就是不合时宜，但身为一名律师，在谈话过程中一定要注意，切不可开过分的玩笑，否则，吃亏的就是自己。

有一位律师总是带着满身的伤痕回家。妻子很纳闷，问：“你究竟是律师还是打手？怎么总是这么狼狈？”

律师回答道：“别提了，那帮当事人太难伺候了，一句话说不对就动拳头揍我。”

妻子奇怪地问：“你都说什么了？”

“今天有一个当事人要起诉他的同事。因为那个同事总是在单位辱骂他的妻子，说他妻子尖嘴猴腮的一看就不是好人，还说她没有进化好，过早地从树上下来生活。我说：‘嗯，没问题，可以起诉她侵犯名誉权，让她赔礼道歉、赔偿损失。对了，你带你妻子的身份证了吗？我需要一张复印件和委托书。’他很痛快地把东西给了我，结果我随口的一句话，就挨揍了。”

“你说什么了？”

“我说：‘咦，奇怪，现在怎么连猴子也需要办身份证了？’”

无论是谁听到这样的话，哪怕是再幽默的人，恐怕也笑不出来，挥动拳头或许都是轻的了。

一定程度的玩笑可以为大多数人所接受，但某种特定类型的幽默总会让一些人无法容忍。每个人都有自己不愿提及的往事，有不愿被碰触到的伤口，如果某个玩笑刺痛到了对方的内心创伤，即使是很随和大度的人，也可能会被激怒，哪怕他没有表现出来，但这个朋友一定会失去的。所以，在运用幽默口才时，万不可把自己的快乐建立在别人的痛苦之上。

玩笑要抓尺度，给他人留有余地

玩笑是生活的调味品。开玩笑可以减轻疲劳，缩短朋友和同事之间的距离，彼此之间产生矛盾时，一句玩笑话可以化干戈为玉帛，消除积怨；开玩笑也可以用作善意的批评或拒绝某人的要求。

但开玩笑要把握尺度，掌握分寸，若玩笑开得过火会给人一种被耍弄的感觉，弄不好“说者无心，听者有意”，会加深或引发与他人的矛盾。

爱说笑的人一般都心怀善意，他们想做的只不过是要多给人增加一分快乐而已。但是，玩笑话有伤人的可能，其界限是耐人寻味的。万一说了伤人的话，一定要诚心诚意道歉，不能就此放任不管。

开玩笑要注意对象，大大咧咧的人可以经常和他开个玩笑；和过于严肃、喜欢安静的人开玩笑就要轻一些。开玩笑还应注意内容，既不能太庸俗、太低级下流，这样会有损于你在同事中的形象；也不能拿同事的生理缺陷或隐私来做笑料，因为有些人最害怕别人揭自己的伤疤，一旦有人冒犯，他的自尊心会让他产生很不理智的行为，生活中这类事情时有发生。

一天，几个同事在办公室聊天，小胡配了一副眼镜，于是拿出来让大家看看她戴眼镜好看不好看。大家不愿扫她的兴，都说很不错。这件事使老常想起一个笑话，他就立刻说出来：“有一个老小姐走进皮鞋店，试穿了好几双鞋子，当鞋店老板蹲下来替她量脚的尺寸时，这位老小姐——我们要知道她是近视眼，一看到店老板光秃秃的头，以为是她自己的膝盖露出来了，连忙用裙子将它盖住。她立刻听到一声闷叫声：“浑蛋!”店老板叫道，“保险丝又断了!”

接着是一片哄笑声，孰料事后竟从未见到胡小姐戴过眼镜，而且碰到老常再也不和他打一声招呼。

其中的原因不难明白。说者无心，听者有意，对于老常来说不过是讲一个关于近视眼的笑话，然而，胡小姐则可能这样想：“你取笑我戴眼镜不要紧，还影射我是个老小姐。我老吗？我才 26 岁!”

所以，说笑话要先看看对哪些人说，先想想会不会引起别人误会。

开玩笑之前，先要注意你所选择的对象是否能受得起你的玩笑，一般人可分为三类：

第一种，狡黠聪明；第二种，敦厚诚实；第三种则介乎上面两者之间。对第一种人开玩笑，他是不会使你占便宜的，结果是旗鼓相当，不分高下。

第二种敦厚诚实者，喜欢和大家一齐笑，任你如何取笑他，他脾气绝好，不致动怒。对于这两种人，你可以先看看对方当时的情形，能否可以开玩笑。

第三种人，你要小心。这种人一般也爱和别人笑在一起，但一经别人取笑时，既无立刻还击的聪明机智，又无接纳别人玩笑的度量，如果是男的则变成老羞成怒、反目不悦，如果是女的就独自痛哭一顿，说是受人欺侮。所以开玩笑之前，要先认识对方，最为妥当。

幽默要有针对性，长、晚辈区别以待

幽默说话要有针对性，通俗一点说就是“到什么山唱什么歌”。

世界上没有两个完全一样的人，因为每个人有民族、地域、年龄、性别、经历、文化程度、性格特征、兴趣爱好、心理状态和所处环境等的区分，以至于人与人之间的差异有时是惊人的。独特的个性、爱好，独特的知识结构、心理态势，使某个人只能是“这样”而不能是“那样”。因此，与不同的人交谈，就要采取不同的幽默方式。

幽默说话一定要看场合和对象是为了遵循交际规律，在真诚待人、平等互利的基础上看准对象才说话，以科学的态度掌握人际交流的艺术。

幽默说话首先要看对方的年龄，与长辈说话和与晚辈说话的分寸就各不一样。作为长辈，特别是上了年纪的人的一大特点是喜欢追怀往事，如果你能令他回想起曾经历过的某一段美好时光，他会变得很快乐，喜欢同你说话，而一旦打开话匣子，就会有说不完的话。在和年纪较大的长辈说话时，应避免过多地谈及“老”，这样会使他觉得自己行将就木，感叹人生短促，引发他的伤感情绪。如果遇到一位“不服老”的人，他将会对你产生不满。因此，与长辈说话，不应该像与平辈说话那样无所顾忌，不注意分寸。

与长辈谈话，也不必过分表示你的恭敬有礼，或者勉强自己一定要听完他的长谈。由于老年人一般讲话缓慢，有时碰上一位融洽的闲聊者便会滔滔不绝，话无止境。因此，听他讲多长时间应随自己的兴趣而定。不管他如何说，可以让他讲完一个完整的故事，然后借机离开。离开时对他的谈话表示热情的感谢，再礼貌地告别。

有些长辈，虽然年纪不小了，但还能保持年轻人的心态，像个老顽童一样快乐。他们会以幽默克服自己的弱点，对于社会仍能事事关心，甚至完全不觉得老。

但也有不少长辈，在独处时会感到寂寞，有的还会因为老来多病而苦恼。对于他们，我们应该多给予关心，多讲一些安慰的话。想一想，总有一天我们也会像他们一样老，唤起自己的同情之心，同长辈谈话的分寸也就好掌握了。

如果是跟晚辈说话，首先，不要摆老姿态。经验这个东西绝非万能之物，如果老年人张口闭口就是“我当年如何如何……”“你们年轻人该如何如何……”这样的话，相信没有哪个年轻人爱听。这就是与晚辈说话不讲分寸的一种体现。长辈与晚辈相处，应多谈一些年轻人感兴趣的话题。所谓的经验，有时是有局限性的。此一时，彼一时，环境千差万别，经验不可能永远万能。

此外，不要倚老卖老。有些老人在与晚辈谈话时，经常漫不经心、心不在焉，易使青年人感到自己被轻视。即使他面前的老人据其阅历、学识有足够的理由轻视他，他也很难愉快地接受这种轻视。这种情绪的影响，往往会堵住思想的闸门，使他们不愿意再同老人多说，甚至把已经准备好的心里话，把亟须和老人商谈的问题“咽”回去。

所以，与晚辈说话时，应该对一切来自青年人的看法，不去轻易否定，应在做出中肯的分析后，帮助他们答疑解惑，给予满腔热情的支持。即使年轻人的某些看法显得不成熟，显得幼稚、单纯、片面，也不要随便几句话便做出全盘否定。

说话时还要注意不同的人有着不同的基本情况，比如对方的性别、文化程度、身份、职务等。

家庭生活中，就不需要注重过多礼节，只要随意、真诚、幽默些就好。

把握地域禁忌，避开别人的忌讳

我国地域广阔，方言习俗各异。同一个环境里，不可能只由本地人组成，一定还会有各地的同事，要特别注意这点。不同的地方，语言习惯不同，自己认为很合适的语言，在其他不与你同乡的同事听来，可能很刺耳，甚至认为你是在侮辱他。

小齐是西北人，而小秦是北京人。一次两人在业余时间闲聊，谈得正起劲，小齐看见小秦头发有点长了，就随口说：“你头上毛长了，该理一理了。”不料小秦听后勃然大怒：“你的毛才长了呢!”结果两人不欢而散。

无疑，问题就出在小齐的一个“毛”字。小齐那个地方的人都管头发叫作“头毛”，小齐刚来北京时间不长，言语之中还带着方言，因此不自觉地说了出来。而北京却把“毛”看作是一种侮辱性的骂人的话，无怪乎小秦要勃然大怒了。

还有许多其他的语言习惯，如北方称老年男子叫老先生，但如果上海嘉定人听来，会当是侮辱；安徽人称朋友的母亲为老太婆，尊敬她，而在浙江，称朋友的母亲为老太婆那简直就是骂人了。各地的风俗不同，说话上的忌讳各异。在与同事交往的过程中，必须留心对方的忌讳话。一不留心，脱口而出，最易伤同事间的感情。即使对方知道你不懂得他的忌讳，情有可原，但至少你还是冒犯了他，在双方的友谊上是不会有增进的，因此应该特别留心。

各地的风俗习惯不同，所以各地的习俗也形形色色，五花八门。因此，当我们在和外地人交谈时，首先就要了解一下该地域的文化背景，尤其是当地的禁忌，以免在洽谈中使用了不恰当的语言，触犯了他们的忌讳，从而引起不必要的误会，甚至妨碍了有效的人际交流。

比如，到内地来投资的香港商家很多，他们说话时都爱讨个吉利，所以，我们在与港商进行洽谈，当地认为不吉利的话就不要说。像“四”与“死”谐音，在他们面前说“四”就会犯忌讳。他们对六、八、九这三个数字颇有好感，因为听起来很像大吉大利的“禄发久”。掌握了这一点，你讨价还价时，不妨向他们讨个吉利。

到饭店去用餐，再吃猪舌，可千万别直呼其名。因为“舌”与“蚀”同音，“蚀”即亏本。与港商一起用餐，你若说：“点个炒猪舌”，他们肯定会觉得不快。而在平时，他们总是称猪舌为“猪利”或“赚头”。

“金利来，男人的世界”——这句广告词可谓家喻户晓，令“金利来”领带风靡神州。殊不知，它也曾有过被消费者拒之门外的经历呢。

“金利来”，原名是意大利文的意译——“金狮”。

有一天，“金狮”有限公司董事长曾宪梓先生，将两条“金狮”领带送给一个亲戚，亲戚一脸不高兴地说：“我才不戴你的领带呢。金输金输，什么都输掉了。”

原来，粤语中，“狮”与“输”读音相近。为了避免犯这个忌讳，曾先生当晚一夜未眠。冥思苦想，绞尽了脑汁，终于想出了万全之策。

他将GOLD依然意译为“金”，却将LION音译为“利来”，即“金利来”。这个名字体现了曾先生对消费者的文化传统、风俗习惯以及消费心理的尊重。终于使“金利来”这个名字一叫即响，人见人爱。

可见，只有“入乡随俗”的商业活动，才能真正抓住顾客的消费心理。

职场幽默应把握分寸，不该说的勿说

职场如战场，职场中处处埋藏着能够伤害到你的“子弹”。在职场中生存就应该懂得这样一个道理：害人之心不可有，但防人之心万万不可无。

职场中的一句话可以改变一个人的命运，一句话有可以阻碍一个人的发展。说话的艺术性很重要，切记该说的要幽默地说，不该说的不要乱说。

在办公室里要做有心人，有些话不可乱讲，否则会招来不必要的麻烦，在办公室中幽默说笑需要注意哪些问题呢?

1. 薪水问题

很多公司不喜欢职员之间互相打听薪水，因为同事之间工资往往有不小的差别，所以发薪时领导有意单线联系，不公开数额，并叮嘱不要让他人知道。“同工不同酬”是领导常用的手法，用好了，是奖优罚劣的一大法宝，但它是把双刃剑，用不好，就容易促发员工之间的矛盾，而且最终会调转枪口朝向，矛头直指领导，这当然是他所不想见到的，所以他对好打听薪水的人总是格外防备。

有的人打探别人时喜欢先亮出自己，比如先说“我这月工资……奖金……你呢?”如果他比你钱多，他会假装同情，心里却暗自得意。如果他没你钱多，他就会心理不平衡了，表面上可能是一脸羡慕，私底下往往不服，这时候你就该小心了。背后做动作的人通常是你开始不设防的人。

首先你不要做这样的人。其次如果你碰上有这样的同事，最好早做打算，当他把话题往工资上引时，你要尽早打断他，说公司有纪律不谈薪水；如果不幸他语速很快，没等你拦住就把话都说了，也不要紧，用外交辞令冷处理：“对不起，我不想谈这个问题。”有来无回一次，就不会有下次了。

2. 私人生活

无论你是失恋还是热恋，别把情绪带到工作中来，更别把故事带进来。办公室里容易聊天，说起来只图痛快，不看对象，事后往往懊悔不迭。可惜说出口的话如同泼出去的水，再也收不回来了。

职场上风云变幻、错综复杂，把自己的私域圈起来当成办公室话题的禁区，轻易不让公域场上的人涉足，其实是非常明智的一招，是竞争压力下的自我保护。“己所不欲，勿施于人”。如果你不先开口打听别人的私事，自己的秘密也不易被打听。

千万别聊私人问题，也别议论公司里的是非短长。你以为议论别人没关系，其实用不了几个来回就能“烧”到你自己头上，引火烧身，那时再“逃跑”就显得被动了。

3. 家庭财产

不是你不坦率，坦率是要分人和分事的，从来就没有不分原则的坦率，什么该说什么不该说，心里必须有谱。

就算你刚刚新买了别墅或利用假期去欧洲玩了一趟，也没必要拿到办公室来炫耀，有些快乐，分享的圈子越小越好。被人妒忌的滋味并不好受，因为容易招人算计。

无论露富还是哭穷，在办公室里都显得做作，与其讨人嫌，不如知趣一点儿，不该说的话不说。

4. 雄心壮志的话

在办公室里大谈人生理想显然滑稽，打工就安心打工，雄心壮志回去和家人、朋友说。在公司里，要是你没事整天念叨“我要当领导，我置办产业”，很容易被领导当成敌人，或被同事看作异己。如果你说“在公司我的水平至少够副总”或者“35 岁时我必须干到部门经理”，那你很容易把自己放在同事的对立面上。

你公开自己的进取心，就等于公开向公司里的同事挑战。僧多粥少，树大招风，何苦被人处处提防，被同事或上司看成威胁。做人要低姿态一点，是自我保护的好方法。你的价值体现在做多少事上，在该表现时表现，不该表现时就韬晦一点儿也没什么不好，能人能在做大事上，而不是能在说大话上。

不乱说话不等于不说话，但一定要分场合。谈公司里的事情最好在比较适合、公开的场所，比如部门主管征询意见时，你不说就不妥，或者开讨论会时，该发言就不能闷着，老不说话领导以为你没主意，但私底下的闲话少，麻烦也少。

办公室是闲话的滋生地，工作间歇，大家很愿意找些话题来放松一会儿，为了不让闲聊入侵私域，最好有意围绕新闻、热点、影视作品聊天，避开个人隐私，放得开而且无害。

幽默应该节制，该干脆时不啰唆

幽默需要节制，毫无节制的幽默反而失去了幽默带给人们的欢乐光泽，取而代之的是他人厌恶，导致自己的社交失败。

社交场合一旦出现了说话啰唆的人，无论什么人都会感到伤透脑筋。他们大大咧咧、漫不经心，讲起话来啰唆一大堆，看不出他们所说的话中间有什么逻辑联系。他们既不知道自己是在说些什么（没有明确主题），也不知道自己为什么要说这些（没有明确目的），更不知道自己遇到与人谈话的场合应该怎么办（不了解谈话的基本规则）。这样的人往往心地善良，不含恶意，但就是让人受不了。即使拥有幽默的口齿，也很难给人们带来真正的乐趣，因为啰唆已经影响到了幽默的美感。

古典小说《镜花缘》中，林之洋、唐敖、多九公三人到了白民国，在一家酒店吃饭，酒保把醋错当成酒给他们送来了。林之洋素日以酒为命，举起杯来，一饮而尽。那酒方才下咽，不觉紧皱双眉，口水直流，捧着下巴喊道："酒保，错了！把醋拿来了！"这时旁边一个驼背的老儒赶忙劝他道：

"先生听者：今以酒醋论之，酒价贱之，醋价贵之。因何贱之？为甚贵之？真所分之，在其味之。酒味淡之，故而贱之；醋味厚之，所以贵之。人皆买之，谁不知之。他今错之，必无心之。先生得之，乐何如之！第既饮之，不该言之。不独言之，而谓误之。他若闻之，岂无语之？苟如语之，价必增之。先生增之，乃自讨之；你自增之，谁来管之。但你饮之，即我饮之；饮既类之，增应同之。向你讨之，必我讨之；你既增之，我安免之？苟亦增之，岂非累之？既要累之，你替与之。你不与之，他安肯之？既不肯之，必寻我之。我纵辨之，他岂听之？他不听之，势必闹之。倘闹急之，我惟跑之；跑之，跑之，看你怎么了之！"

唐敖、多九公二人听了，只有发笑。林之洋道："你这几个'之'字，尽是一派酸文，句句犯俺名字，把俺名字也弄酸了。随你讲去，俺也不懂。"

其实老儒无非是要告诉林之洋，醋的价格比酒要贵，酒保既然把醋给你，不要做声就是了，省得他跟你多要钱。如此啰唆地叙述这么简单的意思，也难怪三个人又好气又好笑呢。

要答应别人一件事时，说一句最多两个好字已经够了，但有些人却把“好”字一连说上十几个，这种重叠使用，不仅浪费，而且可笑。譬如说明天会，有人就说明天会明天会……其实用叠句的时候，除非是特别引人注目，或特别要增强语言力量时才用得着，在平时，这些习惯还是避免为佳。

如果你是个太讲究的人，你还是改变一下作风吧。犹豫不决，凡事要适可而止。把客气话说得太多，反而使人讨厌。同样的名词不可用得太多，有人在解释物质不灭原理时，在几分钟内，把从“科学的观点上说”一语运用了二三十次。

要知道，无论什么新奇可喜的词，多用便会失去它动人的价值，第一个用花来比喻女人的人是聪明的，第二次把它再用的人便是蠢材了。人都喜好新鲜，每说一事，要创造一个新名词。把一个名词在同一时期中重复来用，是会使人厌倦的。

以下是几个具体步骤，能提醒你在幽默交谈时要注意的技巧，在不该啰唆的时候干脆地表达。

（1）既然是交谈，就要先听清楚别人在说什么，还得用心记住，免得 3 分钟后又重新发问，或自己说的和别人说的对不上号。聆听有时比说话更重要。心不在焉、漏听字句和记性不佳，都会使谈话变得冗长、拖沓、无聊。试想，如果在说话时，有人时时提问：“你刚才在说什么?”那是多么令人扫兴的事。

（2）注意观察他人的反应，包括他人的语调是否热情，是否对说的话感兴趣。谈话就像司机驾车过十字路口一样，要时时注意红、绿灯。别人表情冷淡、哈欠连连，仍然滔滔不绝往下说，无异于违反了交通规则，如果别人对话题感兴趣，就会做出积极鼓励的反应，邀请说下去。否则就是遇红灯，要赶紧刹车，适可而止。

（3）如果要开口说话，就要把话说得有条理。最令人困扰的就是缺乏有组织的谈话习惯，它会轻而易举地将人引到信口开河、离题万里的泥潭里去。说话无组织、无逻辑是思维混乱的表现，没有人愿意和他打交道。

（4）不要把“我”当成谈话中最大的字，要引导对话者也积极参与进来。这样即使你要说很多话，也不会让人觉得太冗长。在与人交谈时摆正“我”的位置，是一门大有学问的艺术。

幽默演讲禁忌，看清禁忌说清话

演讲者的对象是听众，听众的情绪直接影响到演说的效果。演说是一门艺术，幽默的演说更是艺术中的艺术，需要谨慎把握。要想提高演讲的幽默水平，不仅要了解该怎么说话，还要从另一面了解在演讲中需要注意和避免的一些语言方面的问题。

1. 幽默应注意声音和速度

幽默演说时最忌声音太小，使部分听众听不见演说者的声音，势必影响听众的注意力，甚至会引起听众不满而交头接耳、窃窃私语。幽默演说者的声音一定要洪亮、有力，甚至大到足以压倒分散注意力的嘈杂声。人的听话速度大大超过说话的速度。听众在听演说时，注意力随时可能分散。这是因为听众在听讲时有多余的时间去想与演说无关的事，因此，幽默在演说时，必须牢牢地保持说话的速度和节奏，这样才能吸引住听众的注意力。

2. 幽默应注意时间和内容

幽默演说者要考虑到听众注意力的持久性。研究表明，演说开始 20 分钟之后，一般人的注意力开始下降，一个小时以后注意力急剧下降。因此，在准备幽默演说时，要尽量把自己的演说压缩到最短时间，在听众开始听讲时注意力非常集中的时间里，把自己所要讲的话都讲完，以取得幽默演说的最大效果。还要看到，听众只对自己能够理解的内容感兴趣，如果幽默演说者使用的语言超过了听众的水平，听众就难以接受。他们可能采取两种办法：猜测意思或干脆不听。反之，如果幽默演说者使用的语言大大低于听众的水平，即低估了听众的理解力而使用幼稚的语言，听众就会对演说持强烈的否定态度。因此，要注意通过对措辞和语言灵活、准确的运用来吸引听众的注意力。

3. 幽默不要说多余的客套话

幽默演说者说些毫无意义的客套话，不仅浪费时间，而且影响演说气势。对比那些气势博大、节奏感强、咄咄逼人的演说，听众再听到那“讲得不好啊，请大家多包涵”之类陈腐的客套话，那该多煞风景啊。难怪听众反感，甚至会导致走动声、口哨声，没有掌声了。所以，幽默演说中必须消除、克服客套话。演说者要自觉做到充分考虑听众对象，杜绝说那些无用的客套话。关键是幽默演说者要提高水平，不必开口“水平不高”，闭口“研究不够”，“高不高”、“够不够”，要靠演说本身，听众自有评价，倘若真的讲得不好，听众见你有诚意，也会原谅你。

4. 幽默忌豪言空谈

空谈是言之无物，空空洞洞之谓也。那些不结合当时、当地的历史现状和实际的情况太多了。在有些单位一年一度的总结会议，会议的开幕词用的陈年的讲话稿，只把第一届改成第二届，第三次改成第四次，内容照旧，年年如此，这就是空对空的典型例子。

5. 幽默忌杂乱无章

有人讲话材料过于庞杂，讲起来又杂乱无章，像开无轨电车，开到哪里，算到哪里，叫人摸不着头绪。还有的不合逻辑，妄加论断；或者不顾事实，主观臆断。上得台来，不问青红皂白，哇啦哇啦一通，这也是某些官僚主义者的病症。

6. 幽默忌冷漠乏味

有的人讲话时毫无表情，呆若木鸡，甚至肌肉绷紧，脸色铁青。缺乏说话情趣，语调淡，没有抑扬顿挫，缺乏真情实感，讲话乏味，叫人怎不瞌睡？

7. 幽默忌艰涩冗长

有人讲话用的是书面语言，使人感到艰涩难懂。有人曾批评这种现象说过：“一个演说，颠来倒去，总是那几个名词，一套‘学生腔’，没有一点生动活泼的语言，这岂不是语言无味，面目可憎，像个瘪三吗？”因此，要尽量避免使用书面用语，更不要“文夹白”，要用口语，善于用简单明了、听众易懂的语言讲话，坚决抛弃晦涩难懂的术语和外来的字眼。

8. 幽默忌失言失态

有的人演说时会有“口头禅”，诸如“啊”“是吧”“怎么样”，等等。讲话要讲效用，“口头禅”成堆，“啊啊”连篇，让人听了也为他感到难受，只能起消极作用。有的人讲话不了解听众的职务、水平，不注意会议的环境和背景，甚至不顾及本人的身份和在会议上的地位，这就难免在内容、措辞、语气口吻等方面不妥善、不贴切、不礼貌、不恰当，更要加以注意。

9. 幽默忌故弄玄虚

托尔斯泰说：“真正的艺术永远是十分朴素的、明白如画的、几乎可以用手触摸到似的。”演说语言要力求通俗化、口语化，如不考虑听者的接受能力，用那种文绉绉、酸溜溜的语言就既不亲切，又艰涩难懂，往往事与愿违，弄得不好，还会闹出笑话。

10. 幽默忌方言俚语

幽默演说要按照内容的需要，针对不同的对象，应使用不同的语言形式。但要注意，由于我国面积广大，方言众多，欲使演说通俗易懂，明白晓畅，交流顺当，还有个改变家乡音、推广普通话的问题，否则就会出现语言障碍。因为一个国家语言标准化、规范化的程度，往往反映这个国家的文明程度。

第五章

幽默时机——合适的时间说适合的话

适时开口，幽默在智慧中潜伏

“能行风，就行风，不见兔子不撒鹰。”这是一句民间谚语，很俏皮，但也很深刻——伺机而动，因势而行。如此，才能以最小的损失博取最大的利益。在幽默口才的施展上，我们同样要做到根据时机而开口，把话说得恰到好处，把幽默口才像好钢用在刀刃上那样，运用到最合适的地方。

若想取得这种效果，就要以我们的智慧为根基，聪明的人，知道什么时候运用什么样的幽默方式，才会取得对自己最有利的帮助。

纪晓岚9岁这年到县里参加童生试。入考场前，他手里正拿着一截树枝和几个相识的考生玩耍。这时，担任主考的教谕来了，纪晓岚赶忙把树枝藏在袖筒里，一本正经地向教谕大人问好。

先生看着这个小机灵鬼，心中十分喜欢，便把他叫到身边说：“你这个小顽童，生得倒挺机灵，不知你的书念得如何？”纪晓岚看着教谕说道：“一会儿入场考试，大人就会晓得了。”他这么一说，把教谕大人逗乐了，说道：“现在未入考场，我倒要先试你一试。”说完，教谕给纪晓岚出了一联，要他来对，这句上联是：“小童子暗藏春色”；纪晓岚听了，脸上微微一红，便一下笑出声来，想是先生看到了自己刚才顽皮的样子。便赶忙回答了一句下联：“老宗师明察秋毫。”教谕听了含笑点头，没想到这个小顽童对得如此巧妙，拍拍纪晓岚的脑袋称赞道：“好，好！你真可称得上是个小才子啊。”后来，纪晓岚到河间府参加童生试，他的顽皮又引起了考官的注意。考官是三年前登科的举人，正是踌躇满志的时候，听人讲这个小顽童就是有名的小神童，便要试一试他的才思。

考官给纪晓岚出了一句上联：

“十岁顽童，岂有登科大志？”

哪里想到，纪晓岚人小心大，一点也不胆怯，看考官出联有讥讽之意，竟然反唇相讥，对了一句下联："三年经历，料无报国雄心！"考官听了，苦笑两声却对他奈何不得，突然见门上绘着两位门神，就又给纪晓岚出一个上联："门上将军，两脚未曾着地"；纪晓岚毫不示弱，略一思索答出了下联："朝中宰相，一手可以托天。"考官看纪晓岚还真有点学识，满意地笑了起来。

半年之后，这位此时已担任太守的考官与纪晓岚再次偶遇，是因为纪晓岚与伙伴们玩的球撞到了考官大人那里。于是，纪晓岚施上一礼，口中说着："拜见宗师大人。"太守把球拿在手里，对纪晓岚说道："这球是你的吗？""正是晚生之物。""不在学中读书，跑到官道上恣意戏耍，竟将球打入我的轿中，实在太淘气了！"纪晓岚低头说道："学生知罪，所以不敢跑开，站在这里等着给大人赔罪。"太守被这小顽童的伶牙俐齿说得高兴起来。他把手中的球晃一晃说道："好吧，我给你出一上联，你若能对得出，就把球还给你。"纪晓岚笑着答道："谢大人指教。"太守说道："童子六七人，惟汝狡。"纪晓岚想了想，脱口而出："太守两千石，独公……"说到这里，不往下说了，两颗眼珠盯在太守脸上，滴溜溜乱转。

太守问道："为何不将末字说出来？"

纪晓岚慢吞吞地说道："太守大人如果肯将球还给我，那就是'独公廉'，假如您不肯还给我……""不还给你怎么样呢？""那便是'独公贪'了！"这下倒把太守逗得笑起来，然后说道："你真是个十足的顽皮鬼！"太守看这孩子聪慧狡黠，胆大过人，将来必成大器，便笑着拍拍纪晓岚的头，把球还给了他。

在适合的场景说话才会带来理想的效果。纪晓岚深知该说话的时候一定要开口，不该说话的时候一定要紧紧闭上自己的嘴，这样才会得到自己想要的东西，也就是那只球。一个人如果掌握了攻心的技巧，加上富有幽默的艺术性语言，那么他在求人办事的时候，往往比别人更容易成功。

一句充满人情味与幽默感的话，比通盘大道理更有说服力，因为人还是比较重情义和情趣的。

请求别人，要把握恰当的时机，对方时间宽裕、心情舒畅时，请他做点事得到答应的可能性很大；相反，对方心境不佳时，你的请求可能只会令他心烦，对方正忙于某件事情时，你提出请求一般很难得到确定的答复。

所以，幽默说话要注意时机，把握说话时机非常重要。这个过程，我们要在不同的时间、地点、人物面前说合适的话，该说话时才说话，而且要说得体的话。只要我们有充分的耐心，积极进行准备，等待条件成熟，顺理成章地表达自己的观点，不仅能赢得对方的开心，又能令自己舒心。

在我们求助于别人的时候，要时刻观察他的心境变化，在他很开心的情况下，再采取"曲折委婉"之法适时地提出来，这样的表述不仅十分诚恳贴切，又可以不使上司反感，最重要的是可以达到说服领导的目的。

双向沟通，成功的幽默风度

幽默说话是双方面的，甚至是多方面的。当一个人站在讲台上演讲的时候，只有他一个人在讲，无论他讲的是他自己预先拟好的讲词，或是别人替他准备的讲词，只要他懂得演讲的技巧，把讲词明白生动地讲出来，就完成了演讲的任务。可是要做一次好的谈话，却不仅仅是讲，还要善于互动，不仅要把自己的话讲好，还要让别人对于自己的话语做出反应，形成一种愉快、轻松、诙谐的氛围。

当你面对一个人谈话的时候，如果只是把自己想好的话讲出来，而不了解对方的看法和兴趣，不能观察对方对你的话有什么反应，有什么疑问，不能及时地解除对方心理的症结，那你就不能算是一个好的谈话者。

成功的谈话是所有人都积极参与到谈话过程中的心与心的双向沟通。要达到这种沟通，最有效的方式就是提问。适时幽默地提问，可以避免交谈中的利害冲突，甚至还有可能掀起谈话的高潮。

提问有 3 种方式：

1. 限制型提问

这是一种目的性很强的提问法，也就是给所提的问题限制一个范围。它能帮助提问者获得较为理想的回答，减少被提问者拒绝回答的可能。

2. 选择型提问

这种提问方式多用于朋友之间，表明双方并不在乎如何选择。

3. 婉转型提问

为了避免对方拒绝回答出现尴尬局面，可婉转地提出问题。如，一个小伙子遇到了自己心爱的姑娘，但不知姑娘怎么想，他可以试探地问：“我能陪你去吹吹风吗?”如果对方不愿意，她的拒绝也不会令小伙子太难堪。

在日常交际中，一般不要问别人有多少钱，不可问女子的年龄，不可问别人的家世，不可问别人工作上的秘密。

精妙的提问可以使你获得所需要的信息、知识和利益，帮助你了解对方的需要和追求，从而达到人与人之间的交流和互助，促成交往的成功。

打破冷场，让幽默及时出手

在日常生活和社会交往中，尤其是在比较正式的场合，如聚会、议事等常会出现冷场现象，彼此都很尴尬。冷场，在人际关系中无疑是一种“冰块”。打破冷场的技巧，就是及时用随机应变的幽默融化妨碍交往的“冰块”。

1. 风趣接话转话题

在谈话中善于抓住对方的话题，机智巧接话，可以使我们的谈话变得风趣，从而使谈话活跃起来。有一个典型的例子：当我们夸奖对方取得的成绩时，总能听到这样的回答，“一般情况”的说法。倘若我们不接着话茬说下去，就有点赞同对方的“一般情况”说法的意思，达不到接话说的目的。可以这样回答：“一班，情况尚且如此，那二班情况就可想而知了。”言外之意是说：“你一班的情况才如此的话，我二班的情况就更不值得一提了。”这类回答，一般是采用谐音、双关的手法，接住对方的话茬，作风趣的转答。

巧妙地接答对方的话茬，可以把原来的话题引向另一个话题，使谈话转变一个角度继续进行下去。

刘某是公司某一地区的销售业务员。公司为了加强和客户之间的联系，特举办了一年一度的“工商联谊会”。公司安排刘某在会议期间陪同他的客户顾某。他们路过一家商场，谈起了商场销售情况。后来，顾某深有感触地说：“现在，市场竞争够激烈的。”刘某接过他的话茬儿说：“就是，在你们单位工作的业务员也不少吧？”

就这样刘某既把话题延伸下去，同时又把话题朝向有利于自己的方向发展。

2. 巧妙析姓辨名

在气氛不活跃时，可以针对一些人的姓名进行别致的解释，其效果往往会出人意料，从而活跃了气氛。

冷场的出现，往往与“话题”有关。“曲高和寡”会导致冷场；“淡而无味”同样会引起冷场。不希望出现冷场的交谈者，应当事先做些准备，使自己有一点“库存话题”，以备不时之需。

适用幽默，不滥用才真有用

每年的4月1号是西方的愚人节，在这一天，人们可以相互逗趣，开玩笑，甚至是愚弄。在这样的日子，人们不仅不会因为被愚弄而感到不安或是恼羞成怒，反而在发现上当后会因为被捉弄而发自内心的高兴。如此也不会让大家感到尴尬，而产生不必要的矛盾，因为大家都知道这一天如果被“幽默”一下是适时的，还可以享受不一样的乐趣。再看看下面这个让人捧腹大笑的“愚弄”吧！

愚人节那天，有一个人在街上散步，他突然听到背后传来一声吆喝：“让开，让开，便桶来了。”于是他急忙闪到旁边，这时，只看到一个小伙子带着个漂亮姑娘骑着一辆自行车急驰而过。这还真是一个风趣的小伙子，一个玩笑便给人们带去了快乐。

有句俗话说：尽管幽默的力量很重要，但它并不是生活的全部。这就告诉我们运用幽默要懂得审时度势，时机恰当，你才去用它。

我们都知道，大多言语交际的不成功往往与滥用幽默有关系。如果你为了幽默而不论何时何地都喋喋不休，把幽默当作是一种向别人炫耀的资本，那么，你不光会使自己陷入尴尬和困境，还会导致别人轻视你，使你丧失人格价值。因而，我们运用幽默时，千万要注意时机的选择。

幽默，除了看时机之外，分场合也很重要。只讲究场合而不看时机的幽默是肤浅的，而光讲究时机而不注重场合的幽默是不成熟的。只有把两者结合起来，才能把幽默运用得更加恰如其分。

在一些严肃的场合，如纪念重大事件、会议、法庭等，就不要随便显示你的幽默，要不然只会引来他人的误解甚至怨恨；在朋友的父亲的葬礼上，朋友正为此而伤心不已，你对朋友说："你的父亲生前一定是个个性非常强硬的人，你看，他现在从头到脚都是僵硬的。"你会认为这样的话能够给朋友带去慰藉吗？肯定不会，这番幽默只会让你的朋友更加讨厌你，即使他不会当面痛斥你，但他肯定不会再信任你。你要分清楚，在某些场合戏谑的话语只会招来非议，给你带来麻烦。

幽默是一门高雅的语言艺术，时机和场合是它天平的两端，成功的幽默就是能够找准天平的平衡点。幽默并非随时随地都可以向着人们抛洒，随着文明的进步，生活经验的积累，人们越来越清楚地认识到——幽默要讲究时机。

看准对象，幽默应因人而异

俗话说得好："一种米养百样人。"人与人的性格、文化背景、心理都是千差万别的，我们在与他人的交往中，假如你对幽默的参与者知之胜少，那么你苦心经营的幽默不仅得不到想要的效果，反而还会招致对方的误解。对象的不同，幽默的方式就应该有所变通，这样才能收到好的效果。假如要讲一些关于盲人的幽默，在真盲人面前就不要提及，这样难免会伤到对方的自尊心。而对那些想方设法给你难堪的人，用一些机智的幽默，便能在保住名誉的同时予以还击。

美国著名作家马克·吐温去拜访法国名人波盖。波盖是一个喜欢挖苦人的文人，他取笑美国历史很短，说："美国人在无事闲暇时往往爱想念他们的祖先，可是一想到他们祖父一代就不得不停止。"

马克·吐温立刻以充满诙谐的语句开始反击，说："当法国人无事时，总是尽力想找出他的父亲是谁。”

波盖把美国短暂的历史当作把柄嘲笑马克·吐温，而马克·吐温则以法国人特有的那种浪漫为理由来反击，而且反击的力度较波盖要强得多。波盖等于是搬起石头砸了自己的脚。很明显，波盖拿马克·吐温的祖国来开玩笑，实际上是对对方的一种严重伤害。可以想象，如果波盖面对的不是以讽刺著称的马克·吐温，而是以性子火暴闻名的海明威，那么，他所得到的反击，恐怕就不只是口舌之辩那么简单了。

在社交生活中，我们应根据具体的环境、对象和氛围，采用适当的形式来表达出恰当的幽默。幽默不能作为一种伤害他人的工具，而应该成为为他人设身处地考虑的润滑剂。

商场门口，一男一女迎面走来，男士主动打开门把女士让了进来。

“假如你是因为我是女人而开的门，那么还是算了吧。”她说。

“不，夫人，”他回答，“我为您开门，是因为我是个男人。”

注意对象、了解对象，才容易找到合适的幽默话题；适应对方的心理需要，才能真正达到沟通的目的。分而治之，是现代幽默的最为完美的战术。

幽默的对象往往不只是个体，而是群体。也因为如此，幽默有着明显的群体性和娱乐性。所以，在一个群体中，如果要讲一个笑话，或是简单的一句回答和对话，都要全面考虑。或许你所说的能够给甲带去快乐，但却对乙造成了伤害。幽默是一种睿智的玩笑，不是把玩的文字游戏。在与他人的交际中，如果你忽视顾及你的所有听众，而只是一味地强调自我的兴致和偏爱，那么，你的幽默将没有一点光彩。

幽默高手告诫我们：观察对方的个性、好恶和心情，乃是成功施展幽默的窍门。顾及听众，是幽默作为交际的艺术必须具备的前提条件。一个真正的幽默高手会以谦虚的姿态接受他人的信息，因为幽默并非某一个人的特权，它是整个社会的财富。罗曼尼·葛瑞说过：“幽默乃是尊严的肯定，又是对人类超然物外的胸襟之明证。”

适时幽默，说话分量会更足

在学生的眼中，老师是无所不知的，尤其这位老师是个上知天文、下知地理的教授时，更是如此。

一天，有一个学生为了刁难教授，故意给他提了一个问题：“老师您这么学富五车，不知道您有没有将《二十四史》全部读完呢?”教授一听这样的问题，想了一下，说：“《二十四史》这样不朽的著作，我觉得，我们每人在去世以前都应该仔细研读。但我还想活得久一点，所以现在还没有开始阅读的打算。”

面对这样的刁难，如果教授直接回答说不知道，这样的话未免显得太没有面子。这个教授的机智幽默，不仅缓解了自己的尴尬情绪，还给学生留下了一个幽默的好印象。

所以，正是有了适时的幽默，才让我们在无数个紧张的关键的瞬间缓和了气氛，挽回了事态，使我们更能创造出轻松愉快的生活。

一架飞机在高空飞行，这时，因为气流的震荡，而让飞机发生了颠簸，晃动得很剧烈。乘客面对这种突然的颠簸，一下子就惊慌失措了，场面非常混乱。这时，座舱里的空姐走出来，面带微笑地对大家说："请各位乘客坐好，系好安全带，不要惊慌，我们的飞行一切正常。刚才的情形只不过是因为我们的飞行员感冒了，打了一个喷嚏而已。"

面对这种突发情况，如果我们不能稳住乘客的情绪，那后果是不堪设想的。空姐用一个俏皮的幽默缓和了乘客的惊慌失措，一下子就稳住了座舱的秩序。想象一下，如果只是程式化地重复请旅客保持镇静，或许就没有这样的效果了。所以，恰当而得体的幽默，不仅能够愉悦大家的心情，关键的时候还能够维持好秩序。

幽默的作用是非常大的，当爱人之间出现矛盾时，一个合适的幽默会挽回爱人的心。

詹姆斯在生活中总是忍让着自己的太太玛丽，这就让玛丽在很多事情上养成了得寸进尺的坏毛病。

有一天，因为一件事情詹姆斯就忍受不住了，于是对妻子说道："玛丽，我要你明白，我才是这个家的一家之主。所以，我应该决定大事，而你管小事。明白吗?"妻子听詹姆斯这么一说，更是不依不饶，盯着他，说："你说什么？我没听清楚，你再给我说一遍。"詹姆斯面对妻子的追问，连忙回答："我的意思就是，你管家里应该买什么，吃什么，周末我们到哪里去度假等事情，而我管国家的外交政策、首相出访等一系列大事。"

夫妻之间没有什么事情是绝对的你错我对，彼此之间也没有什么高低之分，所以，面对对方的刁难或是逼问，我们不一定要那么当真，只需要像故事中的丈夫一样，适时地顺势幽默一下，就能把问题轻松解决。

说话只有在合适的时候说出来才会更有分量，幽默也是如此。幽默的巧妙之处也是在于此，俗话说，万事俱备，只欠东风。幽默也要借助"东风之力"，幽默如果不合时宜，不但不能为自己解围，还会导致别人的轻视，把自己弄得像小丑一样。生活中的这些幽默不但让我们获得了愉悦，更大的作用是化解了生活中的矛盾，使我们的生活更加和谐。

第六章

幽默规则——有规矩方能成幽默之方圆

启迪规则：人以笑话为笑，我以笑话醒人

幽默是具有智慧、教育和道德上优越的表现。幽默感是一个人高尚的气质和文明的体现，生活中不能没有幽默。幽默既然是一种智慧的结晶，就应该具备启迪的意义，没有启迪与教育意义的幽默就成了作秀。

如今，提高工作以及生活效率成为人们不断探索的问题。那么，采取什么途径才能够做到呢？其实，恰当地采用幽默口才的沟通方式就是很好的方式之一。每个人都不喜欢枯燥、乏味的课堂，科学地运用幽默不仅能够活跃人与人之间的交往气氛，而且能够潜移默化地将科学知识融入其中，加深人们对语言的理解，从而有效地提升幽默口才的实效性。有学者经过科学研究，证实幽默感是成功人士应该具备的品格之一。

庄谐适当是幽默的基本特点之一。这里所谓的“庄”即意味着坚持科学的思想，教授给人们的内容要遵循科学性、系统性的原则；“谐”则指的是采用诙谐、趣味化的表达方式，体现人们交流的生动性与积极性。当然，所谓的“庄谐适当”二者并非是矛盾的，而是辩证统一的。采用“谐”的说话方式，最终是要实现“庄”的交流目的。所以“谐”的运用并非是天马行空，而要为“庄”的说话内容服务。如果抛开了“庄”的目的，那么所采取的“谐”就没有价值了，当然幽默也就毫无价值可言了。所以，说话幽默必须要把握庄谐适当的原则，才能使得人们在愉悦、放松的氛围中掌握幽默带来的知识。

与普通的语言相比，幽默有着更为深刻的内涵。无论采取何种具体的幽默手段，归根结底最终要实现自己的交际目的。幽默的谈笑可以打破沉寂、尴尬的场面，可以调节纷争，可以让自己在工作中表现得更出色，可以赢得爱情的甜蜜、人生的精彩。

因此，幽默一定要把启迪作为根本，使人们能够接收到崇高的道德品质，学会分辨

是非曲直。在实际的幽默沟通中，也会有极个别的人不能很好地把握这一原则。比如，有的老师会对成绩不佳的同学产生反感的情绪，当考试快要来临的时候，就会冷嘲热讽地对这些学生说："争取给你们的家长带个鸭蛋回家过年吧。"其他同学则会哄堂大笑，而受到嘲讽的学生往往会对这种方式产生抵触、逆反的心理，愈发地不喜欢学习了，这样不利于进一步的教育。

幽默如果没有了启迪与教育的意义，就等于鸟儿失去了飞翔的翅膀，尽管还是鸟儿，却失掉了最重要的能力。

乐观规则：没有乐观的心，就无幽默的情

幽默的人往往能够乐观地生活，没有乐观的生活心态很难说出幽默的话语。幽默不仅仅需要智慧的积淀，更需要拥有幽默的情怀。爱默生说："唯有具有最高尚的和最快乐的性格的人才会有感染周围的人的快乐。"

爱默生是一位懂得幽默生活的智者，他用他那颗乐观的心看到了世界的美好，他拥有的是一颗强大的幽默之心，一颗懂得豁达的心境。

有两兄弟，一个乐观，一个悲观。他们的父亲觉得这样极端的人生观对孩子的成长不好，得设法矫正，于是他把所有能买到的玩具都买了下来，放进悲观孩子的卧房里。然后他在车房里堆了一卡车的马粪，给那个乐观的孩子。第二天早晨父亲发现他那悲观的儿子坐在房里哭泣。"你为什么不玩你的那些新玩具呢？"父亲问他。

"我害怕会把它们打破。"孩子呜咽着说。

父亲摇头，无可奈何地进了车房，只见乐观的儿子正在粪堆里玩。"你在干什么？"

"啊，爸爸！"孩子高兴地叫道，"我知道这里面一定藏着一匹小马。"

真正幽默的人，往往就会像乐观的小孩子一样，从任何事情中都能够看到希望。希望来自一颗乐观豁达的心，心怀希望的人，无论自己面临多么恶劣的环境，都能够对未来充满希望，幽默的力量就是能够让人们时刻充满希望。成功学大师拿破仑·希尔说："没有任何东西能够换取希望对于人的价值。当我们面对失败的时候，当我们面对重大灾难的时候，我们都应该将人生寄托于希望，希望能够使我们淡忘自己的痛苦，为我们汲取走向成功的力量。"

每天给自己一个幽默，我们就能充满勇气地面对自己的生活，而不是将时间花费在无尽的悲哀和苦闷上，生命有限但希望无限，每天给自己一个希望，我们就能够拥有一个丰富多彩的人生。

适度规则：分寸中可进可退的中庸哲学

在幽默分寸中已经提到过，说话要把握住分寸，幽默更要有分寸。分寸切合了哲学上的适度原则，即一个人无论是说话还是做事都应该坚持适可而止，否则量的变化会引起质的变化，而造成事情向坏的方面发展。

“分寸”二字无处不在，日常生活中，不管是与人说话、交往，还是办事，时时处处都蕴藏着分寸的玄机。如果一个人在社会上不会把握分寸就说不好话，办不好事，更不用说愉快地与人交往了。

纵观古今，凡是有作为的人，都把说话讲分寸作为必备的修养之一。

什么是“分寸”？通常所说的掌握火候、矫枉过正、过犹不及、欲速则不达等讲的都是这种“火候”和“分寸”的问题。一方面，话说不到位不行，说不到位，别人可能悟不明白，理解不透，琢磨不出你的真实用意，你提出的想法或要求也不会被人重视和接受，非但事情办不成，也常常不被人瞧得起，这样怎么能换取别人的欣赏与亲善呢？怎么能赢得别人的友谊和器重呢？另一方面，话说得太过头不行，要求太高，言辞太尖刻，让人听了不愉快，觉得你不识大体，不懂规矩，不知好歹，这样的人常常被人敬而远之，也同样无法与人正常交往。还有一个方面，就是话说得不巧妙不行，太憨实，有时会招人笑话；太絮叨，有时会招来反感；太直露，有时会招来麻烦；太幼稚，有时会令人瞧不起。

懂得幽默分寸的人，能把一句原本并不十分中听的话，说得让人觉得舒服。

法国前总统戴高乐下班后，喜欢出去散步。

有一天，他与一位朋友在公园里散步。

当那位朋友看到一对依偎在一起的情侣时，十分感叹地说：“还有什么比一对青年男女更美好的呢。”

戴高乐幽默地答道：“有，老夫老妻。”

戴高乐没有对朋友的羡慕之言表示赞同，也没有直接进行反对，而是一句“老夫老妻”道出了生活中的真正美好是人生的积淀而不是短暂的浪漫。表达恰到好处，让朋友极力赞同了他的观点。

平等规则：平等态度交流，给力美的人格

平等原则正是幽默规则的重要原则，只有在说话时与对方保持在平等的立场上，用平和的口气、真诚的态度来交流彼此的观点，才能达到思想上的统一，才能说出不带伤

害的幽默语言。

平等是建立良好人际关系的前提。我们在此所说的是交往的平等，主要指情感的对等，“野地烤火一边热”是不会获得真正友情的。一个趾高气扬的人，也是不能心悦诚服地说服别人的。

在人际吸引过程中，你希望人家喜欢你，加大被你吸引的力度，就要努力以平等的态度对待别人，如果总用一种居高临下的态度教训别人，那就互动不起来了，也叫人难以喜欢你。此外，平等待人必须真诚，让人一看就知道你是发自内心的，如果虚情假意，人家就会对你敬而远之。

这就是说，不要以为自己的职务比对方高，工龄比对方长，或者认为“真理”在自己这方，因此在与对方交往时，拖腔带调，哼哼哈哈，甚至以势压人。而应把自己摆在与对方同等的位置上，以商讨的口气，温和的语调，用容易被对方接受的言辞与对方交谈。

顾客：“吃了贵店的元宵，使我想起唐朝一位大诗人的名字。”

服务员：“真没想到我店的元宵竟使你产生如此美妙的联想，请问这位诗人是谁?”

顾客：“李（里）白。”

幽默的讽刺能使顾客的意见得到更好的表达。

平等也意味着尊重，老师对学生，家长对孩子，也需要平等，凌驾于别人之上的言行是不会成功的，也许还会得到回击，“代沟”就是表现之一。

对等吸引实际上是人际关系中相当复杂的交换关系，它表现在个体行为体验中。如人际互惠感、来而不往非礼也，这种心理体验恐怕是任何人都在所难免的。在现实生活中，人们都在自觉或不自觉地利用这种互酬心理来平衡彼此间的情感，调节人际关系。

特色规则：面对不同人的幽默沟通方法

沟通总会遇到障碍的。这时候怎么办？最有效的方法是运用反常规思维来思考解决——由看到的阻碍反推回去，来自哪些人？为什么不容易沟通？他们的弱点在哪里？然后逐一突破解决。只要知己知彼，反过来解决，沟通就不是难事了。

以下我们列举了最常接触的 5 种人士的幽默沟通办法及案例，或许对您会有所启发：

1. 与老年人的幽默沟通术

问题：大多数老年人都倾向墨守成规，不太喜欢变动。所以思考模式都较为僵化，也因为上了年纪反应不是那么灵敏，他们害怕新颖或是不熟悉的东西，怕万一反应不过来会失面子，被人认为老了，没用了。

办法：和老年人沟通就应先做良好的疏通工作，引发兴趣，去除受挫感。然后再耐心指导，从旁协助，适时赞美鼓励。只要有一次行得通，建立好沟通模式，从此他就会信任你，以后沟通就容易多了。

一位来自新加坡的老太太在游武夷山时，不小心被蒺藜划破了裙子，顿时游兴大减，中途欲返。而一位女导游却走近老人微笑着说："这是武夷山对您有情呀。它想拽住您，不让您匆忙离去，好请您多看几眼！"短短几句话，就像和煦的春风，把老人心中的愁云吹得无影无踪了。

2. 与高成就者的幽默沟通术

问题：通常有成就的人，平常自信满满。他们处世自成一格，有自己独特的思考模式，对陌生人的言论不太信任，所以接受度较低。另外因为姿态较高，主观性强、不服输，只有让别人听他的，所以不易沟通。

办法：通过其家人、幕僚、好友或是他能信任的人，采取渐进迂回的方式接近，待建立互信的关系之后，也需较曲折婉转地表达自己的意思，方能成功地展开沟通。

南唐时，京师大旱，烈祖问群臣说："外地都下了雨，为什么京师不下？"大臣申渐高说："因为雨怕抽税，所以不敢入京城。"烈祖听后大笑，并决定减税。

申渐高的话就是借题发挥，巧借烈祖的话，引申发挥，表达了京城税太多，应该减税的思想。非常巧妙，效果也很好。

3. 与有畏怯心理者的幽默沟通术

问题：平常或在特定的时候，担忧语言行为是否适当，因而影响到平常的交际能力。

办法：给他们提供轻松的沟通氛围，放低自己的姿态。如此，对方忧虑紧张顿消。

在莱茵河散步的艾森豪威尔碰到一个神情沮丧的士兵。

"你的感觉怎样，孩子？"他问道。

年轻的士兵回答："将军，我特别紧张。"

"哦，"艾森豪威尔说，"那我们可是'一双'了，我也'特别紧张'。或许一块散散步，对你、我都好。"

这里没有激昂的训示，然而却何等的温暖，何等的鼓舞人心！幽默一般与讽喻、调笑联系在一起的，然而它也总是在表达我们对他人的深情、关切和喜爱。泰尔甚至宣称，"幽默"只是外表，里面藏着温情，这是因为幽默作为人类智慧发展的标志，是人性、人情的表现，是高尚品德的外化，其深层形态是崇高和滑稽的奇异结合。

正是在这种很高的艺术精神境界里，幽默得以向脆弱变异的灵魂灌注丰富、健康的营养液，创造人类的和谐美满。在那些迷茫、梦想的时刻，精当的幽默总是能给人诗意般的关照、抚慰，从而发散出人性的温热，阻止那些情志和意志的滑坡。

4. 与既得利益者的幽默沟通术

问题：既得利益的人，通常不太可能放弃自己原有的利益，所以直接去谈，门都没有。是地主与政府，就常因新政策的采行而沟通不良。

办法：用交换、弥补、替代、求偿等方式，使对方心态平衡。不过看情形也可以尝试用道德观，从“得失心”或“施与舍”的观点切入，接受度或许会更高。

客户的过期账单堆得越来越高，已经成为亟待解决的问题。这个客户如果是老客户，又是大客户，这讨债的问题就更不容易处理。

“您知道，艾迪，我们很感谢您与我们的交易，”老板在约客户午餐时这样说，“但是您的账目到现在已过期10个月了。可以说，我们照顾您已经比您母亲照顾您还要久了。”

问题就此解决，完全得益于这位老板对问题做了有趣味、富有幽默的处理。客户的心态也不是完全没有弹性的，只要刺激信号得当，他同样会被触动，像你表现得一样善解人意，当然，也会了结你的讨债心愿。

5. 和行事怪异的人沟通

问题：多半属于创作者、艺术家的思考模式。思考逻辑经常变化，随时会推翻原先的思考结果，让人捉摸不定。

办法：通常只需谈大原则、大方向及原因即可，至于其他的枝枝节节，就不要给予太多限制，让他能自由发挥。只需约定好何时验收成果，沟通起来就愉快得多了。

阻力规则：认清幽默阻力，促成幽默质变

练就幽默的口才，需要认清楚幽默沟通的阻力：

1. 自我封闭

很多人擅长严肃而不擅长浪漫、擅长冷峻而不擅长热情、擅长警觉而不擅长接纳，尤其是在一个互为陌生的环境中，这么一种富有中国特色的情感倾向，会更加显而易见，会更加咄咄逼人，会更加不可战胜。当这种性格特征点击在两性关系中时，可以率先得出一个结论：中国人是不擅长萍水相逢式的一见钟情的。

比如一个初次相识的聚会，正襟危坐的人总是占绝大多数，热情奔放的人总是凤毛麟角，面面相觑总是这么一种场合的主旋律。即使在其中有一个让自己怦然心跳的异性，即使自己在心底里很希望立即打通与对方沟通情感的渠道，但是，除非是两个性格

上的异类，否则这么一种努力几乎是不存在的，或者说这么一种努力基本上是徒劳的。只有在彼此相当熟知之后，浪漫与热情才会悄悄地渗透在人际关系之中。

2. 欠缺分寸

很多人长久以来不把尊重个人隐私当回事，要知道当你随口询问一个外国人的婚姻、年龄、健康、收入等情况时，对他来说也许无异于脱光衣服般的难堪。

有的人说话很有分寸感，不管在什么场合都是落落大方，该说的时候说充分些，不该说的时候一句话也不说。而有些人却不在乎，说话的时候从来不注意言语的分寸，也从来不知道自己所说的话，对方听了会做何感想，会有些什么反应。当他们一句话出口已经伤了别人的时候，他们还不知道，还不警觉，仍然照说下去，直说得别人再难忍受，爆发出怒火。

有一次看电影时，有一个人和一个一只眼睛有毛病的人开玩笑时说："我们一张票2元钱，你应该只出1元钱就行了。"此人不解，故问其详，那个人说："别人是用两只眼睛看，你是用一只眼睛看的，不是应该出一半的钱吗？"此人听罢后，顺手便给了那个人一个耳光，骂了一句十分难听的话。

像这样，在和别人言谈时，和别人开玩笑、用谐谑，由于谐谑失度，虽有意味，但太过分了，就变成了刻毒，成为"毒谑"。虽是在开玩笑，却会因此而得罪人，给自己带来不痛快。

3. 心存偏见

偏见是幽默沟通交往中的一大阻力。它让人不顾事实，失去客观性。偏见有几个来源：

一是人的主观喜恶不同。这就对交往对象做了第一轮的筛选。喜恶的标准是个人化的、是主观的。有的人对有缺陷的人敬而远之，这就是一种偏见。从道义上说，只要对方不是坏人、恶人，有缺陷和不足，大可不必背弃他。但实际上，人们往往不知不觉远离了他们。即使有沟通，也不能持理解、善待的心态，而是冷落的成分居多。

二是产生于以前的交往记忆。如果沟通对象之前的交际有疏忽不当之处，一般会对他人形成一种固有印象，即成见。这种成见影响了幽默的沟通。

三是一些特别情绪。如自身出类拔萃遭受嫉妒而造成的他人对自己的不满。在同一交际圈中，大家本是一碗水端平，但却有谁卓然超群了，自然引起轩然大波，众人会不觉产生嫉妒情绪，对你冷然相对，把你从人群中踢出，你的同伴远离你，你的朋友疏远你，大家往来更为欢畅，独让你冷落一隅。比如你取得了成绩，本还是问寒道暖的朋友，一夜间你成了"一家暴富百家恨"的角色，让人无可奈何。

宽容规则：以包容的胸襟体现幽默精华

幽默需要大度，大度才能心宽，心宽才能容得下不快，容得下不快才会真正享受到快乐的本质。幽默的人生往往会与包容为伴。

正所谓痴汉不会饶人，饶人不是痴汉。这句话的意思就是讲，在人际交往中，即使是在上风的时候，聪明人也会善用幽默给对方留一些情面。情面是维系社会关系的主要工具和最佳手段，但却不是随便就可以做出来的。

当一个人懂得了宽以待人，笑面迎人的时候，他的幽默才算是真正达到了一种境界。巴尔扎克就是这样一个以幽默、豁然的气度生活的幽默者。

巴尔扎克虽然一生写了很多的作品，却依旧穷困潦倒。在一个深夜中，有一个窃贼来到了他的家中，在窃贼的慌乱翻找中，巴尔扎克被惊醒了。此时的巴尔扎克居然异常地平静，他怕惊动了窃贼，于是悄悄地爬了起来，平静地对窃贼说："亲爱的，不要白费力气了。白天你都很难找到什么值钱的东西，何况是现在呢？天黑了就更找不到了。"

巴尔扎克没有对窃贼的行为感到生气，相反，他原谅了窃贼的行为，并对窃贼给予了幽默的提醒。巴尔扎克是个幽默的人，是一个拥有大度的幽默者。

其实，只要留心生活你就会惊奇地发现，能够体验到环境给自己带来欢跃的人非常少。不管是你身边的朋友、同事，还是亲人，难得碰见有人能够在自己的山冈上面"瞥见黄色的水仙花"。你是不是只埋怨路边的杂草弄脏了鞋子而忽视了草坪充满青春活力的花朵呢？你在雨后是不是两眼盯着道路上的泥泞，而注意不到难得的清新的空气呢？

幽默要求一个人能真正做到宽容环境，首先要学会忍受环境带来的种种不方便，不抱怨、不强迫，不做任何影响自己的事，主动去接受它、适应它，当你可以和周围的环境融为一体、看到生活中好的方面的时候，世界就会变得更加美好。宽容会让你快乐、让你充实、让你成熟、让你稳重，而环境带来的不愉快自然就会在你的面前烟消云散，懂得宽容的人才真正懂得幽默。

正义规则：真正的幽默绝不嘲笑弱者

就幽默而言，本身具有嘲笑讽刺的意味，但是它嘲笑的对象应该是那些生活中的丑恶现象，而不是弱者。我们都知道，生活中有强者就有弱者，强弱是相对而言的，都是客观存在的。很多东西使我们无法改变的，包括一些先天或后天的原因，有的人生来残疾，或聋或哑或是残废，先天性的东西我们无法改变，但是当他们失去这些能力之后，我们必须给予他们更多的照顾和帮助。不仅是物质上的，更多的是精神上的帮助，当然，更不能把嘲笑的矛头指向他们。

我们还要认识到，每个人的发展都是不平衡的，人无完人，金无足赤。或许在某些方面表现得比较优秀，同时在另一些方面相对来说就会显得拙劣，这也是很正常的。正因为如此，我们不能因为自己在某些方面占尽优势，而去嘲笑那些不如自己的人。要知道，或许他们身上也有不如自己的地方。

我们要知道，每个人都有自己的长处和短处，就算是那些给人们制造了很多麻烦的人，在某些方面也会有自己的优势，是别人无法达到的。嘲笑那些处于弱势的人是很不高明的，与此同时，也展现了自己人性中的阴暗面，这种人格是卑劣的，是被人们所不齿的，并不是一个聪明人会采取的做法。

所以，在生活中运用自己的幽默时，一定要懂得一个原则：与人为善。我们可以去讥笑那些不文明、不道德的行为或是恶劣的品质，但是绝对不能讥笑弱者，更不能讥笑别人生理上的缺陷。唯有如此，我们的幽默才会给人带来阳光般的笑容。

把欢乐建立在别人的痛苦之上是错误的做法，幽默应该是文明的。只有如此，幽默才会像春风化雨，像甘露一样滋润每个人的心田，也才会有更多的人和我们一起走向幸福的明天。

第七章

幽默逻辑——有逻辑条理方有说服力

以正导反，错位逻辑

幽默的逻辑往往不是遵循常规思维，而是巧妙通过制造错位的思维方式来达到幽默的效果。事物之间的内在联系是错综复杂且相互支配、互相渗透着的。辩证法认为，任何事物的发展均遵循着一定的规律。但事物的发展变化是多种多样的。同样一件事，可以往好的方面发展，也可以往坏的方面发展。诡辩者（也称智者）最爱钻的就是这样的空子。

有人说，幽默口才的人最大的本领就是能够以事物的因果歧说来战胜对方，因此，无论在什么样的对象面前，他总是以“三难不倒”者自居。

1. 因果歧说术

所谓因果歧说术，就是抓住事物与事物之间因果联系的可辩性作为突出的辩点，来否定或悖论对方某一个观点的一种说话技巧。

因果歧说术的主要表现方式是由同一种结果引申出相互对立的结论，将其运用到辩驳中也能起到绝佳作用。

一天早上，千户长挺着肚子、晃着脑袋来到李军家里。李军的狗看也没看他一眼，就溜进了窝。千户长自以为是地哈哈大笑，以为这下可以为难李军了。

千户长：“瞧，李军，你家的狗多么怕我啊！我一来，它吠也不敢吠一声，就夹着尾巴躲到窝里去了。”

李军：“不，大人。我的狗不是害怕你看，而是讨厌你，所以，才懒得去吠哩。”

上例中，为什么狗不吠一声就溜进窝？同是一种结果却引申出了两种相互对立的结论。千户长得出的结论是狗怕他，李军得出的结论却是狗讨厌他。两种结论互为因果悖论，但李军的话更有哲理，淡然力度更大，这就有力地讽刺了千户长的可恶、可憎，就连狗都懒得去“吠”他。

应该说，语言的灵活反应是因果歧说之根本。当你碰到一些爱钻牛角尖的人，如果缺乏这种语言反应能力，你很可能就要吃亏。因为钻牛角尖者的语言和思维往往是不按规律走的。其实，你只要掌握了辩论的因果歧说术，熟读一些名人精彩的范句，你就不至于因此窘迫了。

2. 因果正反术

正反术，是将两件以上的事物的性质、范围、作用等进行定量或定性的对比分析，从而取得胜利的方法。正反术，运用于语言场合时迅速摆脱困境、克敌制胜的好方法。

运用正反比较，可以比较同类事物，也可以比较异类事物；可以比较同一对象的不同方面，也可比较不同对象的同一方面；可以是纵向的比较、横向的比较、现状的比较、历史的比较，也可兼而得之。但不管哪种比较，都应该特别注意比较事物的强烈反差，造成鲜明的形象，这样才能取得良好的效果。

齐威王二十四年，魏惠王与齐威王一起在郊外打猎。

魏惠王带着几分夸耀的语气说：“你们齐国有什么奇珍异宝吗？我们魏国虽不算大，尚且有十枚直径一寸的宝珠，这些宝珠晶莹滑润，玲珑剔透，到了夜间，亮光闪闪，光华四射，能够把前后十二辆车照得通亮，真是不可多得的稀世珍宝。贵国这样一个堂堂大国，怎么连件像样的国宝都没有？遗憾！遗憾！”

齐威王微微一笑说：“我们所说的国宝与你们看重的国宝迥然不同。我有一个名叫檀子的大臣，现在镇守在南城，他恪尽职守，爱兵如子，夜不卸甲，使得强悍的楚国人不敢骚扰我国的南部边疆；我有一个名叫盼子的大臣，带兵在高唐驻防，他办事异常精细，防范特别严密，使得赵国人不敢在我国的河流里撒网捕鱼，为国家赢得了一大笔渔业收入；我有一个名叫黔夫的大臣，被派去治理徐州，他文武并用，恩威并施，使得燕国、赵国的老百姓自愿迁移过来的多达七千余家；我还有一个名叫种首的大臣，负责维护秩序，缉拿盗贼，他向各地发布告示，晓以利害，让老百姓群起监督，结果歹徒绝迹，盗贼自首，形成了夜不闭户、路不拾遗的太平局面。要讲国宝，以上四位出类拔萃的贤才，就是我们的国宝。他们的思想和业绩所反射的光辉，连千里之外的地方都照耀到了，哪里是那些仅仅可以照亮十二辆车子的宝珠所能比的。”

魏惠王一听，脸羞得通红。

齐威王将自己的“国宝”与魏惠王的国宝作了一番比较，对方只能照亮十二辆车子，而他的却可以照耀到千里以外，使得天下太平。能将这两种具有极大反差的“国宝”放在一起，孰优孰劣，一目了然。

总之，因果正反的幽默说话术是巧取胜利的论辩之法，它通过事物逻辑的相互比较，让对方百口莫能与之辩。但是，如果论敌用正反比较进行诡辩，要反驳这种诡辩，应当注意对方的材料是否真实、标准是否合理、分析是否全面等。

谬误逻辑，绕晕对手

所谓谬误逻辑，就是以看似不合常理的表达方式，来处理各种突发事件，为自己解围或回击他人的讽刺。幽默口才中的谬误逻辑主要有 4 种方法：

1. 兑现斥谬法

兑现斥谬法就是以绝妙的语言“威逼”对方依其自己的谬误自行现身，然后抓住对方的谬误不放并加以“发挥”，狠狠地反击对方使其无处逃身。这种办法通常用于对付那种善于哗众取宠，而其言语又具有一定的煽动性或欺骗性的对手。他们惯常以貌似有理实则无理的逻辑来蛊惑听众。面对这类对手，逼其自行现身令其当场出丑，无疑是一种妙招。

有一个自以为是的青年向别人卖弄他的新观点——一切都是幻觉。有一回，他聚集了几个人，一本正经地“兜售”自己的“说教”。言语中，左一个幻觉，右一个幻觉，甚至居然说“所有人在所有的事实面前都是幻觉”。听的人有的摇头，有的半信半疑。旁边有两个人耳语了一番，其中一个人跑了出去，不一会又跑了回来，对那个青年说：

“快！你的电话！你的妻子被车撞了，现在已送到医院去抢救了。”

那青年一听脸色顿时煞白，慌忙站起来就要往外跑。

另一个人却一把拉住他：“急什么？你妻子被车撞不过是幻觉罢了。”

那青年气急败坏地直跺脚：“出了这么大的事，你还开什么玩笑？”

制造假消息的那个人接着说：“别着急，确实是跟你开玩笑。不过你是被幻觉吓着了吧？”

旁边的人听了，全都心领神会地哈哈大笑起来，而那青年被人出了“洋相”，又气又恼，却无言以对。

这个玩笑开得虽然有些过分，但不难看出两个开玩笑的人正是针对那个青年对“幻觉”的荒谬观点，用兑现斥谬的现趸现卖法来驳斥那个青年的谬论。兑现斥谬法之所以有强大的逻辑力量，能有效地驳斥谬论，就在于这种方法是以客观事实为武器，使对方在现场现出原形，而一旦现出原形，任何貌似正确的谬论的错误本质也就昭然若揭了。

2. 借谬得利法

借谬得利法在逻辑上有些类似钻空子。即利用别人倚仗某种势力或权力而制定的不合理规定或所说的失误的话予以断章取义或别解，然后对其中仅有利于己方利益的部分进行发挥。借谬得利法从理论上讲，似乎比兑现斥谬法更近乎歪门邪道，但在实际运用中，还难说得上究竟谁对谁错。

某单位欲招聘有特长的员工，但是招聘好几次都没有招到比较合适的，这一次发布招聘的广告上特意加上一句：有特长方可应聘。这一次前来应聘的又有几十人。

这时，一个青年来到面试的地方向主考官递交简历，简历上赫然写着："专长——说谎大师，造谣能手。"主考官觉得可笑，就对他说："那你现在就给我表现一下好了。"青年走出门外，对在外排队应聘的人们说："大家都不要等了，这里唯一的招聘名额已经确定是我了。"

这个青年这话实在绝妙，也令所有在场的人包括主考官在内都大吃一惊。谁错了？谁都错了。谁没错？谁都没错。

3. 归谬制人

归谬制人法，就是先假定对方的话是真的，然后以此为前提进行推论，将它推向极端，推出明显的荒谬结论使对方难堪的一种方法。

古时候，有个富人死了，其妻同管家商量，要用活奴给他陪葬。富人之弟是个有识之士，反对这样做。他嫂子坚持道："你哥哥死了，但地府无人侍奉，我们决定用活奴陪葬，谁阻拦都不行。"其弟便改口道："还是嫂子和管家思虑周全，用心良苦，可见嫂子同兄长夫妻情深，管家对主人忠心不二。既然要用活人陪葬，让别人去服侍兄长，我们不放心，倒不如嫂子和管家去陪葬，兄长定然会非常满意的。"其嫂和管家都不愿意去死，只好将活人陪葬一事作罢。

归谬制人法的运用，要注意相同性质的谬论的可比性，若将两件不相干的事情扯在一起，便收不到以谬制人的效果。

4. 谬上加谬

缪上加谬是把一种荒谬极端化或者把荒谬性层层演进的说话技巧。它要求不但有幽默感，还要使幽默感的程度加大。这就要求说话高手把微妙的荒谬性扩大为显著的荒谬性，把潜在的荒谬性提高为一目了然的荒谬性，可以说这种方法给我们运用发挥的余地很大。

有个人非常吝啬，从来不请客，有一次别人问其仆人什么时候会请客，仆人说："要我家主人请客，你非等来世不可。"

主人在里面听见了，骂道："谁要你许他日子。"

本来说"来世请客"，已经由于来世的不存在而不可能了，也可以说彻底否定了，说的人和听的人都很清楚，没有任何疑问。从传达思想来说这种极端已经足够了，但是从构成幽默效果来说，还不够，因为它太平淡了，不够极端，而幽默感所要求的荒谬，得有点绝才行。

故事里这个人绝就绝在，明明来世请客是永远不请客的意思，他却认为不够，因为从形式上来说，来世请客，句子是肯定的，还没有达到从内容到形式都否定的程度。在他看来哪怕是否定请客的可能性，只要在字面上有肯定的样子也都是不可容忍的。正是这种绝对的荒谬产生了幽默感。

归谬逻辑，一非百非

归谬幽默法，归根到底是将对方的观点归结到荒谬的程度，从而显现其荒谬性，也就在同时产生了幽默。

古时候，有个叫徐雅的读书人，非常爱护树木。一天，他看见邻居正挥动着大斧，砍伐院内一棵枝叶茂盛的大桂树，忙上前阻止说："这棵树长得这么好，您为什么要砍掉它呢?"

邻居叹息道："我这院子四四方方，院中有这么一棵树，正好是个'困'字，我怕不吉利，所以才忍心砍去。"

徐雅听后笑道："依照您的讲法，砍去这棵树后，院中只留下人，这岂不成了囚犯的'囚'字，不是更不吉利了吗?"

邻居听了连连点头称是，收起斧子再也不砍树了。

"囚"比"困"更不吉利，从而使追求吉利的邻居幡然醒悟。

连锁归谬法是归谬法的经典展现，利用连锁反应"一是百是，一非百非"的特点，推出荒唐的结论。我们通常用"连锁反应"一词来表示事物发展过程中呈现出的因果联系，其实在幽默的具体应用中往往也有相同的情况。然而，简单而一般的因果推理并不见得就有出其不意的幽默功能，为了将幽默的主题不断推向高潮，强化幽默的效果，还必须将连锁推理与归谬法有机地结合起来，归谬是就推理的结果而言的。在具体推理过程中用连锁法，在最后结论上用归谬法，这就是这里所说的连锁归谬法的基本程序。

东汉哲学家王充，曾和一些有迷信思想的人发生过一场辩论。有人说："人死了，人的灵魂就变成了鬼，鬼的样子和穿戴跟人活着的时候一模一样。"

王充反驳道："你们说一个人死了，他的灵魂能变成鬼，难道他穿的衣服也有灵魂，也变成了鬼吗? 照你们的说法，衣服是没有精神的，不会变成鬼，如果真的看见了鬼，那它该是赤身裸体，一丝不挂才对，怎么还穿着衣服呢? 并且，从古到今，不知几千年了，死去的人比现在活着的人不知多多少。如果人死了就变成鬼，就应该看到几百万、几千万的鬼，满屋子、满院子都是，连大街小巷都挤满了鬼。可是，有几个人见过鬼呢？那些见过的，也说只见过一两个，他们的说法是自相矛盾的。”

有人辩解说：“哪有死了都变成鬼的？只有死的时候心里有怨气、精神没散掉的才能变成鬼。古书上不是记载过，春秋时候，吴王夫差把伍子胥放在锅里煮了，又扔到江里。伍子胥含冤而死，心里有怨气，变成了鬼，所以年年秋天掀起潮水，发泄他的愤怒，可厉害了，怎么能说没有鬼呢？”

王充说：“伍子胥的仇人是吴王夫差。吴国早就灭亡了，吴王夫差也早就死了，伍子胥还跟谁作冤家，生谁的气呢？伍子胥如果真的变成了鬼，有掀起大潮的力量，那么他在大锅里的时候，为什么不把掀起大潮的劲使出来，把那一锅滚水泼在吴王夫差的身上呢？”

王充在这里反驳论敌时就是使用了连锁的条件归谬式。他先假设论敌的观点是正确的，由此推出了一系列的荒谬结论，这就给了论敌当头一棒，使他们张口结舌、哑口无言。

这种以谬攻谬的幽默的特点是后发制人的。关键不在于揭露对方的错误，而是在荒谬升级中共享幽默之趣。而要达到这个目标，得有模仿对手推理错误的能耐。

19 世纪末，伦琴射线发现者收到一封信，写信者说他胸中残留着一颗子弹，须用射线治疗。他请伦琴寄一些射线和一份说明书给他。

射线是绝对无法邮寄的，如果伦琴直接指出这个人的错误，并无不可，但多少有一点居高临下的教育意味，伦琴采用了以谬还谬法。

伦琴提笔写信道：“请把你的胸腔寄来吧。”

由于邮寄胸腔比邮寄射线更为荒谬，也就更易传达伦琴的幽默感。

这样的回答是给对方留下了余地，避开了正面交锋的风险。在日常生活中，针锋相对的争执常引起不良的后果，而以谬还谬的幽默，把利于一触即发的矛盾缓和了。

在人际交往中，互相幽默地攻击有两种。一种是纯粹戏谑的，主要为了显示亲切的情感引起对方的共鸣，或者为了展示智慧，引发对方欣赏。一种是互相斗智性的，好像进行幽默外的比赛，互相争上风，这时的攻击性更重要。当然有时攻击性是很凶猛的，但表现形式是很轻松的。不管有无攻击性，都以戏谑意味升级为主。将谬就谬乃是使戏谑意味升级的常用办法，即明明知道对方错了，不但不予以否定，反而予以肯定，而肯定的结果是更彻底的否定。

矛盾逻辑，解难开围

在古希腊有一位学者叫欧几里得。他学识渊博，对哲学很有研究。他家境也较富裕，曾雇用了几位工人，一个叫欧布里德的年轻人也在他家里做工。

这欧布里德既年轻又聪明，他喜欢与人辩论，而且没理也要狡辩一番。他常常用那诡辩的办法去刁难人，使一些人上了当。

有一次，天气突然变化，马上就要下雨了，欧几里得的晒谷场上还有晾晒的稻谷没有搬进粮仓，于是就派欧布里德赶紧去处理一下，免得把稻谷淋湿。

这欧布里德并没按主人的吩咐去做，结果不少谷堆遭到了雨淋。欧几里得知道以后很生气。

他派人找来了欧布里德，为这事责怪了他。可是欧布里德却不服气，狡辩道："先生，情况并不是您想象的那样。一粒稻谷总不能算一个谷堆吧，加上一粒后，也不是谷堆啊！再加上一粒也成不了谷堆。即使继续加上一粒，也仍然不是谷堆呀！可见，每加上一粒，也都成不了谷堆，所以谷堆根本就不存在。既然这样，您还要我去搬、去覆盖什么呢?"

欧几里得看着他那狡黠的笑，心里又好气、又好笑。这个人自己错了，竟然要无理搅三分，睁眼说瞎话。可笑的是他自作聪明，居然班门弄斧。于是只是笑了笑，没有再责备他。

欧布里德高兴极了，他觉得他的诡辩又成功了，主人对他无可奈何，所以又以此在同伴中炫耀。

没过多久，该发薪金了。主人家的雇员都拿到了自己的薪金，唯独欧布里德一个钱币也没有拿到。他去问管家，管家说不知道，他只好气冲冲地去找欧几里得了。

欧布里德见到主人后就问道："先生，怎么没发给我薪金呢?"

欧几里得听完，笑了笑说："是吗? 大概也不是你想象的那样啊！一个钱币该不是你的薪金吧。加上一个，也还不是你的薪金呀，再加上一个，也同样不是你的薪金。这样，每加上一个钱币，也都不是你的薪金。因此，你的薪金根本就不存在，你让我发给你什么呢?"

以其人之道，还治其人之身，充分利用了逻辑的推理论辩，用对方的观点思路去反驳，对方就不能自圆其说了。这不失为开围解难的一大有效武器。

为别人解难，要懂得以其人之道，还治其人之身的幽默技巧，需要锻炼自己明晰的思维逻辑。

现实生活中常常有人由于缺乏必要的语法修辞知识，又不注意逻辑思维的训练，导致说话时前言不搭后语，条理不清，逻辑混乱，因此逻辑思维不强也是语言不流畅的一大原因。这种词不达意的言语，不但使对方听着吃力，而且会阻碍交往的进程和深度，影响人际关系的建立。

总之，要增强自己口头表达的幽默逻辑力量，应注重在实践中不断锻炼，在谈话过程中发现漏洞，可及时采取措施加以补救。

歪解逻辑，笑不可挡

什么事都有一个“理”，“理”的存在为人们司空见惯，如果擅自改变事物的前后关系、因果关系、主次关系、大小关系，“理”就会走向歪道，有时歪得越远，谐趣越浓。幽默的逻辑习惯正是为了打破正常的逻辑思维，从歪解中找到搞笑的笑点以及笑料。

一位乞丐常常得到一位好心青年的施舍。一天，乞丐对这个青年说：“先生，我向你请教一个问题。两年前，你每次都给我10块钱，去年减为5块，现在只给我1块，这是为什么?”

青年回答：“两年前我是一个单身汉，去年我结了婚，今年又添了小孩，为了家用，我只好节省自己的开支。”

乞丐严肃地说：“你怎么可以拿我的钱去养活你家的人呢?”

乞丐喧宾夺主，对青年的责怪过于离谱、荒谬，令人在吃惊之余哑然失笑。

故意对某些词句的意思进行歪曲的解释，以满足一定的语言交际需要，造成幽默风趣的言语特色，让人忍俊不禁，从而营造轻松愉快的谈话气氛，更好地协调人际关系。

一位姑娘问自己的恋人：“小张，你怎么夏天胖，冬天瘦啊?”

小伙子应声而答：“这叫热胀冷缩嘛!”一句话逗得姑娘咯咯笑个不停。

这里，小伙子对“热胀冷缩”作了曲解。

词语有它固定的含义，绝大多数不能按其字面的意思来机械解释，而曲解词语法却偏偏“顾名思义”，突破人们固定的思路或者说跳开常理，从而产生幽默感。

语文课堂上，老师问道：“‘待人接物’是什么意思?”一学生起立说道：“就是待在家里，等着接受别人送的礼物。”教师：“啊? 少壮不努力，老大徒伤悲呀!”这学生接口道：“那没关系，我是老二!”

静态的词语大多是多义的，但是在一定的语境之下使用就转为动态了。动态词语一般则是单义，曲解词语法就是利用语言的多义性，即明知是甲义，偏偏理解为乙义，有意混淆它们，以求产生幽默的效果。

曲解词语法除了经常“顾名思义”“利用多义”之外，还常利用音同音近的谐音。比如，歇后语即是用这种曲解词语的手法创造成功的。当你使用这些歇后语时，也就是在不知不觉地使用曲解词语法。

嗑瓜子嗑出臭虫来了——什么仁（人）儿都有

石头蛋子腌咸菜——一盐（言）难近（尽）

一二三五六——没四（事）

由此我们可以看出，强烈的幽默效果往往产生在故意曲解某些词语的含义中。所以，当你使用曲解词语法时，一定要让人感到你是故意曲解词语，而不是“无意”，否则，也许会让人以为你是天字第一号的大傻瓜。当然，特定的语境加你的聪慧，会使你成功的。

望文生义法是一种巧妙的幽默技巧。运用它，一要“望文”，即故作刻板地就字释义；二是“生义”，要使“望文”所生之“义”变异和与这个“文”通常的意义大相径庭，还要把“望文”而生义引向一个与原意风马牛不相及的另一个内容上，从而在强烈的不协调中形成幽默感。因为所有的幽默，从总体上说，都是来源于不协调。

逻辑上，一个词语可以表达不同的概念，将错就错、巧换概念就是在论辩中故意曲解某一词语在对方论辩中的意思，巧妙解意，出其不意地驳倒对方。歪解幽默法就是以一种轻松、调侃的态度，随心所欲地对一个问题进行自由的解释，硬将两个毫不沾边的东西捏在一起，以造成一种不和谐、不合情理、出人意料的效果，在这种因果关系的错位和情感与逻辑的矛盾之中产生幽默的手法。歪解就是歪曲、荒诞的解释。一本正经地从事实出发、从科学出发、从常理出发，那就找不到幽默。说咸鸭蛋是咸水煮的不是幽默，说咸鸭蛋是咸鸭子生的这才是幽默。

幽默不是科学，不是逻辑，而是一种豁达的生活态度，是用巧妙的手段来宣泄情感而又不致造成伤害的一种方式。只有把握了幽默只属于人的情感、人的心灵这一本质，才会潇洒自如地突破常规，用看似荒谬的理由去解释生活，解释自己与他人，为生活制造一点笑声、一点乐趣。歪解幽默法最常用于自嘲。

逻辑严密，环环相扣

幽默逻辑方法要求我们具有缜密的逻辑思维能力，能根据一切有关的参考材料，使所有正面的反面的论证形成一个整体，尤其不要忽略一些重要的但又是细微的细节。

爱尔兰哲学家伊里杰纳任法国宫廷学校校长时，查理二世时常同他开玩笑。有一次，查理二世与伊里杰纳共进午餐，两人频频举杯。查理二世突然问他：“一个爱尔兰人和一个酒鬼有何区别？”

查理二世的问话是双关语，因为伊里杰纳是爱尔兰人，爱尔兰人的发音与英文发音的“酒鬼”很相近。查理二世的意思是指伊里杰纳是酒鬼。

伊里杰纳机智地回答说：“一张桌子。”意思是说桌子这边是爱尔兰人，那边是酒鬼，反而把查理二世奚落了一顿。

从分析的方式来说，有方面分析、阶段分析和层次分析；从分析的方法说，有特征分析、条件分析、因果分析、辩证分析、有比较分析、趋势分析、系统分析、综合分析，等等。

我们着重讲辩证分析，是从建构逻辑框架，严守逻辑方阵，如何获胜的角度来考虑的。重要的是要灵活而巧妙地将逻辑关系应用到语言中，而这些是建立在严密的全面地思索的基础上的。体系严密，攻守自如，环环相扣，自然会达到事半功倍的效果。

另外，逻辑的严密性需要考虑到辩证中的逻辑对比。

逻辑对比法是把话题与相关问题进行比较，并以之为据进行辩驳的方法。比较的过程就是发挥的过程，它不仅具有反驳的特殊功效，同时也是一种有效的证明手段。

有这样一段话，其含义也是非常深刻的：假如一位银行家写了一首糟糕透顶的诗，有人会赞美他，但是一位诗人要是写了一张假支票，后果将是什么呢？

运用对比进行辩驳，应当注意的问题是，两个对象之间必须具备可比性，具有本质上的相同因素，同时，将两个对象进行多方面的比较发挥，这样说理才能有说服力。

类比则是逻辑方法的运用。它是根据两个对象之间具有某些相同或相似的属性，从而推出它们的其他属性也相同或相似的方法。如果能因势利导，针对对方的话题或本方的观点，做出富有创造性的生动形象的类比，可以使对方心悦诚服，使己方处于主动地位，取得意想不到的效果。

第八章

幽默思维——让创新思维提升智慧幽默

幽默思维：意料之外，情理之中

一个刚退休的老人回到家，在小城买了房住下来，想在那儿宁静地打发自己的晚年，写些回忆录。

刚开始的几个星期，一切都很好，安静的环境对老人的精神和写作很有益，但有一天，3个男孩子放学后开始来这里玩，他们把几只破垃圾桶踢来踢去，玩得不亦乐乎。

老人受不了这些噪音，于是出来跟这些男孩谈判。“你们玩得真开心，”老人说，“我很喜欢看你们踢桶玩，如果你们每天来玩，我给你们三人每人每天1块钱。”

3个男孩很高兴，更加起劲地表演他们的足下功夫。过了3天，老人忧愁地说：“通货膨胀使我的收入减少了一半，从明天起我只能给你们5毛钱。”

3个男孩很不开心，但还是答应了这个条件。每天下午放学后，继续去进行表演。一个星期后，老人愁眉苦脸地对他们说：“最近没有收到养老金汇款，对不起，每天只能给两毛了。”

“两毛钱?”一个男孩脸色发青，“我们才不会为了区区两毛钱浪费宝贵时间为你表演呢，不干了。”

从此以后，老人又过上了安静的日子。

老人运用的一种幽默的超级思维，一种反常规的幽默思维方法，为了实现不让孩子们踢垃圾桶的目的，而在起初用报酬鼓励他们去踢，并在逐渐递减报酬的情况下，引发了孩子们的逆反心理。

我们日常的幽默交谈是思维的外化，是思维的一种工具，没有思维就没有语言。语言表达过程，实际上是把思维的结果表述出来的过程，说话交谈就是从内部言语向外部言语转化的过程。

确定说什么是一种思维活动，在说什么与怎么说之间进行着快速的转换过程：思想——句子类型——词汇——语音。这个过程是完整的，任何一个环节出了差错，都会影响表达的进行。因此，从思维到语言的转化过程十分重要，进行这方面的基础训练有利于我们对语言的控制能力，从而更好地驾驭语言，发挥幽默语言的魅力。

1. 定向思维训练

定向思维是指按常规恒定模式进行的思维。定向思维的训练可培养我们对问题做深入思考的能力，有助于养成深入分析问题，透过现象看本质的良好思维习惯。

可拟定一些比较容易的叙述、说明、介绍方面的题目进行训练。为了使思维有条理，可在表达中插入一些常用的言语链。比如关联词“因为”“所以”“于是”“之所以……因为是……”可以按时间的先后和位置的移动进行表达，可以采取先总后分，先分后总等方式练习。

2. 逆向思维训练

逆向思维训练是反过来想一想，变肯定为否定，或变否定为肯定；变正面为反面，或变反面为正面。例如，世人一般把“这山望着那山高”喻为贪心不足而赋予贬义，如果化贬为褒，将其含义用于人类勇于向新的科学高峰攀登的赞颂中，岂不又可以肯定它了？例如爱因斯坦敢于取代牛顿经典物理学，用运动员一次次刷新纪录等事例说明人就是要有“这山望着那山高”的进取精神，批评哪种“无为而顺其自然”的“知足常乐”的消极态度。

进行逆向思维能培养逆向思考问题的能力，独立发表见解的能力。

3. 发散思维训练

发散思维是使表达者朝各种可能的方向扩散并引出更多的新的信息，从而达到创新的一种思维方式。

这里介绍3种训练方法：

（1）链接法。承接上一位表达者的话茬继续往下说的训练方法。

戴尔·卡耐基训练学员的即兴演讲就常用此法。卡耐基叫一位学员开始叙说一个故事。比如，这位学员说：“前几天我正驾着直升机，突然注意到一大帮飞碟正朝我靠近。于是我开始下降，可飞碟里有个小人开始向我开火，我……”说到这里，卡耐基要求他停下，然后要另一个学员接下去。

（2）连点法。将头脑中闪现出的人、事、物和散点按照一定的顺序和结构连缀成篇。比如用：花儿，气息，跑。

“置身各位青年朋友之中，我似乎感到春天的气息扑面而来。大家都很年轻，都有花儿一样的青春、花儿一样的年龄、花儿一样的生活，愿大家做帆船，乘风破浪，挺进大海；愿大家做骏马，飞奔未来，跑向光辉灿烂的明天。”

（3）联想法。是由一事物想到另一事物的训练方法。其特点是闻一知十，触类旁通，使说话具有流畅性、变通性。可以运用如下题目进行训练。

出示一根玻璃棒，要求训练者通过联想，迅速说出它像什么。

出示一个红色球，要求训练者通过联想，讲述我们的生活充满阳光。

展示一幅画，画上有两只小鸡，要求训练者表达人生并非一帆风顺。

趣味思维：有效沟通中的思考法

没有趣味的幽默不是真的幽默，幽默需要在趣味中给自己也给他人带来思考的机会与空间。

有位大法官，他寓所隔壁有个音乐迷，常常把电唱机的音量放大到使人难以忍受的程度。使得这位法官常常无法休息，忍无可忍的情况下，便拿着一把斧头，来到邻居家门口。他说："我来修修你的电唱机。"音乐迷吓了一跳，急忙表示抱歉。法官说："该抱歉的是我，你可别到法庭去告我，瞧我把凶器都带来了。"说完两人像朋友一样笑开了。

这位法官并不是真想把邻居的电唱机砸坏。他只是运用了一下趣味思考法，恰当地表达了对邻居的不满——请注意：是对音响而不是对人——他的行为似乎是对音乐迷说："我们是朋友，我希望和你好好相处，至于唱机是唱机，可以修理一下。"当然，所谓"修理"只是把唱机的声音开低些罢了。

有时候，我们确实需要以有趣并有效的方式来进行沟通，以表达人情味，给人们提供某种关怀、情感和温暖。

著名足球教练罗克尼，也是个善于进行趣味思考的人。在一次球赛中，罗克尼的诺特丹足球队在上半场输给威斯康辛队 7 分。可是他在休息室一直与队员们开玩笑，直到要上场进行下半场比赛时，他才大喊一声："听着!"队员们惊惶失措地望着他，以为他要把每一个人都大骂一通，但是罗尼克接下去说："好吧。各位，走吧。"

没有责备，没有放马后炮，也没有指手画脚强调下半场如何踢球。罗克尼的乐观、豁达，克服了队员们心理上的障碍，帮助他们忘掉艰难的处境。他的球队在下半场创造了奇迹，踢出了一连串漂亮的球。后来罗克尼对采访他的人说："不是我赢了。而是我的趣味思考法赢了。因为我知道我们精神上赢了，那么球也就赢了。"幽默处理使他赢得沟通以及比赛。在沟通中自我辩解常显得无趣，它会让你觉得反而不是那么回事。但是，你如果运用"趣味思考法"，给人的感觉可能就不大相同。

幽默作家班奇利，在一篇文章中谦虚地谈到他花了 15 年时间才发现自己没有写作的才能。结果一位读者来信对他说："你现在改行还来得及。"班奇利回信说："亲爱的，来不及了。我已无法放弃写作了，因为我太有名了。"

这封信后来被刊登在报纸上，人们为之笑了很长时间，事实上是班奇利的幽默作品闻名遐迩。在上述事件中，班奇利并没有指责那位缺乏幽默感的读者，他以令人愉悦的迂回的方式回答了问题，既保护了读者的自尊心，也保护了自己的荣誉，并且，没有使这个自我辩护成为乏味的争吵。

获取幽默的途径很多，我们可以从以下几方面努力：

(1) 用“趣味思维方式”捕捉生活中的喜剧因素。“趣味思维”是一种“错位思维”，不按照普通人的思路思考，而是“岔”到有趣的一面去。演说家罗伯特是个光头，有人揶揄他总是出门忘了戴上帽子，他说：“你们不知道光头的好处，我可是天下第一个知道下雨的人。”罗伯特并不为自己的“秃顶”苦恼，反而“美化”光头，他这是用“趣味思维方式”捕捉自己身上的“喜剧因素”。他的思维“错位”使他想到的同别人就是不一样。

(2) 要在瞬息构思上下功夫，掌握必要技巧。幽默风趣是一种“快语艺术”，它突破惯性思维，遵循反常原则，想得快、说得快，触景即发，涉事成趣，出人意料之外，又在情理之中。比如，有位将军问一位战士：“马克思是哪国人?”战士想了会儿说：“法国人。”将军说：“哦，马克思搬家了。”对于这常识性问题都答不出，将军当然不快，但这一“岔”，构成了幽默，其实也包含了对战士的批评教育。

(3) 要注意灵活运用修辞手法。极度的夸张、反常的妙喻、顺势的借代、含蓄的反语，以及对比、拟人、拈连、对偶……都能构成幽默。另外，用词的俏皮、句式的奇特也能构成幽默。表达时，特殊的语气、语调、语速，以及半遮半掩、浓淡相宜或者委婉圆浑、引而不发，甚至一个姿势、一个心照不宣的微笑，都能表达意味深长的幽默和风趣。

(4) 注意搜集素材。我们的生活丰富多彩，为我们提供了许多有趣的素材，这些素材无意识地进入我们记忆仓库的也很多，我们如果做个“有心人”，就会使自己的语言材料丰富起来。例如谚语、格言、趣闻、笑话等，我们可以提取、改装并加工利用，这样我们的语言就会增加许多趣味性的“调料”了。

孩式思维：童言无忌中造就幽默

孩子是纯真的，他们由于没有经历世事的熏陶，对外在的事物充满了好奇与想象。在他们的思维模式中，童言无忌的幼稚是造就幽默的源泉。因为童言无忌，所以思想变得更加自由，自由的思维也就意味着脱离了固有思维的束缚。因此，小孩子说出来的话往往能够让我们捧腹大笑。

在新学期的开学典礼上，校长发表演讲：“孩子们，知识是大海，是大江。我们学习知识，就像拿一把小小的勺子，在大江、大海里舀水一样……”

突然，人群中传来一个失望的声音："完了！我妈妈给我带的是叉子。"

如果你对自己幽默的手法还没有足够的自信，不妨学学孩子式的幽默思维。即使在50岁以后，我们也经常为孩子们由天真而产生的幽默所感动。他们是真正以坦诚待人，不会隐瞒任何事实。当他们毫不掩饰地道出心里想的或事实真相时，人们一下子就喜欢上他们，跟他们在一起会感到跟其他任何人在一起都无法感到的轻松、愉快。

有一次，李卡克在家里请几位朋友吃饭。朋友来了，他妻子要他的小女儿向客人说几句欢迎的话。她不愿意地说："我不知道要说些什么话。"这时一位来做客的朋友建议："你听到妈妈说什么，你就说什么好了。"小女儿点点头，说："老天！我为什么要花钱请客？我们的钱都流到哪儿去了？"

李卡克的朋友们大笑起来，连他妻子也不好意思地笑了。这就是孩子式的幽默，它对于增强沟通中的趣味性大有裨益，我们也不妨学一学。

在成人的世界中，之所以会有无数的烦恼就是因为他们的思维太过复杂，在说话之前需要顾忌的事情太多，让自己多一些孩童式的单纯与天真，你将会拥有真正快乐的世界。

多向思维：用发散力，造幽默力

幽默思维是一种灵活的趣味思考方式，具有发散性的特征，发散思维正是创造力的来源，创造力则催生着新鲜的幽默方式的出现。

发散思维是整个创造性思维的基础和核心。它追求思维的广阔性，大跨度地进行联想。人们的发散思维对语言的创新和发展是必需的，发散思维的培育需要的不仅是丰富的内容，还需要经常对常规进行洞察与反思，需要的是灵感与智慧。

许多幽默者都是借助于发散思维获得机遇的。可以说，发散思维是创造的发源地。不做毫无个性的跟随者，最重要的就是要有自己的创意。创意就是你的幽默力与生命活力的激发。

在工作和学习中，由于职业和生活习惯使然，人们的思维视角很容易被固化，甚至被钝化，从而形成一种思维定式，要提高发散思维能力，就必须改变思维视角。

有一家烟草公司，试制了一种新品牌卷烟，命名为"环球牌"，正准备大张旗鼓推出的时候，却逢全国性的反对吸烟运动。怎么办呢？"宣传香烟"与"禁烟运动"，截然相反的两回事，两者之间又没有共同点，如何进行宣传呢？

为了打响自己的香烟品牌，而又不与当前的戒烟浪潮相冲突，该公司的公关人员经过一番策划，终于打出这样一条广告："禁止吸烟，连环球牌也不例外。"

这种视角是一种同中求异的视角，即找到两种截然不相容的东西的某些共同点，然后强调其中某一部分的不同点，从而达到强调的目的。宣传香烟和禁止吸烟当然不能相融，但相同点都针对的是香烟，从语法上说，“连环球牌也不例外”这是重复，但这种重复对商家而言，却正好达到了其宣传的目的。

当所有人都要去挖金子时，你就该考虑挖煤还是挖别的了，及时转换思维角度是最关键的。通过类比、联想、换位等方式，可以更进一步开阔人的思维视角，进而助力于口才的创新与进步。

生物老师正兴致勃勃地在讲台上描述非洲野猪的长相，偶尔眼光一扫台下，竟发现多数学生在打瞌睡。于是老师大为恼火，喝道：“你们要看着我啊！不看我，你们怎么知道非洲野猪长什么样子?!”

上述案例可以看成是视角迁移，即从一个物体的认识拓展到另一个物体的认识上去，往往会产生非常诙谐幽默的效果。幽默家应该不断地更新自身的思维结构，不断地改换思维视角，从而丰富自己认识事物的方法，提高认识事物的能力。

思维角度决定深度，一个人怎么看待事物，就会得出什么样的结论，只有不断地改变自己的思路，不断地变换思维视角，才能多样化地认识事物，才能促使自身思维的发散，才能将自己幽默口才独创到无人能及的状态。有创意的幽默口才是最吸引人的语言。因此，不妨在考虑问题的时候多多转换视角，用发散性的想象力捕捉到更多的幽默灵感。

其中，幽默思维中的多向思维训练方式主要可以通过以下3点来实现：

（1）注重发散思维的培养。所谓的发散思维，是指在创造和解决问题的思考过程中，根据已有的信息所进行的无定向、无约束的探索未知世界的思维模式。按照美国心理学家吉尔福德的看法，当发散思维表现为外部行为时，就代表了个人的创造能力。当进行创新的发散思维的时候，特别是在设想阶段的时候，应该尽最大的可能打破大脑中原有的约束，让大脑沉浸在一片空白的空间中，尽情地联想。

（2）在多数人不愿接受以及不愿考虑的事情上，不去循规蹈矩，敢于质疑一切老生常谈的问题。勇于突破限制，在完成任何一件事情的过程中，善于重组规则。

（3）培养急骤性的想象能力，即在集思广益中迸发的创造性观点。万事都要乐于去问一个为什么，乐于去敏锐地观察，以时刻联想出变革的新方法。

逆向思维：反其道而“思”之

在幽默的思维逻辑中，逆向思维是重要的一种思维方式，逆向思维也叫求异思维，它是对司空见惯的似乎已成定论的事物或观点反过来思考的一种思维方式。敢于反其道而“思”之，让思维向对立面的方向发展，从问题的相反面深入进行探索。没有逆向思维的灵活能力，就难以将幽默的口才发挥到最佳的状态。即是说逆向思维的思考方式是幽默口才的思想支撑。

运用逆向思维去思考和处理问题，实际上就是以“出奇”去达到“制胜”。因此，在工作中，逆向思维的结果常常会令人大吃一惊，另有所得。

当我们遇到问题时，不妨“倒过来想一想”，方法总是有的，只要努力去找，就有可能把坏事变好事，又能发现许多创造的良机。

一位思想家说：“生活中不是缺少美，而是缺少发现美的眼睛。”我们也可以把这句话换一种说法：“在我们个人成功的道路上，并不缺乏机遇，而是缺乏能够创造机遇的头脑。”

面对种种机遇和难题，让思维转个弯，我们就会发现处处都藏着创意和机遇。

古往今来的能说会道者，都非常善于运用逆向思维。逆向思维蕴含着人们认识世界的一种独特个性，这种思维，倡导从事物发展的反面、反向去认识事物，从而抛弃常识思维单一的浅薄的认识事物的方式。

人们的思维活动存在正向和逆向两种方式。正向思维是沿着人们习惯性的，由因到果的思路思考问题的一种思维方式。在通常情况下，这种思维方式比较有效，能解决大部分常规问题，但在一些特定条件下，这种常规思维方法不仅不能解决问题，而且还会束缚人们的思路，影响人们的创造性。这时，如果善于转换视角，从逆向去探求，从相反的方向去思考，往往会引起新的思索，产生超常的构思和不同凡响的新观念。

其实，在社会生活的各个层面，运用逆向思维都可以产生非常强大的思维能量。在竞争中运用逆向思维，可以使企业获得竞争的主动权；在交流沟通中运用逆向思维，可以增强沟通的有效性和趣味性；在战略决策中运用逆向思维，可以发现市场空白，从而找到属于企业自身的蓝海商机。逆向思维，是企业家迈向成功的基石。

从广义上讲，凡是在进行思维活动时，颠倒了事物的顺序，改变了认识问题的方向的思维方式都可以认为是逆向思维；从狭义上讲，逆向思维主要指人们认识问题和解决问题的思维方向发生改变的一种思维方法。

逆向思维要求人们看问题不只是从一个角度、一个方向出发，而要从不同的角度，探讨事物存在和发展的多种可能性。运用逆向思维，有利于改变人们直线式的认知模式，能迅速激发人们的思维热情，从而大大提高幽默语言的表达能力。

在日常生活、工作中，逆向思维的运用方法：

1. 反转法

这种方法是指从已知事物的相反方向进行思考，产生构思的途径。“事物的相反方向”常常从事物的功能、结构、因果关系等三个方面进行反向思维。

2. 缺点逆用法

这是一种利用事物的缺点，将缺点变为可利用的东西，化被动为主动、化不利为有利的思维方法。这种方法并不以克服事物的缺点为目的，相反，它是将缺点化弊为利，找到解决方法。

3. 转换法

这是指在研究问题时，由于解决这一问题的手段受阻，而转换成另一种手段，或转换角度思考，使问题得到顺利解决的思维方法。

联想思维：举一反三，自由想象

联想思维就是打破一切束缚和框架，给想象力插上自由的翅膀。联想是创意产生的基础，在创意设计中起催化剂和导火索的作用，联想越广阔、越丰富，就越富有创造能力。语言也一样，越是富有丰富的联想力，幽默的效果就越有张力和情趣力。

在与人交流中，如果要使联想创新获得成功，思维过程必定不是那种随心所欲的自由联想，而是一种定向的联想。那么，这种联想靠什么来定方向呢？研究表明，决定联想的方向并且使它转变成思维的动力是目的。对于创新思维来说，其目的就是解决问题的新创意、新思路，即使是大胆的离奇联想思维也是围绕着目的来展开的。

联想是人与生俱来的天赋。不过，它有赖于我们经验和知识的积累。一般而言，联想思维有下列几种类型：相似联想、启发联想、离奇联想、质疑联想、审美联想、飞跃联想等。奇想不问对错，要点在于敢思善想，激发创造性联想。只要持之以恒，一日多思，一定可以到达创造的彼岸，就能给自己的语言增添幽默色彩。

但是要注意的是，幽默的口才是为了点缀生活、乐化人生，并不是为了让自己无理取闹、荒诞地无中生有。鼓励联想思维不断开拓的根本，还是为了改变人们生活的现状，同理，在幽默语言沟通中鼓励联想思维的发挥，是为了改善人们的交谈环境，提升人们的说话能力与水平。

联想思维与一个人的形象思维能力密切相关，它能最大限度地激发人的创造性思维能力，唤醒人们沉睡的记忆，从而产生创造性的设想。企业家要培养自身的联想思维能力，应该重视各种联想思维方法的学习和训练。联想思维方法主要有：类比联想法、对比联想法、接近联想法、相似联想法等。

1. 类比联想法

类比联想就是运用已有的知识、经验将之与其他相似事物进行类比，从而解决问题。类比联想使人能触类旁通地解决问题，有利于人们充分开拓自己的思路，创造性地解决问题。

2. 相似联想法

相似联想就是在性质上或形式上相似的事物之间所形成的联想。

某旅游团出发后，导游小姐向大家传播购物知识：走这条旅游路线，大家买东西一定要杀价，而且至少要杀一半的价，不能对方说多少就给多少。游客们按照这位导游小姐的建议，果然屡试不爽，省了不少钱。旅游结束时，导游小姐对大家说，每人需交导游费 200 元。一个人听了马上大声嚷道："你说 200 元？我们只给 100 元！"

相似联想要求思考者要善于灵活思考，并积极运用到其他相类似的东西上，进而举一反三，触类旁通。

3. 接近联想法

所谓接近联想，就是指在时空上相互接近的事物之间形成的联想。这种联想思维重在把握联想对象之间的关系。